《名人传记》佳作 壹

名流沧桑

《名人传记》编辑部 编

河南文艺出版社

《名人传记》佳作编委会

总　主　编　　陈　杰
主　　　编　　郑　雄
主编助理　　吕　静

编委会成员
杜群才　吕　　静　谭玉先　穆安庆
陈　思　刘晨芳　金　翎　杨晓明

目录

文化名流

《名人传记》佳作 壹

名流沧桑

政治不仅是政治家的政治
它更是全体人民的"众治"
政治家的人生历程
折射着太多历史的风云变幻
访问高端人物
就是在温故一个民族的发展历程
走近高端人物
就是在探访一个国家的命运轨迹

高端访问

中国"铁娘子"吴仪　邵华将军　吴建民　王毅
中国科学院院长路甬祥　许光达大将之子许延滨将军

中国"铁娘子"吴仪的精彩人生

◎王建柱

2007 年度在"全球百度最具影响力女性排行榜"中她吸引了国人的目光,美国《福布斯》杂志连续三年把她列在"世界一百位最有影响力女性"的前三甲地位。吴仪,这位共和国历史上第三位女副总理、中国权位最高的女性,曾多次被冠以"铁娘子"、"时代女性"、"拼命三郎"等称号。《福布斯》杂志对吴仪用三个词作了形容:自信、优雅、智慧。

"希望你们完全把我忘记"

2007 年岁末,吴仪在出席中国美国商会岁末晚宴时,发表了对中美经贸关系的演讲,她在演讲的最后这样说道:"大家知道,明年 3 月中国政府将要换届,到那个时候我就退休了,不再担任任何职务。我想借此机会,向大家告一个别,感谢大家多年来对我工作的支持,衷心地感谢你们,Thank you!"

此刻,在场几百人集体起立,掌声经久不息。

"我这个退休叫'裸退',我在给中央的报告中已明确表态,今后无论是官方的、半官方的,还是群众团体,都不再担任任何职务,希望你们完全把我忘记!"2007 年 12 月

24日,在北京人民大会堂举行的中国国际商会会员代表大会上,面对之前中国贸促会会长万季飞曾发出的请其退休后担任该会名誉会长的真诚邀请以及台下五百位中国工商界人士,已届六十九岁的吴仪通过这种方式再次向大家公开道别,又一次赢得了经久不息的掌声。

一直以来,吴仪果敢、睿智的风范给世人留下了深刻的印象,也正是这种作风为她赢得了对手的尊敬。

吴仪将要退休的消息在世界媒体上一经传开,各国政要纷纷谈及曾与之打过交道的这位东方女性。美国财政部部长保尔森在一次讲话中说:"吴仪女士是中国人民的杰出代表。"保尔森曾在公开场合形容她是"魅力天成"。英国广播公司(BBC)报道称"吴仪在国际享有普遍尊敬"。《福布斯》杂志说,吴仪这位"铁娘子"让世界印象深刻。新加坡《联合早报》报道说,她"铁"性十足的谈判风格很快就让美国人头痛。《南德意志报》的文章把吴仪称为"不妥协"、"坚持立场"的中国"铁娘子"。"铁娘子"的称号在日本叫得也很响,不止一个日本学者曾以吴仪称美国是"强盗"为例,称东方的政治家、外交家就要有这样敢于同欧美打对台、为自己国家辩护的勇气。

在吴仪从政的最后时刻,她以"公开告别"的方式宣布自己的离去。2008年3月,吴仪正式从国务院副总理的职位上卸任,告别了她颇具传奇色彩的政治生涯。她的淡然、超脱与从容,让人们开始怀念她率直坦诚的个性,人们对她的尊敬也愈显强烈。

石化行业走出的女强人

作为自1982年以来,二十一年间首位出任中国政府副总理的女性,吴仪就像许多同事和部下评价的那样——既是一位杰出的政治家,又是一位杰出的女性。

有一位记者曾经问过吴仪:英国有句话:女士们往前走。您对这句话有什么看法?

吴仪马上回答:"我正在往前走,但这并不意味着我要做高官,而是要跟上时代的步伐。"

回顾吴仪的人生旅程,可以说她在每个节点都精力充沛,似乎永远准备着随时上阵,不管面临的是何种挑战。

吴仪1938年出生在武汉一个知识分子家庭。1957年考入北京石油学院石油炼制专业。1958年,石油部要搞土法煤炼油,吴仪曾作为少数女同学代表,独自一人被派往贵州调查,其工作能力由此显现。大学毕业后,她去兰州炼油厂当了两年技术员,之后又在石油部工作了三年。

1967年,当位于北京房山县的北京东方红炼油厂(后改名为燕山石油化工公司)还是一片荒凉的土地时,吴仪作为第一批创业人来到这里。那时她刚满三十岁。作为一名女同志,工作中她打眼儿放炮,开推土机,在机器轰鸣的常减压车间里当司泵工,什么都干。记得在一次事故中,她曾被巨大的气浪弹飞了出去……

就这样,她一步一个脚印,一步一个台阶,从技术员到技术科长,最后升到副厂长。1980 年吴仪被选送到挪威经济管理学院学习了四个月。从此,她从技术工作转向行政管理工作,开始了为官生涯。之后她又出任北京燕山石化公司的副总经理和党委书记。近二十年内,她从技术员一直干到全国最大石化企业的一把手,成为全国石化系统正局级干部中唯一的女性。有人经常以敬佩的口吻说,她几乎是从男人堆中干出来的。这话一点儿不假。

1986 年,中组部对吴仪进行多次考察。在燕化深得人心的吴仪,其民意测验表上,除农业一栏画了叉外,工业、科技、文教、商业,甚至在公安和政法名下都画了对勾,有位分厂厂长半开玩笑地说:"谁让她到现在也分不清韭菜和小麦、玉米和高粱呀,否则农业她也能管。"

1987 年,在党的十三大上,吴仪当选为中共中央候补委员。

1988 年年初,她被提名为北京市副市长的候选人。这是一次难度较大的选举,十个候选人中要差额下去三个。但最后吴仪还是当选了,分管工业和外贸。由此可见中央对她能力的欣赏和信任。

在北京市副市长的岗位上还未干满一届,时任外贸部部长的李岚清就将她调至外贸部担任主持常务工作的副部长。上任后四个月,吴仪作为临时替补担任中方代表团团长,在中美知识产权谈判中一战成名。1993 年,李岚清升任国务院副总理,吴仪接替其部长职务。上任伊始,她把出口创汇作为重中之重,使当时的出口产品创下了历史最高纪录。此后她又提出了影响深远的"大经贸战略",并最终促成了商务部的成立。2003 年"两会"上,吴仪当选为国务院副总理。刚当选国务院副总理不久的吴仪即面临一场重大灾难——非典的考验,她开始坐镇卫生部处理非典防治。2007 年 8 月,她又临危受命负责产品安全整治,重塑了"中国制造"的国际形象……

走进中央领导层的吴仪,称自己少年时的梦想是当一个大企业家:"我年轻时不想当官。我最大的理想就是做一个大企业家,现在如果让我选择是当官还是当企业家,我还是选企业家。"

吴仪是有名的"拼命三郎",她办事注重实际和效率,而且是说到做到。

在燕山石化工作的时候,她的办公室内常年放着一张单人床,挂着一件军大衣。众所周知,石化企业易发事故,一刻也离不开人,吴仪戏称自己的家是"便携式"的。每逢节假日她总是尽量为别人提供方便,让公司其他领导和家人团聚,自己则留下来值班。

吴仪说从在燕山石化公司的时候起,她就养成了对消防车特别敏感的习惯,这个习惯一直带到了北京市副市长的岗位上。不管时间有多晚,一听到消防车警报响,她马上就会条件反射般跳起来了解是何处出了事故,如果需要的话,她会在第一时间马上赶赴现场。

1988年就任北京市副市长后,吴仪还给自己立下了第一年不出国、不休假的规矩,利用一切时间深入工厂、公司调查研究,掌握第一手资料。

由于工作繁重,她在担任北京市副市长后索性搬进了市政府办公楼内居住。一面屏风,将她的办公室隔成了两个天地,屏风一边是办公的地方,背后则放着一张单人床。她经常批文件、处理工作到深夜。她当时的秘书回忆,从那年3月底到7月,短短的四个月里,吴仪走访了全市三十一个大企业,并在京郊的平谷县和顺义县考察了九个乡镇企业。盛夏三伏,她到北京玻璃总厂高温生产车间里去慰问工人;为了从意大利引进一套乙烯设备,她跑有关部门一百四十八次,使事情终成正果。北京市的许多老领导对当时的情形历历在目,他们经常对一些年轻干部说:"干工作、干事业就要像当年吴仪那样。"

有一个关于吴仪"专列"的故事一直流传,更能体现出她的实干。1996年夏天,吴仪已担任了外经贸部部长,她曾跟随专供香港运生猪的"三趟快车"从武汉出发到香港,在满车的异味和闷热中一待就是十多个小时。

在20世纪90年代中美知识产权谈判过程中,吴仪那种"工作狂"的精神也给身边工作人员留下很深的印象。在西雅图国际会议期间,《国际商报》一名记者曾经这样报道过她一天的行程:从早晨8点半到晚上10点,她参加了七个活动,几乎一点间隙都没有。尤其令人难以想象的是,堂堂一名国务委员,在出访期间,由于繁忙,午餐竟是一包方便面。中美知识产权谈判是一场旷日持久的拉锯战,吴仪为此落下了失眠的毛病。为了解决国际贸易尤其是中美贸易之间的摩擦,她频频飞赴美国。吴仪后来回忆说,那时,自己的"生物钟全混乱了,从白天又飞到白天,从黑夜又飞到黑夜。还有四季的错位,从北半球的冬天,又飞到南半球的夏天"。

为了国家利益,谈判风格"铁性十足"

吴仪真正进入大众视野,始自她在原外经贸部任职的七年。那七年,正是我国对外贸易快速发展时期,她见证了这期间的风雨历程。从坐镇知识产权谈判到加入世贸组织的上百场谈判,都是她亲自操刀。

在谈判桌上,吴仪从来都是充满了信心。

1991年年底,中美双方开始进行首轮知识产权谈判。当时吴仪到外经贸部工作才四个月。谈判一开始就异常艰苦。一次,美国贸易代表、被称为国际贸易谈判圈中"铁女人"的卡拉·希尔斯表现出了极不友好的态度,开口就称"我们是在和小偷谈判"。面对美国人的无理,吴仪机敏而犀利地予以还击:"我们是在和强盗谈判。请看看你们博物馆里的展品,有多少是从中国抢来的……"针锋相对的回应令对方大为吃惊,同时对方也意识到了这个女人不简单,有些难对付。几个回合较量下来,对手卡拉·希尔斯由衷地称赞道:吴仪"既是一位国家利益的坚定维护者,又是一位态度坚韧、强硬的谈判者"。

1995年3月,中美知识产权谈判一度破裂,双方都公布了报复与反报复措施清单。后来,吴仪把美国贸易代表坎特邀请到北京,又开始了谈判,最终消解了可能要发生的贸易战。

了解吴仪的人说,她谈判时有着较强的"控场"能力,她有一种特别的敏感性,每次一到场,只要感受一下气氛,她就知道该说什么话不该说什么话。

吴仪的出色表现令对手赞叹,她在谈判中的干练和坚韧使她声名鹊起,连续拿下了几起较为棘手的贸易摩擦事件。

在很多美国政经界人士眼里,吴仪充满了神奇的色彩。对他们来说,"吴仪"这个名字等同于"事情搞定"。一直在人民币汇率问题上态度强硬的纽约州联邦参议员舒默2007年夏天访华归国时,以近乎神秘的语气对同僚说,他此行见到了吴仪。舒默说,吴仪是他所见过的令他"印象最深刻"的政府官员。他说,她是中国职位最高的女性,不是容易对付的人,是一位"真正的人物"。

在吴仪负责中国对外经贸的十几年中,是全球化从起步到高速发展的阶段,也是中国逐渐融入这一潮流的开端。在与像美国这样的经济强国的经贸交锋中,吴仪的魅力得以充分展现。"只要一踏出国门,我的爱国主义情感就特别强烈。"吴仪承认是有股子"气"在支撑着她。难怪美国前贸易代表巴尔舍夫斯基曾这样评价她:"如果有人要找一位中国的高官来赢得全世界对中国的信任,那这个人当属吴仪。同时在中国,她在党内和政府内部都有很高的威信,她是一位极其坦率的国家利益的坚定维护者。"

2005年5月,在她访日期间,包括小泉在内的日本高级官员相继在历史问题及东海问题上作出强硬表态,吴仪断然取消了与小泉的会面,提前回国,被媒体称为"强硬派"。

作为一位中国女性领导人,吴仪得到了国际社会的高度评价。2004年,美国《时代》周刊"世界最具影响力一百人"名单中,吴仪位列其中;2007年,《福布斯》评选出的"年度全球最具影响力女性一百强"中,吴仪仅次于德国总理默克尔,位居第二。

谈到这些,吴仪坦言:"我和美国交往了十六年,经历了美国五届政府。十六年来,我亲眼见证了中美经贸关系的快速发展,也亲身经历了中国加入WTO的重大事件,回顾双方经贸关系不平凡的发展历程,我确实有说不尽的感慨。"

"铁娘子"温柔的一面

有"铁娘子"之称的吴仪,亦有温柔的一面。

在生活中,她是个很懂得寻找乐趣的人。吴仪性格开朗、兴趣广泛,打网球、高尔夫球、保龄球,都被教练称为"很有悟性"。她是个垂钓高手,在中央部委举办的内部钓鱼比赛中,吴仪常常技压须眉,惹得那些男同事都说:这鱼看见吴仪漂亮,专往她那里游。她喜欢音乐,尤其爱听交响乐。她还有一副很好的女中音嗓子,闲下来时会唱上一段儿。美声唱法处理的《潇洒走一回》是她的保留曲目。在石油大学校友聚会上,吴仪曾主动拿起竹筷敲着盆碗,随着节拍唱起俄语歌曲。她在游览武夷山的时候,还曾随着当地一个茶艺表演馆里的二胡伴奏唱起民歌……

1993 年至 2001 年作为美国政府贸易代表,与吴仪交手多年的查琳·巴尔舍夫斯基对印度《经济时报》谈过这样一件往事:

1995 年中国加入世贸组织谈判进入到一个关键时段,中美间的交锋变得越来越尖锐。有一次激烈的争执连续进行了二十四小时,当中美代表会间休息时,吴仪送给巴尔舍夫斯基一条中国手工丝巾。

"那个礼物令我感动不已,小小的举动又显示出吴仪这个'女强人'的细腻和温柔。"巴尔舍夫斯基说。

更有意思的是,"铁娘子"吴仪自己还曾劝过好友要"比较温柔一些"。世界卫生组织总干事陈冯富珍回忆,2006 年 7 月 29 日,在竞选总干事前夕,吴仪在北戴河与她会面时曾在一起交流心得。"她提醒我,不要经常摆出'铁娘子'的形象,要有比较温柔的一面。"

在女性之间的"夫人外交"上,吴仪温柔的一面使她常有得意之作。2005 年 4 月,中国国民党主席连战偕夫人连方瑀首次访问大陆,成功带走了两岸水果零关税和"开放大陆居民赴台旅游"等几项大礼。后来连方瑀回忆当时的情景说:"吴仪走过来便拉着我的手说,走!咱俩在院子里走走!4 月的北京,晚上还带着凉意,我有些过敏,不禁打了个喷嚏,她说,你肯定是感冒了。我说没关系,只是过敏。我们慢慢地聊着。她带我走进一幢阁楼,话锋一转说,你得叫连主席回去想想办法,台湾的水果虽好,可是水果最讲究新鲜。如果这样一关一关地过,速度太慢了,等运到大陆都变了味,谁还买呀?这些年,大陆百姓的生活好多了,生活好了,就想到处去走走。假使能去台湾观光,肯定会有很多人去,那和观光相关的行业不就更发达了吗?我赶紧问她,如果观光客能来,他们会到哪里去玩呢?只要能去日月潭,就够他们玩的了,她说。"北京的这种善意正是通过吴仪和连战夫人的这种"姐妹联谊"传递过去的。

"我只不过是一个普通的知识分子"

20世纪90年代中期，吴仪参加某商报创刊十周年大会。台上一位领导正在代表党组发言，台下却一片喧嚣。本不准备讲话的吴仪，移过麦克风，提高嗓门儿说："这样糟糕的会场，这是对作报告人的不尊重，也是对你们自己的不尊重。"台下顿时鸦雀无声。此时吴仪仍不留情面："一个报社如此自由散漫，怎么能够办好报纸？"

1991年4月，吴仪担任了对外经济贸易部副部长。没过多久，她就点名批评了几个权力部门，"使很多干部难以承受"，有司长将状告到部长、党组书记李岚清那里。但李岚清支持了吴仪。

1999年，中央查办"远华"走私案，吴仪是查办负责人之一。案件开审前，她代表中央表示："不要怕丑，要全部审，一个也不能少、不能漏。先由高级官员开始，要敢于面对人民，面对全世界，共产党就是要动真格儿的。"

从1993年到1998年，吴仪曾担任并兼任对外经济贸易合作部部长，成为中国内阁成员中三位女性之一。那时有记者问她有何感想，她说："我从来没想当部长，现在已经是超计划了。"她非常谦虚地坦言，"我只不过是一个普通的知识分子，是历史把我推上了舞台。"

吴仪，这个一直以其坚强、爽朗的个性和雷厉风行的工作作风著称的国务院副总理，多年来，一直扮演着"救火队员"的角色。无论是什么样的问题——非典也好，盗版蔓延也罢，或者是药品、食品安全……只要出了问题，她总会被中央委派前往处理，她的能力一次又一次地展露无遗。

2003年3月，刚当选为国务院副总理一个月的吴仪，即出任处理非典疫情控制小组组长，并兼任卫生部部长。她临危受命，在中央的领导下，迅速控制了疫情，并展现了整顿官僚作风的气魄。

之后，吴仪又以坦诚的态度面对艾滋病问题，她是最早走进"艾滋村"的高官之一，担负起了十分棘手的遏制艾滋病蔓延的重任。

随后，她又出任国务院产品质量和食品安全领导小组组长等职务，在食品、药品安全，农村合作医疗等领域频频"补位"。

她在国内一向以直率和严格著称，考察地方时她一定要了解实情，不愿被蒙蔽。在一次考察血吸虫病时，她刚到基层就被一帮官员给围住了，于是她高喊："干部们退下去，农民朋友们走上来。"

2005年全国"两会"时，东北某省领导在小组讨论会上的发言被吴仪当场打断，她半开玩笑又语气强硬地说："你能不能少说些套话。"

无论在国内还是国外，认识吴仪的都说她才智非凡、坚定不移并且具有迷人的魅力。吴仪出现在任何公众场合，总是衣着典雅，花白的头发梳得一丝不乱。她的仪表着装一直是中国女性高官竞相模仿的对象。20 世纪 90 年代初，在公众场合穿旗袍的人还不多，有一次她在晚宴上穿了旗袍，于是好几个女市长马上回到房间换上了旗袍出场。对于自己的着装打扮，吴仪说："我的服装有些样式是自己设计的，然后再找设计师去做。在国内我一般不是很讲究，但有外事活动和出国，就得按外国人的习惯，参加一个活动换一套衣服。这代表了中国女性的形象，不单单是个人问题。"

　　香港立法会主席范徐丽泰说，自己最欣赏的成功女士当属吴仪，"我从报章中看到过有关她的报道，我好欣赏她的全力以赴，敢作敢为，加上她当年与各国代表倾谈中国入世的事宜，我觉得她进退得宜，有理有智"。

　　作为政治家和政府官员，吴仪以她杰出的工作业绩赢得了人们的普遍赞誉和尊敬，作为一位女性，她的"粉丝"众多，被人们风趣地形容为"老少咸宜"的偶像。

　　吴仪常常用自己喜欢的苏轼的词意表达自己的心迹："莫听穿林打叶声，何妨吟啸且徐行。竹杖芒鞋轻胜马，谁怕！一蓑烟雨任平生。"

　　谈到退休后的生活，吴仪说，她打算研究中医药。

　　眼下，吴仪已经购买了有关中药方面的书籍，在北京故宫附近的住宅中开始学习，她说自己对于大部分中药，基本能够说出其性能与功用。

　　现在，吴仪已经退出了中国政坛。她的华丽转身成为中国政坛一道动人的风景，她的谢幕留给我们的是一段又一段深长的回味……

邵华将军镜头外的故事

◎王南方

邵华(右)和母亲

这是一个悲痛的夜晚。

2008 年 6 月 24 日深夜 23 时 45 分,友人给我打来电话,说邵华部长今天走了。(比较早认识她的人都是这样称呼邵华主席,因为她曾任军事科学院大百科部副部长)尽管在此之前我去医院看望过她,我也知道她的病情危重了,但真的传来这个消息时,我先是震惊,继而落泪了。其时窗外突然起了风,天上落下了雨点,上天仿佛在和我们同哀。

认识邵部长有十多年了。由于我们杂志版面的需要,我找她要摄影作品,一来二去,我们就成了忘年交,她身边的工作人员都能从电话中听出我的声音,不需要再确认是谁了。她在北京军事博物馆成功地举办个人摄影展,我做了很多具体工作,部长很满意,让我带着当时只有三岁的女儿去她家,和她们全家一块儿共进晚餐。她身边的工作人员对我说,能在首长家吃饭的客人我们还很少看见,一般来人都请到外面饭馆吃。那时,革命老人张文秋和毛岸青老人都还健在。2002 年 7 月 11 日,张文秋老人逝世了,邵部长亲自打电话告知我,我很快赶到设在香山礼堂的灵堂向老人作最后的告别。2007 年 3 月 23 日,毛岸青老人离开了人世,部长再一次亲自给我打电话,只因当时我在英国执行公务,没能送首长最后一程。

从国外回来后,我专程到部长家中看望,感觉她明显地老了许多。那一天,她对我说:"最近有什么晚会吗?你得叫上我呀!"我说,我已经换工作了,不在原来的地方了。其实,我原本是告诉过她的,那天她还怪我:"你那单位多好,换什么工作呀!"我笑笑,她突然像是明白了似的"呀"了一声:"当领导了吧?"我不好意思地笑笑:"在您面前,我们算什么领导呀!"

邵华部长是一个很讲情意的人,1999年9月9日是毛主席逝世二十三周年纪念日。那天晚上,邵部长突然给我打电话:"今天是主席逝世的纪念日,是一千年才能遇上一次的日子,我这儿印了一点首日封,你要不要?""要!"我说上午您为什么不给我打电话呢,我陪您去呀。部长说:"你们都有自己的工作,我这儿有人陪。"事后,我去取这有着特殊意义的首日封时,细心的部长已经写好了名字,让工作人员专门为我留好了。

我为失去这样一位敬爱的长者而难过,她才六十九岁。在那悲痛的日子里,我将她平生搞摄影工作的情况作个小结,共同缅怀这位可亲可敬的老人。

端起相机为毛主席拍照

邵华将军搞摄影有些年头了。那是20世纪50年代初期,姐夫毛岸英从苏联带回一台照相机,邵华装上胶卷,自个儿琢磨,有了些兴趣。可后来因为不断地疲于忙忙碌碌的工作之中,摄影的爱好也逐渐搁置了下来。后来,邵华又开始摆弄起相机,忙里偷闲搞点儿业余摄影,一不留神就拍出了个摄影家。短短三四年工夫,她出版了四部大型画册,发表了一百余幅作品,先后在北京、深圳、广州、上海、太原等地成功地举办了个人影展,中国摄影家协会吸收她为会员。随后在中国摄影家协会代表大会上当选为主席。

与其他摄影家不同的是,邵华一搞摄影就入门正、起点高。这倒不是说她有绝对的天赋,圈里人戏称她:"谁能比得了您,您端起相机就给毛主席拍照!"

作为主席的儿媳,邵华20世纪50年代就开始在主席身边,经常为老人家拍照。是啊,在人民心目中,毛主席是神圣的伟大领袖;在世界友人心中,毛主席是中国不可多得的元首;可在邵华的眼里,主席是一位平凡的父亲。那时,邵华在主席身边,除了办公外,一般情况下都允许她拍照,不过主席有言在先:一不准将照片擅自拿去发表;二不准将胶片拿到外面冲洗。有这两条纪律摆在面前,主席想着你们这些孩子能折腾出什么来呢。邵华就偷偷地在卫生间建起了"暗房",请师傅帮忙做了洗相箱,将灯泡染上颜色,一个盆子装显影水,一个盆子装上定影水,半夜三更以如厕为由,干起了洗照片的事。初学洗相,常常不是"显"过了头,就是"定"不足打捞起来,基本上一个胶卷里很难找出个像样的相片。不过那时,邵华就开始有心收藏照片,只可惜的是,由于频繁的搬迁,加之"文革"的抄家,她拍的早期照片所剩无几。现存的还有一张主席的标准像,主席的头发还未梳理好,有多处凌乱,领口还有两粒扣子未系。面对这张本色的毛主席像,邵华曾有意请人进行电脑修改,后经高人指点,说这才是真正的文物,将军才就那么留了起来。

触景生情,邵华不无遗憾地说:"那时的科技要是有现在这么发达,照相机、录音机、摄像机能够进入普通人家,我不知能留下多少珍贵的资料!"

"三王会师"堪称"国宝"级史料

1985 年 10 月 1 日,邵华作为贵宾,被邀请出席新疆维吾尔自治区成立三十周年的纪念活动。新疆是邵华难忘的地方,童年时的她曾经在这里蹲过四年监狱,父亲陈振亚烈士在这儿为革命牺牲。一踏入天山脚下这片故土,邵华就有着一种说不出的滋味涌上心头。纪念活动那天,为新疆解放作出突出贡献的王震、王首道、王恩茂也出席了活动,他们进入贵宾休息室时,老记们就被挡在了门外。当时"三王"兵分三路,各自坐在一张沙发上,随身带着傻瓜相机的邵华突发奇想:在这个有纪念性的日子里,如果让"三王"坐在一起,照上一张像,必定有特殊的意义。邵华的心里刚开始有此想法时,也是十五只吊桶打水——七上八下的,后来一想,不管成还是不成,在他们面前,自己是孩子辈,他们不会怪自己的。于是,她就挨个儿走到跟前,讲着同样一句话:"王叔叔,我给你们合张影吧!"王震将军率先挥动着手,笑着说:"好哇,你给我们照相当然好了!"平日他们各自都在忙着工作,聚首的机会不多,照相就更甭提了。随即,王首道、王恩茂就坐到了王震的沙发上。这样,同一张沙发上,坐上了新疆遐迩闻名的"三王"。在座的其他领导一看邵华在拍合影,大家三五成群地纷纷请她拍照,整个贵宾室在闪光灯的映衬下,格外祥和。

光阴荏苒,如今,王震、王首道、王恩茂都已作古,新疆"三王"的那张珍贵合影成为"国宝"级史料。

第一次知道胶卷有度数之分

作为全国政协委员,邵华近年经常下基层搞社会调查,一来二去,她将年轻时摄影的爱好又捡了起来。既然要搞,就得正正规规地拜师学习,像模像样地拍照。她开始结交摄影圈子里的朋友。像解放军画报社的贾明祖、袁学军,海军的牟健为等摄影记者,都成了邵华家的常客。起初,邵华的镜头主要对准的是一些静态的花、草、旅游胜地、革命旧址等。有一天,袁学军对邵华说:"真正搞摄影还是要拍舞台。""是吗?"邵华并不明白，甚至一些行话她都不能理解。

那天是举行全国"桃李杯"舞蹈比赛，袁学军盛邀邵华去拍照，邵华正好有空闲。她第一次全副武装，还向人借了一部美能达变焦相机，俨然一位经验老到的摄影家，站在了现场前排中央。舞台的帷幕徐徐拉开，只见袁学军聚精会神地开始工作，手和眼不停地运动。这时在一旁的邵华小声问："光圈是多少？"袁学军看了看邵华，什么也没说。邵华又问："速度是多少？"袁学军摇了摇头。很长时间，邵华也没听到他讲出什么，当下心里觉得很奇怪："是你叫我来的，你又摆出这个样子干吗？"袁学军趁着换节目的间隙塞给将军一个四百度的胶卷。邵华还是不明白："我有胶卷啊？""你换就是了！"袁学军答道。

演出结束后，袁学军对邵华说："我没法儿跟您说，随着灯光、人物、道具、服饰的变化，焦距、速度都要变！"邵华很认真地点着头。

那天，邵华拍摄的作品全部成了废品，仅有袁学军给她的胶卷里拍了几张有用的片子。邵华对袁学军心存感激，更重要的是，她第一次知晓胶卷还有那么多的等级、优劣之分。

也就是那次，邵华被领进了舞台摄影之门，后来有人请她看晚会，只要有空她都去，有时还想着法子找节目看，在镜头里看演出已经成了她的一大乐事，一边欣赏节目，一边拍照，一举双得。

现在别人问她："你的启蒙老师是谁？"她说："袁学军。"

"对不起，刚才不知道……"

2001年年初，邵华随全国政协代表团赴韩国进行友好访问。临行前，代表团的团长知道邵华爱好摄影，就交给她一个任务：担当随行的业余记者。邵华当然乐意兼这个职务。飞机一着陆，她就抢先站到了机舱门口，不停地按动着快门。

韩国议会举行欢迎仪式时，邵华也站到了记者席上。双方领导互致问候，记者们随着领导姿势的变化，不断地抢占有利地形，邵华正好站在了前排，因为忘情地工作，忽略了给后面的记者让点位置，有一位性情急躁的老记按捺不住，上前就扒拉邵华，邵华不好意思地赔着笑脸，让出了有利地形。

中国代表团的成员都坐定后，邵华从记者席回到了贵宾席，代表团的领导逐一介绍中国的来宾，当点到邵华时，将军微笑着起身，鞠了一个躬，韩国的记者们惊讶得出了声音，大家窃窃私语："刚才她不是和我们在一起拍照吗？"而那位扒拉邵华的记者一直等到欢迎仪式结束后，专门向邵华表示歉意："对不起，刚才我不知道……"此行，邵华除了完成领导交给的当业余记者的任务，还为代表团的每一位成员都拍摄了有纪念意义的照片,得到了大家的赞赏。

看看相机摔坏了没有

2001 年 9 月,邵华到五台山地区考察工作,听人介绍,五台山日出是一大景观。邵华只要听到人们这样宣讲,心里总是痒痒的,恨不得脚底板抹油,一下子就滑到跟前去。当时,邵华住在山下的宾馆,要上山看日出必须赶几十里的夜路。六十有二的邵华激动得夜不能寐,3 点钟就叫醒工作人员,打着手电,一步一步地攀爬着山路。知情人说,日出一般在凌晨 4 点左右出现。时间一分一秒地过去了,到了 5 点,还是不见日出的影子,工作人员劝邵华:"今天可能看不到日出了,咱们下山吧!"邵华裹着大衣,坐在冰冷的石头上:"再等一会儿吧,心诚说不定能感动上帝!"大家只好等在山上。到了 6 点,一轮红日从东边冉冉升起,邵华高兴得像个孩子似的,一骨碌爬起来,端起相机,按动着快门。可惜的是那天天公不作美,一层浓浓的雾遮挡了将军的镜头,也挡住了太阳露出的美丽的容颜。

还是那年,邵华到吉林考察工作,那儿有一块尚未开垦的旅游去处,雾凇在群山中绽放,犹如仙境般,令人如痴如醉。邵华被这迷人的景色陶醉了,一不小心重重地摔在地上,工作人员忙扶起她。"我没事,看看相机摔坏了没有!"邵华边拍着身上的尘土边说,"我摔一下没什么了不起的,要是相机摔坏了,那可就惨了!"

全家人都爱上了摄影

因为邵华将军与相机结缘,爱好业余摄影,将军的母亲、九十多岁的革命老人张文秋晚年看到女儿成天挎着相机,也要仿效。老人第一次端起相机是一次外出,保姆为她安装了胶卷,心急的老人在车内就将一卷胶卷照完了,结果洗出来一片空白。后来,邵华就让保姆为母亲装好胶卷后不打开镜头盖。但这样一来,老人怎么按,相机就是不动,老人唠叨:"怎么又坏了?"就将相机还给了保姆。有一回去看演出,邵华带着母亲一起去,老人坐在轮椅上,对着舞台不停地按动快门,结果冲洗出来的照片一半是舞台上方,一半是舞台的下沿。当保姆将她拍的照片与邵华拍的照片作对比时,老人突然发现了这个问题,便肯定是相机不好,保姆对老人说:"二姨的相机好!"于是,老人见到女儿就开口要女儿的相机,弄得邵华哭笑不得。

邵华将军的儿子毛新宇平日里不像妈妈那样总是爱随身挎着相机,但他也有偶尔露峥嵘的时候。去年冬天,他随妈妈上八达岭长城旅游,回来后,他从妈妈搞摄影到长城的历史根源进行比较,写了一篇颇有质量的短文,并且拍了一幅长城风景图,很有观赏价值,毛新宇拿着自己拍的"作品"对妈妈说:"您看看,我轻易不照,照出来就是精品!"

当然,邵华将军身边的工作人员,个个都是超级摄影发烧友,说起摄影家邵华将军,人人都能侃上几段,而将军提起工作人员对她摄影的支持,更是心存感激。

吴建民在日内瓦的日子

◎王　凡

　　吴建民，中国最杰出的外交官之一。1939年出生于重庆。1961年，吴建民从北京外国语学院法语系研究生班毕业，从此走上外交岗位。曾多次给毛主席、周总理、陈毅等老一辈领导人做过翻译。1971年，吴建民被派往联合国。1995年出任中国常驻联合国日内瓦办事处和瑞士其他国际组织代表、特命全权大使。在日内瓦的近三年时间里，两次挫败西方反华提案，捍卫了祖国的利益和尊严，也使得1998年西方国家没有再在联合国人权会上提反华提案。1998年至2003年，吴建民担任中国驻法国大使。2003年6月底，吴建民离任前夕，法国总统希拉克向他颁授了"法国荣誉勋位团大骑士勋章"。这一荣誉勋位，是仅次于法国总统授予外国元首的十字勋章的全法最高表彰奖，将之授予一位离任大使，是破天荒第一次。

　　到了花甲之年，吴建民未及喘上一口气，就又担任起三个要职——外交学院院长、连任两届的国际展览局主席、全国政协副秘书长兼新闻发言人。

李鹏对吴建民说：明年的人权会议就看你的了

　　1995年年底，吴建民正式接到江泽民的主席令，结束在荷兰的大使工作，出任中国常驻联合国日内瓦办事处和瑞士其他国际组织代表、特命全权大使。

其实,对要接受的这项任务吴建民早就知道了。1995年8月,国内有关部门曾通知吴建民回国,参加在北戴河召开的使节会议。在这次会议上,中央领导与部分参加使节会议的人谈论了国际形势问题,吴建民就是在这个时候得知自己将被派往日内瓦的消息。

那天,李鹏总理请大家吃饭,并点名要吴建民和他在第一桌。那一桌是几位驻大国的副部级使节,只有吴建民例外。当李鹏到席看见吴建民时,说的第一句话就是:"吴建民,明年的人权会议就看你的了。"此时,距他到荷兰当大使还不到一年。

把吴建民派往日内瓦,是中国领导人经过深思熟虑决定的。把吴建民放到人权交锋一线,是李鹏建议的,这方面的工作一直是李鹏在抓。在任外交部发言人期间,吴建民曾多次随江泽民、李鹏出访,在近距离接触中,江泽民和李鹏对吴建民熟谙国际问题领域、透彻理解外交政策、勤于思考等特点留下较深印象。

吴建民在接受任命后,为了准备去日内瓦赴任,立刻向有关领导和国际司的人员了解了以往在日内瓦人权委员会上较量的情况,并参加了由中央外办召开的有关人权斗争的协调会。此时,他的前任金永健大使刚刚离开日内瓦。吴建民没在北京多作逗留,于1996年1月4日赶到了日内瓦。

吴建民如此急切地要赶往日内瓦,不仅仅是由于他清楚地意识到自己对人权问题、现实情况还缺乏了解,也不仅仅是感到准备的时日无多,而是在联合国人权委员会全体会议上,中国面临的处境逐年险恶。

联合国人权委员会是联合国经社理事会下属的职司委员会之一,是联合国系统内负责处理人权问题的主要机构。每年春季,委员会在日内瓦举行为期六周的全体会议。

1989年春夏之交北京政治风波后,美国等西方国家于1990年第四十六届人权会议上首次提出反华提案,发大国直接交锋之嚆矢。在会上有十一个国家和十六个非政府组织点名谴责中国,攻击之声铺天盖地。在这样的气氛下,如果就提案进行表决,通过的可能性会很大。

这时,南斯拉夫团参赞、人权问题专家伊里奇建议中国根据联合国和经社理事会议事规则,提出不采取行动的动议,将实质性问题转化为程序性问题,使那些受到西方压力的发展中国家比较容易采取支持中国的立场。

中国采纳了他的建议,并在会前对委员会许多成员国做了工作,终使巴基斯坦提出的不采取行动动议以十七票支持、十五票反对、十一票弃权获得通过。在此后挫败反华提案斗争中,中国坚持了打程序仗的做法。这个做法也得到了主抓人权斗争的李鹏总理的肯定。

1994年第五十届人权会议上和1995年第五十一届人权会议上,美国等西方国家第四次和第五次提出反华提案,中国虽然最终挫败了西方国家的反华提案,取得了胜利,但支持票在继续下滑,特别是第五十一届人权会上,中国反华提案程序战失手,实质战仅以一票胜出,形势趋于严峻。

这就是吴建民在前往日内瓦时面对的严酷现实。

吴建民问斯毕戈尔:今年还搞反华提案吗

临行前,有关领导还说了这样的话:今年日内瓦这一仗打胜了要奖励。显然,大家都把1996年的第五十二届人权会议预想为一场胜负难料的"恶战"。

1月4日到达日内瓦的吴建民,5日即向联合国日内瓦办事处主任彼特罗夫斯基(曾是苏联外交部副部长)递交了由钱其琛外长签署的委任书。6日和7日是周六、周日,吴建民已开始在中国使团内部展开工作。

8日即周一,吴建民便带领一名助手忙不迭地走出中国使团。摸清各国的态度,结识各国驻人权委员会使节,是吴建民要做的第一件事。他的拜会顺序是先发展中国家使节,后发达国家使节。

吴建民见到巴基斯坦大使阿克拉姆非常高兴,他是吴建民1971年到联合国后就认识的老朋友。他俩谈得十分投机,吴建民从中了解到不少情况。阿克拉姆热情地说:"你们今后有什么问题都可以找我。"

吴建民还拜会了亚洲其他国家及来自非洲和拉丁美洲国家的大使。在交谈中吴建民发现,随着西方利用人权整发展中国家的现象愈演愈烈,已经激起后者的强烈不满。

一位来自亚洲国家的大使在与吴建民晤谈时,说到他与许多发展中国家的大使有交往,大家对西方发达国家的所作所为都很反感,并告诉吴建民他愿意挑头召集这些国家的大使一起开个串联会。吴建民觉得能把态度相近的诸国大使聚集到一起进行沟通协商,是个很好的机会,随即对那位大使说:"这个主意好,你们什么时候开会我一定来。"

对美国大使的拜访也在吴建民的计划之内。当时的美国大使叫斯毕戈尔。吴建民与他谈得还比较融洽。

谈到最后,吴建民单刀直入地问:"你们今年还搞反华提案吗?"斯毕戈尔答道:"我说不准,这个要由华盛顿来定,我们对中国的人权问题是关心的。"

吴建民听他这么一说,就清楚了美国的意图,随之说:"本人在美国待过十年,如果你们允许的话,我带一个摄制组,到你们美国纽约拍十天,肯定可以拍出美国侵害人权方面骇人听闻的事例,你相信不相信?"斯毕戈尔马上说:"哎,哎,我们不说这个。"吴建民说:"在人权方面,每个国家都有自己的长处和短处,大家都有需要改善的地方。"

一圈儿拜会下来,已经过了三周,吴建民感到收获不小,特别是经过走访发展中国家的大使,吴建民了解到,发展中国家联合抗争的主观愿望和客观条件均已具备。

吴建民随即把组成合体设定为中国使团的明确目标。

吴建民突然灵机一动:能不能搞轮流坐庄

然而直到2月22日,那位自告奋勇挑头召集串联会的大使才来找吴建民,说他接到国内指示不能挑这个头了,因为他的国家出现了一些问题,正受到西方的攻讦,国内指示他首要任务是自保。

但那位大使也不甘心串联会胎死腹中,他话锋一转:"吴大使,这个头你来挑吧。"吴建民没有马上答应,因为,这看似简单的一个建议,对吴建民来说却是一个大难题。因为他清晰地记得,用邓小平所说的二十八个字构成的中国外交战略指导思想,其中就有"决不当头"四个字。

短暂沉思中,吴建民想到在"决不当头"后面还有四个字——"有所作为"。外交斗争要坚持原则,同时也非常讲究灵活性。联合抗争是取胜之道,但联合体不可能自然而然形成,第一次必须有人挑头起导向作用。他突然灵机一动:能不能搞轮流坐庄,轮流当头就无所谓头了。

他对那位大使说:"我看这样吧,第一次先在我那里开会,我来主持。第二次到你那里去,你主持。以后各家轮流怎么样?"那位大使认为这个主意非常好,当即就这样定下来了。

把观点和处境相近的国家组织到一起,形成合体,而且第一次会议由中国大使召集和主持,这在过去是没有过的,使团内经研究意见统一了,报知国内,国内没有不同意的表示,说明他的思路和做法得到了默许。

经过私下联络,巴基斯坦、印度、孟加拉、印度尼西亚、斯里兰卡、阿尔及利亚、古巴七国大使,于3月2日这天齐集到中国驻日内瓦的使团驻地,原定也要来的马来西亚和津巴布韦大使因故未到。

大家一致同意组成一个立场相近的发展中国家大使非正式小组,简称LMG,古巴人权专家阿方索·马丁内斯兴奋地说:"我们终于组织起来了!"

3月2日的会议还有一个重要议题,就是为了反击西方国家把人权会变成对抗的场所,使国际人权事业步入健康发展轨道,发展中国家要在会议上作序列发言。会议经过讨论最后作了分工。

多米尼加大使说:你的发言使人意识到一些以前没想过的问题

3月18日,第五十二届人权会议启幕。LMG在巴基斯坦使团驻地再次召开会议。到会的大使们讨论了翌日集中发言的时间,经讨论定在"会议组织工作"的议题下发言。大家还商量了各国发言的次序,吴建民提出中国的发言最好不要排在一开始,而应稍靠后一点。

大使们还讨论了关于协商一致原则的决定草案。这个提案的目的就是形成护卫发展中国家整体利益的屏障,要求有关国别的人权提案,必须协商一致通过。到会的九国大使当场就在草案上签了字,随后又就动员更多国家支持提案的工作作了分工。

3月19日上午,会议进入"会议组织工作"议题,十一个发展中国家相继发言。吴建民的发言,依照前一天LMG会议部署,排在几位大使之后。

吴建民发言后,前来索要发言稿的人之多出乎预料。中国使团事先打印了七十多份发言稿,结果供不应求。这表明吴建民的发言引起了较大反响,反映了人心所向。多米尼加大使在会后的一次招待会上对吴建民说:"你的发言很有说服力,其中列举的一些数字,使人意识到一些以前没想过的问题。"

十一位发展中国家大使的连续发言像连珠炮一样,一下子就显示出联合的力量,把会场的情绪带动了起来,发展中国家的与会者们都显得十分兴奋。

会场上出现的局面,使得西方国家的代表们感到有些紧张,后来他们把当时发展中国家大使相继发言的场面形容为"轻机关枪(Light – MachineGun)"。

这突如其来的攻势,是西方国家的代表们没有预料到的,因而他们毫无准备,也无暇商量对策。荷兰、加拿大、澳大利亚、丹麦四国大使随后作了发言,反击发展中国家的发言,但显得十分苍白而无力。

吴建民对李鹏说,他还不能对此战必胜打保票

第五十二届人权会议召开好多天了,可美国推动的反华提案却迟迟没有出笼,从欧洲方面甚至传来某些欧盟成员国可能不参加涉华提案的消息。

尽管从新获得的信息看,情况比预料的有所好转,但吴建民丝毫没有掉以轻心,挫败反华提案的游说工作依然在扎实地进行,他频繁地与有关国家的大使进行接触。

然而积极活动的不只是吴建民,美国方面的活动也在日益加紧。吴建民随即就听到了消息:美国已与欧盟进行了磋商,美国明确表示要继续积极推动在五十二届人权

会议上提出涉华决议。

安哥拉大使在同吴建民晤谈时告诉吴建民，美国已开始向一些非洲国家施压，他认为美国今年对非洲的工作力度在加大，提请吴建民对此保持警惕。他还告诉吴建民，一些台湾人也在对安哥拉当局进行游说。

3月29日，传来了吴建民特别关注的消息，在意大利都灵举行欧盟首脑会议期间，欧盟轮值主席国、意大利外长阿涅利在十五国外长午餐会上，宣布了继续搞涉华提案的最后决定。但有消息说，阿涅利同时还讲了这样的话："这是最后一次了，以后谁愿意搞谁搞，我反正不干了。"

进入4月以后，会议上的、暗中的角逐气氛更浓了。4月11日早晨，全身心投入人权会议斗争准备工作的吴建民，突然接到通知，要他当天赶赴巴黎。日内瓦离巴黎不远，开车就去了。到了之后他才知道，李鹏正在法国访问，想听他当面汇报人权会议的情况。

到巴黎当晚，李鹏在结束当天的访问活动后，专门听取了吴建民的汇报，钱其琛和外交部主管领导也在场。吴建民向李鹏详细汇报了日内瓦的形势和中国使团的工作。吴建民对李鹏说，他将和使团的同志尽最大努力去争取胜利，但此刻他无法打必胜的保票。

李鹏最后作出明确指示：要千方百计打赢这一仗！吴建民本来想在汇报完之后连夜赶回日内瓦，但李鹏对吴建民说第二天晚上在马里尼国宾馆要与代表团的陪同人员共进晚餐，让吴建民也参加，于是吴建民就在巴黎多留了一天。

巴黎被誉为"文化之都"，可以看的地方很多，吴建民对法国文化很有兴趣，但在巴黎逗留的那一天，他整天待在旅馆里，构思在人权会上的发言稿。

晚上，李鹏与陪同人员和随行人员在马里尼国宾馆共进晚餐，吴建民也出席了。李鹏在晚宴上要吴建民站起来，他向大家介绍说："这是专门从人权斗争第一线赶来的吴建民大使。"这使吴建民又想到在北戴河吃饭时的情景。

吴建民连夜赶回了日内瓦。

"金克尔先生大概有点儿健忘，你没有资格来教训中国人"

国别决议审议的时刻越来越临近了，交锋再度出现。

4月16日，德国外长金克尔作为贵宾到会发言，他在发言中引用了反华分子吴弘达的言论，对中国进行点名攻击，且措词比较过激。

因为事先知道金克尔发言会攻击中国，吴建民就没有到会场。会后到会的人向吴建民汇报了会议的情况。吴建民一听就很生气，随即口述了一篇答辩发言，其中有几句话是这样说的："世界在变,但历史不会变,二次世界大战期间德国法西斯犯下的大量侵犯人权的罪行永远是人类的耻辱。金克尔先生大概有点儿健忘,你没有资格来教训中国人!"

要点金克尔的名,是吴建民的意见。虽然金克尔对恢复德中两国关系做过贡献,但他的言论在会议上影响恶劣,而且反映出他内心深处对华的不友好态度。回击要有力度。考虑到德国代表团内分金克尔派和科尔派两派,为了集中打击目标,中国代表团经商议决定点金克尔名时不冠以德国外长职衔,这是中国在对西方贵宾发言答辩中第一次点名进行反击。

在中国答辩后,德国又作了反答辩,但对中国的态度变得十分温和。于是,中国放弃了已经准备好的第二次答辩,给对方留有余地。后来,经过会下的争论,德方承认金克尔引用吴弘达的话是个错误。

4月19日,西方正式向会议提交反华国别决议,中国因此一如既往地提出不采取行动动议。4月23日,将对中国提出的不采取行动动议进行审议表决。从这一时刻到来的前一天开始,吴建民进入了无比紧张的临战状态,每分每秒都被他充分地利用起来。将4月22日这一天放大来看,会让人们更直观地感觉到1996年人权之战的获胜是付出怎样的心血才换来的。

4月22日正午以前,吴建民连续与巴基斯坦大使、阿尔及利亚大使、孟加拉国的外交国务秘书等五个国家的代表团负责人或大使会面晤谈。

这天中午前吴建民还约见了几内亚人权代表团团长、几内亚大法官迪昂夫人。中午,吴建民设宴招待俄罗斯人权团长克里洛夫和外交部人权司长拉米什维利。

午宴结束后,吴建民先去见了秘鲁大使乌鲁蒂亚。下午4点10分约见了白俄罗斯常驻日内瓦使团女参赞库奇娜。同库奇娜见面后,吴建民又立即找到了乌克兰大使瓦西连柯。瓦西连柯告诉吴建民,就在十分钟前,他和美国人权助理国务卿沙托克见了面,两人进行了一场辩论。当沙托克要求乌克兰反对中国的程序性动议时,瓦西连柯反问沙托克:车臣问题十分严重,那里侵犯人权是大规模的,为什么美国不就此搞一个决议,却偏偏要整中国?

到了晚上,吴建民又约见了本届人权会议主席巴西驻日内瓦副代表萨博亚。吴建民向萨博亚询问了涉华提案(L90)何时表决,萨博亚估计是在4月23日的下午。吴建民告诉萨博亚,涉华提案是4月17日上午10点45分正式提交的,在L90之后提交秘书处的提案都已印出,而L90提案在4月22日下午5点40分才送印,到现在仍无法在秘书处取到提案正本。

萨博亚听到这一情况后感到很惊讶,他立即把主管会务的秘书叫来询问。秘书对萨博亚说,L90号提案之所以推迟印发,是应了提案国的要求。秘书走后,吴建民揭露提案国这样要求是在搞拖延战略,美国的人权助理国务卿沙托克4月20日才抵达日内瓦,需要时间对发展中国家逐一施压。当时在座的巴西使团参赞听了吴建民的话说:西方对中国都敢做手脚,对其他国家更不在话下了。

最后,吴建民对萨博亚说:中方十分重视反华提案问题,希望萨博亚发挥主席作用,尽量保证在会场上各方人员都到齐的情况下,再对涉华决议采取行动。同时,应尽量争取一气呵成,避免分为两段。萨博亚应允他会尽最大努力协助做到这一点。

"人权,人权,多少罪恶假汝之名"

时间进入1996年4月23日上午,吴建民再次找到会议主席萨博亚,告诉他中国方面拟在会议开始时提出程序问题,要求秘书处解释为何L90号提案17日上午就已提交,但到此刻还未散发。萨博亚表示同意。

下午会议开始前,吴建民又一次找到萨博亚,告诉他L90号提案英文本已拿到,中文本还未出来,但中方对下午表决没有困难。他还告诉萨博亚,据他从欧盟代表那里了解的情况,欧盟方面不打算推迟表决,美国代表团亦准备在下午表决。萨博亚答应给予合作。

就在这个时候,一个不好的消息传来,马拉维外交秘书来找吴建民说:尽管他本人极力主张支持中国程序性动议,但他刚得到国内的指示,要求他在程序和实质表决中都支持西方。

他说,这是马拉维内阁讨论的结果,美国和欧盟都向马拉维施加了强大压力。他对他无力改变这一情况感到无奈和遗憾。吴建民当即对他说可以理解。当会议开始后,这位外交秘书又从后排递给吴建民一张条子,对马拉维不得不对中国动议投反对票表示歉意。

人权委员会审议涉华提案的会议开始后,吴建民首先发言,并提出对西方提案不采取行动的动议。吴建民的发言共分三节。在第一节"谎言与现实"中吴建民罗列了一个个有力的数据,来批驳西方背离事实的污蔑。

在"搞反华提案是出于政治目的"一节中吴建民指出:"1990年以来,那个超级大国伙同一些发达国家和日本,连续六次在本委员会内打着'关心中国人权状况'的旗号搞反华决议。我们在认真思考这样一个问题:他们在人权会内搞反华提案已经失败了五次,为什么现在还要搞第六次呢?事实明白无误地告诉我们,那个超级大国关心的并非是中国的人权,而是自己的强权或霸权。他们百般攻击中国,说到底是不喜欢中国人民所选择的发展模式。我们没有接受他们鼓吹的'休克疗法'之类的药方,而是坚定地走自己的路。中国人走自己的路本是没有什么值得大惊小怪的,因为我们已经走了五千多年了。要想通过高压来迫使十二亿中国人听命于超级大国,那只能是痴心妄想,白日做梦!我在这里要正告那些坚持搞反华提案的人,不要说你们搞六次反华提案,就是你们搞六十次,中国人也照样走自己的路!"

吴建民发言后,会议就中国的动议展开辩论。一批发达国家发言表示反对,而更多的发展中国家则发言表示支持。嗣后,会议对不采取行动的动议进行了表决,结果是二十七票赞成,二十票反对,六票弃权,反华提案被摒挡在第一道防线之外。当这一结果宣布后,会场上随即响起了一片掌声,这种情况在人权会议上几乎是前所未有的。

第六次挫败反华提案,兴奋的不光是中国代表团,许多发展中国家的代表也兴高采烈,把中国的胜利视为自己的胜利。会后,向吴建民表示祝贺的各国大使络绎不绝。

发言时有人敲座位卡是很煞风景的事

在对人权问题深入思考的同时,吴建民意识到既然人权斗争长期存在,就不能仅仅把重心放在每临会期围绕议案紧张活动上,而应该在非会议期也展开积极主动的工作;在会议上针锋相对是斗争的一个方面,但更多的工夫应投注于经常性的接触与沟通。

人权委员会任意拘留工作组副主席儒瓦内是法国人,曾多次要求访华,但由于这个工作组的报告曾攻击指责中国,所以中国对他的要求一直置之不理。第五十二届人权会议后,法国大使贝尔纳请吴建民吃了饭,进行了畅谈,此后他们成了好朋友,每个月都要聚餐一次,交换情况和看法。

在一次见面时,贝尔纳替儒瓦内说情,希望中国能允许儒瓦内访华,并保证儒瓦内在访华期间不会恣意而为。吴建民考虑在第五十二届人权会后,法、德、意等国都表示不再参与反华提案,中国正在加强对这些国家的工作。而在这几个国家中,在政治上起着"领头羊"作用的是法国。现在法国对儒瓦内访华一事十分看重,从做工作出发似可答应儒瓦内访华。

另外,吴建民也想:我们总说中国的人权在不断改善,那得先让人家进来看一看,眼见为实嘛。不然,总把人家挡在门外,只管自己说,不让人家看,就难以服人,种种不利于中国的想当然的猜测就出来了。

因此,吴建民向国内建议接待儒瓦内,并做了有关方面的工作,指出让人进来看利大于弊。为稳妥起见,中方与儒瓦内商定,访问分两个阶段进行,先打前站,然后再进行正式访问。

后来,儒瓦内带工作组到了中国,还去了西藏,并在那里看了监狱实况。工作组在监狱时听见有个犯人大叫达赖喇嘛如何如何,就提出要见一见这个犯人。开始有关方面不让见,当时陪同的是外交部国际司司长王光亚,他当机立断拍板让工作组见此人。工作组见了这个犯人,一对话得知那人犯的是强奸罪,跟政治无关,说明中国监狱关的确实是有罪之人。

对于儒瓦内对中国的访问,许多西方国家持怀疑态度,认为中国不可能让工作组与犯人单独交谈,访问难获成功。没想到中国允许儒瓦内与在押犯单独交谈,这后来还成了儒瓦内炫耀的资本。儒瓦内因此得意洋洋,说了一些他看到的实情。事实证明让儒瓦内访华的决策是对的,一个诋毁过你的人,转而说你好话更有说服力。

吴建民还与联合国的人权高级专家拉索进行过交谈,后来经过吴建民做工作,拉索访问了中国,结束了人权高级专家从未置足中国的历史,增进了中国与国际人权机制的合作关系。

就是在这样的紧张工作中,时间进入了1997年。新年伊始,吴建民听到了一些好消息。1月,法国总统希拉克在会见中国副总理兼外长钱其琛后,通过其发言人向外界表示,法国在涉华人权问题上希望"以合作战略代替对抗战略"。这是法国正式公开表示不希望搞涉华提案。

但有些不那么让人乐观的信息也传来了——美国等国对在第五十二届人权委员会上的反华提案被击败十分恼怒,在第五十三届人权委员会会议期间将加强对人权委员会成员国的工作,加大对一些国家施压。在第五十三届人权委员会开幕之前,形势已经十分明确,围绕反华提案仍将有一场恶战。

对这场恶战,比之1996年,吴建民内心更从容稳健,因为他已经经历了一次恶战的全过程,发展中国家已经有了一个联合的团体LMG,特别是又经过了一年多对人权问题的深入思考,与联合国人权委员会各组及各国使节们的反复接触沟通,而且,压力也会激发人的潜能和斗志。

1997年3月11日,在第五十三届人权委员会开幕的第二天,讨论本届会议的组织工作时,发言的发展中国家代表达到了十七位,比第五十二届人权委员会议同一议题讨论时多了六位,这表明发展中国家呼应行动的势头在加强。

吴建民也在会上作了发言,再次呼吁对话,反对对抗。

然而在后来的发言中,先后有瑞典外交大臣、荷兰副首相兼外交大臣和美国常驻联合国代表理查森三人发言点名攻击中国。中国代表团按照议事规则敲座位卡打断了他们的发言,指出他们滥用了贵宾的身份,点名攻击中国是不合适的。

在对理查森的发言作答辩时,中国代表说:"美国代表有一个毛病,就是喜欢对其他国家的事情指手画脚,好像美国是世界的主宰,大家都得听美国的。他犯了一个时代的错误,世界在变,世界是属于世界人民的,不是美国的。对各国人权状况最有发言权的是各国人民,而不是美国。美国代表大概忘记了,美国当前的人权状况并不好,种族主义问题非常严重。对此,连美国政府自己也不得不承认。美国代表是不是应该多管一管自己国内的事情,还是先把自己国内的事情管好为好。"

西方贵宾都很好面子,发言后希望别人欢呼鼓掌,他们好以此为资本,提高自己在国内的地位。中国代表团敲座位卡打断发言,对他们来说是很煞风景的事情,他们感到很不舒服。

但中国的做法得到许多发展中国家的赞许,一个中美洲与台湾有"外交"关系的国家大使也对吴建民说:"很高兴看到在人权会内终于有一个安理会常任理事国站出来制止一些贵宾的过分行为。"

在中国强有力的反击下,西方贵宾纷纷修改了讲话中的涉华内容,有的事先就发言稿征求中方的意见,请求中方不要打断其发言。

两百份发言的英文稿被一抢而空

4月7日,人权会进入国别人权议题讨论。这是人权会最引人注目、政治化最厉害、斗争最激烈的议题。

有意思的是就在这同一天,中国国家主席江泽民在会见来访的法国国防部长米永时宣布,中国准备在 1997 年年底以前签署《经济、社会、文化权利国际公约》,这一行动对人权会震动很大。法国大使对中国选择在会见米永时宣布这一重要决定十分高兴,认为这说明法国主张不同中国对抗而是对话的方针是卓有成效的。发展中国家也很高兴,认为这一宣布很及时,显示了中国与联合国人权机制合作的诚意。

而在此前十一天,法国总统希拉克告诉在法国访问的中国全国人大常委会委员长乔石:法国决定不参加涉华提案国,得到了德国、意大利、西班牙和希腊的响应。3 月 28 日,法、德、意、西四国联合宣布了这一决定。法国外交部发言人强调作出这一决定,是愿与中国就人权问题进行建设性对话,不愿继续对抗。

随后,日本、加拿大、澳大利亚等国也决定不参加涉华提案国。在发展中国家联合抗争势头上升之际,欧盟的政治合作出现了公开裂痕,多年来在反华提案问题上"铁板一块"的局面不复存在。

尽管如此,日内瓦的联合国万国宫内在进入国别人权议题讨论以后,剑拔弩张的气氛却依然如故。4月8日晚,欧盟代表发言,一口气点了三十多个国家的名,其中也点了中国。

吴建民紧接着欧盟代表之后作了发言。吴建民在发言时,已是晚上 8 点多了,但许多国家代表知道中国代表要发言,都留下来听。吴建民发言的时候,会场十分安静,大家听得很专注。

吴建民的讲话在发展中国家引起了强烈的反响，中国代表团打印了二百多份英文稿，结果被一抢而空，事后还有不少人索要，不得不又加印了一些。一位拉美国家的大使对吴建民说："你这篇发言讲话把发达国家的画皮剥净了，使其现出了原形。"一位阿拉伯国家的代表后来告诉吴建民，他连夜把发言译成阿拉伯文，发往国内报纸上发表。

"你们为什么要一再从事这项失败的事业？"

当法国、德国、意大利、西班牙、日本、加拿大、澳大利亚等国相继决定不参加反华提案的消息传到日内瓦，在人权会议的西方阵营内引起一片混乱。在 4 月 4 日前的八天里，一时间竟无人敢挑头搞反华提案。

美国着急了，幕后外交活动十分频繁。就在这期间，丹麦外交大臣彼得森访问了华盛顿，继而丹麦宣布要挑头搞反华提案。

1997 年 4 月 15 日 19 点 36 分，开始审议 L91 号议题，即由丹麦、美国、英国等十五个西方国家提出的所谓"中国人权状况"决议草案。可容纳五百人的万国宫第十七号会议厅灯火通明，座无虚席。丹麦人权团长首先正式介绍该提案，他说来说去还是历年来的老一套陈词。

在丹麦人权团长发言之后，吴建民紧接着作了发言，明确提出中国代表团坚决反对 L91 号决议草案，并提出，西方一些国家说中国人权记录很糟是对中国现实的最大歪曲；西方国家一再搞反华提案的真实目的是妄图主宰中国的命运。西方国家声称中国代表团提出"不采取行动"的动议是搞特殊化，不合作，这是十足的谎言。吴建民还呼吁坚持搞反华提案的国家回到对话与合作的轨道上来。

"去年 4 月，我问那位超级大国的代表：'反华提案一败再败，你们为什么要一再从事这项失败的事业？'他回答说，他们从中国人那里学会了耐心。但是，他忘记了，中国人的耐心是在从事一项正义事业时所表现出来的耐心。中国人为了自己的解放、进步，百折不挠，不达目的誓不罢休。而西方搞的反华提案却是一个逆历史潮流而动的愚蠢的行动。时间不在他们那边，而在中国人这边。我奉劝他们还是早一点儿改弦易辙，放弃这项失败的事业。但是，如果他们执迷不悟，要继续搞下去，我们一定奉陪。他们除去一次又一次的失败之外，不会有别的前途……"

基于上述理由，吴建民提出，中国代表团动议本委员会对 L91 号决议草案不采取行动，并要求对此动议进行唱名表决。他说，这个出于强权政治的目的而炮制的决议草案的矛头不仅是指向中国的，而且是指向一切发展中国家和主持正义的国家的。最后，他呼吁本委员会所有发展中国家和一切主持正义、真正关心人权事业的国家投票支持中国代表团的动议。"因为今天发生在中国身上的事，明天就可能发生在你们的身上。"

"对其他国家发号施令"这只鞋,对中国是不合适的

在吴建民发言后,一场以西方国家为一方、以发展中国家为另一方壁垒分明的舌战随即展开。

美国代表首先对"中国人权状况"发难,并指责联合国人权委员会对此"麻木不仁"。英国代表诬称中国大使发言所依据的事实"完全是虚构的",末了还倒打一耙,指责中国"向人权委员会发号施令"。其他一些西方国家代表也发言附和美、英。

这些给吴建民的总体感觉是"底气不足、理屈词穷"的发言,引起了不少发展中国家代表的义愤,他们纷纷发言予以批驳。

阿尔及利亚代表认为,世界上任何国家都存在着人权状况不尽如人意之处,因此,谁也没有资格到处指手画脚,教训别人。

口才极好的巴基斯坦大使阿克拉姆仗义执言,对西方国家在连续六次遭失败之后,仍然提出毫无意义的同样议案,不仅感到遗憾,而且感到愤怒。他继而揶揄道:"'对其他国家发号施令'这只鞋,对中国是不合适的,应该穿在另一些人的脚上。那些向人权委员会发号施令的人不是别人,正是反复提出针对中国议案的人。"

古巴代表则质问:"不采取行动"的规则早在中国恢复联合国合法席位之前就已存在,怎么能指责中国据此提出动议是搞特权呢?!

一场舌战你来我往整整持续了一个多小时,主席台上方的时钟已经过了21点,超过了当日议事日程规定的截止时刻,然而许多发展中国家的代表仍然言犹未尽。

21点15分,大会主席最后不得不终止辩论,将中国提出的动议付诸唱名表决。结果以二十七票赞成、十七票反对、九票弃权通过。

当投票结果公布时,宽阔的大厅里立即爆发出热烈的掌声和欢呼声,比1996年的掌声和欢呼声更为响亮。许多发展中国家的代表在会场内外情不自禁地向中国代表和在现场采访的中国记者表示热烈祝贺。他们称赞中国这一仗打得太漂亮了。

吴建民对许多发展中国家代表表示感谢,对方则回答:"不用谢,支持中国就是支持我们自己,中国的胜利就是我们共同的胜利!"

北京一如既往地注视着日内瓦的这一天。这一仗应该说打得漂亮,由此引发了李鹏的感慨,他随即写下一首小诗《评人权会》:"日内瓦湖浪花滚,万国宫厅灯火明。南北论战扣心弦,七战七捷传佳音。"后来,李鹏在和吴建民见面时,把这首诗送给了他。

随后,中央以中央办公厅和国务院办公厅的名义,发文表扬参加第五十三届人权会议挫败西方反华议案这件事。以中办、国办发文形式来表扬一个外交使团,这在以

前还没有过。

没有"穷哥们儿"支持,胜利是难以想象的

在日内瓦的日子里,吴建民还促成了中国西藏歌舞团在联合国日内瓦办事处大礼堂的演出,抵制住了"藏独"分子的骚扰。在中国加入世界贸易组织(WTO)的谈判上,他给江泽民写信,阐述加入世贸组织的必要性和重要性。在 1998 年 5 月 11 日第五十一届世界卫生组织大会上,又一次挫败了台湾试图以观察员身份参加世卫组织的提案。在 1998 年初夏那一场历史上罕见的特大洪涝灾害中,吴建民还为中国得到国际救助尽了自己的一份力。

在日内瓦,吴建民与同事沙祖康等所有外交人员在联合国其他事务上本着"祖国的利益高于一切"这一原则,精诚团结,共同为祖国而奋斗,直至他于 1998 年秋天离开日内瓦赴巴黎出任中国驻法国大使。

1998 年 11 月 5 日,吴建民在中国代表团驻地举行告别招待会。各国驻日内瓦大使、联合国各机构的许多官员都出席了,现场气氛热烈,许多人真诚地向吴建民道别。

一位非洲国家的年轻代办来到吴建民身边对他说:"我一直在观察你,听你的发言,从中学到了很多东西。你维护中国的利益,态度坚定,同时讲道理也很令人信服。我也照你的办法做,效果不错,得到了国内的赞许并获得提升,我应该感谢你。"

第二天,吴建民离开中国代表团驻地到日内瓦机场准备登机前往巴黎赴任。依照惯例,代表离任时常驻日内瓦的联合国代表处会有一位礼宾司官员送行。但吴建民刚进候机楼,却看到苏丹驻日内瓦的大使易卜拉辛。

他握着吴建民的手说:"我是特地来为您送行的。中国是苏丹伟大的朋友,当西方的勘察队都说苏丹没有石油时,只有中国的勘察队真心诚意地帮苏丹勘察,为我们找到了石油,帮我们开采石油。现在苏丹的经济大有起色,没有中国朋友的帮助是不可能的。"

易卜拉辛的一番话勾起了吴建民的感慨:记得每当自己向这些国家的大使介绍中国的立场、寻求支持时,他们都会毫不犹豫地说:"请放心,中国是我们的朋友,我们肯定支持你们。"帮助是相互的。在日内瓦人权会议斗争的胜利,没有这些"穷哥们儿"的支持是难以想象的。

吴建民告别了日内瓦,他在这里度过了两年零十个月。

王毅：国台办新"掌门"

◎王建柱

一身藏青色的合体西服，一丝不苟的发型。2008 年 6 月 3 日，刚刚受命担任中共中央台湾工作办公室、国务院台湾事务办公室主任的王毅，在海协会第二届理事会第一次会议上首次亮相。他表示："在两岸关系发展面临新形势之际，我出任台办主任，深感责任重大，工作光荣，使命艰巨。我将全身心地投入到新的工作中，坚决贯彻中央确定的大政方针，恪尽职守，开拓进取，为促进两岸关系和平发展、推进祖国和平统一进程而不懈努力。"

学识超人，从知青到博士生

王毅 1953 年 10 月出生，北京市人。作为"文革"结束后的第一届大学生，于 1977 年秋考入了北京第二外国语学院。此前，他也像那个年代很多年轻人一样，怀着满腔热血在东北建设兵团戍边八年。

王毅这批大学生，是被"文革"耽误了的一代。因此，恢复高考后的这批首届大学生，其文化水平和年龄参差不齐，有着特殊性。踏入大学校门时，王毅已经二十五岁，在同学中年龄算是偏大的。

北京第二外国语学院日语系的秦明吾教授当年曾是王毅的日语教师,在他看来,王毅这批学生,整体素质都比较高。秦明吾说:"这是'文革'后第一次高考,考生有应届的,也有老三届的,除应届的外,其他人如果没有一定的积累,是很难考中的,这些人在平时的工作、劳动之余是比较注意学习的。能够考中,主要是靠平时一点一滴的积累。"

王毅当年的同学,中国科学院干部邱华盛回忆说,在兵团时,王毅和其他北京青年一样,政治上比较敏感,兴趣广泛,善于思考,关心国外的一些大事,对国家前途与个人命运颇为忧虑。这期间,王毅利用业余时间读了不少文史和外语方面的书,同时他还爱好书法。邱华盛介绍说,王毅的出身与外交并无渊源,而班里的不少同学则是"高干子弟",有几位更是出身于外交官家庭。

律师王小平也是王毅当年的同班同学,他介绍说,当时王毅在很多方面已经"成熟",他相貌端庄,举止稳重,与众不同。让王小平印象深刻的是,有一次,班上举行"实践是检验真理的唯一标准"的讨论,很多同学都发了言,而王毅的见解却与众不同,尤为成熟。

在王小平的印象里,毕业时王毅写了两篇论文,一篇是把中国历史与日本历史相比较,另一篇则是写日本语言和中国朦胧诗的比较。王小平说:"他的视野不仅仅停留在日语专业上。据说老师对此给予了很高的评价。"

王毅的毕业论文当年可谓独树一帜,中国日语界有个核心学术期刊《日语学习与研究》,王毅将论文投到那里,不久就被发表了。秦老师说:"就我所知,作为学生能在这样的杂志上发表文章,直到现在也是不多见的。他的这篇论文给老师们留下了深刻的印象。"

1982年大学毕业后,王毅历任外交部亚洲司科员、随员、副处长、处长;1989年始至1998年,又历任驻日大使馆参赞、公使衔参赞和外交部亚洲司副司长、司长。

1996年到1998年,王毅还在南开大学APEC研究中心读在职硕士研究生,获世界经济专业经济学硕士学位。至今,研究中心的老师对他印象依然深刻,"我们当时叫他王司长(亚洲司司长)。他在学习上非常刻苦认真,完成了所有课程,顺利地毕业了"。

之后,王毅又在外交学院攻读博士学位,国际关系研究所教授周启朋是他的导师。"他当部长助理的时候在外交学院读博,论文研究方向是当代国际关系。课程早就修完了,但由于工作上的原因,他还没有完成答辩。"周启朋说。

从1998年开始,王毅担任外交部部长助理,到2001年出任外交部副部长,他的外交生涯所经历的每个职位几乎都创下了"外交部该职位最年轻的纪录"。

出使日本,受命于危难之时

让王毅在世界崭露头角的是 2003 年 8 月至 2004 年 6 月的朝核问题六方会谈。作为发起国中国的外交部副部长、中国代表团团长,王毅努力聚拢各方共同商讨朝核危机,力争"谈起来,谈下去,谈出结果,谈出和平"。他出色的斡旋能力和个人风采,在镁光灯下被放大,赢得了各方面的称赞,国际声名鹊起,王毅也由此走进了公众的视线。

2004 年 9 月,王毅被任命为中国驻日本国特命全权大使。此次就任,被外界称为"临危受命"。

一踏上东瀛的土地,王毅面对的是中日两国自 1972 年建交以来出现的"严重的政治障碍"——从侵华日军遗弃化学武器伤人到钓鱼岛事件;从小泉参拜靖国神社到日本修改和平宪法;从东海油气开发主权到日本给李登辉发放签证等一系列事件使中日两国关系降到了冰点以下。出使日本的王毅深知势态的复杂以及自己责任的重大。

外交是斗争和妥协的艺术,并不总是温情脉脉。王毅深知其中的道理。"恪尽职守,报国为民,开拓进取,不辱使命。"在离京赴任前,王毅以此来描述自己的心境。

初到日本,王毅"带着满满的智慧"和"刚毅正气",给世人留下了深刻的印象。

2005 年 4 月 27 日上午,中国驻日大使王毅应日本自民党外交调查会邀请发表演讲。由于当时的中日关系陷入僵局,有些话题十分敏感,于是引起各方高度关注。这天到场的日本国会议员人数大大超过原定规模,场内座无虚席。

演讲刚告一段落,与会议员的关注点就集中在中日关系上,他们连珠炮般提出了各种问题,有的颇为尖锐甚至带有很浓的火药味。王毅气定神闲,一一应对,通过摆事实,讲道理,与百名议员展开了一场坦诚的辩论和有益的对话。

有议员提出,中方为什么如此反对日本首相参拜靖国神社?王毅说,问题的要害是那里供奉着承担侵略战争责任的甲级战犯。王毅介绍了 1985 年以来中日双方处理靖国神社问题的经纬,强调中日关系的恢复和发展是建立在日方对侵略战争深刻反省基础之上的。因此,能否妥善处理靖国神社问题,实际上已成为检验日本政府对历史的反省是仅仅停留在口头上、还是真正体现在行动上的试金石。

有些议员提出,那场战争已过去六十年,为何中方仍抓住历史问题不放?王毅指出,中国是当年日本军国主义对外侵略的最大受害国,无数家庭蒙受了苦难。时至今日,日本遗弃在中国的化学武器仍在对中国人民的生命安全造成伤害,强征劳工和慰安妇问题的诉讼仍在进行中。坦率地讲,对深受侵略战争伤害的中国人民来说,那场战争实际上并不遥远。王毅强调,中方一直主张在以史为鉴的基础上,面向未来发展中日睦邻友好,但令人遗憾的是,日本国内不断出现美化侵略的言行,一再勾起中国人民对那段不幸历史的回忆。历史问题的根子在日方,解决问题的钥匙也在日方手里。

有议员问,联合国已成立六十年,国际形势发生很大变化,多数国家赞成对联合国和安理会进行改革,中国对日本争当安理会常任理事国究竟持何态度?王毅表示,中国赞成根据形势发展变化,对联合国进行必要改革,包括扩大安理会。但具体怎么改,需要各成员国通过民主协商取得共识。现在重要的是人心向背问题,日本应以实际行动去寻求国际社会特别是亚洲邻国人民的理解和信任。

王毅无一遗漏地回答了所有问题,既澄清了许多事实,又阐明了中方的立场,这一坦诚相对赢得了全场的掌声和多数与会者的理解。一些议员最后主动发言表示,日本的确应认真反省过去,更多地考虑中国等亚洲受害国人民的感情,不能一味煽动民族情绪。王毅离席时,议员们纷纷上前握手,不少人坦诚地说,王大使的谈话很有说服力,解开了自己的一些疑惑,受益匪浅。

王毅说:"现在世界上都在瞩目亚洲的振兴。亚洲振兴能否实现,关键要看东亚合作的进展。东亚合作能否顺利推进,关键要看中日两国各自采取什么政策以及中日关系向何处去。"这番话给在座的不少日本政治家留下了深刻印象。

有些报道分析说,观察王毅在日本三年来的活动行程,体现了四个特点:一是风度翩翩,礼遇日本各界宾朋,展示了中国大使的形象;二是高屋建瓴,把握中日关系发展走向;三是滴水不漏,冷静面对日本各界复杂局面;四是新招迭出,艺术高超地推动中日关系走出低谷。

在驻日外交官中,王毅的工作最勤奋,他常常要工作到凌晨两三点钟。"王毅每天都是工作到后半夜,比大使馆的其他人都休息得晚。"大使馆的一位参赞说。

确实,三年来,在中日关系处于低谷中,王毅马不停蹄地代表中国政府穿梭于日本各界人士之间,始终站在中日关系的风口浪尖上,感受中日两个东亚大国间的摩擦碰撞,并在复杂的局面中尽力避开中日关系的消极因素,迅速寻找解决纷争的线头,凝聚中日友好力量。

2006 年 10 月,王毅力促日本新内阁首相安倍晋三首访中国,开始"破冰之旅",而且在短短的一个半月之内,安倍两度与中国国家主席胡锦涛会晤,紧张多年的中日关系有了转机。随后,又迎来 2007 年 4 月温家宝总理访日的"融冰之旅"。

温家宝访日成功,为王毅驻日大使的生涯画上了精彩的一笔。之后,国防部长曹刚川、全国政协主席贾庆林到访日本。对此,王毅也感到由衷的"欣慰和高兴",他充满深情地说:"中日关系终于走过了最艰难的时期,进入了全面改善、发展的新阶段。"

"王毅先生和中国驻日使馆的官员,为改善中日关系作出了不懈的努力并取得了成功,他们的成功是在中日关系发展大趋势中取得的。"日中友好21世纪委员会日方委员、日本庆应大学教授小岛朋之接受《中国新闻周刊》采访时表示:"这几年,中日关系经历了种种曲折,王先生个人出色表现的背后,凸显的是中日关系必须改善、中日友好不能倒退的历史趋势。客观地讲,中日之间还有很多问题没有解决。受国内、国际政治气候影响,一些矛盾还有可能会激化,但两国关系向前发展的大趋势是不会改变的。"

沟通可以改变世界

2007年9月10日,在中国驻日大使馆内举行了一场特别的招待会,大家要送别在此工作了三年的中国驻日大使王毅。近两百名在日侨胞及留学生代表与即将离任回国的王毅大使依依惜别。

面对中日关系由冷转暖这一可喜的变化,身处对日外交第一线的王毅却没有说自己有参与之功,他只表示:"我和大家一样,对此感到欣慰和高兴。"王毅在招待会上动情地回忆了他的大使生涯:"说来也巧,恰恰是三年前的今天,我背负着国家与人民的嘱托来到日本工作。当时,中日关系面临着一个严峻的局面。但我始终相信,中日两国和平共处是时代的潮流,两国人民友好相处是时代的潮流,两国加强互利合作是时代的潮流。任何背离这一潮流的言行都是不得人心的,任何背离这一潮流的势力都是不可能长久的……"王毅在演讲时难掩激动,几度哽咽。

从"破冰"到"融冰",这一切都离不开王毅的艰苦努力。其中,沟通更是王毅的长项。

在日本的三年中,王毅接触了大量的日本人。大到会议,小到社团,可以说方方面面,王毅总是想尽办法与他们进行交流和沟通。"王毅特别了解日本的想法,也坚持中国的原则,他能把中国的想法,以日本人能接受的方式说出来。"日本共同社的一位资深记者说。一次,王毅在日本防卫大学演讲时说,中国的"武"字是由"止"、"戈"两个字组成的,即"止戈为武",形象地阐述了中国传统文化"以和为贵"的内涵。

三年间,王毅作了多少场演讲,大使馆相关人员的回答是"数量惊人"。针对不同人群,王毅大使都会准备不同的演讲稿,而且他的演讲"讲得很生动也很深刻","他的日语很高雅"。

2004年11月,刚刚履新一个多月的王毅在使馆里举办了一场联谊会。客人是三百多名长期工作、生活在使馆周围的普通日本"邻居"。这是驻日使馆建馆以来首次举行这样的活动。在欢迎辞中,王毅摒弃了外交辞令,他说:"中国有句古话,'远亲不如近邻',邻里之间应该相互学习,相互帮助。如果大家需要帮助,请与我们联系。"上任伊始,王毅就让日本人看到了一位亲和友善的中国大使。

为了改善日本与亚洲国家外交关系紧张的局面,日本环境大臣精心安排了一场时装秀。这次，亲善的中国大使充当了一次特邀模特。穿着一身白色中山装的王毅在 T 台上一亮相，就引发一阵热烈的喝彩。"相貌出众，才华过人。"《朝日新闻》的这一评价，很好地诠释了王毅在日本人气颇高的原因。

王毅就是这样抓住每一个时机，利用一切机会与日本各界人士沟通交流，争取日本民众，将中国的形象展示在日本民众面前。

为了给中日关系的改善制造气氛，王毅凭借自己的人气，带领中国驻日本使馆的同事们展开"公关"活动——推动中国文化年活动的举办，向普通公众开放使馆，帮助中国艺术家搞演出、办画展，邀请左邻右舍到使馆享用中国大餐……在王毅看来，"以民促官"是一把外交利器。

"大使特别注重民间和文化交流的作用，他喜欢看高仓健主演的《千里走单骑》，大力宣传这部中日合拍的影片。大使还要我们向'韩流'学习，要在日本掀起'华流'。"中国驻日本使馆办公室的工作人员介绍说。

王毅的语言天赋也为他的公关活动加了分。"日语是魔鬼语言。"一位美国官员曾如此调侃。有人认为，日本政治家说话非常含蓄，只通过翻译，而不能用日语直接交流的话，很难把握他们真正想表达的东西。

而这些对王毅来说并不是问题。听过王毅演讲和交谈的人都知道，他精通日语，不只是会说，而且表达得也非常好，"他尽量用日本人能理解的话、能听懂的道理，来解释中国的对日政策"。

王毅之所以能交到那么多的日本高官朋友，在同事与朋友眼中，源于王毅不光是一个榜样式的领导，而且因为他人情味浓、待人真诚。

2007 年 9 月初，在王毅离任前，中国驻日本使馆网站在首页贴出了一封题为"王毅大使致厚生劳动省舛添要一大臣的感谢信"。王毅在信中写道："最近，我馆一位馆员家属突患重病，被紧急送到日本当地医院。虽然医院全力进行抢救，但病人情况仍然相当严峻，危及生命安全。我为此不得不给你打了电话。你立即与医院取得了联系……你公务十分繁忙，却对一位普通的外国患者关心备至，不仅体现了你以人为本、关爱生命的政治理念，也体现了你对中国人民的友好感情……"

这封信，体现出王毅工作的细腻。他很关心馆员。而在维护华人华侨权益、帮助留学生解决实际困难方面，他也总是亲力亲为。同时，对那些为中国公民付出努力的日本人，他也做到彬彬有礼。

王毅要求使馆工作人员为中国公民"大办好事、多办实事、快办急事、妥办难事"。这十六个字在提倡为同胞排忧解难时，也向日本民众展示了中国政府和使馆的责任感及良好形象。

新的起点，开创两岸关系新局面

2007年9月，王毅从驻日大使位置上下来后回到国内，继续担任外交部副部长之职。担任外交部副部长一职还不到一年时间，2008年6月3日，这位外交部副部长又有了新的任命——中共中央台湾工作办公室（中台办）、国务院台湾事务办公室（国台办）主任。

在随后举行的海峡两岸关系协会第二届理事会第一次会议上，王毅发表了讲话，他说在两岸关系发展面临新形势之际，出任台办主任，"深感责任重大，工作光荣，使命艰巨"。王毅希望海协会在新形势下承担起推进两岸协商谈判进程的重要使命，并表示中共中央台办、国务院台办将一如既往地支持海协会的工作。

王毅指出，今后海协会要根据两岸关系形势发展和对台工作需要，与海基会就今后协商议题和步骤作出规划，努力解决两岸同胞关心的问题，推动两岸人员往来和经济文化交流，推动两岸全面直接双向"三通"进程；并且在建立互信、搁置争议、求同存异、共创双赢的过程中，积极创造条件，寻求解决两岸关系和平发展中遇到的问题，为构建两岸关系和平发展框架而努力。

台湾《新新闻》杂志总编辑卢伯华表示，现在台海局势发生了积极的变化，台办的角色也应作出适当调整。在国台办的领导中，过去唐树备也曾是外交系统的人，但外交系统的人当国台办主任，近年来还是首次。

在外交部召开的例行记者会上有人问及，中国政府一直强调台湾问题是中国内政，这次为何由外交官担任国台办主任一职？对此新闻发言人秦刚回答："关于王毅的最新任命，这是正常的工作安排。王毅先生曾经是一名外交官，但他是中国人，是一名中国的外交官。"

6月12日晚，新任中台办、国台办主任王毅在北京钓鱼台国宾馆会见了到访的台湾海基会董事长江丙坤和海基会代表团主要成员。王毅指出，海协会与海基会在"九二共识"基础上恢复商谈，标志着两岸关系朝和平发展方向迈出了新的一步。两会通过平等协商就两岸周末包机以及大陆居民赴台旅游达成共识，为两岸同胞办了两件实实在在的好事。

就两岸关系形势，王毅说了三个"来之不易"：一是两岸关系重现光明来之不易，值得我们倍加珍惜和维护。胡锦涛总书记就新形势下实现两岸关系和平发展提出"建立互信、搁置争议、求同存异、共创双赢"的重要主张，寓意深刻，内涵丰富，高度概括了两岸之间的共识。其中，建立互信是首要。而建立互信的根本基础是反对"台独"、坚持"九二共识"。二是两会商谈得以恢复来之不易，需要我们不断向前推进。进一步加强两岸交流合作是民心所向,大势所趋,利益所至。随着两岸关系走向和平发展,两岸交流合作有望呈现宽领域和多层次的蓬勃发展局面。两会商谈的工作任重道远,大有作为。三是中华民族复兴机遇来之不易,期待两岸同胞携手共进。两岸同胞都是炎黄子孙,同属中华民族。抓住难得机遇,实现民族复兴,是全体中华儿女的共同期盼。希望我们每一个人都能承担起历史责任,积极投身到这一历史进程中去。

路甬祥:为科学家服务的科学家

◎汪祖炎

1997年路甬祥被任命为中国科学院院长。

作为新中国成立以来最年轻的中科院院长,路甬祥为我国科学事业的发展呕心沥血,立下了卓越功勋。从响应党中央"向科学进军"的号召、立志献身祖国到迎来"科学的春天";从在联邦德国崭露头角,到亲历把"自主创新"提升为国家战略、迎接自主创新时代、建设社会主义创新型国家,路甬祥的人生经历正是一部新中国科学技术发展史的缩影。

中华人民共和国诞生的那一年路甬祥刚满七岁,可以说,他是一位新中国培养出来的杰出科学家。从1964年浙江大学毕业,到20世纪90年代荣任中国科学院院长,这并不是偶然的,路甬祥是用自己的汗水和才智,一步一个脚印地走上这个崇高岗位的。

向知识进军

江浙一带人杰地灵。1942年4月,路甬祥出生在浙江宁波慈溪一个西医家庭。他的父母都是医生,在当地很有声誉,因而路甬祥较早地接受了现代医学的熏陶。作为具有现代医学技术的知识分子,父母非常重视对子女的教育与培养。他们曾多次对路甬祥说:"一个人要想在社会上立足,首先一定要好好学习,要学真本事,好好做人,做一个正派人。"父母的言传身教,深深地根植于他幼小的心灵中,并成为他一生的做人准则。

路甬祥自幼就勤奋好学,而且生活在这样一个从事医学的家庭环境中,自然耳濡目染。他把父母给的所有零花钱都用来买了各种书籍,他读过的每一册书的扉页上都写着"知识就是力量"、"为攀登科学高峰而努力"、"学习、学习、再学习"之类的格言和警句。可以说,路甬祥从小就在心灵深处埋下了科学的种子。

路甬祥后来回忆道:共和国成立时我刚满七周岁,上小学三年级。当时进行的"五爱"教育,党号召向科学技术进军,以及医生家庭崇尚知识、笃信技术等均对我少年时代的志趣和理想产生了深刻的影响。1956年我因成绩优异被保送直升至宁波二中高中部。当年暑假,因无升学考试之虑,我读了许多科学家、名人的传记和文学作品,居里夫人、齐奥可夫斯基、爱因斯坦、孙中山、鲁迅、毛泽东都是我敬仰的人物,苏步青、钱学森的事迹也使我感奋不已,立志要发奋努力,将来在科学技术上有所作为,对祖国有所贡献。

千里之行,始于足下。路甬祥初中便开始自学高中课程,高中便开始自学大学基础课程。他遵照老科学家苏步青"勤解万道题"的教导,坚持不懈,向万道题进军,向知识进军。他当时不仅学习好,而且还是个"足球迷"和"航模迷"。他是学校足球队和航模队的成员。他的蚊帐上总放满了各式各样的滑翔机的材料和半成品。手脑结合,锻炼了他的思维;手脚结合,锻炼了他的身体。这些科技、体育活动使他受益终生。

书山勤为径,学海苦作舟。如果说,1956年是他立志献身科学事业开始的话,那么1959年他以优异的成绩考入浙江大学则是他正式踏上探索科技奥秘之路的第一个里程碑。

1959年秋天,路甬祥满怀豪情地走进了浙江大学机械系。

浙江大学浓郁的学习气氛,严谨求实的校风,图书馆丰富的藏书都使年轻的路甬祥激动不已。他陶醉在走进科学圣殿的喜悦之中。五度春秋,五年苦读。他不仅完成了规定课程,还自学了"自动控制理论"、"弹性力学"、"边界层理论"等其他系的课程。他既好好学习,又好好做人。第一年是班级学习委员,第二年是团支部书记,第三年是年级总支书记。尽管这样,他依然是学校的足球队队员,依然奔跑在运动场上。

1964年,路甬祥大学毕业后留校任教,又开始了新的进军。

"文革"岁月

正当年轻的路甬祥扬起创造的风帆准备遨游于科学技术的海洋时,一场突如其来的"文化大革命"风暴席卷了全国。然而,尽管政治风浪千变万化,路甬祥始终没有随波逐流,而是坚信祖国的未来必须建立在科学技术的基础上。

于是,当许多人投身于运动,踊跃地"闹革命"时,路甬祥却和几个志同道合的朋友躲进了实验室搞科研、写论文。当许多人业务素质下降时,他们的水平却在不断地提高。他们关起门来看书、画图、查资料。他在"四清"时自学的两门外语现在派上了用场,可以方便地通读外文资料。当实验室被封门后,他和同伴们从设计、备料、冷加工、热处理,全部实验都是自己动手。就是在这样困难的情况下,他们满足了国家的急需。

至今令路甬祥颇为自豪的是他们参与开发的"恒功率超高压油泵"、"动力滑轮"等研究项目,都对当时的生产发挥了很大的作用。

此后不久,周总理公布了我国的经济海域,而我国渔业中拖网技术已不适应渔业生产的需要,无法和日本的灯光回网技术竞争。路甬祥等人又和宁波渔船厂联合攻关,经过一年多的努力,解决了高压泵油压过载的技术难关,可使载重四百吨的渔船在十级风浪中安全作业。该项目需要出海捕鱼进行试验,以检测是否达到技术标准。路甬祥等人又登上了由海军团长当船长的大渔船出海进行试验。在十级风浪中,三艘渔船相距一公里,彼此连桅杆都看不到。整整三天的劈波斩浪,试验终于成功了。

我国进行的地下核实验,原来靠手控自动钻井机挖坑道,一般需要两个月才能完成。1970年,路甬祥等人主动请缨上阵,他们刻苦攻关,研究出全液压钻井机,这项成果后来获得了国家科学大会奖。

当人们刚刚从噩梦中醒来,在丽日晴空下痛定思痛,感叹白白丢失了十年大好时光时,路甬祥却完成了多个科研项目,捧出了十几篇很有分量的学术论文和科研报告。他的成果向世人证明了"知识就是力量",证明了"科技就是生产力",证明了"有志者事竟成"。这就为他赢得了对他一生产生重大影响的机遇,为他赢得了命运中第一次转折的契机,实现了人生的又一次跨越。

路甬祥从自己丰富的科研与教学工作中总结出了一条规律:科技工作者的成长要遵循科学进步的法则,科学的进步需要实事求是的态度,以服务人类为宗旨,摒弃投机和取巧。对科学技术的追求和崇尚,使他幸运地避开了人生的暗礁,较早于同代人取得了事业上的进步与成功。

说起在当时那样的特殊历史条件下,他和同事们为何能做到"众人皆醉我独醒"时,路甬祥温和一笑说道:"那时有一个朴素的想法,觉得知识和科学技术将来对国家肯定是有用的,这个信念我始终没有动摇过。"

留学德国

机遇从天降,垂青有心人。1978年,科学的春天重回祖国大地。联邦德国洪堡基金会与中国科学院达成协议,恢复从中国青年学者中挑选访问学者颁授研究奖学金。经学校推选,路甬祥把自己的论文摘译成英文,寄送给亚琛工业大学液压气动研究所的巴克教授,并希望以"电液比例控制或容积控制"作为进修方向。五个月后,路甬祥被德方遴选委员会选中了。

出国前,中科院的一位领导语重心长地对他们说:"你们就像是一批种子,是国家挑选出来去国外学习先进科学技术的,回来后要立志在祖国的大地上生根、开花、结果。"此时的路甬祥热血沸腾,感觉到了自己肩上的责任之重。他为此赋诗一首,以表心志:"年逾三十学专长,远涉重洋赴异乡。莫道在德一孤燕,背后自有十亿人。慈母嘱托记心间,万里征途不怕难。"

路甬祥此时三十七岁,已经有了两个孩子。为了支持他出国进修,妻子刁琳琳挑起了全部家务,他的母亲也从宁波赶到杭州帮他照看孩子。

从踏上欧洲大地的那一刻起,路甬祥就感觉到了自己所肩负的使命,同时也看到了中国和西方发达国家的差距,从而更感到了时代赋予他的责任。在德国亚琛工业大学,路甬祥仅用了四个月的时间就通过了语言关,紧接着他进入了液压研究所学习。

这是一个世界上著名的研究所,到此进修的一般都是各国青年科学家或取得博士学位的人。研究所尊重个人的兴趣,头两个月不安排你做什么事情,目的是为了让你选择适合自己的项目。此时的路甬祥迸发出了强烈的工作热情。他等不及了,主动提出要做电液控制实验。导师给了他半年时间,让他先将数学模型搞出来。由于报国心切,工作中他分秒必争。德国人每天工作八小时,每周工作五天,而他每天却工作十五个小时,每周工作六天半。德国人周末外出度假去了,而路甬祥却仍埋头在实验室,多少次在实验室度过不眠之夜。一分耕耘,一分收获。他只用了两个星期就搞出了数学模型,而且是用新的原理解决问题。研究所的专家认为这是个发明,给他报了专利。从此,研究所上上下下都对他这个"红色中国人"刮目相看。

此后,路甬祥又陆续在德、美和欧洲专利局登记了多项专利,经专家多次论证复核,这些新技术终于以中华人民共和国公民为发明人而载入了技术史册,再一次引起了德国液压界的轰动。当时,即使是德国液压界公认的权威机构——巴克教授的亚琛工业大学液压气动研究所,原先五年内也只申请了两项专利,而因为路甬祥的勤奋努力工作,他们又得到了四项!

路甬祥信心倍增,乘胜前进。两年期间,他又研究出了好几项成果,这些研究成果后来被日本、欧洲的大学和工程界收入了科研教材和技术手册。一时间,鲜花和掌声纷纷投向了路甬祥。

就是这些被他谦逊地称为"小小的成就"的科研成果在当时曾引起了不小的震动,也赢得了西方人对一位中国留学生的尊敬。正是这些"小小的成就"让他在回国后同样备受赞誉。当时的国家领导人方毅副总理接见了他。更令路甬祥深感幸运的还有,他的德国导师也随他专程到中国访问,这给了他极大的鼓励。

谁言寸草心,报得三春晖。在路甬祥两年的研究生活临近结束时,他的导师巴克教授热情地挽留他,德国的几家大公司也竞相高薪聘请他留下。此时,路甬祥坚持要回国的决心毫不动摇。在德方为他举行的挽留会上,他动情地说:"我知道,二次大战后德国百分之八十的建筑物被摧毁了,可是,在战后的艰难岁月里,你们之中每个人都参加了国家的复兴。虽然一天的劳累只得到几个土豆充饥,但你们并没有跑到国外去寻找舒适的生活,这是为什么? 今天,我的祖国正处在振兴时期,也需要我回去参加'四化'建设,德国民族的爱国思想也深深激励着我要尽快回到自己的祖国去……如果一个人成功后不能为自己的祖国出力,那个人生活得再好也是没有意义的。"

1981年9月,路甬祥回到了祖国,刚回来时,工作条件等各方面都比较差。浙江大学的领导和浙江省委的主要领导同志在各方面都很关心路甬祥,为他创造科研条件。路甬祥把基金会给的一部分经费拿了出来,大家又凑了一部分外汇,从德国买来了一部分仪器设备,为回国后初期的工作创造了条件。

很快,路甬祥在初期的科研中崭露头角。他在浙江大学主持创建了具有国际先进水平的流体传动控制研究所暨我国第一批博士后流动站之一、国家教委首批开放实验室和国家重点实验室。他领导的这个实验室,不仅做得好,发展也比较快,吸收了各方面人才,引起了学校领导的关注。

1985年,浙江大学党委书记、校长刘丹找路甬祥谈话,他说,学校急需能把科研和教学结合起来的人才,希望他能出任副校长,负责分管教学管理方面的工作。当时,一心扑在科研上的路甬祥想推辞此事,但老校长的一番真诚劝说使他最终接下了这个重任。两年后,路甬祥又担任了浙江大学校长,时年四十六岁,为当时全国最年轻的重点大学校长。

于是,一心扑在科研事业上的路甬祥又踏上了管理岗位。他清楚地记得,当时教育部领导、省委领导都一直在鼓励他,希望他在岗位上学习,在学习中总结,在总结中突破。这无疑给路甬祥出了一个全新的命题。

从1959年第一次踏进浙大校园算起,到1993年就任中国科学院副院长,除去留学德国两年,路甬祥在浙江大学学习、工作了三十三年。在这里,他从一个青年学生成长为一名教育工作者、一位科学家、一位教育家。

不过,路甬祥在本质上仍然是一位科学家。

为科学家服务的科学家

诗言志,歌咏言。路甬祥在德国学习时曾写过一首诗:"登山哪怕虎,航海何惊浪。有志事竟成,贵在持之恒。博学可称道,专长更首要。入门并不难,深造路途遥。滴水成大海,万里始足下。十年如一日,成功必有望。"这首诗实际上是路甬祥人生奋斗的真实写照,是他不断进取的人生志向,是他宝贵的人生总结。

1993年,时任中国科学院院长的周光召的一封信,使路甬祥迎来了人生的又一次大跨越。周光召在信中说,科学院的研究工作需要各方面的人才来参与。就这样,路甬祥又奉命来到中国科学院,1993年11月担任副院长,一年后他被任命为常务副院长。

无论是担任科学院副院长,还是院长,路甬祥每年都会到基层去,研究并了解其他学科门类,接触工作在一线的科学家。他既是一位科学家,也是一位高层管理者。他说科学来不得半点虚假,离不开实际。因此,他从不高高在上把自己挂在空中,而是尽可能地接触最基层的实践工作。他的工作方法和行为方式,很真诚也很随和,很较真也很开放。与他共过事的人,都为他的严谨缜密、实事求是、公开透明、和蔼可亲的品格所吸引。无论是在浙江大学还是在中科院,同志们都说,路甬祥带队的集体,相处都非常轻松融洽,人际关系也比较简单。他们从内心深处喜欢这位很有凝聚力和亲和力的领导。

有人把中科院的五任领导分为相应的五个时期。从郭沫若、方毅、卢嘉锡、周光召到路甬祥,各有各的成就。作为身处共和国最好时期而且有史以来最年轻的院长,路甬祥如何统领这支科技大军? 如何为国家提供最好的技术支撑和科学保障呢?

也许"励精图治"、"呕心沥血"这些词汇都不足以形容路甬祥。作为一位工科出身的学者型的院长,路甬祥敢于开拓创新,大胆改革机构,同时又恭谨扎实地开展工作,开创了中国科学事业的新局面。

1997年,路甬祥接任中科院院长的职务。上任之初,在中央的支持下,他提出了创新工程的建设计划,得到了党中央的充分肯定和国务院的热情支持。他的奋斗目标是:希望用三四十年的时间,把中国科学院推进到国际一流的研究机构行列中去,从而推动中国的经济、社会、科技等各项事业的发展,使我国的经济、社会发展水平以及国家安全能力提高到一个新的高度。

对于路甬祥在中国科学院推行的重大改革,在美国《科学》杂志第五四四五期上,主编鲁宾斯坦作了这样的评述:他是中国科学院历史上最年轻的院长,他所进行的改革产生了一批四十岁出头的研究所所长。他的工作就是要把科学院这支科技国家队改造成为同时能服务于经济增长的研究队伍。三个重要步骤和十二年的改革计划将使中科院的一百二十多个研究所整合为八十个或者更少,并计划将五万个岗位减少到原来的一半。尽管他本人所从事的专业领域为流体力学,但他却以广博的学识赢得了中国科学院全体科学家的赞誉。

路甬祥坦言:我天分平平,靠的仅仅是勤奋和持之以恒。后来在许多场合,这句话常常被他重述。

在央视国际的一次访谈节目中,主持人的开场白说:"我们请来了一位特殊的科学家,因为我们知道路院长本人就是科学家,作为中科院的院长,有人说您是管着科学家的科学家……"

路甬祥赶忙说:"我要纠正一点,我是为科学家服务的科学家。"

主持人又说:"据我所知,您是中科院历史上最年轻的院长。"

路甬祥说:"这是因为我出生得比较晚。"紧接着又说,"但是我相信以后的院长也许会比我更年轻。"

作为中科院院长、全国人大副委员长,更作为曾经的浙江大学校长,路甬祥对教育有着毕生难以化解的情结。与他交谈中,任何一个题目,他都会自觉或不自觉地、自然或不自然地转移到教育这个话题上来。他特别关注年轻人的学习和成长。他说:"对于科学乃至科学学风而言,最好的熏陶是不断地学习,不断地学习科学前沿文化,不断地学习科学史。科学史本身就是人类不断认识客观规律,不断将未知转变为已知的过程,也是不断探索真理的过程。"他认为,科学家不能光发表文章,不能沉浸在自我欣赏之中,更不能仅仅是为了学术界的欣赏,科学家要经常想一想,自己对这个社会,对这个国家的发展,对建设小康社会的宏伟目标有什么贡献。

在2005年中国科学院院士增选结果新闻发布会上,路甬祥说:"获得院士这一崇高荣誉称号的科学家要在科学道德学风方面养成严格自律的好作风,成为全国科技界的榜样和表率。社会各界也要正确对待院士,不要邀请院士参与同他们的研究领域无关的评审活动……院士们也应有'自知之明'。"

六十六岁的路甬祥精神饱满,精力充沛,思维敏捷,侃侃而谈。他的睿智、坚定、坦诚、自信、开朗令人肃然起敬,感慨不已。

万千感慨归于淡

——许延滨将军回忆父亲许光达大将

◎陈　思

许延滨

许延滨，共和国开国大将许光达的独子，1939年5月生于延安，1959年考入哈尔滨军事工程学院导弹自动化专业，1964年毕业。1975年至1976年，参加核试验，率部队乘战车进入爆心。1978年至1979年，参加边境作战，任总参装甲兵部队前线指挥部作战参谋，战斗中光荣负伤。1983年至1989年任坦克二师师长。1989年任中国人民解放军装甲兵工程学院副院长，少将，博士生导师。中国应急管理专业委员会委员、信息战专家。

在共和国开国大将许光达一百周年诞辰纪念日到来之际，我们采访了许延滨将军，将军轻快爽朗的声音把我们一下子带回到过去的时光……

儿时父亲对我"放任自流"

父亲并没有刻意叫我做什么，也许他想让我和他一样，但他并没有说让我去做什么，或不去做什么，他对我的教育很有一套，现在想来，他的做法完全是很有目的性的。

小时候，父亲对我是放开了让我玩，在父亲有意识的"放任自流"政策下，我五六岁就开始打枪，尝试各种枪支。十来岁就开始开车，还到处闯祸。他经常不经意地带我尝试并体验各种新的东西,带我体验部队演习,甚至看最新的电影。他并未专门教我什么,他也不会对我说去学什么,他就是让我跟在他后面,看他怎么做。当时体会不到,现在回过头来再想,老鹰教小鹰的那些所有技能,父亲都在以身作则、一步一步地默默地做给我看。这是他对我的独特的教育方式。

我小时候上学不好好学,不认识几个字,成绩很差,还非常调皮捣蛋,经常搞得周围的孩子们都跟着我一起起哄打架,大人们对我都很头疼。

有一次部队在当地举行扫盲活动。父亲有一个老勤务员,大字不识一个。父亲出了一个主意,让我扫这个老勤务员的盲。我自己都大字不识几个,还要教别人,这可怎么办?而且父亲规定一天认三个字,几天后要考试,考试不及格两人都要挑水,少认一个字挑一担子水。这下我慌了,心想得赶紧事先学习识字,然后再教老勤务员。我自己这下倒是学得快了,但教老勤务员时,他却学不会,于是我就发牢骚:真笨,连字也认不了,将来不是睁眼瞎吗?将来怎么建设国家?于是,为了避免考试不及格挑水,我和老勤务员商议,说如果考试不及格,他就把我的水也负责挑了。后来勤务员告诉我,母亲知道后气得一塌糊涂,而父亲却笑呵呵地说:不错不错,学会人和人之间的交际了。

还有一次,那是到北京后,我学习成绩仍然很差,不及格是常事。一次考得实在不像样,我怕母亲生气打我,于是自己买了涂写灵,自己给自己改了分数。母亲一眼就看出来了,少不得一顿狠揍。父亲当时站在远处装作没听见。看打得差不多了,就慢慢踱过来,对我说:怕挨打就要改分数啊?你这样不行,你要改,改得让你妈妈看不出来才算本领。

父亲就是这样,他是一个军事家,他在用他的军事思想来对待生活中的小事情,似乎有悖情理,实则很有哲学味道。他说我要改得妈妈看不出才算本领,看似在鼓励我改分数,实则在反证我的本领不高。也是因为十二三岁就开始开车,又在当年父亲的生活环境当中,慢慢地,就喜欢车了,大学期间,自然而然地就转到坦克上去了,进入这个和父亲一样的领域里。

少年时期父亲的"音乐"启蒙

父亲身上有许多东西在我少年时期都已影响到我。虽然当时没有感觉,但日后的事实证明这种影响根深蒂固,对我以后的事业帮助很大。

我读初中时,发现一个很特别的现象,就是父亲在看起来很累很累的时候,却喜欢跳跳舞。那时,父亲常常周末去跳舞,并且捎上我。而当时我并不喜欢跳舞,而且看着男女抱在一起还觉得不太好。但父亲却跳得泰然自若,并且说:一个人连跳舞都不会,别的事什么也做不了。还说跳舞是世界上最简单的事情。他问我:你喜欢看阅兵吗?

我说:喜欢,阅兵多整齐,多漂亮呀。父亲说:你看到那些走得不好的了吗?有的人走没走样,站没站样,知道是为什么吗?因为他们没有节奏感。跳舞讲节奏啊,这就是音乐。你一跳舞,就懂节奏了。

我当时觉得没这么玄乎,但后来在我的军队生涯中,当团长、当师长,在我训练部队的时候不自觉地就用上了父亲的这一套。包括到我的部队体验生活的北京电影学院的学员,我全都用最简单的办法,就是父亲这一套,所有的训练都用音乐来训练他们的步子,他们就自然而然地形成了统一的规律。平时,很多人训练时,总是喊口令:一二一。但张三喊一个节奏,李四喊一个节奏,每个人的节奏不一样,就成不了一个体系。共和国建国三十五周年时,邓小平第一次阅兵,我的部队参加阅兵训练,我也是按照这个简单的方法,不到一个月的时间就训好了。

记得那时父亲有一个破留声机。父亲喜欢音乐,时不时地放《命运》、《悲怆》、《欢乐颂》等。当时我也不懂,但突然有那么一天,我发现了一个有趣的现象,就是我能通过当天父亲听的音乐知晓父亲的心情。他听《欢乐颂》,听《拉姆斯基进行曲》时,心情就好,听《悲怆》时心情就黯然。后来上音乐课,懂了音乐原理,突然之间就对音乐有了感觉。最后到我搞军事学的时候,对信息化战争,对未来战争中的合成战斗进行研究时,就很巧妙地用了一个例子,合成战争就相当于一个大的交响乐团,最高指挥官就相当于交响乐团的指挥。指挥要了解乐团中的每一个乐器和乐手,要有一个优秀的作曲家的好曲子,然后他把作曲家的思想淋漓尽致地表达出来。战争打得好与不好实际上就是交响乐的和谐问题。我的这些感悟,现在想来全是父亲给我的启示。

父亲对家人相当"冷漠"

我现在再怎么回忆,在和父亲相处的那些时候,他对我怎么怎么好,没有印象。感到的都是他对自己家人的"冷漠"。

延安保卫战时,一次,庞大的部队埋伏在一个地区准备搞一次大规模的袭击,司令部隐藏在一个小山村。父亲陪着彭德怀检查部队的准备情况去了,司令部的其他人都在忙里忙外,各司其职。我没什么事做,就到处瞎逛,逛到了警卫班,看到警卫班的宿舍墙上整齐地靠着一排枪,就随手拿了一支出去了。一出门看到山坡上有一只山鸡,我就地趴下就是一枪。枪一响,山鸡飞了,没打中。当时我并没有意识到什么。结果整个部队却紧张起来,立刻戒严了。以为是敌人来了,或者是暴露了。我看到山鸡飞了,就提着枪往回走,却看见警卫员们都拿着枪到处跑,觉得挺好玩,以为又有什么新鲜事儿。父亲的警卫员跑来看见我拿着枪,上来夺了枪,提溜起我的衣领子往回走,路上碰到了彭德怀,说:就是他打的,就是这小子惹的事儿。彭德怀一看是我,就把我拉回他的屋里,问:你在搞什么? 我说:我在打山鸡呀。你打个什么鬼山鸡呀! 彭德怀说完就出去了,并交代警卫员看着,哪儿也不许我去,关我禁闭。不久,彭德怀转回来了,对我说:看来今天许光达要辕门斩子了。我这下害怕了,那时我整天跟着爸爸和彭德怀他们听京剧,当然知道"辕门斩子"是怎么回事儿。越怕越有的怕,彭德怀带我去吃饭,一出门就看见了父亲。父亲的眼睛瞪得很大,我就拼命往彭德怀后面躲。到了吃饭的地儿,我也不敢坐,就站在彭德怀旁边。父亲一句话不说,这时彭德怀说话了:你这个家伙枪法不行,打的什么呀。好好跟你爸爸学,你枪法要好点儿,我们今天吃饭就改善伙食了,有山鸡吃了呀。周围人都笑了。我这才算逃过了一劫。

父亲就是这样,从来也没有打过我,但我却很怕他,他一个眼神看过来,我就知道自己是否做错了什么事。

父亲对我如此,对自己的亲戚也是如此。父亲从 1928 年离开老家之后,直到 1949 年初才在军委的催促下回到阔别二十多年的故乡,仅仅陪年迈的祖父母住了十多天,就匆匆返回部队。但在这十多天的时间里,家乡的亲戚们每家每天都有人来到父亲这里,提出各种要求,大多是希望这个当了大官的亲戚为自己家里的人在北京找一份工作。亲戚们的人伦亲情无法拒绝,但原则必须坚持,于是父亲给亲戚们开了一个会,正式给了他们一个说法:你们谁也不能去北京。我谁都不管,因为我是共产党的官。但是,我可以保证供你们每一家一个孩子上学,从小学到考大学,我都负责。大学考上了,我还负责学费,直到毕业工作。如果考不上,那不要怪我,我不再管了。要求找工作的,我一个都不管。亲戚们觉得这个当大官的亲戚很冷漠。但从此以后,父亲供了九家亲戚九个孩子上学,一直到"文化大革命"他含冤去世。

现在回过头想一想,我觉得父亲的这种做法其实是一种真正的温情,他认为对乡亲最大的亲情和帮助是培育下一代。

父亲的宽容谦恭影响我一生

在我的印象中,父亲对别人总是虚怀若谷,宽容谦恭。

1963 年夏天,父亲住进解放军总医院例行体检,医生计划为他的沙眼进行手术治疗。这对一般人来说是一个很简单的小手术,但要对大将的眼睛动手术,就显得非同一般。医院经过研究决定让该院眼科主任、一级教授张福星亲自动手术。

张福星教授当时已经六十多岁,在给父亲的眼睛做手术时,尽管他很小心,但还是碰伤了角膜,父亲的眼睛顿时红肿起来。

这事惊动了中央保健局,在那个阶级斗争这根弦绷得紧紧的时代,这事非同小可,为此中央保健局有三条指示:一、许光达立即转到北京医院治疗;二、写出事故报告;

三、调查主治医生背景。

　　但是父亲却在回答中央保健局的指示中也提出了三条意见：一、不转院，仍住解放军总医院；二、请张福星教授继续治疗；三、不追查责任。

　　出了事故，张教授的思想压力很重。新中国成立前，他在上海开过眼科诊所，有不少亲属家居国外，新中国成立后他受聘在上海第二军医大学任职，后来被调入解放军总医院工作。父亲想到张教授有心理压力，就请张教授一家来家里吃了一顿饭，宽慰了一番，使张教授感慨良多。但父亲眼睛红肿，疼得厉害，睡不着觉，可他又不愿深更半夜打搅医生和护士，就忍着疼痛在室内来回踱步。当值班护士半夜查房，推开房门看到父亲手捂着眼在室内不停地走来走去的情景时，都忍不住流下了眼泪。这件事在整个医院传开，父亲的宽容感动了很多人，其中包括在解放军总医院当主任的我的岳父。

　　后来，在张教授的精心医治下，父亲的眼睛终于治好了。他说：医院的专家们为我们治病是尽了全力的，要对他们绝对信任才行，有这样或那样的疏忽是难免的，何况专家们年纪又那么大了，怎么能怪他们呢？如果你们保健部门一插手，问题就复杂了，以后人家还怎么工作？

　　父亲就是这样，对别人总是想得极为周到。他的普通话不是很好，但是他会很多方言，全国各地的地方话他都会说，他会当着不同的人说不同的语言。他说，战士们来自五湖四海，讲着不同的方言，他们远离家乡远离亲人，出了门最想听到的就是家乡话。如果你跟他讲他的家乡话，他会想：你是我的最高长官，你还是我的老乡。他一定会给你讲许多他的真心话，你也会成为他真正的朋友。父亲的这些行为深深地影响着我，在我带兵的时候，沿用了父亲的这一方法，收益良多。可以说，父亲的人格魅力不仅感动了别人，也影响了我的一生。

　　中国的先人们毕生追求中华古训的做人原则，要"立德、立业、立言"。我的父亲一生保持了天真淳朴，一生追求无愧于心；追求为社会、为国家、为抚育自己的后人做能做的事，尽能尽的心。母亲辞世前的嘱托是：她有生之年来不及带领子孙四代给父亲做百年诞辰的祭奠，她一生的储蓄两万五千元，拿出一万元交最后一次党费，余下的给父亲出本书，就印一百册，送给战友、老部下和子孙后代留个纪念。今年是父亲的一百周年诞辰纪念，我的心情用"感慨万千"来形容是不为过的。但百感交集归于淡，用我的妻子曾正魁的话来说就是：人生不过就几十年，我们能在浩劫的年代里被父母调教得珠联璧合地走出来，保持了人格，算是立德吧！四十年来也尽了力，尽了心，算是立了个小业。我现在再为父亲百年诞辰纪念做点实事，我的一生也就足够了！

《名人传记》佳作

名流沧桑

历史不是枯燥的文献
历史是亲历者鲜活的个人记忆
私人生活中刻骨铭心的爱与痛、甜蜜
与痛楚
与时代的洪流碰撞
才能向我们展示出精彩丰富的
历史细节

亲历历史

怀念父亲王弼时和他的生死战友　项英之女项苏云回
忆录　邬吉成：我所经历的 1976 年　胡福明追忆真理
标准大讨论　金默玉回忆姐姐川岛芳子　润麒目睹清王
朝最后落寞的背影

怀念父亲任弼时和他的生死战友

◎任远志

任弼时和家人在家中

　　我1931年在上海出生,而父亲在我出生七天前被调往江西。我出生不到一百天便因叛徒出卖同母亲一起坐了牢,后被组织营救。母亲为了我能得到更好的照顾,把我送回了湖南老家,我在老家一直待到十五岁。1946年7月11日,父亲派人将我和妹妹远征接到延安,我第一次见到了父亲。1950年10月27日,父亲因病溘然长逝,时年四十六岁。尽管这一生中,我从认识父亲,到父亲病逝,才仅仅四年三个月,生活在一起的时间屈指可数,但父亲的教诲让我受益终生。他为党、为人民忘我的工作精神和艰苦朴素的生活作风影响着我;他和他的亲密战友的温暖友情,还有我亲眼目睹的他们的生死情谊,更是激励我一生的宝贵精神财富。

和父亲在一起的日子

　　我清晰地记得第一次和父亲见面的情形。母亲带我进了延安城,在新市场——延安唯一的大街上,一辆中吉普在我们对面停下来,母亲忙告诉我:"快,去叫爸爸,那个刚下车的人就是你爸爸。"我看到爸爸果然像人们告诉我的那个样子,只是觉得他那身灰布军装不那么合体。我快跑几步,真想大声呼唤十几年来默默想念的爸爸,可终因从未叫过爸爸而没有张开口。这时,父亲伸出双臂,把我拥进他宽阔的怀抱,连连说道:"大女儿!你回来啦!大女儿,你回来啦!"

我扑在父亲的怀里,流着幸福的眼泪,感觉到自己再也不是孤儿了。我和别的孩子一样,有亲爱的爸爸妈妈。当时,一种从未体验过的幸福感油然而生。

当年,父亲把我送到延安中学读书。我们全部住校,吃延安当时规定的三种伙食标准的最低档。一次,我生病了,好几天吃不下饭,我的同学——刘少奇的儿子刘毛毛就向食堂要了点儿面粉和盐,煮成糊糊给我做"病号饭"。学校把我生病的情况通知了父亲和母亲,请他们接我回家治疗。可是父亲既没有派人来接我,也没有派人来看我。我很不开心。星期六,父亲派人接我回家了。一见面,父亲看我真的是病了,心疼地说:"我还以为你不习惯陕北的生活,吃不了苦,所以你的老师通知我时,没有去看你、接你,原来你是真的病了呀!"我这才明白了父亲的良苦用心,怨气一扫而光。这次,父亲留我在家里休息了几天,我身体好一些了,又马上让我回学校去,并嘱咐我说:"要能吃苦,要好好锻炼自己,要努力学习,长大了才能为国家做事,为人民服务。"

我们搬到北京后,全家团聚了,尽管我们姐弟仍旧在学校住宿,但每周六都可以回家。这一段父亲给我留下最深刻的印象是他对我们进行的艰苦奋斗、勤俭建国和刻苦学习的教育。

家住景山东街时,住房是有电灯的,一搬来,父亲就告诉我们"人走灯灭",并在每个房间电灯开关处写上"人走灯灭"的字样提醒大家。至今我仍未改这个习惯,并以此教育自己的子女。

有几次,母亲让我和妹妹把破旧衣服拿出来打袼褙做鞋底用,父亲走过来一一翻拣着,拿起这件说,领子破了可以缝缝,拿起那件又说,这件袖子可以补补穿,还时不时地自语:"新三年,旧三年,缝缝补补又三年嘛!"结果,我们那几件破旧的衣服总是挑来拣去舍不得毁掉。

受父亲的影响,读书时,我从不主动向母亲要一分钱。有时父亲和母亲忘记给我车票钱,我身上有三分钱就乘三分钱的车,其他路程就步行,遇上一分钱也没有时,就全程步行。成家后,经济比较紧张,我带着孩子度过了最艰苦的时期。国家还没有提出废水冲厕所时,我就用废水冲。这些好习惯,我又传到了孩子身上,孙女身上。我的儿子小时候穿旧衣服,军事博物馆的同事问:"你妈妈怎么把你打扮成这样?"儿子骄傲地答:"我向雷锋学习。"我的孙女考大学时,非要到湖南去读书,去她太爷爷生活的地方。

亲密战友毛泽东黯然扶柩

我第一次见到毛主席是 1946 年 7 月 11 日，也就是我到延安的第一天。因为我不是孤儿，我也有爸爸妈妈啦，我高兴得实在吃不下饭，就独自跑到院子里四处张望。就在这时候，毛主席走到我身边，用浓浓的湖南腔问我："你是谁的孩子，你叫什么名字……"我刚回答完，父亲就从大礼堂走出来，看到我和毛主席对话，三步并作两步走到我们跟前，对我说："大女儿，我们延安有个毛主席和朱总司令，这就是毛主席，快点叫毛伯伯呀……"我很有礼貌地叫了一声毛伯伯。毛主席抚摸着我的头嘘寒问暖："你就是你爸爸常念叨的大女儿呀，一路很辛苦吧，这些年想爸爸妈妈了吧？"

后来到了王家湾，每次走过毛主席、周副主席他们办公住宿的地方，父亲都再三叮嘱我和妹妹："这里是毛伯伯、周伯伯他们办公的地方，为了解放全中国，任务很艰巨、很辛苦，要保证他们休息好，才能有充沛的精力工作。你们住在这里千万不要大声讲话，更不能随便打闹，走路时，脚步一定要放轻……"

父亲不但这样告诫我们，他自己更是十分注意。有时，早上起得很早，他唯恐影响别人休息，索性就从我们住的窑洞窗口爬出去。当他要咳嗽时，忍得住，就走到离窑洞远远的地方咳嗽；实在忍不住，就用毛巾捂住嘴。父亲的行动深深地影响着我们。

父亲是新中国成立之初中央领导层中第一位倒下去的创业者。我亲眼见毛主席满面戚容地扶柩送父亲西行。

他们曾是"校友"，但他们更是政治上的同志。在为了一个共同的革命目标而奋斗的几十年中，他们追求真理，服从真理。他们有过认识上的分歧，也有过激烈的争论，但更多的是统一认识后的全力相互支持。他们在为党和人民的革命事业拼搏的年月中，建立了深厚的革命友情，成为亲密的战友。

1949 年，新年伊始，北平解放了，新中国就要诞生了，但年仅四十五岁的父亲动脉硬化、糖尿病及脑供血不足等病情却更加严重了。4 月，中共中央书记处决定让父亲休息养病。

毛主席非常关心父亲的健康，在指挥解放全中国的伟大进军中特派专人给在玉泉山静养的父亲送来一缸金鱼，并附函：

> 弼时同志：送上红鱼一群，以供观览。敬祝健康！毛泽东。

新中国开国大典后不久，毛主席专电斯大林，商量父亲去苏联治疗一事。父亲赴苏前，毛主席专程来我们景山东街的家中送行，并再三叮嘱父亲安心治病，尽早恢复健康。

这年年底，毛主席赴苏访问。当时，父亲正住在克里姆林宫医院。毛主席到医院检查身体，并看望了父亲和其他在此治病的同志。1950年年初，当父亲转到莫斯科郊外巴拉维赫疗养院后，毛主席又一次专程去看望了父亲。当苏联医生告诉他父亲的血压已有所下降时，他高兴地握着苏联医生的手说："好得很！好得很啊！我代表中国人民谢谢你们！谢谢你们！"

一天，父亲征得医生同意，离开疗养院去看望毛主席。毛主席一心想让老战友换换口味，特吩咐厨师除做两样不放盐的菜外，还准备了一盘湖南家乡风味的辣酱烧黄鱼。可当毛主席听说医生不允许父亲吃刺激性的食物时，便又把那盘鱼端得很高，还幽默地说："对不起啦，弼时，不是我不让你吃，而是医生的话我不敢不听啊！"父亲两手一摊，作出无可奈何的样子摇摇头，会意地笑了。

饭桌上，父亲向毛主席建议，应该赶快派一批有较高政治觉悟且有实干、苦干精神的青年到苏联来学习，培养建设新中国的各类专家。

毛主席很赞赏父亲的远见卓识。他不无风趣地说："今后的大规模建设，没有技术专家是不行的，是得派人来取经。过去唐僧到西天取经，一路上骑的是毛驴，吃的是粗粮、野果。也没有人欢迎接待，还要同妖魔鬼怪们斗法，好艰难啊！现在我们派人来取经，有飞机坐，吃黄油面包，还有专人欢迎接待，碰杯祝酒，舒服得很哩！告诉那些来学习的娃娃，要学习唐僧那种坚韧不拔的精神，还要学习孙大圣那种战胜一切困难的精神，那他们就一定能取到真经。希望寄托在他们身上啊！"

1950年5月底，父亲从苏联返回北京。本应继续静养一段时间，可是他却怎么也躺不住。经毛主席同中央商议，同意父亲每天工作四小时。但是，真一恢复工作，父亲就把病情抛到脑后，先是把工作时间增至每天五小时，后又要求医生增加到八小时，而实际上每天他往往工作八小时以上。

对父亲的去世，毛主席十分悲痛。父亲逝世的第二天，中央即成立了以毛主席为首的治丧委员会。这天上午9时，毛主席来到家中亲视父亲入殓，并亲自扶柩，前往劳动人民文化宫。

毛主席亲笔题词："任弼时同志的革命精神永垂不朽！"

毛主席还亲笔题写了墓碑：任弼时同志之墓。至今刻有毛主席手书的那七个大字的石碑，仍赫然立在八宝山父亲的墓前。

生死之交周恩来掩面号啕

我这一生见过周恩来无数次，并有幸在解放战争中转战陕北时与他和父亲同住在一孔窑洞里。我曾为他们消灭蚊子、烧死臭虫;我生病发烧,他亲自为我用冷毛巾敷头降温。我熟悉他温文尔雅的亲切微笑,习惯他叱咤风云又镇定自若的伟岸气魄……但是,在我二十岁那年的 10 月 27 日,我却亲眼目睹了他震撼山岳的情感爆发——掩面号啕,当着我们这些晚辈!

那是父亲逝世一周年的日子,母亲和我们都还没有从父亲去世的悲痛思绪中解脱出来。周恩来——人民共和国的总理,从日理万机的繁忙中抽出时间自己来到景山东街我们的住所,看望母亲和我们。他和母亲亲切地握手,又拉着我们几个孩子,看看这个,摸摸那个,坐在沙发上,就像二十几年后身患癌症时他斜靠沙发背,左手放在扶手上人们熟悉的姿势一样。他安慰着母亲,又叮咛我们,回忆着父亲的过去。我站在一旁,专心聆听,没有抬头地默默垂泪,只听他的话语夹杂着难以抑制的哽咽。突然,我被他放声号啕的哭声震惊!我真不敢相信,一贯善于抑制自己的周伯伯会号啕大哭!老实说,这是我一生中见到的唯一一次男子汉的大哭,有谁能相信,他竟是人们敬爱的周总理! 见此情景,我真为他担心,就控制着自己的悲痛,扑到周伯伯身上帮他擦眼泪,连连喊着:周伯伯别哭了! 周伯伯别哭了! 安慰他,却又不知说什么好。我的小弟也拉着周伯伯的手大哭起来。我母亲毕竟是大人,他们又是老战友,她急忙擦干自己的眼泪对总理说:"不要这样,不要这样伤心,国家大事那么多,要注意自己的身体……"

周恩来与父亲,作为一代中华民族的脊梁,他们有着极其相似的少年的追求和中年的奋斗经历,在为了实现共同理想的拼搏中,他们几十年间生死之交的那份战友情是无以言表的!

在寻觅振兴中华的道路上,他俩曾像平行的航船,挥手相望。"五卅"、"北伐"、"四一二"、"七一五"……他俩在不同的岗位上为中华民族的解放浴血奋战。

抗战开始后,中国共产党领导的中国革命进入了一个新阶段:从反蒋抗日、逼蒋抗日到联蒋抗日,从苏维埃革命转变为抗日民族统一战线的这一状况,共产国际曾给予很高评价。但国共两党二度合作后的具体情况和出现的新问题,共产国际却不甚了了,对各兄弟党及世界爱好和平人士也需要宣传解释。为此,1938 年 2 月 27 日,中共中央召开政治局扩大会议,决定派父亲去莫斯科承担向共产国际报告的使命。3 月 5 日,父亲偕母亲一起离开延安,前往莫斯科。

1939 年 8 月,周恩来因右臂骨折治疗效果不佳,有成残疾之虞。中共中央决定让周恩来赴莫斯科治伤。9 月中旬,周恩来一行抵达莫斯科。分别一年多,两人在异国重逢了。周恩来一见父亲,便大步上前紧紧拥抱,连声问好。而父亲,首先注意的是周恩来屈伸困难的右臂。

"很痛吗?"父亲握住周恩来的左手,关切地询问伤势。

"没什么关系。"周恩来微笑着回答。

父亲叮咛周恩来安心养伤。可是永远闲不住的周恩来怎能老老实实躺在病床上呢？除了必要的治疗，他马上开始了工作，在病床上还和父亲联名致信阿米拉夫，反映八路军培养军事技术干部学校的困难。

在医院住了两个多月，12月下旬周恩来出院。这一时期，他与父亲分工合作，他负责为共产国际撰写《中国问题备忘录》；父亲一边与驻共产国际的各国代表团联系，争取他们对中国抗日战争的广泛的同情和援助，一边做回国准备。

工作空闲，是两个战友、两个家庭及与其他旅莫斯科学习的同志相聚的绝好机会。至今我家还珍藏着三张那个时期他们的合影。

有一张是我最喜爱的，并常常翻出来细看。那是一张呼之欲出的父母和周恩来、邓颖超夫妇四人合影。父亲与周恩来分立两侧，母亲与邓颖超并肩站在中间。邓颖超微侧身躯，右手亲切地搭在个子稍矮的母亲肩臂上，四张含笑的面庞留下了永恒的一瞬。特别是周恩来，虽着深色的西装，却难以遮挡他精明干练的朝气；恰成比较，一袭浅色西装的潇洒同样无法改变父亲的谦虚与稳重。

父亲是中共中央驻共产国际代表团负责人，因身份特殊，回国途中恐出意外，他们决定：凡秘密文件，甚至父亲个人的东西都交周恩来携带。因为周恩来在国共合作中有公开身份，抗战爆发后被国民政府任命为军事委员会政治部副主任，中将军衔，过境时在两国都有豁免权，不受检查。这样，共产国际执委会主席团对中共代表报告的决议、父亲负责与共产国际联络的电讯密码等机要材料，都由周恩来带在身边的小皮箱内。

1940年2月25日，父亲和周恩来、邓颖超夫妇等一行九人，乘火车离开莫斯科回国。

此后，周恩来往返于延安与重庆之间，奔波于统战前线；父亲则一直在延安担任中共中央秘书长，过起了延安党中央这个"大家"的日子。直到抗战胜利，内战爆发，父亲和周恩来才又相处在一起。

1947年3月，胡宗南进攻延安，中央撤离。当时，中央书记处五人分两地，刘少奇、朱德到华北领导全国土改和建设根据地。毛主席、周恩来和父亲三人留在陕北，指挥全国解放战争，开始了在陕北的转战。

还记得父亲当笑话讲给我的一件事。

一段时间，中央机关住在王家湾，父亲和周恩来的窑洞是里外间。清晨父亲起得早，常去营房和马号附近转转，为了让周恩来不受惊动多睡一会儿，他不走过道，而是小心翼翼地打开自己窑洞的小窗，从窗口跳出去。

一天早上，他又从窗口跳出去了。周恩来醒来，看看窑洞门没开，以为父亲还在休息,便轻手轻脚地穿衣下炕。突然,要咳嗽了,怎么办,周恩来紧皱眉头,用手紧捂着嘴巴,急忙走出门去,直到距窑洞十几米处才低低咳出声来。不想咳罢抬头,正见父亲远远走回,两人相对一愣,即默然会意。

今天回想起这件小事,我只觉得父亲和周恩来有一个共同的特点,那就是他们都是一事当前先替别人打算。

从这年 11 月,父亲高血压的病状越来越重,断断续续。开国大典时,因血压高与糖尿病的纠缠,父亲未能登上天安门。为此,中央决定送父亲去苏联治疗。那阵子,周恩来常来家中探望,并亲自将护照带给父亲。

父亲在苏联治病期间,正值周恩来率中华人民共和国政府代表团访苏,同苏联谈判并准备签订《中苏友好同盟互助条约》,工作很紧张。一方面要在克里姆林宫谈判,一方面还要到"苏维埃"大旅社指导李富春等人的工作。就是这样,他也要抽空儿去看望父亲。

父亲逝世后,周恩来亲视入殓,亲手为他覆盖党旗,并为父亲题词:

> 纪念任弼时同志,学习他三十年奋斗不已、至死不息的自我牺牲精神,学习他顽强对敌、全心全意为人民服务的革命精神,学习他坚持原则、服从真理的布尔什维克精神。

四十多年过去,阅历与生活告诉了我许许多多,但非常遗憾,至今,关于父亲与敬爱的周恩来伯伯,他们之间的了解、信任与真情,我不了解的真不知道还有多少!这两位视革命利益高于一切而又内向、深沉的人,生前无机会、也不可能让我了解更多!

忘年之交朱德白发送青丝

1946 年 7 月 11 日,我到延安见到父亲后,父亲将我领进了中吉普车,中排就坐着朱德和康克清妈妈。我坐在前排爸爸妈妈的中间,我憋足了劲,当我喊出"爹爹"两个字(湖南老家叫爸爸都是爹爹)时,我的爸爸根本不理我,而后排的朱德答应了。我用一种不理解的眼神回头望着他。妈妈忙给我解释说:"大女儿,这是我们延安的总司令,延安的小朋友都叫总司令'爹爹',所以他以为你是在喊他。""爹爹"抚摸着我的头,用浓重的四川腔说:"大女儿,你今天看到了爸爸妈妈,也认识了我这个爹爹,你高兴吗?"从那一天起,我不仅有了爸爸,还有了爹爹。

母亲家客厅的迎门墙上,至今仍高高地悬挂着朱德总司令的巨幅生活照。多少年了,总司令开怀地笑着,关注着这个家,关注着这个家的每一个人,那样子就像要从照片中走下来,走进这个家!

听母亲说,父亲和总司令最早见面是在我出生的那一年。当时父亲刚到中央苏区,在青塘,鼎鼎大名的朱德给父亲的印象哪里有一点儿曾在旧军队当过旅长的影子!四十五岁的年纪,征尘的岁月把皱纹留驻在眉宇间,一身红军制服,腰束皮带,胸前挂着一个老式长筒望远镜,体格结实魁梧,言谈举止中流露出一种农民式的朴实。而父亲却与之形成鲜明的对照:年轻,二十多岁恰是风华正茂,颇具斗争经历的稳重与成熟,却也难掩学生出身的那股书生气。但是,就是这两个表面如此差异的人,在他们此后的革命生涯中,却结成了忘年交。

1935 年 11 月,父亲与贺龙率领的红二、红六军团撤出湘鄂川黔根据地突围长征,北上抗日。这时,毛主席、周恩来等率领的红一、红三军团已于 10 月 19 日抵达陕北吴起镇。朱德却在四川阿坝一带同张国焘南下行动及另立中央的分裂行为作坚决的斗争。

1936 年 3 月,父亲他们到达黔滇边境。总司令得此信息,为加强同张国焘斗争的力量,促其早日北上,即与刘伯承商议,力主与红二、红六军团会合,并两次发电要父亲率军前来。于是,父亲与贺龙等率红二、红六军团于 4 月 25 日始渡金沙江,翻越雪山,进入了藏民区,并于 7 月 2 日齐集甘孜与红四方面军胜利会师。

会师前,父亲对张国焘对抗中央、反对北上、另立中央以及发布“大军南下令”攻击污蔑中央红军等完全不知。他们与毛主席、周恩来联络中断很长时间,只在 1935 年 9 月收到一封周恩来的明码电,却不知密码在红一、红四方面军会合后被张国焘带走。

此次相见,距青塘初识已五年有余。当年文质彬彬的父亲经过艰苦的浴血征战的军旅生活,变得更加成熟,进一步赢得了朱德的信任。

一见面,朱德就把从沙窝分兵以来张国焘反对中央、搞分裂的阴谋原原本本地告诉了父亲和贺龙等,并拿出一大沓文件给父亲看:有政治局的决定、有中央严令张国焘北上的电报……朱德沉重地对父亲说:“看来,一场严重的斗争是不可避免的了。”

父亲等得悉事情真相,坚决站在维护党中央的统一领导和红军的坚强团结的基点上,同朱德、刘伯承及部队众多指战员一起,与张国焘宗派分裂活动作了一系列的斗争。会师第二天,即召开庆祝大会。朱德在大会上讲:这里不是我们的目的地,我们要继续北上,要团结一致,战胜北上的一切困难,到陕北同毛泽东率领的红一方面军会合。父亲也讲了话,特别强调:我们唯一的道路是北上与中央会合。

父亲不仅态度鲜明,更在行动上给朱德以全力支持。不久,在他们的共同努力下,张国焘终于被迫北上。父亲按照朱德的意见,离开了红二方面军,随同他和张国焘一起行动。

许多年以后,总司令曾说过:“与红二方面军会合后,我们气壮了。”

离开甘孜，两大主力红军踏上了北上的艰苦历程。茫茫草地，一片泽国。脚下是腐草和臭水遍布其间的瘆人的泥淖；举目四野，浓雾迷蒙，灰秃秃满眼，难以辨明方向；空中时而细雨清风，时而雪花飘飞，时而又大雨滂沱。这是长征以来所遇到的气候最恶劣、道路最艰难、食物最缺乏的一段行程。

正在行军极艰苦的时刻，一天，露营处传来一阵富于生命力的婴儿啼哭声，母亲生产了，把我大妹带到人世。望着草天一处的漫漫征途，父亲给她起了一个富有历史意义的名字——远征。听到哭声，朱德赶忙来到母亲身边，抱起还不会睁眼的婴儿，看看虚弱的母亲，乐观地笑着说："哭得还蛮有气派哩！"随即，放下嗷嗷待哺的妹妹，扛着一根竹竿、拉着父亲顶着细雨寻找小水塘，去为母亲钓鱼！这件事，我从母亲口里听到若干遍了，可每每母亲讲起它，总是充满感激，她常说："那鱼汤，是我这辈子喝到的最鲜美、最温暖的鱼汤。"

终于，志同道合的他们并肩走出了草地，完成了历史赋予他们的任务——三大主力红军胜利会师。

1937 年，"七七"卢沟桥事变爆发，全国性的抗日战争开始。

日军不断增加兵力并大举进攻，华北危机，八路军不待改编就绪，即誓师出征，开赴华北抗战前线。

9 月 15 日，朱总司令和父亲等率八路军总部由陕西韩城芝川镇东渡黄河。到山西侯马，他们转乘火车北上，开始了率八路军总部转战太行的历程。他们并肩策划战役，共同签署训令，他们吃住生活在一起，形影相随。

父亲表面严肃，内心活跃；总司令平易近人，忠厚温和。紧张的征战之余，他俩喜欢和战士闲谈、娱乐。青年人喜欢玩球，总部机关人员就组织了篮球队。三十三岁的父亲不但参加，并且指示不论走到哪里，一定带着篮球。有条件时，就随便找一块平地，借老乡一块木板，上面钉个铁圈便一切就绪。而年逾半百的总司令也成了球场上的"常客"。只要有球打，便可常见他穿着单裤、胶鞋赶到"球场"。

最富戏剧性的场面是总司令与父亲同时上场。每到这时，观众比运动员还激动。比赛时，总指挥与政治部主任各据一方。为了让战士们消除拘束，他俩各自叮嘱一方人马：打球如打仗，不能讲客气，球场上是没有什么总指挥和政治部主任的，谁也不能丢球！

这一来，战士们放开了手脚，场上顿时活跃起来。父亲依仗年轻，动作灵活，而朱德身大力不亏，也不示弱。高潮当然是他俩争球，那份认真、专注、毫不相让的一举一动，常常引发观众阵阵欢笑。观众变成拉拉队，既是总指挥的，又是政治部主任的，人们忙不过来地喊着："总司令加油，加油……任政委加油，加油……"

转眼到了 1938 年 2 月，父亲奉命离开山西前线回延安参加中央政治局会议。此后又去共产国际,直到两年后才回国。

总司令与父亲有机会再度朝夕相处是在解放战争期间,中央机关到了西柏坡,紧张地指挥三大战役之际。

他们喜欢在驻地周围散步,我亲眼见到他俩像孩子一样,一会儿手牵着手,一会儿臂搭着肩,倾心交谈。据说,总司令曾叫父亲"被子"。依我的理解,那就是说父亲对战友就像"被子"一样是生活的必需;就像"被子"一样默默地给人以温暖。

的确是这样,父亲是个很细心的人,从来不爱张扬。一件往事,我多次听戴镜元部长讲起。

1948年12月6日上午10点左右,总参二局局长戴镜元忽然接到父亲亲自打来的电话:"我和总司令下午3点到你们那里看看。"下午3点半左右,他们果然到达。由于当时父亲主管二局工作,常和总司令来视察。一年几次与同志们同吃、同住,一起研究工作,习以为常。因而,这次也没感觉出什么异样。照例,他俩一到先听汇报,然后到基层各个部门一一看望同志们。他们不但对具体工作作出指示,对同志们的生活同样嘘寒问暖,关怀备至。看到办公室烧煤炉子,就亲切地叮咛大家要常打开窗子换换空气;看到有的办公室房子太小,过于拥挤,就提出要作适当调整,等等。

晚上8时,从各个业务办公室巡视回来准备吃晚饭时,父亲忽然问戴镜元:"有挂面或者面条没有?"戴镜元虽然不知父亲何故忽然要吃面条,但还是立即答道:"有面条!"说罢,他马上到伙房告诉炊事员:"快!你赶快做面条,我给你烧火!"直到他端来一面盆面条放在桌上,父亲才揭开谜底:"今天是朱总司令的生日,他不在西柏坡过,而来二局,这是对大家的关怀呀!"同志们非常感动,当即每人一碗,吃了朱总司令的寿面。

当晚二局的同志们马上组织了一场联欢晚会,祝贺朱总司令六十二岁寿辰。晚会热烈、轻松,欢快异常:有唱歌、跳舞,还有陕北秧歌……一直到下半夜3点,大家才尽兴散去。

这就是父亲为他的忘年交设计的简朴得不能再简朴、隆重得不能再隆重的共产党人的寿辰祝贺,而留给同志们的则是一生无法忘却的纪念。这次的活动,我也参加了,所以永不会忘。

这事过去三个月后,1949年3月,父亲随毛泽东、周恩来、刘少奇、朱德等领导人一起,在万众的欢呼声中进了北平城。

不料,参加西郊机场阅兵式后,父亲再次发病,而且比以往任何一次都严重,低压高达一百五,脉搏每分钟一百一十次以上。党中央书记处连夜开会决定:弼时必须立即全休静养,直到康复。

这次,全家陪父亲住在了西郊玉泉山。

玉泉山的夏季，凉风习习，泉水汩汩，除却松树枝头不时传来几声鸟的啁啾外，再也听不到别的声音。无公务缠身，无噪声干扰，经过一段静养，父亲的饮食与睡眠比过去好多了。

中央领导同志常来看他，特别是总司令来的次数更多。每次，朱老总都要给父亲带些他最爱吃的东西。两个情同手足的老战友一见面，照例要先下几盘围棋，而后散步、聊天，说说笑笑，舒心惬意。

父亲和总司令，一个生在湖南，一个长在四川，年龄相差十八岁，简直就是两代人，然而他们的性格、爱好却有惊人的相似之处：他俩都是性格内向却又豁达大度的人。此外，对散步、打球、打猎、下棋、照相、篆刻、吟诗、习字等几乎都有同样浓厚的兴趣。难怪人们说他们是"如火如花的老少年"。

一天，朱总司令又来到玉泉山。父亲兴致很高。我们也都为父亲身体有所好转而高兴。父亲建议开一个家庭音乐会。他自己亲自上阵钢琴伴奏，让我拉小提琴，总司令带妈妈和弟弟远远、妹妹远征小合唱。"起来，饥寒交迫的奴隶，起来，全世界受苦的人……"唱了没两句，父亲也放开喉咙用俄文和起来。接着，我们又唱了两遍"你是灯塔，照耀着黎明前的海洋；你是舵手，掌握着航行的方向……"这是父亲最喜欢的一首歌。

歌声飞过窗棂，飞向山谷，飞向沃野蓝天。

……

1950年10月27日，这是我终生难忘的日子。

突发脑血管意外的父亲病情急剧恶化，连日来，毛主席、周恩来及在京的政治局委员们，党和国家其他领导人，先后都来看望父亲。但他已半身瘫痪，不能言语，只凭一只可以活动的手，与同志们握一握，再眨眨眼，对同志们的关切表示感谢。很快地，父亲进入弥留状态，偶尔努力睁眼看看大家，更多时间是昏迷不醒，情况十分危急！

中午12点，又一辆汽车停在门外，正在忙于组织抗美援朝战争的总司令，得信儿立即赶来。六十四岁的他大步流星奔进屋内，大声呼唤："弼时，弼时同志，我来啦，我在这里……"

话音未落，人才刚刚走到床脚铁栏杆处，弥留中的父亲听到呼唤，猛地坐起，睁开双眼，伸伸手，总司令马上绕过栏杆抢步抓住父亲的双手！

父亲突然倒下。

我的眼泪刷地流下。我知道，父亲要走了。我这一生只见过两次这样的情景。第一次，是七岁那年，我还是不懂世事的孩童，与奶奶相依为命。不料奶奶生病了，病势日渐沉重。一日晚上，亲戚们把我放到另一间房睡觉了，只告诉我奶奶病重。小孩子的我，哪里知道那天晚上会是奶奶生命旅程的最后！半夜，我突然被人摇醒："快！快起来!"说罢就把眼睛闭合的我抱着,来到奶奶房中,只见奶奶床前围着的许多亲戚,马上让开空地说:"来了,来了!"这时我已清醒,跌跌撞撞地奔到奶奶床头。也是这般突然,卧床多时的奶奶忽地猛然坐起。大人们马上把我推到她身边。我大声地喊着:"奶奶!奶奶!"奶奶攥着我的小手,突然倒下,瞑目了……

许多老人都这样说:人们即将离开这个世界时,都有他心里最记挂的人,看不见这个人,他是不会咽气的!

奶奶是记挂着我的!

父亲呢?父亲记挂着总司令!

在隆重的追悼仪式上,总司令沉痛地举起右手,向并肩战斗了二十多年的忘年战友致军礼告别!白发送青丝,那是一番何等心境!

项苏云:我在延安的那段日子
——新四军副军长项英之女项苏云回忆录

◎口述/项苏云　文/刘东平

项苏云跟弟弟1939年和
父亲在延安唯一的一张合影

郭青老师秘密护送我到了延安

1938年年初,被日本侵略军蹂躏的中国大地,到处兵荒马乱,民不聊生。

从江苏连云港向西驶出的一辆货运火车上,一个模样清瘦,三十岁左右的男青年,带着一个六七岁的小女孩,夹坐在车厢的货物中间,形同"父女"。女孩儿有一双大眼睛,显得很懂事,很乖巧。为了向西北赶路,他们临时搭乘了货车。

这男青年叫郭青,当时还未婚。他与这小女孩并没有什么血缘关系。他们是著名教育家陶行知先生创办的新安小学的老师和学生。

这个小女孩,就是中共高级干部、新四军副军长项英的女儿项苏云。

1931年,我在上海出生时,父亲已经到苏区去了。我两岁的时候,母亲看我能离身了,就也去了苏区,和父亲一道投入了革命工作。于是我被托入了著名教育家陶行知先生在上海英租界办的孤儿院——上海劳工幼儿院。后来,国民党当局看孤儿院经常收一些共产党人的孩子，就强行把这个孤儿院关闭了。陶行知先生只好把我转移到了他在江苏淮安创办的新安小学寄养。

陶行知先生把我交给新安小学的郭青老师时，没敢告诉他我是谁的孩子，只说要好好养着。郭老师对我这个无名无姓的孩子心里没底，就问有什么特殊要求，万一有个意外怎么办。陶先生说，只要你尽了心，就行了，没有人会找你麻烦。当时我还没有名字，陶先生就给我取名苏云，说我是在江苏天空中飘来飘去的一朵云彩。那个时候，我并不叫项苏云，而被改姓张，叫张苏云。因为姓项这个姓的人很少，而项英又是共产党的知名领导人，在国民党统治区内，如果说是姓项的，太引人注目。我是直到皖南事变后才改叫项苏云的。

1938 年年初，日本侵略军大举南进，江苏即将沦陷，新安小学的校长汪达之告诉郭青，要他带上我奔赴西安。郭青虽不知道我的真实身份，但他忠实地执行了校长的嘱托，孤身带着我开始了去西安的长途奔波。

郭青老师带着我，搭货车走了一段，然后再换乘驶往西安的列车，继续西行。我记得，车过陕西潼关的夜间，突然遭到了驻风陵渡日军的炮击，车上的灯顿时全部熄灭，所有乘客都屏住呼吸，不敢发出任何响动，火车在黑暗中疾驰，终于冲出了险境。

到了人地生疏的西安，郭青老师开始苦苦等待着汪校长来信，以从中得到进一步的指示。其间，郭青老师不知投奔何处。我们苦等了多日，他身边的盘缠也所剩无几。这时，他曾暗自打算，若是再没有人来接应，只有先去找个教书的差事，自己挣钱来养活年纪尚幼的我。

就在这时，汪达之校长的信终于寄来了。他在这封信中，才向郭青老师说明了我的真实身份，并要他带着我去找在西安的八路军办事处，说只要到了那儿，就有办法了。

当时在国民党严密统治下，西安的普通百姓还不敢公开谈论八路军。故而郭老师很是费了一番周折，才打听到了八路军办事处的地址。

于是，他带着我找到了八路军办事处。当时办事处的主任是伍云甫。他接待了我们，并听郭青老师详尽叙述了我们一路的艰辛经历。

但出于国共间长期对立的缘故，办事处依然要对我们俩的身份进行严格审查。我们就在办事处住下来，耐心等待着。

后来，任陕甘宁边区政府主席的林伯渠伯伯正好来西安办事处，他与我父亲很熟悉，就亲自给我父亲项英发了一封电报，问明了项英确实有我这么个女儿。至此，组织上才正式批准，由郭青老师带着我奔赴延安。

1938 年 4 月，初春的西北高原仍充满寒意。

当时年仅七岁的我，由郭青老师带着，乘坐一辆从西安开出的卡车，一路颠簸着向延安驶去。一同开往延安的还有四五辆大卡车。当时和我同乘一辆卡车的，还有陕北红军领袖刘志丹的女儿刘力珍,萧劲光的儿子,中共华北局情报部长王世英夫妇和他们的孩子王敏清。另外,还有中共高层领导高岗的儿子、张国焘的儿子,他们原本准备去苏联,但由于国民党的阻挠没能成行,只好又返回延安了。

到了延安后,郭老师进延安抗大学习,我被送进了延安保育小学的前身——鲁迅小学学习。

毛泽东问:"你们在学习、生活方面还有什么要求吗?"

鲁迅小学,原为鲁迅师范学校附设小学部,是由革命老人徐特立亲自创办的。收留的学生都是革命烈士遗孤,或在白区工作的党的地下工作者的子女,还有长征途中参军的红小鬼以及红军干部子弟和少量地方政府干部子女等。

1938年,小学部和延安边区小学合并,改称鲁迅小学,由徐老任第一名誉校长,受延安边区政府教育厅的直接领导,后又改称陕甘宁边区小学部。1939年年初,小学部迁到了安塞县的白家坪村,在这里单独建校。不久,孙中山夫人宋庆龄领导的全国战时儿童保育会建议,在陕甘宁边区办一所儿童保育院,由全国战时儿童保育会统一拨发一部分办学经费,于是,边区小学部正式改名为陕甘宁边区保育院小学部,也称延安保育院小学。学生逐渐扩招到了三百多名。

尽管当时延安的物资条件匮乏,但党中央和边区政府还是想办法给孩子们提供生活照顾。当时政府规定一般干部的伙食标准是:每人每天一斤半小米,二钱油,三钱盐,一斤半煤。对保小的学生的标准就有所优待,多分配一些大米和面粉,服装也比一般人员每年多发一套,冬季再补充被褥和鞋帽。

1938年夏天,一个星期日,我刚刚到小学上学不久,有家的同学都回到父母身边去了,剩下我们这些没有家长来接的孩子,就跟着老师到山上去玩,那漫山遍野的花朵让大家好不开心。一会儿工夫,大家就采来了大捧美丽的山花。

我们好几个同学跟老师说,这些花真漂亮啊,我们把它去献给毛主席,怎么样啊?

老师也很爽快地答应了我们的要求。于是我们一溜小娃娃,排着队,唱着歌,向毛泽东等中央领导的驻地走去。

我们先来到了毛主席住的窑洞前,毛主席看到是我们一群娃娃来了,非常高兴。当时江青也在场,她从窑洞里拿出一桶饼干让大家吃。一会儿,毛主席又把孩子们领到了一间简朴的会议室,大家都争先恐后地把刚采来的鲜花献给毛主席。

毛主席热情地招呼着老师和同学们,围着一张大会议桌坐下来,大家一面吃着饼干,一面和毛主席聊了起来,师生们踊跃回答着毛主席询问的学校的各方面情况。

后来毛主席问几个同学："你们在学习、生活方面还有什么要求吗？"大家愣了一会儿，不知从何说起。我在老师的提醒下，大方地站起来提问："毛主席，我们能到苏联学习去吗？"

毛泽东认真听完，停了一下，回答说："是啊，苏联是现在世界上唯一的社会主义国家。列宁领导的苏联布尔什维克破除了人剥削人、人压迫人的制度，建立了苏维埃政权，这样的社会制度具有很多优越性，是理想的社会。世界上的劳苦大众都向往那个地方，你们想去那里学习、生活，我可以理解。但是你们想过没有，苏联虽然很大，可也不能容下全世界的劳动大众啊。我看，更重要的是，我们要按照苏联的方式，团结一切力量，打倒日本，先去推翻自己头上的剥削阶级和帝国主义，建立一个人民当家做主、光明幸福的新中国。那时，我们就不一定去苏联了，同样可以在自己的国家过上没有剥削和压迫的幸福生活！"

毛泽东的话说得那么贴切和有道理，给同学们留下了极深的印象。

和父亲在一起的十二天

项苏云自出生后，就没见过父亲项英的面。直到 1938 年秋，项英到延安参加中共六届六中全会期间，已七岁大的项苏云，才第一次见到了父亲，并和他相处了十二天。但项苏云却不曾想到，这次相见，也是她和父亲的诀别。

那天我正吃晚饭，郭青老师告诉我说，你爸爸来延安了，马上接你去看爸爸。我又惊奇又高兴。

一位警卫员叔叔带我来到了延安城里的八路军大礼堂，这里正在举行欢迎大会。大礼堂的条件十分简陋，人们挤坐在木条板凳上，会场气氛却很热烈。

我进了会场，就到处找爸爸。陈云伯伯看见我走过来，说："苏云，你是不是在找你爸爸？"于是他把我领到一排座位前，对朱德旁边的一个人说："老项，你女儿来了。"又转过来告诉我，这就是你爸爸。

我爸爸一把将我抱起来，让我坐在他腿上，他问我，你几岁了？叫什么名字？我就一一回答，好像也没特别激动，因为我从未见过父亲的面，更不知道如何与父亲亲昵。我们虽有着血缘关系，但毕竟从未在一起生活过。

欢迎会没有开完，我突然流起了鼻血，爸爸一看很着急，却不知怎么办才好。这时，坐在后面的马海德医生走过来，拧了一条凉毛巾，敷在我的鼻子上，过了一会儿，鼻血才止住了。

散会后，爸爸要带我一起回去住，可我感觉怯生生的，就推说同学都在等我，就先回学校去了。直到第二天放学,爸爸又来学校接我,我才跟他去了。后来的几天晚上,我就住到了爸爸那里。在延安保育院的小弟弟阿毛也被接了回来,这样我们总算和父亲在延安团聚了。马海德医生特意为我们一家在延安中央组织部门前照了一张相,照片上我戴的帽子,就是父亲来延安带给我的礼物。这张照片成了我们姐弟与父亲的唯一一张合影。

和爸爸相处的那些日子,他给我洗手、洗脚、穿衣服,陪着我玩,尽心照顾与呵护我。直到我长大后才体会到,父亲是在尽力补偿对子女的歉疚,体味父女间稀有的天伦之乐。

爸爸在延安时还专门请郭青老师吃饭,表达对他照顾女儿的感激。爸爸亲自给郭老师斟酒,还是个小孩子的我却抢下老师的酒杯,对爸爸说:"郭老师不喝酒,不喝酒。"弄得两个大人相视大笑。

那时,日军飞机经常来轰炸,我们保小学生常躲进山里上课。那天,爸爸就要离开延安了,可我偏偏不在学校,爸爸来告别时没有见到我,只好带着几分遗憾离去了。

半个月后,爸爸又托人从西安给我捎来了几样东西:一封信,一筒饼干,一副手套。爸爸虽然和我们相处的时间很短,但他心里却一直惦念着我们。此后,我就和爸爸永远地分别了。

我从小就在没有父母的环境中长大,更不用说享受父爱母爱了。这次在延安和父亲相处的日子,才使我对他有了印象,而父亲也把他一生的父爱,都在那十二天里给了我。

母爱的缺失,给我留下了一生的缺憾

项苏云和父亲之间,仅有一次相见,而对于母亲,在项苏云幼小的心灵里,更是一片模糊。她曾向父亲问起过母亲,但父亲没有对她多说什么,只是沉默不语。

后来我才知晓,母亲在我到延安的三个月前,曾带着三岁的小弟到了延安。她把弟弟留下后,就一个人返回去,从此就杳无音信了。我们母女错失了最后一次相见的机会。

1931年,母亲在上海生下我,并带到了两岁,随后就去了父亲所在的江西中央苏区。1934年红军撤离中央苏区长征后,母亲和坚守苏区的一万多名同志被敌人包围,突围中与中共领导人瞿秋白、中央苏区政府妇女部长周月林在福建被俘。但他们的身份没有暴露,在监狱关押了三年多后,被保释出来。

但就在母亲和周月林被保释、瞿秋白也快要获得自由时,国民党突然不知道从哪里得知了瞿秋白的真实身份，瞿秋白因此被杀害了。

从监狱出来的母亲历经艰难才找到了在皖南的父亲，她向父亲谈了被俘和监禁的情况，后来母亲就把我弟弟送往延安，在返回皖南途中，不幸失踪。

对于母亲的失踪，社会上有不少谣传，说我母亲出狱后，找到了父亲项英，还没放下行李，就被父亲责问："瞿秋白的死是不是和你与周月林有关系？"他看母亲显得紧张，就认为母亲承认了出卖瞿秋白，一怒之下，拔出手枪枪毙了母亲。其实这都是误传，并没有什么事实根据。

而后来，与母亲一起入狱和释放的周月林被打成叛徒，关押了十二年。直到1979年，人们从当年国民党官方办的一份报纸上，发现了一篇当时中共福建省委"投诚"人员的自供，才弄清了出卖瞿秋白的真正叛徒是谁。至此，我母亲和周月林的清白无辜才得到了证实。

谈起母亲，我会有许多感慨：在革命战争年代，不仅要流血牺牲，还要蒙受冤屈啊！而后者或许更难以承受。

我对母亲的全部印象，只能从"文革"期间，在上海中共一大会址纪念馆偶然发现的一张母亲的照片上得来。这么多年来，我仅能凭模糊的照片来辨认母亲的相貌，揣摩她的性情，感受她那遥远的母爱。

小小演说家的一次尴尬事

别看保育小学坐落在荒凉的西北延安的大山沟里，却涌现出不少聪明、勇敢、才艺出众的少年。1944年儿童节时，延安《解放日报》曾刊登过一篇保育小学在延安陕甘宁边区儿童节比赛中全面获奖的报道。其中写道：在老师辛勤管教下，保小在各个方面都有不少聪明、能干、才艺出众的少年，如小小政治家于龙江，小小画家洪小灵，小小科学家李久铭，小小演说家项苏云，还有在智力测验中分数最高的最聪明的孩子李路达等。

我在保小时，有个小小演说家之名。因为我记性好，从不怯场，所以常被老师挑选出来演讲。有时老师就把我抱到马上，骑马带我到延安参加会议和代表学校演讲，我在边区的演讲比赛中还获过奖，常受到老师和校长的夸奖。

可是有一次，我去学校附近的真武洞集市，为当地群众演讲宣传中国共产党的抗日施政纲领时，却出了个洋相。

那天，我们学校的老师和同学一道，在真武洞的集市上，拉开了一片场子作宣传。我早就把党的施政纲领背得滚瓜烂熟，就登上了讲台，流利地演讲起来，许多来赶集的老乡都被我这小姑娘的宣讲吸引过来。

台下站成一圈的老乡中,有一个人离我不远。他一边听我演讲,一边从怀里摸出一个小东西,放在手上一掐,发出咔吧一声响。他就这样,一把把摸着、掐着……

这老乡的奇怪动作,引起了我的好奇心,我一个劲儿地琢磨,他在摸什么呢?为何还要掐呢?想着想着,竟走了神,把背熟的"纲领"也给忘掉了,演讲卡了壳,引得台下一阵哄笑。

后来我才知道,延安地区冬天缺水,一般人没有条件洗澡,身上长了虱子,只好在太阳底下晒晒,趁机抓一抓。那个老乡就是在捉身上的虱子呢。

就因为这个好奇心,一贯受表扬的我,这回挨了老师的批评。

蔡畅妈妈待我如亲女儿

1941年冬,新四军副军长项英在皖南事变中牺牲后,延安中央组织部特别派人到白家坪的保育小学慰问了项苏云,并送了她一件棉大衣。第二年暑假以后,组织上为了照顾项苏云,又特意把她留在了延安,在抗日军政大学附属子弟学校继续上学。

这段时间,我经常去蔡妈妈(蔡畅)家度假,她女儿李特特很羡慕我,说我在她母亲身边的时间比她这个亲女儿还要多。

1942年延安开展大生产运动时,有一次我放假把被子拿回来洗。那被子里面全是黑粗布,很厚,我根本洗不动。蔡妈妈就说,现在不是搞变工队吗,你也可以变变工呀。警卫员小伙子力气大,请他帮你洗被子,你呢,编织毛线拿手,就帮他织一条围巾,怎么样?

我高兴地答应了。于是,蔡妈妈的小警卫员花了半天时间,帮我把被子洗干净。我呢,用了四天时间,给他织了一条毛线围巾。干完后,我跟蔡妈妈开玩笑说:"他洗被子花了半天时间,我织围巾花了四天时间,这不对等啊?"蔡妈妈和蔼地对我说:"不能这么算,他虽然花的时间少些,可用了好大力气呀,这就是各取所长,互相帮助嘛!"蔡妈妈的话,让我明白了事理,也懂得了一种看问题的方法。

那时,蔡妈妈家住好几孔连在一起的窑洞,最里面一间,是蔡妈妈、李叔叔(李富春)住的,外面一间蔡妈妈办公用,最外面一间,是李叔叔用来开会和接待客人的。我和弟弟回去时,就住在最外面的窑洞。

我们俩脚顶脚睡一张床,还在床上打闹,蹬脚玩。我比弟弟力气大,常蹬脚蹬到他的脸上。他生气了,就满院子追打我。蔡妈妈闻讯赶紧跑出来劝架,还为弟弟打圆场说:"阿毛,快到我窑洞里来,我给你小米糖,不给姐姐吃。"于是,她就领弟弟进窑洞拿糖吃去了。

我弟弟从小有尿床的毛病，蔡妈妈常常半夜起来叫他尿尿。有时怎么也叫不醒，蔡妈妈就拿一根棍子在桌子上一敲，吓唬他说："阿毛，再叫不醒，我就要拿棍子打你啦。"弟弟一听，吓得一骨碌从床上爬了起来。蔡妈妈就是这么细心地照料我们的生活。

蔡妈妈照料我们很细心，但管教起来也很严格。特别是我那弟弟很调皮，在学校都出了名，老师一来告状，蔡妈妈就要对他严厉批评。她和李叔叔都摆出一脸威严的样子，弄得阿毛好害怕。后来阿毛就说："我天不怕，地不怕，就怕李叔叔、蔡妈妈。"

我在蔡妈妈家吃饭时，家庭气氛也挺浓。叔叔吃起饭来，大刀阔斧，典型的男子汉吃法，一大碗饭，扒拉几下就吃完了，你不给他夹菜，他也不吃。所以，每次吃饭，细心的蔡妈妈都把菜给他埋在饭下面，好让他多吃一点儿菜。

蔡妈妈后来身体有病，伙房为了给她补养，有时就给她炖一只鸡。炖鸡送来时，蔡妈妈就开始"分配"了。她说，李叔叔吃鸡不会啃骨头，让他吃鸡胸脯；她自己喜欢啃骨头，鸡爪子、鸡脖子就归她吃；苏云呢，人小就吃鸡大腿吧。所以一吃鸡，我们"家"就这么分工了。

有时吃完饭，李叔叔、蔡妈妈就拉着我的手在窑洞后的山坡上散步，我身后还跟着一只小狗。路遇的叔叔阿姨都说："你们真像亲亲热热的一家子。"

周副主席给我们批了八百副担架

1944年年底，项苏云小学毕业，考入延安中学。1947年春，胡宗南部队进攻延安时，根据党中央的统一部署，延安中学转为野战医院，为前线的部队和伤病员服务。

我们这个临阵上马的野战医院，分成五个所和一个手术队。每个所从边区医院抽调来两位医生、两位护士，教我们这些学生学习医护知识。

第一批伤病员刚从前线下来时，我们都围上去看。血肉模糊的战士吓得我们手脚直哆嗦，后来才慢慢适应了，学会了给伤员包扎处理，消毒敷药，还学会了洗绷带、给医疗器械消毒等。送过来的伤员，经过野战医院的包扎处理后，再往后方转移。

邓家沟战役那次最危险，我们这个所里躺了二百多个伤员。可一副担架都没有，怎么转移伤员呢？况且前面的部队已开拔，头顶上还有国民党的飞机在轰炸，情况非常紧急。

后来医院的两个通信员骑马去找前线部队，正巧路遇负责后勤部的周恩来，他们汇报说："我们医院现有好几百号伤员，一副担架也没有，怎么转移伤员呢？"

周副主席一听,马上写了一个条子,说,批给你们八百副担架,很快就会送来。两个通信员一听,高兴极了,赶快跑回去报信。后来担架队及时赶到了,我们医院的医生、护士分别护送着几百副担架和伤员后撤,我和另外一个护士,两人就护送了一百多副担架。

我被"回光返照"的伤员一把抱住

经过野战医院的一段艰苦磨炼,项苏云不仅适应了行军打仗、战地抢救的紧张生活,也不像最初那样,一见流血、死人就害怕,胆子锻炼得特别大。

那时候,我们经常要去查夜,一个男的一个女的,提着马灯去。大批的伤病员住在一二十个窑洞里,我们查夜,一夜要查三次,常常要查到第二天鸡叫。重伤员和轻伤员要分开护理,没有单独的窑洞放置重伤员,我们就在窑洞外墙边上挖一个坑,铺上草,把重伤号安置在里面,上面用布一罩,晚上就重点守护着。经常是守着守着,一个重伤员就死去了,我还不知道,隔了一阵一摸,他身上都冰凉了。

那时伤员中有许多截了肢的,经常患肢体溃疡,或破伤风。陕北那个地方,当时卫生条件差,马粪呀,苍蝇呀,蚊子呀,什么都有,得了破伤风的人就没法治了,没有药,只好喂点饭什么的,等着死。

得破伤风的病人临死前,会出现回光返照的现象,有人会突然站起来,把一个活人抱住,然后再倒下去。我开始害怕极了,不敢过去,就让男同学去。后来实在忙不过来,我也就跟着去了。男同学告诉我说,"回光返照"的人一抱住你,你就把他放下,他就自然过去了。

我还真的经历过这种场景。不过,一段时间后,我什么都不怕了,胆子锻炼得特别大。战争就是这样残酷,但战争也磨砺了人的意志,人的胆量。

那时条件很苦,不仅伤员的医疗条件难以保证,就连我们这些医务人员,闹病的也很多。我后来也得了伤寒病,一直发高烧,说胡话。幸亏这时候医院弄到了一点磺胺药片,就是靠这个磺胺药片,我才保住了一条命!我在床上躺了半个多月,病才慢慢好起来。

1948年春天,毛主席和任弼时等中央领导同志撤离陕北途中,任弼时仍然惦记着项英的女儿项苏云,他专门给八路军总后勤部部长叶季壮发了一个电报,叮嘱他找一下第四野战医院的项苏云,通知她随中央一起行动。

项苏云随后离开了野战医院,跟随任弼时率领的工人代表团到了东北哈尔滨。1948年秋天,项苏云又和二十名青年一道赴苏联学习深造,成为后来被称之为"4821"的成员之一。

项苏云在苏联学习的是纺织技术。1952年回国后,她先到北京第二棉纺厂当车间主任,后任纺织工业部研究所、情报所所长。1984年由于视力和身体原因,调到中国科技协会搞青少年的科普教育工作,直至离休。

邬吉成：我所经历的 1976 年

◎口述/邬吉成　文/王凡　东平

邬吉成出生于山西省神池县荣庄子村一个贫苦农家。在三十多年的警卫生涯中，他一直从事党的核心领导人和来访高级贵宾的重要警卫工作，亲历和参与了一系列重大历史事件，有过难忘的人生经历，特别是一九七六年，那个特殊的年份——

周总理突然聚集起更多的力量，
嘴里又多迸出了几个字："钓鱼台的 Wu。"

1976 年是不幸和灾难的一年，也是转变着中国历史的一年。这一年，深深印在我脑海里的事可以说是太多太多了。

1 月 8 日早晨，我和中央办公厅警卫处警卫值班室的副主任东方、民航总局的副局长张瑞霭、北京市公安局的副局长江明，还有北京卫戍区的副司令员邱巍高，聚集在首都机场，开会研究那里的现场警卫事宜。

会议刚开不久，我就接到中央办公厅警卫处警卫值班室的电话，说周总理逝世了，要我们立即回城。听到这个消息，当时我的心头像被重器捶击，沉痛万分。没想到他老人家就这么突然离去。

在那一时刻,全国绝大多数人的心情都"沉痛万分"。但我则更痛一分,这不光是因为三十一年前,我从一个战斗员转而成为一个警卫员的时候,第一次站岗就守卫在周总理的院子门口;更因为这其中还包含着一重永远不能弥补的遗憾!

原国务院副秘书长、国家安全部部长罗青长,曾经写文章,记述了周总理临终前的召见。那是 1975 年的 12 月 20 日,周总理召见了他,在和他交谈中间周总理突然昏厥,他不忍心让病中的周总理再增劳累,就悄悄地离开了病房。所以,人们多把罗青长称作周总理最后召见的一个人。

然而,此后周总理还提出要见一个人,那就是我。这是我意想不到的。时间是在他辞世前六天,即 1976 年 1 月 2 日。

当时周总理已经处在弥留之际,昏迷状态大大多于醒来时分。而就在这天中午,他醒过来时,用含混而微弱的声音说:"找 Wu……Wu……Wu……"但究竟是"Wu"什么,身边看护的人都听不清。

人们顺着"Wu"的发音推测,以为周总理是要见一位姓"吴"的,而且在周总理身边工作过的人中,确实就有姓"吴"的,例如"文革"以后担任周总理值班室主任的吴庆彤。

毕竟,在中国,姓邬的也太少了,再说谁会想到周总理在生命垂危之际,要见一个既不曾在他身边工作过,又和周总理主管的业务距离较远的、仅仅是从事保卫工作的干部呢?

周总理用神情一次次否定人们的假想后,突然聚集起更多的力量,嘴里又多迸出了几个字:"钓鱼台的 Wu……"人们这才明白他要见的不是"吴某某",而是负责钓鱼台警卫工作的我。

但人们还不敢确定,就又询问了一声:"您要见的是不是钓鱼台的邬吉成?"周总理点了一下头。于是,周总理的卫士长张树迎,马上给我打了个电话:"你马上到三〇五医院来,总理要见你。"

我立即叫上司机小王,乘车赶到了三〇五医院。进了医院的楼里,我径直进了周总理病房斜对面他的护士和随身警卫的值班室,我记得当时的时间是在 2 点左右。"赶紧去见总理吧。"我急于聆听周总理的指示。

可是,值班室的人告诉我:"总理又昏迷了,请你在值班室里等候。"我一面等着,一面猜想着周总理召我前来,究竟是要做些什么嘱托和吩咐。等啊等,一直等到大约是黄昏的时候,有人来通知我说:"总理醒过来了。要先服点儿药,医生做一些简单的处置,你就可以进去了。"可我等到的不是进入的消息,而是"总理又昏迷了,你再等一等吧"这句话。

又是漫长的等待。在沉沉的寒夜中。因为在这个值班室里,老有护士走动,我怕影响人家工作，就去了楼门口处的警卫值班室。我记得当时在那里值班的，有刘兰荪和康海群。

由于惦记着周总理的召唤，我怕因自己睡着了而错过，所以在值班室里靠一会儿，就到走廊里转一转。到了次日凌晨五六点钟，我在走廊里碰到了邓颖超大姐，还有作为医疗组组长的刘湘屏（卫生部长谢富治的夫人）。

邓大姐见我还在苦等，就对我说："总理还没醒过来，你已经等了太长的时间了，就别在这里等下去了。你先回去吧，总理再苏醒过来的时候，我们再通知你来。"

"好的，"我刚答应完，就又口随心思地向邓大姐提出一个突然冒出的请求："请让我在门外看一眼总理吧。"邓大姐立即点头答应了。我走到周总理的抢救室门边。当时的门是半敞开的，我可以看见病榻上处于昏迷状态的周总理。他的面庞已经非常消瘦，这难道就是我熟悉的那个精力过人、睿智超群的周总理吗？我的内心思绪万端，但还是尽力抑制住悲伤，默默地敬了一个军礼，然后悄悄地离开了。

从那以后，根据医生的回忆，周总理的"心脏在微弱地跳动，呼吸浅而短促，真是脉如游丝"，他再没有气力发出要见什么什么人的声音了，直到他在五天后与世长辞。

每当回顾起这段往事，我就抑制不住长长的叹息：周总理为什么会在弥留之际提出要见我？他见我究竟要嘱咐些什么？看来这只能是个永久的、无解的谜了。我是多么希望能完成周总理的最后嘱托啊！只要周总理那个黄昏的最后一次苏醒时间再延长一点儿。可是，历史的机缘无法由人来把握，我眼睁睁地看着它从我身边溜走。

我和武健华，同乘一辆车紧跟在周总理的灵车后面

在商议周总理治丧事宜的会议上，我被指定为治丧活动期间安全组的负责人之一。中央办公厅警卫处随后开始了警卫工作的部署。在商讨具体安排前，我们警卫值班室的全体工作人员一齐向周总理的遗像鞠躬默哀。因此可以说：我们是最早开始举行对周总理悼念仪式的。

当周总理的遗体从医院移送八宝山火化时，我和警卫处另一位副处长武健华，同乘一辆汽车紧跟在周总理的灵车后面。我亲眼目睹了从医院到八宝山的数十里长街，沿途群众自发形成的送殡队伍的壮观场景。人们虽然悲痛万分，可秩序井然，广大群众对周总理的感情，是难以用文字表述出来的。

1月14日，劳动人民文化宫的吊唁活动结束，周总理的骨灰将移往人民大会堂，并将在台湾厅安放一夜，以了其生前寄望祖国统一的夙愿。

在那天傍晚五六点钟，周总理的卫士长张树迎和卫士高振普，抬着邓颖超大姐敬献的花圈，邓大姐捧着周总理的骨灰盒在前，跟随在他们后面的，是治丧委员会的负责

人及周总理的亲属，队伍缓步从劳动人民文化宫走向人民大会堂。

1月15日，周总理的追悼会在人民大会堂北大厅举行。午后，中央办公厅副主任、警卫处副处长、中央警卫团团长张耀祠，召集参加警卫工作的全体人员进行布置。他要求一定要保证安全，维持好秩序，遇事态度要好，如遇冲动情形要多做劝说工作。路线及汽车出入口，如有自行车走错路，劝说一下就行了。要注意礼貌，尊重老人。他还作了一些有关安全的具体指示，并嘱咐会场布置好后一定要有专人检查。

我还要说一件事，这是一个从未被披露、人们闻所未闻的秘密。因为毛主席没有出现在周总理的追悼会上，所以世人只是推测了一番毛主席为什么没有到场的缘由，却没想到毛主席原本是要出席周总理的追悼会的！

作为安全组的负责人之一，我在追悼会开始前，确确实实接到了毛主席可能参加追悼会的通知。是汪东兴亲自给我下的指示：把人民大会堂的江苏厅和台湾厅准备和安排好，以供毛主席到达时落脚歇息。

也正是因为等待毛主席的到来，追悼大会开始的时间才比原定的时间推迟了一会儿。但毛主席最后为何没有到场，其原因我无法猜测。这对我来说至今也仍是个谜。

追悼会后，将依照周总理的生前嘱托，把他的骨灰撒到祖国的江河湖海。这一任务要由飞机执行作业。汪东兴通知空军司令员张廷发到人民大会堂的福建厅，向他交代了这一任务。

冬季白天短，天已经黑了下来，但在天安门广场、东西长安街上聚集的群众久久不愿散去。在这种情况下，送骨灰的车子出了人民大会堂，就会被群众发现，很可能出现拥堵的情况。这样一来，车子不好通过，还有个安全问题。

汪东兴问我："你看采取什么措施，能保证车出去不出问题？"我说："只有推迟撤除警戒，待飞机起飞后再撤比较安全。"于是，我们就按这个商议进行了部署，并通知了北京市公安局和北京卫戍区部队。

最后，周总理骨灰的移送工作进行得非常顺利，只是让群众多等了个把小时。

由于室内温度没有控制好，致使朱德委员长患了感冒

7月6日，德高望重的朱德委员长病逝。

在我的记忆中，朱老总的那场病起因很偶然。6月21日，他在人民大会堂会见澳大利亚总理马尔科姆·弗雷泽。由于会见的时间推迟而没有及时通知，朱德委员长在有冷气、气温低的客厅里等了近一个小时，以致患了感冒，回到家中就开始发高烧。

住进医院治疗后，朱老总的病情一直没有好转，反而逐渐加重，继而发展到肺、肾等部位并发炎症。从朱老总病情恶化到昏迷期间，中央办公厅、警卫处的部分领导及

老同志,都到医院进行了探望。

7月5日下午,我和中央办公厅警卫处副处长以上干部,去北京医院朱老总的病房看望他。此时朱老总靠插着输氧管微弱地喘息,已经不省人事。见到此情此景,阵阵悲痛涌上心头,我的眼泪夺眶而出。站在朱老总的病榻前,我不禁思绪万千……

从我参军的那一天起,我就知道朱德是我们所属的八路军的总司令。在共产党领导的抗日根据地,他是与毛主席齐名的领袖。我在1945年初调到延安中央警备团,担任毛主席、朱总司令等中央首长的警卫任务后,曾守卫过中央首长开会、娱乐的礼堂和俱乐部,轮流到各首长住处站岗,因而有了和总司令见面的机会。

没见到朱德总司令本人以前,在我的想象中,总司令应该是个威风凛凛的大人物,可在接触的过程中才发现,他是个和蔼可敬的长者。那时,在办公之余或休息日,朱老总爱到延安附近或劳山去打猎。

解放战争后期,我曾被选入特别小分队,警卫着朱老总从西柏坡到华东解放区。我还记得在那次出行中,朱老总在和华东野战军高级将领交谈时那飞扬的神采和那有力的手势。

进北京以后,朱老总住进了中南海。我则调到了公安部,脱离了中央首脑保卫系统,除了在接见外宾的场合,远远地看着朱老总和外宾交谈,就很少有和他接近、见面的机会了。

然而,随着公安部八、九局的合并,特别是"文革"开始以后,因为工作的变动,我又一次和朱老总相逢,并面对面地向他致以问候。

那是1973年,朱老总的政治秘书廖盖隆向中央办公厅反映,说朱老总处的医护、保健、生活照顾方面,存在一些问题。汪东兴随即指派我到朱老总的住处,召集全体工作人员开会加以处理。

我因此两次到万寿路新六所四号楼朱老总住处,请康克清大姐一起开会,商讨如何妥善解决相关问题,最后形成了康大姐和工作人员双方都满意的意见。事后,我给汪东兴写了一份书面的情况汇报。

记得3月19日那天,我在朱老总家开完会,到院子里欲乘车返回时,正碰上朱老总散步后往自家走来。我立刻上前与朱老总打招呼,问候老总近情。朱老总对我说他自己的身体还不错。我当时也感觉他气色、精神确实挺好。

作为周总理追悼会期间长时间守候在现场的警卫工作负责人,我还记得,1976年1月,周恩来总理逝世时,年近九十的朱老总到医院作最后的遗体告别,他站在周总理遗体前恭恭敬敬地敬了一个庄严的军礼。离开时面目显得异常沉重。

在周总理逝世后,毛主席病重期间,朱老总还说过,他可以分担一部分中央的工作。从此,他更多地出面会见外国元首、政府首脑,以致染恙不治,走在了毛主席的前面。

我把自己对朱老总的全部景仰，都投入到朱老总治丧期间的安全保卫工作之中，我至今还保存着治丧期间的有关材料，其中一份由治丧委员会拟订的《追悼会会场注意事项》，如今看看，也蛮有意思的：

一、各单位参加追悼会的人员，要严格审查，登记名单，指定专人带队，集体乘车前往会场。

二、参加追悼会的人员要整队入场，自觉遵守纪律，遵守会场秩序，听从工作人员指挥。

三、进入会场前，要清点人数，防止外人混入队伍，并在指定地点休息。不要随便走动，不要大声喧哗，不要吸烟，不要随地吐痰，不准带提包，不准携带枪支、匕首、易燃易爆物、录音机、照相机。

四、服装要整齐，女同志不要穿花衣服。

五、爱护公物，严防失火。

为确保安全及各项规定的贯彻，几位副处长二十四小时轮流值班

送走了朱老总后，毛主席的病情也一天天恶化，不久就进入异常紧张的状况。中央陆续向各地发过几次电报，通报毛主席的病情。可以说全国各级领导和广大民众，对毛主席不久于人世，是有一定精神准备的。

1976年9月9日，经多方全力救治无效，一代伟人毛主席"停止思想了"。中共中央随即组成了以第一副主席华国锋为首的治丧委员会，料理毛主席的治丧事宜。

治丧委员会下设了一个办公室，由党、政、军和北京市等各大单位的负责人参加。这个办公室共有七个组。秘书组：负责文件、证件及电函的处理，安排活动日程；群众组织组。负责来宾签到，群众队伍的组织指挥；警卫组：负责各个集会、瞻仰活动的警卫保卫工作，要求高度警惕，防止敌人造谣惑众，破坏捣乱，预防敌人的突然袭击和偷渡，还负责守灵礼兵的组织；总务组：负责人民大会堂、天安门会场的布置，治丧期间的物资供应和生活安排等；宣传报道组：负责活动的摄像、电视、照相、扩音及新闻报道等；外事组：负责各国驻京使节、各国外宾向毛泽东遗体告别的组织联系，处理唁电等工作；卫生保健组：负责参加治丧活动的首长和群众的医疗救护工作。

警卫组的负责人有北京卫戍区的吴忠，有公安部的于桑等。参加了这年几次重大治丧活动警卫的我，再次成为警卫组的主要负责成员之一，参与了这一次治丧工作。警卫组的办公地点在人民大会堂的黑龙江厅，常坐守在那里值班的，是中央办公厅警卫处的马盼秋。

9月10日晚,毛主席的遗体从中南海住处出西门,经府右街进人民大会堂西门,安放在设于北大厅的灵堂。从9月11日到17日,三十余万各界群众代表、各驻华使节以及来华外宾,在人民大会堂吊唁和瞻仰了毛主席的遗容。

在为期七天的吊唁过程中,中央办公厅主任、警卫处处长汪东兴一直守在人民大会堂福建厅内,警卫处的其他干部们更是全力以赴,每天工作都在十三四个小时以上。在紧张的忙碌中,我只能偶尔抽很短的时间,在警卫值班室的长椅上打个盹儿,恢复一下体力和精神。

为了在吊唁期间使毛主席的遗体得到完好的保护,除了严格的安全警卫外,还制订了一系列保护遗体的严格规定,如对室内温度的控制,照明用的灯光,照相摄影等,都不能超过所要求的限度。为确保安全及各项规定的贯彻实施,几位副处长,像李钊、毕景荣和我,二十四小时昼夜轮流值班。

在我们中央办公厅警卫处的诸多副处长中,只有武健华和我两个人,被指定参加在群众吊唁时的守灵任务,每班守灵要在毛主席的遗体旁站一两个小时。每次守灵人员的名单,是要刊登在第二天的《人民日报》上的。我读报时发现,除了武健华和我两个警卫工作者以外,其他为毛主席守灵的人,都是中央各部委的负责同志。能为毛主席守灵,我感到这实在是一种极高的荣誉。

至于为什么选中我参加守灵,我做了种种推测:也许在警卫组里,我是长期处在警卫第一线的,大概是让我代表了第一线的警卫人员。再有一个可能,就是因为我曾是毛主席警卫班的一员。当时毛主席警卫班的成员,要么不在北京,要么脱离了警卫工作,只有我既在北京,又在警卫工作岗位上,特别是仍守卫在毛主席的身边,所以荣幸地成了他们的代表。

这一圈兜下来算是完成了迷惑的任务

吊唁仪式到10月17日下午全部结束,毛主席的遗体要从大会堂移至某地暂放,并将在那里进行防腐处理。我参与并目睹了整个过程。在起运前,毛主席的遗体先从水晶棺移到密封的氮气帐篷里。新华社长期担任为领袖拍摄的摄影师杜修贤,从各个角度拍照了毛主席的遗容后,遗体被抬上了专用的汽车。

警卫组从安全和保密的角度为行动作了周密的安排,遗体的运送按预先的布置,组织了两个车队,其中有一队承担迷惑任务。

张耀祠带领的一队,护送着毛主席的遗体,出人民大会堂西北门,直接开至某地。汪东兴也在这一队坐镇。

第二队由我组织带队。汪东兴布置任务时对我说:"你再调两个人,乘一辆车做前卫。"我随即召来了庞廷经和高振普。我们这一队也是出人民大会堂的西北门，然后向东经南、北池子，过了北海大桥，从北门进入中南海。

大概不会有人想到，这兜了一大圈儿，担任迷惑任务的车队的主车上，乘坐的是在毛主席逝世后，排在党内第一位的中共中央第一副主席华国锋。华国锋在中南海换车时，把我叫进了他的轿车，我们再从西门出来，驰往暂放毛主席遗体的某地。

到达目的地后，华国锋下了轿车，在临下地下室时，他还问我是否跟他一起下去。我想我的任务就是把他安全地护送到这里，下去并没有我要做的工作，就说："我不下去了。"

9 月 18 日下午 3 时，在天安门广场举行了隆重的追悼大会。大会的主席台搭在天安门城楼下，金水桥的里边，前面的观礼台上布满了花圈。在主席台上的人员，有由党和国家领导人组成的治丧委员会全体成员，再加上工农兵代表二百余人，共约五百人。参加广场追悼会的群众，号称一百万。

追悼大会的安全保卫工作，主席台由中央办公厅警卫处全面布置，广场及参加追悼会的群众队伍的安全由北京卫戍区、北京市公安局担负。

在进行布置时，警卫组要求发动和依靠广大人民群众，人人做安全工作，提高警惕，加强战备，防止苏修的突然袭击，防止反革命的破坏活动，还要防火、防爆炸等一切危险情况。

追悼大会从开始到结束，长达十多个小时，场内外始终庄严肃穆，秩序井然。会场部署了工人、民兵、北京卫戍部队、公安民警等，共动用警力两万三千五百余人，保证了追悼大会的顺利进行。

胡福明追忆三十年前真理标准大讨论幕后故事

◎王建柱

"关于真理标准问题,《光明日报》刊登了一篇文章,一下子引起那么大的反应,说是'砍旗',这倒进一步引起了我的兴趣和注意……不要小看实践是检验真理的唯一标准的争论。这场争论的意义大了,它的实质就在于是不是坚持马列主义、毛泽东思想。"

——邓小平

三十年前的 1978 年 5 月 11 日,由胡福明撰写的《实践是检验真理的唯一标准》以特约评论员的名义在《光明日报》刊登后,被认为是当代中国一个重要的"政治宣言",是思想解放和时代转折的先声,有人称它为"春风第一枝"。此后,一个关于真理标准问题的大讨论迅速展开,并由此发展成为一场波及全国的马克思主义的思想解放运动。

勇闯禁区

"'文革'十年,制造了大量的冤假错案,中国陷入严重的政治危机。国民经济处于崩溃的边缘，人民生活极其艰难，农村有两亿五千万人不能解决温饱问题。在那样一个年代里，个人崇拜、教条主义统治了中国整个思想文化领域。很多同志虽然也看到了问题，但是不能也不敢讲真话。粉碎'四人帮'后，人们欢天喜地，奔走相告，有种强烈的被解放了的感觉，感到压在身上的'石头'和'大山'一下子全被推倒了。我当时是南京大学哲学系老师，拥有专业的敏感性。这篇文章也是我对'文革'灾难反思的结果。"胡福明回忆说。

"文革"期间，南开大学有少数学生贴出大字报，批判校长匡亚明。由于胡福明为他说了几句公道话，所以两人一同被打倒。抄家、游街、挂牌子、扫厕所，正常的生活被彻底破坏，个人尊严受到极大伤害。

中国的改革开放是从"文革"的废墟上启程的。粉碎"四人帮"后，南京大学的讨论气氛非常热烈。身为哲学系副主任的胡福明觉得，作为一个理论工作者，应该出来说话了。在南京大学召开第一次揭批"四人帮"的大会上，他第一个发言；在江苏省委第一次揭批"四人帮"的万人大会上，他也是第一个发言。

此外，他还不断地发表文章。1976年，《南京大学学报》第四期发表了他的《评张春桥的〈论对资产阶级的全面专政〉》。从1977年开始，胡福明在南大学报上每期都发表一篇文章。因为存在争论，他的《谁批判唯生产力论就是反对历史唯物论》的文章一年之后才发表。

1977年2月7日，"两报一刊"（《人民日报》、《解放军报》和《红旗》杂志）发表了社论，提出了"两个凡是"：凡是毛主席作出的决策，我们都坚决维护；凡是毛主席的指示，我们都始终不渝地遵循。这种说法，胡福明仔细研究后觉得不好，这就等于说"文化大革命"的理论路线政策都要维护和贯彻，那么人民群众要求为天安门事件平反，要求邓小平同志重新出来工作，就不可能了，那么多冤假错案也都不能平反。"文化大革命"七八年还要再来一次，中国人受得了吗？

有一次省里召开座谈会，讲到教育战线时，胡福明态度鲜明地说：这些年教育质量是下降的，教育领域也很乱，科研也没法搞。当时有些老同志怕他闯祸，提醒他千万别说。他说：我讲的都是事实。从这些现象中他觉得拨乱反正有些降温了。"两个凡是"出来以后，批判"四人帮"就更难了。

他回忆说："'四人帮'倒台后，我从来不说毛主席发动'文化大革命'是对的，但我也不敢公开说是错了，我只是在心里认为是错了。我感觉到中国已经到了一个关键时期。"

写这篇文章，胡福明说有几个原因：一是粉碎"四人帮"以后，中国社会的发展应该翻开新的一页；二是从南京大学师生反对"四人帮"的情况看，大家已经觉醒了；三是"文革"中自己犯的严重"政治错误"应该得到平反。简单地说，无论是从国家利益、从学校实际,还是从他本人命运来看,都需要进行拨乱反正。

胡福明敏锐地意识到,必须站出来对"两个凡是"予以回击,只有"否定'两个凡是',才能彻底拨乱反正"。但当年没有一个报刊能公开指出"两个凡是"是错误的。

文章初稿在医院走廊完成

当时,很多人都对"文革"不满,有人甚至开始公开议论,但是没有批"两个凡是"的。这篇文章从选题构思到动笔写,没有人知道胡福明在做什么。他回忆说:那时,当然不能说"两个凡是"是错的,公开向"两个凡是"宣战是不行的。一个老同志曾根据他的一贯表现警告说,不要学《三国演义》里面的许褚,赤膊上阵,要学会保护自己,要站得住,才能打仗。因此,胡福明千方百计地去回避"两个凡是",他为批判"两个凡是"另外找了个靶子,这个靶子就是"句句是真理"、"一句顶一万句"、"天才论"、"顶峰论",以证明二者在本质上是一样的。读者一看就明白,这就达到了目的。

"这篇文章确实如许多同志所指出的,没有理论上的独创,完全是马克思主义的基本观点。"胡福明回忆说,"两个凡是"是盛行多年的"句句是真理"、"一句顶一万句"、"天才论"的翻版,既是精神枷锁也是政治枷锁,因此用实践是检验真理的标准这个马克思主义的经典论述去回应"两个凡是",同时以马克思恩格斯自觉运用实践标准检验自己的理论,来证明他们所说的也不是句句都是真理,他们的理论也必须在实践中得到检验。最后,他在文中阐明了一切理论都必须经过实践检验证明是正确的才能成为真理,马克思主义也是如此。

石城暑天,酷热难耐。胡福明的爱人因患肿瘤住院手术。他白天上班,晚上到医院陪伴妻子。陪护病人本来就很辛苦,再加上高温酷暑和蚊虫叮咬,让他无法入睡。深夜,他在医院的过道里走来走去思考着,满脑子都在想着文章的事。有几天,他干脆就把马列主义的一些经典著作带到医院,借着走廊的灯光,蹲着身子趴在凳子上写文章提纲,瞌睡了,就把三个椅子拼起来躺一会儿,醒了再看、再写、再改,稿子改得密密麻麻的,连自己都快看不清了,于是再重新抄一遍。

不久爱人出院了,胡福明利用学校放暑假的时间完成了八千字的初稿。

胡福明后来回忆说:当时自己确实心虚害怕,很有压力。因为我已经当过一次"反革命"了。那次当"反革命"人家还可以说你是蒙冤,如果这次要是再批判"两个凡是",那就真的要当"反革命"了。因为"文化大革命"以来,"两报一刊"社论从来都是代表党中央发言,中央最高领导的指示都是通过"两报一刊"社论来传达的。所以与"两报一刊"社论唱反调不就是等于"反党反中央"嘛。而且"两个凡是"是打着高举毛泽东思想的旗子出现的,批判"两个凡是"等于否定了毛主席,否定了毛泽东思想,这罪名可就大了。反党、反毛泽东思想,这在当时的中国没有比这个罪名更大的了。再说那时我已有了两个孩子,女儿十二岁,儿子才九岁。如果我再出这样的大事,家庭不就全完了吗?

稿子寄出之前,胡福明的思想斗争确实很激烈。但是,天下兴亡,匹夫有责,中国知识分子历来有一种责任感,一种使命感。那段时间,胡福明觉也睡不着、饭也吃不香,整天都在考虑着。最后他还是义无反顾,下定了决心。

他把文章寄给了《光明日报》的王强华。王强华当时是《光明日报》理论版的编辑。他们二人是在南京参加理论讨论会时认识的,他曾向胡福明约过一些稿件。

稿件寄出后一连四个月都没有回音,胡福明感到有些失望了。

多人参与,胡耀邦最后审定

事情终于有了转机。

1978 年 1 月,《光明日报》寄来了清样,提出了具体的修改意见,并通知他"修改好了马上就可以用",希望他把文章再进行仔细的修改润色,不要让人家抓到"小辫子"。就这样,寄来清样再改,改了再寄去,反复了好几次。

4 月,胡福明到北京开全国第一次哲学讨论会。有一天晚上,王强华派车把他接到光明日报社,带他到杨西光同志(时任《光明日报》总编辑)的办公室见面,当时在场的还有马沛文(时任《光明日报》理论部主任)、孙长江(在中央党校《理论动态》工作)等人。杨西光同志说:"今天请各位来,是要讨论这篇稿子的事,本来是要在 4 月 20 日的《哲学副刊》上发表的,但是我看了以后觉得很重要,在《哲学副刊》上发表,太可惜了,要作为重要文章放到第一版上发表,请大家来就是讨论怎么修改的问题。"

胡福明回忆起了他们在一起开会的情形:"这次他们的要求跟开始的时候不一样了,开始要求我收敛一点,后来要求现实针对性更强一些,要加强战斗性,同时还要求文章写得更准确一点。马沛文同志建议点名批判'两个凡是'。我说这样恐怕不合适吧,我之所以批判天才论,批判句句是真理就是要避开'两个凡是',不可能明着和上面直接对抗,那样做也不可能发表。即便发表,人家也会抓住辫子,说你公开地反对中央。我没有接受他的观点,大家也不赞成那样做。于是我又利用晚上修改,第二天光明日报社派人把我的稿子拿走,再把新的清样送来,来来往往几天。会议结束了,又把我接到《光明日报》招待所住了几天,前后我一共改了六七遍。整个过程,杨西光同志跟我谈了几次话,我也跟孙长江见了面,最后确定,交中央党校《理论动态》的孙长江同志再修改。"

4 月 29 日,胡福明离京前,杨西光与他作了一次长谈。杨西光强调,因为这篇文章很重要,是批判"两个凡是"的,所以"最后要请耀邦同志审定,他站得高"。杨西光还说:"这篇文章不能署你的名字,而以'本报特约评论员'的名义发表,这样可以加重文章的分量。我们并没有约你写这篇文章,但是现在我们聘请你做《光明日报》的特约评论员,你看怎样?"胡福明爽快地答应了。杨西光又在题目上加上了"唯一"二字,以增强力度。胡耀邦同志对这篇文章作了最后的审定。

1978年5月10日,该文首先发表在中央党校内部刊物《理论动态》上,5月11日,以"本报特约评论员"的名义发表于《光明日报》,第二天《人民日报》全文转载并由新华社向全国广播。

文章发表后,胡福明的心里确实有些心虚和紧张。过了近一个月,1978年6月的一天,胡福明和爱人正在做早饭,他们从中央人民广播电台中听到了邓小平在全军政治工作会议上的讲话,"我听得出,小平同志的讲话旗帜鲜明地对我们那篇文章表示了支持。从那以后,我觉得心里更有底了,真理是驳不倒的,我对此更有信心了。"

很少有学术文章能像《实践是检验真理的唯一标准》那样引起高层领导和理论工作者如此的重视和多次修改,当然,也很少有学术文章能像《实践是检验真理的唯一标准》那样深刻地影响现代中国历史的进程。

1978年12月,党的十一届三中全会在北京召开。全会坚决批判了"两个凡是"的错误方针,高度评价了关于真理标准问题的讨论。全会决定把全党的工作重点转移到社会主义现代化建设上来。党的十一届三中全会,使中国共产党冲破了"左"倾错误的束缚,社会主义事业走向了健康发展的道路。

"知识分子要有良心,理论工作者要尽自己的一份责任。实践是检验真理的唯一标准说出了人民的心声。"胡福明说,"当时也没有想到什么著作权的问题,那可是冒着风险写文章,准备要坐牢的。当时纯粹是为了拨乱反正,是为了反驳'两个凡是',开辟一条中国社会主义现代化建设的新道路,只有这一个想法。"

他说,这样的文章就是自己不去写也会有别人去写,事件总是要发生。"写这篇文章,我只是做了一点本分的工作。"

三十年过去了,每当提及此事,胡福明总是说,这篇文章是由杨西光、马沛文、王强华、孙长江等同志帮助修改才最后成文。"是集体智慧的产物。不是我一个人的功劳。"他说,从当时的情况来看,文章发表是一回事儿,真理标准问题的大讨论又是一回事儿。那时文章虽然发表了,如果让当时的中央主要领导人给扼杀了,真理标准问题就可能讨论不起来。胡福明一再强调,真理标准大讨论之所以能够展开,能在全国思想解放运动中产生如此大的影响,关键还是邓小平等老一辈革命家的坚定支持。同时,理论和新闻战线的同志也在其中花了很大力气,做了很多工作,如果没有他们的参与,就形不成那样一个形势和氛围,也带动不了全国性的思想解放运动。

自觉实践，跟上时代步伐

胡福明用心血和胆识完成的这篇文章，也由此改变了他的人生轨迹。

1980年，中宣部和中央党校调他去北京工作，他没有同意。他说："我还是喜欢教书，跟学生关系不错，再说我还是班主任。本人一介书生，心直口快，不会处理人际关系……"1982年秋，江苏省委调胡福明到省委宣传部当副部长，拖了一个多月，他还是不想去。南京大学的领导对他说，这样拖下去也不是个办法。于是他写了个报告，陈言自己喜欢教书，还讲了几点理由，最后他表明，作为一名党员，还是要服从组织决定。两天后，省委下了文件，任命胡福明为江苏省委宣传部副部长。于是他又提出要求：人先过去，但工作关系暂不办。一个月后他到南京大学领工资时，才知道工资和人事关系已经转到了江苏省委宣传部。

胡福明在江苏省委宣传部工作了四年，这四年，正是解放思想和改革开放初期。他回忆起那段经历时说："我到省里工作时，正值新时期的开始。那几年感觉宽松得多了。党的十一届六中全会又通过了《关于建国以来若干历史问题的决议》，彻底否定了'文革'。不过，那时改革开放刚起步，解放思想还远远没有到位。很多同志所认识的社会主义还停留在过去的水平上，在人们的观念里还没有摆脱苏联模式的影响，'一大二公'的观念还占主导地位，'左'的思想还在阻碍改革开放，传统的社会主义模式在人们脑子里根深蒂固。比如，人们对农村家庭联产承包责任制就议论纷纷，有人感叹，甚至还有人反对，'辛辛苦苦三十年，一夜回到解放前'、'不但是资本主义要复辟了，地主富农也要回来啦'。又比如，当时依靠市场发展起来的苏南乡镇企业，完全在计划经济体制之外，所以对乡镇企业的批评也很多，说这是挖社会主义墙脚，是破坏计划经济，是不正之风的根源，等等。总之，骂得一塌糊涂。那时，我们省委的讨论都是按照中央文件精神进行的，争论得比较少。不过，有时中央文件所表述的也含混不清，譬如说，什么叫剥削，雇用几个工人叫剥削？有人说雇用八个工人就叫剥削，因为这是马克思说的，靠剩余价值生活，因而变成了资本家。这样还容许吗？所以，那时当宣传部副部长，是很艰难的。一方面必须坚决贯彻十一届三中全会的精神，解放思想，同时还得逐步推进改革。不过，我当时对于一些新的东西总体上是采取支持的态度。我一直认为，苏联的社会主义是不成功的。"

1986年，胡福明出任江苏省委党校校长。他到党校的第一件事，就是修改了原来的教学计划和内容。原来的计划是教哲学、经济学、科学社会主义这三门主课，再加上选读马克思主义的一些经典原著等。胡福明到任后，重新编写了教材，把党的十一届三中全会以来的一系列方针和政策作为党校的主课，把建设中国特色的社会主义道路作为学习的主要内容。那时,在全国党校,这样的教学安排是少有的。

从 1984 年到 1994 年,胡福明连续当了两届省委常委。从 1995 年起,他出任省政协副主席。此后三四年,他负责主持省政协的常务工作。他说,政协在参政议政方面是比较活跃的,但是总的说来,民主监督很难,因为这牵扯到政治制度设计问题,很多情况下人民没有知情权,监督也缺少制度保障。"我认为,让没有权力的人去监督有权力的人,这样做本身就很难。"他始终认为,一个国家要建设民主政治,就一定要有民主监督,要依法治国。

"从政以后,读书和研究学问的时间少了。同时也变得身不由己,每天有大量的行政工作要去做,有些会议非去不可。要传达中央文件,按照党的精神讲话。即使你个人有什么想法,也不能随便说,只能先放下来。从政不像教研那么自由,看出了什么问题,就可以直接阐明自己的观点,从政之后,不想讲的你也得讲,因为这是你的责任。如果让我重新选择的话,我还愿意去教书。教书比较自由,可以独立思考。而且我认为我这个人的适应能力比较差,从政以来一直到现在都还没有完全适应。"胡福明深有感触地说。

作为一个曾经影响了中国思想解放进程的"哲人",胡福明惜叹二十余年的从政生涯,已使他不能再像过去那样从事具体的哲学研究了。"我也不想那样做。我当下最大的愿望,就是研究重大的历史和现实问题,从中发现一些有益于中国未来的东西。"

从胡福明丰富而坎坷的人生经历中可以看到,几十年来,他始终清醒地坚持了实践标准的原则,身体力行实践标准。即便是从高校走上领导岗位之后,他在理论上的探索和运用理论解决实际问题上的努力,也从未停歇。从 20 世纪 90 年代开始,胡福明和江苏省社科院的同志一起,将我国的改革开放和现代化建设如何与江苏率先实现基本现代化结合在一起,作为研究课题,1993 年主编完成了《苏南现代化》一书,获得了江苏省社科一等奖,之后又完成《中国的现代化问题》一书。

胡福明认为,搞研究,就要深入实际调研。"我有几个方法:一是到农村,走访乡镇企业和农户;第二是走访省、市、县各级开发区,考察工业化进程。"

"现在做的工作,就是把前几年的研究落实到如何与科学发展观的步伐合拍,同时密切结合改革开放。中国特色社会主义事业是由改革开放来开启和推动的。研究科学发展和经济建设,也同样离不开改革开放。"

在多年实践中,胡福明将解放思想、实事求是、与时俱进,视为中国特色社会主义理论体系的"一大法宝"和一把"开锁的钥匙"。"无论是邓小平理论、'三个代表'重要思想还是科学发展观的提出,都是在把握住这一思想主线后,所实现的实践创新和理论创新。这是根据中国的现实国情提出来的,马克思、恩格斯、列宁、毛泽东都没有讲过,这是符合中国实际的一个新的创造。"

"不喜欢吃请,就喜欢读书看报、写文章、休息,没有任何别的爱好。晚上在家吃一碗泡饭。"胡福明这样描述自己简单的生活状态。

溥仪被迫出宫之后

——润麒目睹清王朝最后落寞的背影

◎贾英华

溥仪和婉容

溥仪被逐出宫前后

1924 年深秋。

京城一连几天秋风骤起,刮得昏天黑地,一时,坊间纷纷传说军阀逼宫,包围了紫禁城。没等老百姓的脑筋转过弯来,"逊帝"溥仪就已被冯玉祥的部下鹿钟麟逐出了皇城。

这时,年轻的润麒正居住在京城帽儿胡同,全家人无一不揪心,"国丈"荣源更是急得满屋团团乱转。他不仅密切注视溥仪的下落,也为婉容的命运而担忧。见到报纸,他们才知溥仪被逼无奈出宫的准信儿。

不久,溥仪和婉容派小太监前来传话,他们已然躲进了北府(什刹海后海北岸的醇亲王府)。在大人们的谈话中,润麒听说溥仪出宫之后,在醇亲王府门口,脚蹬汽车的踏板儿还对士兵慷慨陈词:"以后要当一名公民……"话音未落,围观的士兵和人群中居然响起了掌声。这是 1924 年 11 月 5 日(阴历十月初九)。

其实,前不久润麒刚刚离开溥仪,从宫中归家。他早就知道,出宫之前,溥仪和溥杰便事先做了各种准备。从溥仪在醇亲王府门前发表的言不由衷的一番话来看，没显得特别惊恐，只是自欺欺人而已。在如何对待日本人的态度上，溥仪与婉容的态度却截然不同，婉容执拗地不同意溥仪跟日本人混在一起，但又只得听命于溥仪。北府不是久恋之地，何去何从？

最终，"逊帝"选择了日本人。几经辗转，悄然钻进了日本公使馆。

次日，婉容和文绣也按照事先的周密策划，从北府抵达日本公使馆与溥仪会合。紧接着，润麒跟随父母去日本公使馆，借探望溥仪和婉容为名，暂住下来。在日本公使馆的一幢小楼里，他见到了惊魂未定的溥仪。这时，一直紧皱眉头的溥仪，见到玩伴儿润麒，才勉强露出了一丝笑容。

听说溥仪迁住日本公使馆，一些拖着长辫子、身穿长袍马褂的清朝遗老闻风而来，纷纷前来叩见溥仪。

溥仪唯恐润麒独自溜回家，便跑到他的屋里，反复哄劝："润麒，你可别走呀，过几天要拍电影啦。"

于是，起初觉得寂寞难耐的润麒，勉强留住下来。临到拍摄时，他才知不是昔日宫里的遗老，而是日本人要给溥仪拍摄电影纪录片。

那天从早晨起，至少有二三十人在张园的院子里走来晃去。润麒却俨然成了一个活道具——作为背景，在后边拿着临时发给的日本干点心，谁也不准吃，只能端着瓷盘摆样子。

拍摄影片时，润麒故意装出挺淘气，以为拍电影就要拍像卓别林的滑稽样子。结果轮到他上镜时，一名绅士走过来，郑重其事地在镜头前介绍：

"这位是溥仪的'义弟'。"

润麒弄不清怎么出来一个"义弟"的称呼，反正给他拍摄了不少镜头，在过分严肃的气氛中，他倒没敢出太多的洋相。在电影镜头中，看起来无忧无虑的他，从头至尾都乐得挺天真。

轮到溥仪上场时，摄影师让"皇上"从小土坡上缓缓走下来，以显示其从容不迫，其实，他最清楚溥仪忐忑不安的内心世界。

之后，他见姐姐婉容梳着"两把头"，也从坡上慢步走下。接着，又拍摄了溥仪与婉容边走边亲热谈话的镜头，结果，摄影师让他俩重新走了一遍才算过关。

溥仪出宫，京城舆论一片哗然，又正值军阀混战，爱新觉罗家族人人自危，唯恐成了"池鱼"。皇后的家族，自然也成了社会关注的焦点之一。由于溥仪"潜"往日本公使馆，家族的人们也骤然向它靠近。

"梁园"虽好，却非久恋之地。溥仪在日本公使馆鬼混了一些日子，觉得终归不是长久之计，就从北京迁往天津寓居，实施"韬晦之计"。婉容和文绣自不必说，连溥杰和几个妹妹也随之奔了天津卫。

不能说没有溥仪迁津的影响,润麒一家人亦从北京举家搬往天津。

在天津时,溥仪变了,奇特的公民生活使"逊帝"有了特殊感悟。有一次,刚见面时,溥仪似乎掺杂了复杂心绪,百感交集地对润麒说:"哦,老不见了,民主啦。"

其实,只有他明白溥仪话里透出的无奈的酸楚。

才二十岁出头的溥仪,颓然离开了紫禁城,表面平静地寓居天津,内心却时时涌动着"复辟"的冲动。润麒与之相处的日子里,越发察觉了这一点。

尽管"逊帝"沉湎于纸醉金迷,私下却屡屡嘱咐手下人搜罗奇人异士,尤其是武艺高超者,欲网罗于麾下。当时,溥仪访得天津著名拳师霍青云,又通过其结识了著名武术家霍元甲的后代——霍剑阁。

有一天,溥仪召见霍剑阁,由润麒陪着从一楼走上三楼,他感觉才爬上二楼这位拳师便有点儿气喘,抵达三楼时竟然气喘得像风箱似的——"呼哧呼哧……"

"他是习武的,怎么上几步楼都喘不过气呢?"润麒深感不解,对其"功夫"产生了质疑。

"哎,他可能是把功夫搁下了。"

直到了解内情的人反复解释,他才理解拳不离手、曲不离口的含义,也从溥仪所谓广纳天下贤士之举中,看到了如此可笑的"武艺高超者"。仅从这个细节来看,所谓复辟充其量不过是一场梦呓而已。

伪满洲国时期的溥仪

赴日留学,润麒是被溥杰带上的"贼船"。赴日留学之前,他与溥杰互为学伴儿,在天津"恶补"了一段日语。

然而,殊不知,他被溥仪"钦定"赴日留学,成了一生命运的转折点。始终未参透的一场人生噩梦,亦离开场不远了。

"皇上"正式召见润麒和溥杰,亲自给他俩各起了一个化名,而且声明,这次去日本留学费用,全部由溥仪慷慨解囊,分文无需润麒家里掏。一年后,润麒和溥杰投考了日本东京学习院。

在润麒进入学习院头一年的暑假,他和溥杰来到景色宜人的鹿儿岛,借宿在时任鹿儿岛日本陆军联队长吉冈安直家里。

白天,吉冈在部队忙碌,很晚才能到家,他们时常兴奋地聊天至夜半。清晨起床,润麒见到吉冈早已趴在案前绘制战术地图,夸奖地说:"你可真是一个勤奋的人呀。"

"一个人必须每天动脑筋,才能不糊涂。所以,我弄一张纸随便画画。"

一天,吉冈安直有意支开润麒,然后把溥杰单独叫到了一边,请"皇弟"务必转达溥仪一句话:"过不了多少日子,国内将有重大的事件发生。"

果然,不久国内发生了九一八事变。这时,溥杰才恍然大悟。而润麒却是许久之后才晓知真相。

1932年暑假,当润麒从日本返回天津,却再也找不到溥仪的踪影。

原来,溥仪近一年前已由天津潜往长春,摇身一变成了"满洲国""执政"。之前,溥仪曾作了精心策划和部署,连每一个细小环节,都考虑得极为周密。而这些,他却是过后许久才晓知的。

以往,每天清晨起床,溥仪总是叫随侍李国雄或赵荫茂去倒尿盆儿。临逃离天津之前,溥仪精心布置了一个"迷魂阵",其中一个"障眼法"就是潜走之后,仍然让随侍按时倒尿盆儿,以使外人感觉溥仪仍稳居静园没动窝儿。

直到溥仪离津几天之后,没有尿的尿盆才不再倒了,这些随侍也随之潜往新京(现在的吉林省长春市)。闻讯,润麒的父亲荣源追随溥仪而去,而母亲仲馨死活不肯相伴,固执地留居京城。

放假后,润麒回到"满洲国",似乎格外受到尊重。连日本人也不断向他谈三论四,乃至评述满洲国的国旗和国歌,从中他倒觉察出"满洲国"与日本人微妙而奇特的关系。"满洲国"的三角国旗上边有一条龙。日本人唯恐溥仪复辟"大清",反复欲盖弥彰地声称,这条龙完全不同于清朝的"真龙","满洲国"和清朝没有任何关联。

然而,"满洲国"的"国歌",却是"满洲国"总理大臣郑孝胥撰词,由日本人作曲的,其间关系当然不言自明。

"天地内有了新满洲,新满洲就是新天地,人民三千万……"

每逢"满洲国"诞生日或溥仪的生日,电台便终日不停地反复播唱,若仅从旋律来看,倒完全像是一首不伦不类的流行歌曲。

润麒、溥杰返回"满洲国"重逢故人

1933年3月,润麒以溥仪派遣的学生的名义进入日本士官学校。

平日不觉寂寞,暑假时,日本同学纷纷返回家,润麒也从日本风尘仆仆归国探亲。

回到荣宅,他看望过母亲之后,便启程前往长春伪满内廷。

润麒几乎天天到内廷给溥仪请安,引起了日本人"关注",门口的传达室一一作了详尽记载。过去,他和溥杰见到溥仪,无一例外地得恭恭敬敬地请跪安,这次到长春以后,溥仪破例开了恩:"你们不必请安,鞠躬就可以了。以后,也别自称奴才,就说自己的名字吧。"

打这儿以后,润麒每逢见到溥仪就改成了鞠躬。别瞧溥仪对他俩表面变得随便,对于家族的人甚至长辈依旧十分苛刻,极讲究君臣尊卑之"礼",稍有不周,便"龙颜"大怒……

以往,他在内廷随时可以遇见姐姐婉容,而这次回来却很少见她出屋。人们虽然早就风传她抽大烟,或许是她有意避讳胞弟,他却一直没亲眼目睹过她的"瘾君子"面目。然而,婉容来到长春以后,变得愈来愈自暴自弃,时常蓬头垢面,精神恍惚。这确是他再清楚不过的了。

听说弟弟放暑假回国,婉容依然不改那股亲热劲儿,不断问长问短。其实,她早已与溥仪分居,而在自己的房间独住。见婉容十分关心他在日本的日常生活,他对姐姐说了实话:"士官学校的饭,挺不好吃。"

"那你平时吃什么呀?"

于是,他向婉容谈起了在日本的酸甜苦辣。"国舅"和"驸马"的身份,在日本军校换来的只是相对优惠的待遇。与一般学员不同的是,他单独拥有一间卧室,门口写着"将校候补生"。作为士官,他平时还有"当番"(日语勤务兵)伺候,负责端饭和沏茶倒水,早饭和午饭允许回到自己房间单独就餐,只是晚上必须在"将校集会所"跟中队长和中队副一起就餐。第二天早晨起来,他又变成了一般士兵,长官吩咐什么就做什么,每天早晨起来要刷马、揉马腿,与普通士兵并无区别。

除此以外,便再也没有什么特殊待遇。听了这些,婉容没有多说什么,只是一再叮嘱他注意身体。此时,她眼中透出的是关切的脉脉亲情。

内廷并非每次就餐都有糕点,吃西餐时,总是饭后再吃甜食、冰激凌。除宴会以外,一般只是摆放自制的小点心。相形之下,他偶然在姐姐的屋里,诧异地见到了她的日常饭食——原米,竟然是没有经过"捣"的稻米,十分难吃,仅仅就着一碗素汤下咽。显然,这是溥仪对婉容的惩罚之一。

有一阵儿,溥仪见到他在婉容的屋里待久了,便面露不悦之色,立即叫随侍唤他:"润麒,你回来就上她那儿去,为什么不到我这儿来?"

他听得出来,溥仪的话里显然带着醋意。然而,他仍从内心怜悯命运多蹇的姐姐。

表面看上去,伪宫内似乎平静如水,实际上时时暗藏玄机。虽然,日本人在同德殿为溥仪和婉容修建了居室以及相当高级的厕所、浴室,每块殿瓦上都刻着"一德一心",而婉容一天也没在那儿住过。

其实,不仅婉容反对日本人,溥仪内心也对日本人十分不满。但既不能在同德殿说,也不敢在勤民楼谈论,因这里的静电过于厉害,每逢有人路过便经常"啪啪"地响个不停。

他借游逛玩耍,四处察看是否安装了窃听器。在他看来,这可能是一种静电反应,而溥仪则一口咬定是安装窃听器所致。于是,溥仪在缉熙楼的卧室不敢说一句不满日本人的牢骚话,连在书房里也不敢妄言政治。

润麒也颇为鄙视日本人,来见溥仪时,如果有要紧的话就跑到浴室、厕所,或相约到浴室外的瓷砖盥洗室里。坐在沙发上,他俩可以尽情地发泄对日本人的愤懑,甚至破口大骂。他俩一起仔细察看过几遍,认为盥洗室四壁是光洁的瓷砖,很难安装窃听器。

然而,透过种种迹象,他看出,溥仪产生了前所未有的危机感,乃至,没有"皇子"也成了莫大的玄机。宫中无人不知《帝位继承法》中的险恶用心。其胞弟溥杰与日本女子结婚,倘生子就变成了日本人,以此名分来吞并"满洲国"最简单不过。

显然,溥仪的性命,攥在日本人手心里,只不过没人敢直说罢了。但溥仪从未与他谈起"心头病"。想来,两人都是心知肚明,心照不宣。

聪明的润麒,也从种种迹象看透"满洲国"已成久蠹的朽木,遂一度佯装患病,在家赋闲。他对溥仪仍忠心耿耿,明知是火坑仍往里跳,却自认为是"愚忠"。

进退维谷,实出无奈而已。

伪满洲国的末日降临

当他从日本奉调长春,任伪宫内府骑兵连长之后,进入长春高等军事学校执教。虽说这是所培养高级人才的大学,但是关东军不允许如此称呼,只能称为日本高等军事学校。

1945 年 8 月,伴随一连串消息传来,日本陷入了极度恐慌——山本五十六大将率领的精锐舰队,二十分钟内竟全部被击沉。当军校拉响空袭警报时,绝大部分学生早没了影儿,只有润麒和几个办事员在原地待命。这次美国空军没扔炸弹,只丢下了几颗照明弹。他从校园楼前宽大的二层阳台上,提心吊胆地四处张望,恰巧,见到溥杰从外边路上急匆匆走来。

谁想,俩人见了面,溥杰来不及寒暄,只是简单地通知他:"你已经调到宫内府任侍从武官,快跟我去报到。"

润麒赶紧跟随溥杰赶往宫内府。他见到溥仪,还没来得及说几句话,只见溥仪勉强抑制住神色慌张,故作镇定地亲手交给他一支手枪:"局势太乱,发给你一支枪,跟随着我吧。"

"我一定坚决保卫陛下。"

虽然,润麒对溥仪信誓旦旦,转身走出宫内府时,只见人们个个神情紧张,都在紧张地拾掇东西,心情顿然变得一阵凄凉。

按照溥仪的吩咐，他回家去整理行装，途中，在火车站附近见到，一些日本兵在挖掘战壕，各种货物堆得乱七八糟，一列列火车正停车待发。他通过种种迹象察觉，"满洲国"正面临着一场大溃败。

街上，沿途到处是四处乱窜而惶恐不安的人群。

转瞬之间，他摇身一变成了侍从武官，从安民广场跟随溥仪走上了坎坷的漂泊之旅。

临离开长春时，溥仪确定了几人跟随他同行，溥杰和万嘉熙（老万），还有毓嵒、毓嶦、毓嵣，医生黄子政、随侍李国雄等，总共八个人，自然，润麒也在其中。

穿过杂乱不堪的市区，润麒随溥仪来到火车站台。他登上待发的火车时，抬眼望去，列车四周都是伪满士兵，突然间，列车上下的"满洲国"士兵被强迫解除武装，无一例外换成了日本兵，润麒和溥仪等人为之瞠目。

伴随稀稀落落的枪炮声，苏联军队开进长春。本来苏军没把他父亲荣源列入抓捕名单，因其仅有一个"内廷顾问"的空头衔，算不上高官，抓走的都是所谓"大臣"和"少将"以上将官。

据说，头一天，荣源吩咐小老婆文安拾掇包裹，以备第二天早晨坐车逃走。谁知拿错了行李，早晨打开一看，连一件事先包裹好的细软都没有，立时急得火冒三丈。只因文安与楼下街坊关系闹僵，当苏联军官检查楼下时，一名街坊猛然狂喊了一嗓子："哎，这楼上头还住着溥仪的丈人哪！"

阴错阳差，他的父亲被苏联士兵推搡着抓走了。当他得知这些尴尬情形，已是几个月之后。由于哥哥润良没与父亲住在一起，侥幸逃过了这一劫。

溥仪走了，而把从北京皇宫带来的贴身太监李长安遗在了"新京"。那只忠实的德国狼狗——"福衡"，从"逊帝"被逐出宫，始终一天没落地紧紧追随。而今，也已茫然不知去向……

与溥仪一起"抑留"苏联的生活

1945年8月，一朵蘑菇云冉冉升空。广岛核爆炸，成了日本帝国崩溃的奇特标志。不久，日本宣布无条件投降。乘火车逃到通化大栗子沟的溥仪，沮丧地颁布"退位诏书"。

8月17日，润麒和溥仪一起被羁押前往苏联。临行之前，润麒前去看望姐姐婉容。在一幢煤矿的日本式宿舍，他拉开了一扇日式拉门。冷眼瞧上去，"皇后"显得异常疲倦，一个人在屋里穿着皱巴巴的睡衣，愁容满面地闷然独坐，他走上前，无可奈何地低声说："我马上要走了。"

"嗯。"显得多少有些痴愕的婉容，见到润麒之后，猛然仰起头，眼神里透出异常激动的渴望。

他见婉容想跟自己说话，但飞机即将起飞，时间已经来不及，慌忙对她说："时间太紧张了，我必须赶快走。"

说着，他赶紧退出屋，随即拉上了门，心里极不是滋味。他竭力想帮助她逃脱苦海，却又找不到任何出路，这使他感到矛盾重重而又内疚不已。瞬间，他的脑海中浮现了姐姐凄凉的一生境遇。他认为姐姐一生不幸，始终没有常人的夫妻生活，更无法达到性生活的满足，总是想方设法无理取闹，最终彻底绝望，连"满洲国"也逃不出去，抽大烟只是她自暴自弃的表象。就在润麒临掩上门的一刹那，婉容在屋里猛地大喊了一声："润麒！"

毫无办法，飞机眼看要起飞。他顾不上缠绵话别，紧紧关上门，头也不敢回地跑了。只听见婉容在身后，仍然声嘶力竭地喊着："润麒，润麒……"

婉容拼尽最后气力喊出的名字，在空旷的田野中激荡，似乎产生了巨大回声，直到许久，仍时时震响在他的耳畔。她那美丽而颓废的面容，呆滞而饱含激情的眼神，伴随了润麒的一生，每每想起就食寐无味。

甚至，他也没顾得再看一眼妻子和几个孩子，一直飞奔到机场，急速登上已隆隆发动的飞机。

这架飞机上没有溥仪。因"皇上"乘坐的是大型飞机，而润麒和溥杰乘坐的是仅能容纳六个人的小飞机。

匆忙之际，他仅仅带了一个小皮包，其他什么也没来得及拿。同机乘坐的还有吉冈安直、高桥银之助和两名日本宪兵。照他看来，即使此时，宪兵仍然没有放松监视自己。

他们被告知，飞机将前往日本。事后才知，溥仪在晕晕乎乎之中，见飞翔方向不对，心里直发毛。而润麒在空中丝毫弄不清飞机着陆的地点，当抵达沈阳机场时，才发觉那里已经被苏联军队占领，飞机也被苏联红军团团包围。

在此之前，溥仪所乘坐的大型轰炸机已先期抵达，润麒和溥杰乘坐的小飞机晚到了几个小时，所有人都紧张地趴在窗户上察看机外的情景。机场四周遍地都是苏联士兵，既有长胡子老头儿，也有十四五岁的娃娃兵，手里端着转盘枪，穿着袖子过长的宽大军服。

润麒一行人走下飞机，被枪威逼着来到候机室，见溥仪一声不响地坐在那儿发愣。

刚迈进门，苏军命令润麒一行人，逐一把佩带的枪支放在桌子上，毫无例外，他佩带的手枪也被收缴走了。他们被全部解除武装，室内只剩下几名苏军士兵和门口的持枪守卫。面对黑洞洞的枪口，他百思不得其解。

为什么日本人非要乘机飞赴沈阳，而又是那么凑巧，走下飞机就被"移交"苏联军队？莫非这是日本与苏联军队达成的某种交易（关于润麒等人的这种猜测，存在种种不同看法。一种说法是，这是日本与苏联之间达成的某种交易，即让溥仪一行人从通化乘坐飞机，来到沈阳直接交给苏联军队，以换取某种利益，此后，溥仪一行人被苏联军队带到苏联"抑留"就是明证。另外一种说法是，这仅仅是一种巧合而已，不存在日苏之间的交易。两种说法姑且并存，留待有关档案及第一手的相关史料进一步证实）？据润麒分析，并不能绝对排除这种可能性。

"咚、咚、咚"，门口传来一阵敲门声。原来，他和溥仪所在的候机室里备有凉开水，门外站岗的苏联士兵手持转盘枪，愣头愣脑地前来敲门，声称要进来喝水。

当苏联士兵客气地劝溥仪喝水时，"皇上"多了心，摇了摇头，死活不肯。苏联士兵当场"咕咚咕咚"喝了一杯，然后又倒了一杯端给溥仪，而"皇上"始终不为之所动。等苏联士兵走后，溥仪小声地说："不敢喝哟，怕喝坏了。"

润麒这才明白溥仪死活不肯喝水的真正原因。而照他看来，苏联士兵本没什么阴谋诡计，只能说明溥仪城府很深。在孤寂中等待了许久，一阵军靴响过，走进一名年过四旬身穿军服的苏联秃头少将，见到溥仪，言语倒是简单明了："奉斯大林的命令，请你们去苏联。"

等翻译将这几句译成中文，溥仪一行人全傻了眼。润麒听得非常清楚，秃头少将至少没说"拘留"二字。然而，已被欺骗过的一行人究竟被押往何处，他们心里无不打起了鼓。

天黑时分，润麒跟随溥仪登上了苏联飞机。从沈阳起飞，也不知飞行了多长时间，降落到一个陌生的村落里，满街都是苏联士兵。他跟着溥仪走进一家医院，只见屋里家徒四壁，炕上仅剩下了一张炕席，连被褥也没有。医院院长走进门，歉意地对他说：

"我这里的东西都藏起来了，不然，苏联兵什么都要。你们凑合点儿，就在炕上坐着吧，我马上就端桌子来。"

没过一会儿，饭菜足足堆满了一炕桌。其实，这位院长早知道面前是末代皇帝——溥仪，热情地前来张罗晚餐，于是，他跟随溥仪狼吞虎咽地蹭了一顿饱饭。之后，一行人在简陋的土炕上蜷身躺卧了一宿。

第二天早晨，不知从哪儿忽然冒出几名记者，其中还有一名会说汉语的苏联记者，连珠炮似的询问了溥仪许多稀奇古怪的问题。不知是感叹世事坎坷，还是逢场作戏，溥仪说到伤心处，竟心绪复杂地黯然落泪。见此，苏联记者还一个劲儿地劝解溥仪："不要哭，不要哭嘛。"

马上又要重登飞机。苏军派来接他们的是清一色的美国敞篷吉普车，天空正下着倾盆大雨，地上的泥泞几乎淹没拖泥板。一名苏联胡子老兵，端着枪紧紧守在溥仪旁边。途中,见溥仪猛然站起身,胡子兵以为"皇上"要跑,使劲挎着溥仪的胳膊不松手。

飞机降落在内蒙古一个说不出名字的奇怪机场。从飞机上走下来,只见遍地都是不怕人的大耗子,连一群人走过来它也不跑。润麒在地上来回走,而溥仪似乎累了,在地上蹲了好半天才站起身。

他陪着溥仪一起散步时,碰到一名满头白发的苏联将官,外表挺像英国人,溥仪于是用英文与其交谈起来,其间,溥仪手指着日本人,极其厌烦地说:"我不愿意和这些日本人混在一起,你把他们弄走吧。"

没想到,溥仪这番话果真管用。苏军少将立即下令,由苏联士兵把日本人轰下了飞机。夜幕降临,正当他胡思乱想之际,苏联士兵催促润麒一行人登上一架练习跳伞的专用飞机。他见飞机过道两边有椅子,索性躺在上边睡起懒觉来。

看到他泰然自若的样子,苏联军人冲他竖起了大拇指。眼看要越过乌拉尔山,苏联军官推醒他,俩人各自饮了一杯日本啤酒,又拿来给溥仪和溥杰喝了几口。

当飞机跃过山峰时,往下一掉就是上千米,机舱内的人们顿时悬了空,之后又重重地摔落在座位上。一名苏联军官走过来,对溥仪说:"这里空中可能有日本飞机,如果遇到了就得打一阵。你放心,我们绝对不怕他们。"

不说则已,仅仅几句话又使润麒的心重新悬起来。虽然苏联军官夸口飞机上架着机枪,可以随时准备迎击敌机,殊不知,此时日本早已宣布投降。越过乌拉尔山之后,苏联军官又拿起一瓶日本啤酒劝他:"现在保险了,进入苏联边境,日本飞机就不会来喽。"

飞抵赤塔后,在机场至少等了三四个小时,一直到天黑才驶来十几辆高级轿车,司机穿着非军装的笔挺制服,其中一个人对他说:"请你们上车。"又转过身问他:"你是什么军衔?"

"中校。"

等级如此分明。几名中校被分在一起,其他人则凑在一堆。一名苏联士兵跟随溥仪乘坐一辆车,润麒与溥杰共坐一辆车,第三辆是万嘉熙,再后边依次俩人乘一辆,边走边聊天。途经小山、森林,穿山洞,过路桥,夜里一直走了几个小时。短短的时间里,聪明的润麒竟然学会了一句俄语。

"我们现在上哪儿去?"

"斯那托维。"(俄语,疗养院)

听了司机的回答,他和溥杰都没弄明白怎么回事,心情仍十分紧张。他俩表面虽然有说有笑,却一直没停止胡乱猜测:苏联人若有恶意,何必派这么好的车来接? 如果是善意,为什么连去的地方都不告诉? 他百思不得其解。

苏方原来给溥仪预备了一间豪华卧室,由于"皇上"患了恐惧症,不敢"独处",改与几名侄子共住，而不再与润麒"同居"。这也倒好，他与黄大夫宿在一间居室——有了专用"御医"，溥杰则和万嘉熙共居一屋。

在异国他乡，润麒有了难以言表的复杂感受。所幸，白天能时常出去散步，山根底下没人管，可以随便溜达。山坡附近却有士兵站岗，往那边一走，士兵就拦阻，不让攀登，他们只好"迷途知返"。

他在院子里散步时，见每逢有人过来，溥仪便虔诚地凝望斯大林像，以示景仰。打那儿，他就对溥仪产生了看法，认为这纯粹是装模作样给别人瞧。溥仪虽然对几个侄子时常发脾气，甚至掐人打人，对外人却异常客气。

忽然，溥仪变得进步起来，主动学习俄语，以至于请求留居苏联——其实是怕被引渡回国。在东北时，"皇上"还敢悄悄大骂日本人，而到了赤塔却开始使劲讨好苏联人，谁也不得罪，成了一个慈面菩萨。

不久，润麒当上学习组长，老万成了领读。在宽敞的走廊里，摆上桌子和几把椅子就开始朗朗读书。书目尽是《联共布党史》之类的政治书籍，像和尚念经似的，其实，谁也没听明白，只是把耳朵给了别人。

在赤塔，每个房间都配有政府动员来的两名女服务员服侍，有的甚至是学校教员。她们连说带比画，润麒能听懂一多半。每天，大夫都来逐个检查他们的身体状况，几名女服务员对他格外亲热，曾当过广播员的托尼娅，就是其中之一，她不仅不让他干活儿，而且关照有加。

照例一天三顿饭、饮两次茶，一般人都在饭厅里。而溥仪仍以"皇上"自居，只在屋里坐等送来饭菜。而润麒吃饭、喝茶，总愿坐在长桌一头，托尼娅丝毫不避嫌，大多陪坐在他的身边。

起初，苏联女子的过分亲昵，使他产生了怀疑，隐隐感觉是苏联当局派来监视他们的，过了一些日子又感觉不像。吃饭时，纯真的托尼娅落泪不止，他不禁关切地问起她："你为什么掉泪呀？"

"我认为，你们都受了日本人的害。你们是好人，可日本人太坏啦。"

见此，他用餐巾慢慢为她抹去了眼泪。打这一天起，她对润麒格外友好起来，又教跳舞，又教俄语。

他见托尼娅总是围着自己转，觉得她心怀叵测，便起了疑心，转而对溥仪说："这个女人对我有点儿过分好，可能另有企图。"

"很可能。"溥仪想了想，也觉着他说得有道理，"你可一定要小心为妙。"

在莫名其妙的猜疑中，润麒对她日渐疏远。

另一名不算漂亮的苏联女子，叫舒拉，不知不觉也暗中喜欢上了润麒。一名女军医前来检查卫生，用手一摸门框上边，发现了灰尘，于是大喊："舒拉！"于是，她被女军医唤来狠狠训了一顿。此后,他往上一比画,舒拉便明白是喻示门框上有灰尘,就笑着用手捶打他。

她喜欢润麒,成了所内公开的秘密,不仅频频暗送秋波,而且多次向他递送纸条:"……我喜欢你。"

由于他热情不高,这桩单相思无果而终。

不知怎么,溥仪对给苏联女子另起中国名字突发兴趣。

那名叫瓦尼亚的妇女,比起其他年轻女子,显然年龄偏大。对于别的女人,溥仪都分别起了好听的名字,唯独为她起了一个中国名字叫"王魃"("魃魃"与王魃同音,一般喻为鬼怪之意),包括润麒在内的所有中国人,听到这个名字无不掩口而笑,明白这是挖苦她的意思,但她不懂,反而认为中国"皇上"亲自给她起了一个中国名字,显得洋洋自得。

平静的生活被陡然打破。一天,忽然来了一名苏联少将,当众向溥仪一行人下达命令:"我奉斯大林的命令,拘留你们。"

从此,溥仪一行人的身份骤然生变——由座上客成了"阶下囚"。

命令下达,他们将被转移去"哈巴罗斯克"——伯力。此前,他们出入都是乘坐小轿车,这次破天荒地换上了大卡车。

润麒和溥仪这一行人,在卡车上等候命令出发,足足冻了两个多小时,若不是外边罩了一件白色翻毛大衣,他们这些人非成了"冻物"不可。

突然,他看见托尼娅穿着单上衣和裙子跑来,裸露着大腿和胳膊,站在车下瑟瑟发抖。"嗖嗖"的风雪,刮得衣裳迎风飘飞,他真切地感到了她的炽热情感,站在寒风中似乎连命都不顾了。卡车徐徐开动,托尼娅依然伫立在风中,深情地望着润麒所乘坐的卡车。

至此,他才明白,一直误解了这些善良的苏联女子,顿然觉得如此多情的女子,恐怕再也难以遇到了……

他们到车站换乘上了从莫斯科专门驶来的包厢列车。一名莫斯科派来的苏军大佐,挺着像五个月孕妇的肚子,带着这一行人在列车的隆隆声中,奔赴遥远的伯力……

金默玉讲述:我的姐姐川岛芳子

◎金宝山

川岛芳子

　　在末代清皇室历史上,有两位女性不得不提:一位汉名叫金璧辉(即川岛芳子),一位汉名叫金默玉(中国最后一位格格)。二人是亲姊妹,前者已死去多年,而后者尚健在。

　　2007年7月,笔者赴北京采访,结识中国京剧院一位著名演员。闲谈中述及清宫戏及票友,他谈到了金默玉,说她是个了不起的人物,目前是河北廊坊东方大学城的校长。我对她的传奇人生很感兴趣,于是搭车赴廊坊,专程采访了她。

　　下午4时,在一座商品楼一套敞亮的居室里,笔者见到了金默玉校长。她中等身材,圆脸略方,烫发,戴一副淡棕色大眼镜,说话时时露出微笑,有一种成就感。然而她却很谦恭、热情,不失大家闺秀的风度。她的生活习惯像个前卫的艺术青年,夜里通宵看电视,喜欢看网球、篮球、高尔夫球的比赛,有时也看看京剧,看到次日凌晨六七点钟才睡,下午两三点钟起床。我们的话题从她的家庭说起,后来就说到了她的姐姐——川岛芳子。

姐姐成了日本人的养女

　　我原名叫爱新觉罗·显琦,父亲给我起汉名金默玉,暗喻"墨玉",这种玉是美玉中的珍品,起这个名是图个吉利。我于 1918 年出生于辽宁旅顺。父亲是清朝八大世袭亲王之一——努尔哈赤的弟弟后裔第十世肃亲王爱新觉罗·善耆,在八大世袭家族中居首位,身份显赫。他娶了一个王妃、四个侧妃,共生下三十八个子女,其中男孩二十一个、女孩十七个。我母亲是年龄最小的四侧妃,她生了三个女儿:大女儿满族名爱新觉罗·显玗,在女孩子中排行十四,后来起汉名金璧辉,暗喻"金碧辉煌",企望她今后能够大富大贵。父亲将她送给日本人川岛浪速当养女,分手时给她起名东珍,希望她东渡日本之后,能被当做东洋的珍宝来对待。后来川岛浪速给我姐姐改了名,这就是"川岛芳子"。我是最小的女儿,排行十七,哥姐们都叫我"十七妹"或"小不点儿",家里奶妈、佣人都尊称我为"十七格格"。这就是说,我是中国最后一个格格。论皇室辈分,我是末代皇帝溥仪的侄女。

1911 年 10 月,革命党人发动的武昌起义胜利,各省纷纷宣告独立。第二年 2 月 2 日,官拜护军统领、御前大臣、民政尚书的我父亲扮成商人模样,由日本人护送,从北京逃到东北旅顺。同月 12 日,宣统皇帝溥仪宣布退位。从那时起,我们全家就定居旅顺。1918 年我在旅顺出世时,我家已流亡了六年。在清廷执掌天下时,我们是钟鸣鼎食之家,北京城流行一句话:"恭王府的房子,豫王府的墙,肃王府的银子用斗量。"可见当年我们家富裕的程度。我们家在北京、大连、旅顺都有大批地产,全家人吃穿不用犯愁。逃亡旅顺时期虽无昔日鼎盛的气象,但家庭生活与做派在很长一段时间里并没有改变。

我姐川岛芳子生于 1906 年,比我大十二岁。父亲想通过川岛浪速,依靠日本人的势力,策划满蒙独立,于是将十四女送给他当养女。川岛浪速清光绪十一年(1885 年)来上海,住在日本东和洋行上海分店,为没有固定职业的浪人。后来,他充当日本谍报人员的助手,绘制从长江口到杭州湾一带的海防设施图。在中日甲午战争中,他充任日军翻译。八国联军进攻北京时,他又充任日军司令官翻译,并结识我父亲肃亲王,被任命为京师警务学堂学监。他担当此职后,又为亲王的女儿们创建了一所学堂,担任总监。我姐成了川岛浪速的养女后,他同我们家就成了亲属关系。川岛浪速是日本间谍,也是个大骗子。1922 年,我父亲死后,败家子哥哥们托川岛浪速卖掉我家在北京、大连、旅顺的房产,而他竟私吞有一半房款。

走上一条由父亲、养父安排的不归路

我姐的性格与我有相同之处,也有畸形的脾气。她小时就有野性,好强争胜,刁顽任性,我行我素,变化无常。她在日本丰岛师范附属小学读书时,不听老师的话,经常和男同学吵架,对着干。读松本高等女子学校时,每天骑马上学,高兴了就去上课,不高兴了连续几天教室里没有她的人影,令校方大感头疼,以致她回国奔丧后重回日本,学校坚决不准她复学。此事川岛浪速并不在乎,而是向她灌输"注重纪律,不怕苦,不怕死"的日本武士道精神,希望她继承父亲的事业,实现复辟清王朝的梦想。所以她有冒险精神,像男子汉一样敢于冲锋陷阵。

我在国内读书时,有一点儿"犯上",与她相同。按照家规:每个女孩子去上学,要由奶妈或"看妈妈"陪同一起去,我觉得别扭,坚决不要。姐姐们因此叫我"革命儿"。川岛芳子花钱如流水,我也大手大脚。日伪统治北京时期,我在一家公司当顾问,亲朋好友来公司买东西,我总是把手一挥,豪爽地说:"你们不用掏钱了,账记在我头上。"我高兴的时候,就对女同事们说:"今儿我请客,吃西餐去。"这样大方,我每个月的薪水早早就预支完了。人家背后窃窃私语:"金默玉摆千金小姐派头,喜欢当冤大头! 我们不吃白不吃。"

川岛芳子与我的理想不一样,她一心要做清王朝的孝子贤孙,一心为复辟之事奔忙。我呢,则想当个"无冕之王"——女记者,或歌唱演员。家里人听到我说这话,一个个吓坏了:一个格格怎么能抛头露面,去做职业妇女呢? 我像父亲那样固执,理直气壮地对他们说:"现在是民国时代了,妇女出去工作自食其力,天经地义! 再说,当记者到处采访,还可以游山玩水,多自由自在呀。当歌唱家也不赖,可以引起人们的注意,大出风头……"我没有卷入政治斗争,与我年轻时的理想很有关系。

我姐走的是一条由父亲、养父安排的路。她的野心太大,说起来令人出冷汗。父亲病故后,川岛浪速遵照他的遗愿,将已二十一岁的姐姐川岛芳子嫁给内蒙古土豪世家巴布扎布的第九王子甘珠儿扎布为妻。甘珠儿扎布性格懦弱,与川岛芳子的刚强性格截然相反。婚后不到两年,她就离了婚,抛开了丈夫。从此,她像一匹脱缰的野马,在满洲、内地、日本三地之间飞来飞去,往来穿梭,为复辟满清、实现生父满蒙独立夙愿,四处奔走,尽展阴谋手段。

参与谋划并挑起了上海"一·二八"事变

川岛芳子有几件事最令我难忘——1928 年,她二十四岁时只身来到上海,结识了将其带入日本间谍圈的领路人——陆军少佐田中隆吉,心甘情愿地做了日本帝国主义侵华的走卒。她生性聪慧,会讲一口流利的日语,汉语会讲"京片子",又学会了上海话,田中隆吉又教会了她一些英语和开车。她还能写诗作画,据说上世纪 30 年代日本流行歌曲《蒙古姑娘》、《驼铃》就出自川岛芳子之手。她以美貌和多才多艺混迹于上流社会,为日寇搜集情报,被称为"东方的玛塔·哈莉"(玛塔·哈莉,在第一次世界大战中充当德国和法国的双重间谍,一个以色相获取大量情报的妖艳女人)。

1931 年，奉田中隆吉之命，在"九一八"事变爆发后，川岛芳子于同年 10 月上旬赶赴奉天（今沈阳），投入关东军高级参谋板垣征四郎麾下。此时，正值日本帝国主义加紧筹建伪满洲国，日本人已将溥仪劫持到旅顺软禁。川岛芳子又一番花言巧语，连哄带骗，说动了婉容皇后，并由她陪同，双双化装成男子，搭车，乘船，长途跋涉，从天津安全抵达旅顺，不久即与溥仪"团聚"，为建立伪满洲国创造了"皇帝与皇后同时登场"的条件。世人称川岛芳子是"天才的说谎者"，建立"满洲国"她立下了大功。

1931 年，川岛芳子积极参与谋划并挑起了"一·二八"事变。这一年 12 月 17 日，川岛芳子奉命回到上海。她和田中隆吉连日密谋在上海挑起事端，为日寇扩大侵华战争找借口，他们想出了一个借刀杀人的计划。1932 年 1 月 18 日傍晚，他们命住在上海江湾路山妙发寺的日莲宗和尚天崎启升、水上秀雄带领信徒五人，向位于引翔港马玉山路的上海三友实业社总厂大门走去，肆意挑衅。会说上海话的川岛芳子伪装积极抗日，唆使三友实业社数十名爱国职工突然袭击了那几个僧侣，使其中三人受伤，名叫水上秀雄的和尚于 24 日死去。"和尚事件"发生后，田中又让川岛芳子将一笔经费交给侨居上海的日本人组成"支那义勇团"，委派重藤千春宪兵大尉指挥这批三十余名青年同志会会员，以追捕杀手为名，于 1 月 20 日对三友实业社进行报复性袭击。这些狂热的侵华分子纵火焚烧了三友实业社。日本驻沪总领事趁机向上海当局提出四项蛮横要求：一、向日本道歉；二、严惩凶手；三、负担被害僧侣医药费、赡养费；四、立即解散上海各界抗日团体，取缔抗日活动。川岛芳子对驻沪总领事说："这最后一条要求最重要！"可见她颇有心计，抓得住斗争要领。上海市市长吴铁城遵照南京国民党政府关于不抵抗的指示，一再退让，委曲求全，全部接受了日方提出的四项要求。田中隆吉和川岛芳子认为他们在上海挑起的中日冲突规模还不够大，未能达到他们预想的目的，于是继续煽风点火。他们用手枪威逼有影响的在上海经商的日本民间人士福岛喜三出面请求帝国政府立即出兵上海。川岛芳子利用其特殊的身份，经常出席上流社会的舞会，从国民党行政院长孙科嘴里掏出了"蒋介石下野"的消息。她又以记者身份从蔡廷锴军长那里，摸清了十九路军坚决抗战的意向。情报密告日本东京，日本政府根据上述情况，悍然决定侵犯上海。就这样，震惊中外的上海"一·二八"事变爆发了！

川岛芳子认识国民政府中央政治会议秘书长唐有壬，从他嘴里得知上海国民党系统的银行已濒临破产边缘，国民党政府希望停战。日本政府得到川岛芳子的情报，得以站在优势的立场结束了战争。1932 年 5 月 5 日，《淞沪停战协定》在上海正式签字。唐有壬以泄露情报罪受到追究，命在旦夕，川岛芳子将其隐藏家中。孙科也因泄露情报罪受到蒋介石的弹劾，川岛芳子受命协助孙科逃离上海前往广东。

"一·二八"事变的导火索是川岛芳子参与策划的"日本和尚事件"！为此，关东军高参板垣大佐对策动"一·二八"事变的阴谋作了很高的评价，说："多亏这一击，满洲独立才得以成功！"川岛芳子和田中隆吉也为自己的这一"杰作"而飘飘然，洋洋得意。川岛芳子从此声名鹊起，被赞为"丽人手腕，东方谍雄"。她的名气大了，我则被世人骂为"大特务、大汉奸的妹妹"，抬不起头来。

由日本间谍变为"安国军"的金司令

上海"一·二八"事变后，川岛芳子以"满洲建国"的功臣自居，狂傲跋扈，不可一世，搬弄是非，胡作非为，影响干扰了日本军方的行动，引起板垣征四郎的不满。1932年4月，板垣征四郎命我哥宪立从上海将川岛芳子接回大连。

川岛芳子是个不安分的女人。回到大连不久，她就投靠伪满军政部顾问多田骏大佐。日本帝国主义为了稳定局势，不断招兵买马，以对付满洲的抗日力量。川岛芳子认为再造辉煌的时机已到，便向多田骏毛遂自荐，口出狂言："荡平满洲叛逆，无需日本操劳，我对中国人很了解，尤其熟悉人情、地理，只要本人出马，必能所向披靡，马到成功！"她小时候就这样狂妄，与男孩子吵架，不斗倒他们不罢休。到了成年，喜欢穿西服，女扮男装，要像男人，总想出人头地。多田骏被川岛芳子口若悬河的辩才说服了，当即将招募来的三千多士兵交给她，并给这支部队命名为"安国军"，任命川岛芳子为司令。我的七哥金璧东曾任伪满中将司令，在满洲颇有威名，川岛芳子便随之改名"金璧辉"。至此，川岛芳子由一个日本间谍摇身一变成为"安国军"的金司令。

1933年2月17日，日本关东军入侵热河。热河省位于今天的辽宁省、河北省和内蒙古的交界处，地理位置重要，同时盛产鸦片，是一块不可多得的宝地。金璧辉看中了这块"肥肉"，率领她的"安国军"，积极参加了热河作战。清朝格格率部打仗，她可能是第一人。她不懂军事，虽指挥无方，因是女司令，倒也起到了鼓舞日军士气的作用。

"满洲国"建立后，抗日部队马占山、苏炳文两支人马很活跃，使日伪军很头疼。金璧辉诡计多端，使出了诱降苏炳文的特务手段，她拟订了一个大胆的劝降计划：乘飞机利用降落伞降到呼伦贝尔苏炳文的控制区，以高官厚禄为诱饵，诱降苏炳文。别的女人哪有这种魄力？只有天不怕地不怕的川岛芳子敢于这样冒险！这个计划得到关东军参谋长小矶国昭中将和多田骏的赞许。川岛芳子也因此得到了主子们的赏识和推崇。

抗日英雄马占山入关后停息天津。调任天津中国驻屯军司令官的多田骏命川岛芳子刺杀马占山。川岛芳子扮成舞女，设计谋害马占山，因被马占山的警卫发觉，未能得逞。其后，川岛芳子又受命勾结前骑兵师长郭希鹏、丰台暴徒首领张权本协同制造暴乱事件，同时暗中策动冯玉祥手下的善变将军石友三等投靠日本人，秘密组织"华北自治委员会"。川岛芳子的心肝坏透了，她完全变成了日本帝国主义的走狗。

1935年年底，川岛芳子失去了利用价值，被军方打发回了日本。她很气愤，时常发表一些抨击日本的言论，发泄不满情绪。她并非觉醒，而是"狗咬狗"的心态。

"日本人不会败"的预言失灵，川岛芳子恶有恶报

川岛芳子贪图享受，挥霍无度，她很想捞钱花。1937年7月7日卢沟桥事变发生后，日军全面侵占华北，川岛芳子认为发国难财的机会到了，乘机钻入天津。她首先将日租界内松岛街的东兴楼饭庄据为己有，攫取钱财。她还利用驻扎北京城外的宪兵队长田宫少佐，大做无本买卖。田宫少佐把中国资本家抓到宪兵队，由川岛芳子出面，向被捕者家属勒索财物。她还引诱日本军官将物资偷运到黑市出售。这一时期，她在日本军部将军们的眼里，只不过是一个日本饭庄的女老板而已。对她的贪财行为，中国商人背地里都咒骂她："这个恶毒的女人什么都要，就是不要脸！"

川岛芳子目空一切，什么人都敢惹。1942年，她因殴打日本宪兵，再次被遣送回日本。一年后，从日本又回到北京后，再也没有大的作为。我问她："姐，你死心塌地为日本人效力，凶狠地残杀中国同胞，就不怕遭到报应吗？"她抱着无所谓的态度，奸笑道："我投靠日本人，是为了复辟，重振清王朝的雄风。玩政治嘛，无毒不丈夫，不能在乎杀人。至于报应，那就听天由命了。我相信强大的日本人不会败！"

然而，川岛芳子认为"日本人不会败"的预言失灵了。1945年8月15日，她在北京的住所从广播中听到了日本天皇的声音，日本宣布无条件投降。听到这里，川岛芳子浑身颤抖，预感到自己的末日来临了。

1945年10月10日，国民党"双十节"那天，一群国民党宪兵进入北京东四九条胡同三十四号搜捕川岛芳子。当年赫赫有名、不可一世的川岛芳子，如今失去了日本这座靠山，只能束手就擒。当时喜欢睡懒觉的她还没有起床，身上只穿了一件浅蓝色睡衣。当她被戴上手铐那一刻，脸上露出了恐惧的神情。她的秘书、日本人小方八郎不忍看她那样，便让女佣给她找了件上衣穿上。小方八郎同时被捕。最初，川岛芳子被关在第十一战区长官司令部，后来转移到北新桥炮局子胡同前日本陆军监狱。在三平方米单身牢房中，川岛芳子受到一般在押犯享受不到的特别优待。基于这种待遇，她似乎看到了一丝希望。那时戴笠的得力干将马汉三负责惩治汉奸的工作，任北京肃奸委员会主任。一天，一巨商登门拜访马汉三，带来十八尊金罗汉，恳求马刀下留人，释放川岛芳子。马汉三财迷心窍，贼胆包天，竟真的偷偷释放了川岛芳子。川岛芳子走出牢房，急匆匆回到家里，悄声对我说："马汉三准备将我遣送日本，你留在北京也不安全，不如跟我一起走吧。"我经过思想斗争，一口拒绝："我没有当过汉奸，没有害过中国同胞，我不走。"

不久,马汉三包庇川岛芳子事发,戴笠飞赴北京处理,命令马汉三立即抓捕川岛芳子。随后又将马汉三收受贿赂一事也查得清清楚楚。

历时两年调查取证,1947年10月22日,河北省高等法院以汉奸兼间谍罪判处川岛芳子死刑。她罪有应得,命归黄泉是早晚的事。1948年9月,蒋介石下令将马汉三和他的几个同谋处决(1946年3月16日,戴笠被马汉三命人安放的定时炸弹炸死在飞机上)。

受株连坐牢十五年

新中国成立后,我和全国人民一样,迎来了新生活。1954年,我三十六岁时,与著名国画家马万里结婚,婚后美满幸福。讵料,1958年2月,我突然被捕,罪名有二:一、肃亲王的女儿;二、日本大特务川岛芳子的胞妹。

川岛芳子生前做坏事、发大财的时候,我没沾过她的光。她死后,我却受她的株连而获刑十五年。我不怪人民政府,要怪就怪我姐犯下了滔天罪行。为了不连累丈夫马万里的前程,我主动与他离婚。

我在狱中度过了漫长的十五年岁月,1973年刑满释放后,政府安排我在天津茶淀农场当工人。我与一位会讲上海话的人结了婚。1976年,我因患多种疾病"病退"。1979年,我写信给伟人邓小平,要求重新工作,得到解决,从天津回到北京。1996年5月,我在河北廊坊市开发区开办了一所民办爱心日语专修学校,我当了校长。上世纪90年代后期,在这所学校的基础上,建起了廊坊东方大学城。

回顾大半生走过的道路,我姐逆潮流而动,弃民族大义不顾,自取灭亡,我未参与姐姐的政治活动,不随哥哥们去香港,而是留在大陆干自己喜欢的事,这条路走对了。现在我的心情特好,感谢邓小平,是他为我们创造了施展才能、大干事业的条件。

名流沧桑

名人是历史的纽结
一个时代总有一个时代的代表性人物
他们的身上
潜藏了时代的传奇

内幕真相

台湾倒扁领袖施明德　从细节看蒋孝严与马英九
首任航天城司令孙继先　台儿庄战役守城总指挥王冠五
黄继光　唐绍仪被刺之谜　张宗昌被刺内幕
韩复榘伏法记　胡适与蒋介石　蒋梦麟

访台湾倒扁领袖——百万红衫军总指挥施明德

◎叶永烈

来到台北施明德家中

走进台北市中心一条窄窄的弄堂,两边高楼夹峙,使弄堂更显得细小。就在这条普普通通的弄堂尽头,住着威震台湾的百万红衫军总指挥施明德先生。

我对施先生心仪已久,无缘得见,何况他又正在病中。2007 年 12 月 19 日那天上午,在台北采访了红衫军副总指挥、前台湾"立法委员"简锡堦先生,谈毕,试探着能否联络施先生,因为他与施明德先生过从甚密。简先生当即拨通施主席(施明德是民进党前任主席,他的朋友们都习惯于称他施主席)的手机。没想到,施先生非常爽快,一口答应,当即约定下午到他家拜访。

摁响了门铃,一位身穿黑色 T 恤、胸前印着白色倒扁图案的女子前来开门。进屋之后,施明德先生便迎了上来。六十六岁的他黑发中夹杂些许白发,看上去气色不错。

我注意到他家大客厅的墙上挂着一个镜框,里面只有一个字——在"口"之中写着"施"。施先生说,这是一个自创的汉字,他定下这个字的发音,念"是"。

我问他自创这个字的含义。他说,即施明德自囚之意——"施"被囚于"口"中。

他为什么把自己囚禁于家中呢？那是 2006 年 8 月 12 日起，施明德在台湾发起百万人民倒扁运动，要求台湾领导人陈水扁应为其亲信及家人相关的诸多弊案负责，并主动下台。由于参加者一律穿红衫，被人称之为"百万红衫军"。2006 年 12 月 7 日，"国务机要费"案进入司法程序，红衫军总部希望民众暂时回归正常生活，施明德基于对人民的承诺"陈水扁不下台，决不停止抗争"，宣布自囚。直至 2007 年 4 月 1 日，施明德结束自囚，为二次倒扁做准备。

施明德非常豁达，又非常健谈。他就他的经历、台湾的政治以及红衫军运动，一口气谈了两个多小时……

红衫军运动始末

我请施明德先生谈谈他是怎样发动红衫军运动的。

施明德回答说："其实我并不是第一个站出来的人。在我之前，国民党的'立法委员'邱毅号召过民众上街头，亲民党也尝试过，他们都没有成功。我不得已站了出来，上百万人响应，形成了红衫军运动。当年，蒋介石在台湾阅兵，也从来没有这么多人。他那六十万大军，是分散在台湾各地的。即便全部集中起来检阅，也没有这么多呀。何况我不是政府在发动，又不是一个有组织的政党，只是个人登高一呼，就有一百多万人自愿每人捐一百元钱，形成了波澜壮阔的红衫军运动。这样的运动，社会学者列为研究的课题，一些教授、博士已经着手研究。红衫军运动的广度与深度，是事先所没有想到的。在运动开始，我用台语发表讲话。很快就有人提醒我，我的演讲并不是只讲给台下的人听，而要通过媒体的转播，有几亿人在听，很多人听不懂台语，所以我后来都是用国语发表讲话。"

施明德话锋一转，说道："其实，我在领导红衫军运动的时候，内心是痛苦的。因为在反对两蒋的时候，我理所当然。而红衫军运动所反对的，是我自己曾经领导过的党。尽管我在 2001 年离开民进党，但是我毕竟担任过民进党的主席。但是，我超越了自我，超越了民进党，也超越了台湾。"

他回忆说："对于我来说，2006 年确实很痛苦。我看到陈水扁的太太这么贪，看到他的女婿这么胡作非为，我真的很看不起他。你大钱都拿了，为什么连这点小钱也要贪？以前，陈水扁见到我很客气。就连 2006 年 1 月 15 日我的六十五岁生日，他还问我的助理，生日那天会不会邀请他。后来，当媒体接连揭发陈水扁的贪腐，我看不下去了，我挣脱了革命温情主义，写了一封信给陈水扁，对他进行批评。两天之后，《中国时报》在头版全文刊登了我的这封信。我公开站出来批评陈水扁。从此，开始了红衫军运动。"

施明德说起他是怎样出任红衫军的总指挥的："我不是现任的民进党主席，我也不是现任的'总统'，我没有法定的权力。我是靠我的影响力，组织起百万红衫军。有人嘲笑红衫军是'乌合之众'，这正是表明了红衫军是群众自发、自愿的组织。红衫军实行总指挥制。直到最后一刻，我才同意自己出任总指挥。我曾经考虑请别人担任总指挥，因为我的健康状况不允许我去担负如此繁重的工作。但是大家一致公推，我只好接受了。"

　　施明德特别强调了权力与影响力的区别。他说："权力很容易使人堕落。权力的挥霍与滥用，就导致贪腐。人家问我，你怎么领导百万红衫军？我说，我没有权力，我用的是我的影响力。权力是有限的，影响力是无限的。"

　　施明德说："我是不得不走上街头的。其实，即使是像美国那样的民主国家，也会爆发街头抗争。比如，1963年，美国黑人领袖马丁·路德·金为了维护黑人的人权，带领二十万群众走上首都华盛顿的街头。在英国，在其他国家，也发生过类似的群众抗争运动。所以红衫军运动不是孤立的历史现象。"

　　他指出：对于陈水扁这样的当权者，民众是心存怀疑的。权力如果没有受到制约，没有受到监督，就会走向腐败。

　　他又说，"同党未必是同志。我当过民进党的党主席，对于他们我都很清楚。我敢于站出来，揭发他们的贪腐，这当然是需要勇气的。陈水扁你执政没有经验，你无能，我还可以帮助你。可是，你置清廉于不顾，我怎么还能忍耐下去？起初我表示沉默，但是沉默的时间是有限的。沉默就是背叛。如果我沉默下去，在我生命结束的时候，就无法画上一个完美的句点。我必须在关键时刻坚持原则。我不追求官位，不追求权力。但是不能昧着良心容忍腐败。我站出来，反对贪腐，以致后来红衫军运动风起云涌。"

　　施明德对我强调说，在红衫军运动的整个过程中，他所坚持的原则，就是和平非暴力。他说："在那段时间，多少人对我说，占领'总统'府。对于我来说，那是轻而易举的事情。当百万人包围'总统'府的时候，就连守卫那里的宪兵也表示对于红衫军的支持，那时候抓陈水扁易如反掌，我也曾心动过。但是，非暴力的理念支持着我。陈水扁现在吹牛说，他当时不怕。他怎么会不怕呢？当时，他把儿子、女儿、孙子统统送到国外去，就是害怕红衫军嘛。我坚持对民主体制的忠诚，我不会突破那最后的一道防线。我对那些劝我占领'总统'府的人说，红衫军运动既然是和平非暴力的，我不能因为我力量大——上百万人——就去施用暴力。群众起来倒扁，就是因为陈水扁堕落了，陈水扁迷恋权力，用权力换取个人的私利。"

　　施明德说，按照"丛林法则"，拳头的威力是最大的。"虽然我拥有那么大的拳头，我却不能诉诸暴力。不然，我跟陈水扁还有什么区别？你看看，当时从空中拍摄的照片,百万红衫军把陈水扁的玉山官邸团团围住,红色是那么鲜艳,这就是人民的力量。"

施明德以为,红衫军的成功,最主要的因素是人民。"我一开始就提出,以'一百万人捐一百元'开展这个运动,因为这是一场群众运动,没有广大群众的积极参与是无法进行的。广大人民自觉自愿参与红衫军运动,表达自己的反贪腐诉求,显示了人民的强大力量,这是成功的关键。"

施明德提到了那难忘的一幕:2006 年 9 月 9 日,百万红衫军第一次聚集在台北凯达格兰大道,忽然间,大雨倾盆而下。"我当时坐在地上,我没有穿雨衣。雨越来越大,工作人员开始给大家发雨衣,我不穿。在大雨之中,我站起来,走上台,群众都看着我,打算离开队伍躲雨的群众都一个个回到原位,坐了下来。迎着风雨,岿然不动。如果当时群众在大雨中溃散,就会影响士气。经过这一场大雨的考验,红衫军成了钢铁队伍。可以说,那场大雨是对红衫军的洗礼。"

施明德是一个充满幽默感的人。他回忆说:"很多人问我,当时为什么不穿雨衣?我说,像我这样坐过二十五年大牢的人,还怕什么? 日晒雨淋,风吹雨打,算什么? 我是'土鸡',不是那种娇生惯养的'饲料鸡'。"

说罢,施明德发出一阵爽朗的大笑。

我告诉他:那时候我在上海,天天看台湾电视新闻,天天看到你率领红衫军在街头抗争。最使我感动的是,面对在风雨中岿然不动的百万红衫军,你跪了下来,那一瞬间我的心震颤了!

施明德对此回忆说:"当时,我是准备说些话的,表示对于广大人民的感谢。可是,我什么话都说不出来。在当时,任何语言都不足以表达我内心的激情。在风雨之中,那么多的群众加入红衫军的队伍,情绪是那么高亢。我被深深感动。我只能感谢上苍。我坚信,公民的意识,公民的力量,一定能够战胜贪腐的陈水扁当局。在这一刹那,我跪了下来,我泪洒现场,很多人也泪洒现场。"

红衫军运动在华人世界中是空前的。施明德指出:"我不让族群对立、统独对立再污染台湾。在红衫军运动中,我坚决不让党旗进来。我不允许把蓝绿之争、党派之争带到红衫军里来。我以为,红衫军要有最大的宽容度,只要你赞成反贪腐,赞成倒扁,你就可以进红衫军。所以红衫军是最大最广的人权运动。就红衫军而言,心中已经没有党派,只有是非。红衫军是超越党派的组织,所以红衫军团结了最大多数的人民。正因为这样红衫军具有最大的包容度,所以创造了台湾有史以来最大规模的群众运动。"

施明德回顾红衫军运动,认为意义有四:

第一是在台湾开启了一个反贪腐的时代。百万红衫军上街反贪腐,不光是给陈水扁严重的警告,今后不论是谁当"总统",谁当"部长",都得考虑,一旦贪腐,将会激起强烈的民愤。今后,哪个官太太,还敢像吴淑珍那样穿金戴银,招摇过市?这场运动使反贪腐在台湾成为"主流价值"。

第二是证明了在台湾有强大的民众力量。以前有人以为,台湾人经济富裕了,精神堕落了,只关心个人发财,对社会事务、公共事务不关心。红衫军运动表明,台湾人民没有堕落,没有不关心社会、不关心政治。百万人冒着风雨,冒着烈日,主动上街反贪腐,就是最有力的证明。

第三是证明了台湾人的公民素质是高的。百万红衫军虽说来自四面八方,但谁都遵守纪律,遵守和平非暴力的原则。群众运动是很容易失控的,在法国、在南非,都有过这样的事例。但是,在台湾,我们的红衫军运动,从头至尾没有流过一滴血,这清楚显示了台湾人民的政治素质。

第四是华人世界共同经历了这场盛大的斗争。不论是中国内地、香港、澳门,还是泰国、新加坡、马来西亚、美国,那么多华人都关注、参与这场历史盛会,对台湾人民的反贪腐运动给予了强有力的支持。正因为这样,红衫军运动的意义,并不局限于台湾。红衫军运动在华人世界产生了强大的向心力、凝聚力,大家团结一致反贪腐。

我问起一个有趣的问题:把大拇指朝下,这个已经成为台湾家喻户晓的倒扁"招牌动作",其"发明人"究竟是谁?

施明德立即很干脆地答复:"是我!"说罢,又发出一阵哈哈大笑。

这个"招牌动作",不仅动作鲜明,而且画成图案,正好是一个朝下的"扁"字——这个图案也就成了红衫军的标志。

我说,当时我在电视中还看到一个台中的妇女,理了个"倒扁头"——把后脑勺的头发剪成倒扁图案。

施明德大笑道,群众的创造力真是非常丰富。

坐过二十五年大牢

施明德对我说,他曾两度被捕,坐过长达二十五年的监牢,直至 1990 年 5 月 20 日才结束漫长的囚徒生活。他说,那四分之一世纪时间的囚禁,是被囚的,而这次则是自囚。说罢,他开朗地大笑起来。

施明德 1941 年 1 月 15 日出生于高雄市盐埕区一个医生家庭。父亲施阔口笃信天主教,在高雄开设"慈德堂汉医诊所",是高雄市知名中医。施家有五个儿子,施明德排行第四。施明德曾经就读于陆军炮兵学院。毕业后在小金门任炮兵监测官。

施明德早年极度不满国民党的专制统治。他至今并不讳言,当年他强烈主张台湾应当脱离国民党"政府"的统治宣布"独立"。1959 年,十八岁的他发起成立"台湾独立联盟"。1962年,施明德在高雄密谋发动兵变,"台湾独立联盟"的一位成员向当局自首,致使施明德被捕并被判无期徒刑。狱中他遭受了严刑拷打,满口牙齿都被打掉,脊椎也遭受重创。

1975年蒋介石去世,政治犯大减刑,施明德于1977年得以出狱。施明德重获自由之后,仍从事"台独"活动,担任台独派机关刊物美丽岛杂志社总经理。1979年12月10日,国民党当局镇压《美丽岛》杂志。当时,吕秀莲(今台湾"副总统")、陈菊(今高雄市市长)在底楼被捕,而施明德从二楼逃跑。施明德请一位牙医朋友为他"整容",仍无法逃脱警察的追捕。逃亡二十六天之后被捕,又被判处无期徒刑。直到李登辉就任"总统"后,颁布"美丽岛事件的判决无效",施明德于1990年5月20日获特赦出狱。

施明德告诉我,当年在监狱中,曾经四年半没有见过阳光,没有见过星星月亮,双脚没有沾过泥土,完全没有放风。他的皮肤由于见不到紫外线变得不正常的雪白。他笑道:"那时候我是被放在冰箱里'保鲜'!"

施明德说,你下定决心,用绝食表达你的抗议,你的反抗就不那么痛苦。他说:"我在狱中,坚持绝食长达四年零七个月。2007年2月,我到美国进行体检,当护士把橡皮管从我的鼻子里插进去的时候非常惊讶,因为我没有强烈的反应。如果是一般的人,会感到极度不适。那是因为我在狱中绝食,他们天天用鼻饲给我灌食品,我被插管插了三千多次了,早就'习惯'了。"

施明德对我说,能够坚持绝食那么久,最重要的一点,那就是我有坚定的信念。这样,我就断掉了想吃的念头,就如同把食欲水龙头一样关掉了。狱方想尽办法引诱我,每天送菜来,牢房里充满菜的香味。结果还是原封不动端回去。他们又在我的牢房里贴上各种菜肴的画片,什么扣肉呀、西餐呀,还不断换这些画片。当时,我由于长期绝食,肚子已经没有饥饿的感觉,所以这些引诱的办法都没有奏效。

施明德还说,在我绝食的过程中,许多医学观念被打破:比如,医生认为,人一旦不吃东西,血糖就会降低,就会产生饥饿的感觉。我没有饥饿的感觉。又说血糖降低后,人会昏迷。我坚持绝食那么久,从来没有昏迷。我的神志一直很清楚。我可以慢慢地站起来,一步步很缓慢地走过去。我一直非常清醒。我长期绝食,头发掉了许多。那时候,要用放大镜看报纸。有人说,长期绝食会产生严重的后遗症,特别是对肝脏会有严重影响。当时,我为了自己的信念,什么都不顾了。今年我六十五岁,很多人都说我不像长期坐过牢的人,更不像长期绝食的人,如今我看报纸,不用戴老花眼镜,我的头发也黑油油的。但是,我的肝确实出了毛病。

我问起他的身体状况,他坦然答道,人总是会生病的。"我是在2006年7月才查出肝癌的,肿瘤零点七厘米大。遵照医生的意见,用激光烧掉肿瘤。一个月后——2006年8月12日,我就走上了凯达格兰大道。在那里,风餐露宿三个多月。"

我说,台湾多风雨。在红衫军运动发动遭遇大风大雨,你又患肝癌,我们都为你的身体担心。

施明德笑道:"一个人在做一件有意义的事情,就是最好的养生之道,是一种心理上的满足。"

思想的转型:和解

在台湾,施明德是一个传奇式的政治人物。他敢怒敢言,有超人的毅力,面对命运大起大伏,他处之泰然。在我看来,施明德最大的感人之处,在于愿意不断修改自己的政治主张,朝着顺应历史潮流的方向奋击,因此他的思想总是能够走在时代的前列。

由于为主张"台独"而坐牢二十五年,施明德无可争辩地成为"台独"的"神主牌"式的人物。1993 年 11 月,施明德担任民进党主席,并于 1994 年 5 月蝉联民进党第六届党主席。

然而,就在施明德担任民进党主席的时候,他作出了令民进党内那些死硬的"台独"派非常惊讶的决策:开启了民进党的转型工程!

什么是施明德的"转型工程"呢?那是因为施明德已经意识到"台独"主张遭到岛内大多数民众的反对,便开始淡化民进党的"台独"诉求。1995 年 9 月,施明德提出"民进党执政后,不必也不会宣布台湾独立"以及"政党大和解"的主张。

就在这时,发生了"咖啡馆事件"。那是在 1995 年年底,施明德居然与蓝营的新党领导人在咖啡馆会谈,谈论蓝绿如何"大和解"。这一消息立即被台湾媒体广为传播,施明德也因此受到民进党内"台独""基体教义派"的猛烈攻击。

1996 年 3 月,施明德因民进党在"总统"选举中大败而辞去党主席。2000 年 11 月 14 日,施明德又因不满陈水扁上台后的独裁专制,正式宣布退出民进党。

我问施明德,为什么在第二次出狱之后,思想会有那么大的转型?

施明德说,那是长期的牢狱使他悟明一个道理。他回忆起那历史性的时刻:"1990 年 5 月 21 日,我坐牢出来。我是在下午 2 点多出来。一出来,在大门口,那么多记者围着我,我被关押了二十五年半,问我的感想。我的第一句话就是,忍耐是不够的,必须宽恕。因为光是忍耐,只能使你活下来,活得很痛苦。只有宽恕,才能活得坦荡荡。"

接着,施明德说:"正因为这样,1995 年我担任民进党主席的时候,正是基于宽恕的理念,我带领全党走向大和解的时代,主张社会大联合。但是,受到民进党内保守势力的激烈反对。我说,在当年,我受到蹂躏,受到咒骂,我的手怎能向对方伸得出去?怎么能谈论和解?如今,戒严的时代过去了,社会面临着重建,社会需要进步,民心需要修复,受伤的心灵需要抚慰,我们应当提倡和解。"

谈到这里，施明德特别提到了曼德拉。他说："我们应当学习南非的曼德拉，他坐牢比我多一年，他被白人政权关押那么多年，出狱之后却主张黑白联合。他的主张受到他的战友们的激烈反对，有人甚至要暗杀他。萨达特，主张和解，结果被暗杀。拉宾，主张巴以和解，也被暗杀。在台湾，还没有出现对政治人物的暗杀，最多是遭到辱骂。二十五年的监禁对于我来说，都算不了什么，骂几句又算什么？"

这时，施明德提到了谢长廷在最近竞选"总统"时提出的"和解共生"。他尖锐地指出，谢长廷的"和解共生"，不是政治理念，是选举的政治操作，是为了选举才讲这些话。我在"立法院"的时候，跟新党一起喝咖啡，主张和解，那时候谢长廷并没有跟我站在一起。现在要选"总统"了，把我当年的政治主张改头换面，讲起"和解共生"，那不是为了选举又是为了什么？

抹黑抹红及两岸关系

台湾《联合报》出版了《百万红潮》一书，详细记录了红衫军运动。

红衫军运动产生了广泛的影响，台湾政坛某些阴暗的角落从来没有停止过对施明德的攻击。这些恶毒的攻击，无非是将其抹红或者是抹黑。

世界上无奇不有。施明德说："有人传说，我发动这场红衫军运动的时候，去过泰国，在那里跟中共干部进行秘密接头。"

施明德驳斥道，这纯属无稽之谈。

施明德说："我在'立法院'的'外交委员会'工作时，曾经到过七十多个国家。在东南亚国家之中，我确实蛮喜欢泰国。在那里，我看望我的一位好朋友，他与中共毫无关系。台湾当局在故意丑化我，所以制造这些莫名其妙的谣言。直到今天，我还没有去过中国内地。就连香港、澳门我也没有去过。但是，我没有某些人那种反中共的情绪。也许，我会在以后合适的时机去访问中国内地。但那是以后的事。"

施明德指出："台湾当局还制造谣言说我拿了中共的赞助。其实，谁都清清楚楚，红衫军运动的资金，是我号召每一个人捐助一百元新台币得来的。当时，有人等着看我的笑话，以为根本不会有人响应。我原本计划一个月完成一百万人捐款，可是出乎意料，七天之内，有一百二十万人响应，使我深为感动。当时银行的收据，有好几纸箱。我本人一概不经手捐款，一毛钱也不经手。我规定，每一笔捐款，每一张收据，必须有三个工作人员的签字，要把账目搞得清清楚楚。这么多群众的捐款，红衫军用不完，到了后来，我们谢绝捐款！在红衫军运动结束时，我们把多余的款捐给了慈善机构。我们红衫军连群众的捐款都用不了，还用得着去接受中共的赞助？！如果我在红衫军运动中，有半点贪腐，陈水扁会让我这么好过吗？"

施明德气愤地说,台湾当局无所不用其极。

他说:"其实早在两蒋时代,在'美丽岛事件'的时候,他们把我描绘成獐头鼠目,江洋大盗,不学无术。2006年当红衫军运动起来的时候,有人拿我的前妻做文章。她已经跟别人生了四个小孩,居然还出来说我抛弃了她。当时,我已经关了十二年监狱,她不要我这很正常,并不是我抛弃了她。我不是圣人。但是,我的一生坦坦荡荡。"

施明德说,不论是抹红他或者是抹黑他,都无损于他。

施明德说:"影响我的一生最大的一个人,是英国历史学家、哲学家汤因比。我在狱中,细细研读了他的《历史研究》一书。民进党出现陈水扁这样的人,就如同汤因比先生所说的那样,政治'在走向流氓化'。其根本的原因就是,一个民族失去了正视自己文明缺陷的勇气。"

施明德谈及两岸关系。他说,大陆和台湾是兄弟,大陆是长兄。两岸要彼此包容,彼此尊重。对于搞好两岸关系,要有信心,也要有政治智慧。

施明德说,大陆人民应当了解台湾人民所经历的历史磨难:从1624年荷兰占领台湾到1945年日本投降,到国民党政府取而代之,在将近四百年的时间里,台湾的主权五次更替,没有一次在事先征求台湾人民的同意,没有一次在事后得到台湾人民的追认。台湾人民的这种无奈的感受,叶先生你在上海没有设身处地过,往往是很难理解的。

陈水扁堕落了,民进党贪腐了,这才引发百万红衫军走上街头。但是我们不暴动,不占领"总统"府,这又是对于民主自由的最大尊重。台湾,没有像菲律宾那样不断发生军事政变,这是台湾的进步。我坚持不搞政变。我以为,陈水扁的贪腐,可以通过司法起诉他。如果我们红衫军占领"总统"府,把陈水扁抓起来,那就是政变。

施明德说:"我要感谢两蒋,把我关了那么久,使我有机会读了那么多的书,使我的思想变得冷静起来。监狱培养了我的毅力,也使我懂得了宽恕。这次我自我囚禁,我的家变成新的牢房。我庄敬自强,用宽恕画上人生最美丽的句点。正因为这样,我跟两蒋的后代蒋孝严都是很好的朋友。一个人心中有恨,很难愉快地生活。"

施明德提及,2007年11月26日,台湾媒体报道,陈水扁宣称"若泛蓝县市不愿意配合一阶段领、投票,他已在思考戒严、延期选举、更换不愿配合的县市选委会主委,甚至是停止选举等四项建议,他还说,'总统'不是做假的"。

施明德说:"陈水扁那天说要戒严。我马上说,你戒严,我就领导红衫军再起。陈水扁第二天就改口,说政权和平移交。陈水扁敢乱来,我有办法治他!"

施明德以为,就民进党来说,我们这批因"美丽岛事件"被捕坐牢的人是民进党的第一代,陈水扁、谢长廷、苏贞昌这批"美丽岛事件辩护律师团"是第二代,这些律师没有革命的理念,他们加入"美丽岛事件辩护律师团"无非是作为权力的敲门砖而已。

在结束两个多小时的采访时,我问施明德先生:"你今天的讲话可以公开发表吗?"

施明德答复说:"可以,没有问题。"

他赠我回忆录《囚室之春》一书,并在扉页上写了赠言:"信心是最永恒的魅力。"他还赠我记录风起云涌的红衫军运动的 DVD 光盘以及《阅读施明德》一书。

他还送我一份宣传资料,在鲜红的封面上印着两个黑色的大字:"红党"。

红党是在红衫军的基础上组建的台湾新政党。这份宣传资料便是红党的建党宣言。宣言宣称:反贪腐,要阳光;反撕裂,要包容;反对立,要和平。

红党宣言引用圣法兰西斯的《和平之祷》,虔诚许诺:

> 在仇恨的地方,种下友爱;
>
> 在分裂的地方,种下团结;
>
> 在疑虑的地方,种下信心;
>
> 在错谬的地方,种下真理;
>
> 在失望的地方,种下希望;
>
> 在忧伤的地方,种下喜乐;
>
> 在黑暗的地方,种下光明。

施明德说,他把红衫军反贪腐、打黑金的理想寄托在红党身上。但是,他的身体状况不好,不能为红党出力,也不能在红党担任任何职务。他把自己坐牢二十五年所获得的五百三十万元新台币的"政治受难不当审判补偿金",全部捐献给了红党。

在他家中,我注意到一个细节:他家厨房的门上贴着一幅宣传画,上方是倒扁的"招牌手势",下方是"阿扁下台"四个黑色大字。这幅宣传画,正是施明德的政治理念最形象又最集中的体现。

从细节看蒋孝严与马英九

◎叶永烈

叶永烈(左)和蒋孝严

幸会蒋孝严

在路过台北圆山大饭店附近的大直地区时,我常常见到公共汽车站的牌子上,印着蒋孝严的大幅照片,除了一行"恳请支持蒋孝严"的红字之外,上方印着蒋经国的照片,醒目地写着两行黑字:"蒋家何辜? 岂有天理乎?!"

这是蒋孝严参加台湾第七届"立法委员"竞选时的广告。不言而喻,针对民进党当局的"去蒋化",蒋孝严挺身而出,以蒋家后人的身份质问:"蒋家何辜? 岂有天理乎?!"民进党当局没有想到,"去蒋化"反而大大提高了蒋孝严的民众支持率。据民调显示,在台湾所有的"立法委员"候选人之中,蒋孝严的民众支持率排名第一。果真,在2008年1月,蒋孝严以高票在台北第三选区(中山、北松山)胜出,连任"立法委员"。

我来到台北松江路一百八十一号的蒋孝严竞选总部,那里悬挂着四五张乒乓球台面那么大的蒋孝严的巨幅照片,飘扬着红底白字的"蒋孝严"旗帜。步入总部,迎面就是一大排镜框,分别嵌着国民党高层的祝辞——"连战:众望所归";"马英九、萧万长:马到成功";"吴伯雄:旗开得胜";"吴敦义:胜利成功"……

我发现，蒋孝严既重视大广告，也很注意小宣传品。比如，免费赠送给来访者的一包包小纸巾上，正面印着："要选，选最好的！"还印着蒋孝严的照片和简历："曾任'外交部'部长，国民党秘书长，'行政院'副院长，'总统'府秘书长，'外交官'乙等特考、甲等特考最优等及格。"背面则印着："为台湾人民拼出路，替经国先生争公道。"看得出，即便是小小一包纸巾，宣传词句都是经过精心设计的。

蒋孝严先生不在竞选总部，由蒋孝严竞选总部执行副总干事林政文先生出面接待。

林政文先生告诉我，这次台北第三选区总共有五名候选人竞选一名"立法委员"，也就是说，是五选一。除了蒋孝严先生之外，有一位是民进党候选人郭正亮，一位是台湾团结联盟的谢馥米，还有两位是制宪联盟的，即李林耀和简瑞宽。

林政文先生分析说，台湾团结联盟和制宪联盟是小党，影响力很有限。民进党的候选人郭正亮，是蒋孝严先生的主要竞争对手。郭正亮是美国耶鲁大学政治学博士，民进党第六届"立法委员"，担任过《中国时报》主笔，还担任过《台湾日报》、《数位时代》、《新新闻》、《财讯》、《中国通》的主笔，台北之音"台湾亮起来"主持人。参与过起草陈水扁2000年5月20日就职演说稿《台湾站起来——迎接向上提升的新时代》。郭正亮在社会上有一定的影响，但还是无法跟蒋孝严先生匹敌。

经过这样的分析，林政文先生说，蒋孝严先生的胜出，是有百分之百的把握。再说，中山区有许多"眷村"，那里住着当代从内地退居台湾的国民党党政军干部及其家属，是蓝营的"票仓"，是蒋孝严先生的"铁杆"支持者。所以，蒋孝严先生不仅稳操胜券，而且必定是高票当选。

我笑道，蒋孝严先生是台湾的"太子党"，他出马竞选，必定旗开得胜。

当然，蒋孝严这位"太子"经历了崎岖的人生道路。我注意到一个细节，那就是蒋孝严先生的竞选资料上把籍贯写成"江西南昌"。我问林政文先生，这是什么原因？他回答说，虽然他从章姓认祖归宗为蒋，但是籍贯从母亲章亚若。

蒋孝严所著新书《蒋家门外的孩子》披露了他许多鲜为人知的身世秘密和从政经历，他的祖父是蒋介石，他的父亲是蒋经国，皆为大时代的权力中心人物，但母亲章亚若却死于非命，有苦难申。从章孝严到蒋孝严，在《蒋家门外的孩子》一书发行时，相关报道指出：

蒋孝严说，花了三年多时间，我慎重地把这本书写好。它的每一个字、每一个标点符号，都是出自我自己的手。对于几乎不可思议的身世转折，除了需要不露声色去面对周遭，在人生道途上，更要隐忍不能说出自己是蒋家人。

蒋孝严的母亲章亚若，是蒋经国于上世纪40年代初期在江西赣州担任第四行政区督察专员，主办江西青干班时的学员。两人产生爱情，还私下取了亲昵的小名，蒋经国自称"慧风",章亚若自称"慧云",取"风云际会"、"风云不离"的意涵。1942年,章亚若在桂林生下孝严、孝慈双胞胎,两个孩子的名字还是由蒋介石亲取,但是嗷嗷待哺的双生小儿周岁未满,章亚若却于桂林医院离奇死亡。

针对母亲的遇害,蒋孝严语带哽咽郑重地说:"这和父亲经国先生无涉,也与祖父无关,并非军统局下的手,主谋就在赣州'专员公署',是父亲蒋经国身边的人,且深受经国先生器重与信任,自认站在国家利益和民族大义上,必须趁早除去经国先生政治发展的遗患——章亚若。"他确信母亲是为了守住一份属于她生命全部的爱情而丧生。但事隔六十寒暑,他复仇的怒火已经熄灭。

蒋孝严兄弟俩在外祖母的抚养下艰辛成长,体验过饥寒交迫的坎坷人生,但最让他受折磨的是无法认祖归宗。他说,最初知道自己是被迫从母姓时,确有强烈的被羞辱感,要争回父姓又似乎只能在梦里追求。一个人要走过"认祖、归宗"的道路才能确立自己的身份,这已属极度不幸,在路途当中,还要饱受歧视和打压,内心更备受煎熬。

《蒋家门外的孩子》一书证实蒋孝严确实是蒋家"太子"。令我感动的是,就是这位"太子",就是这位民调支持率最高的候选人,就是这位百分之百可以当选而且可以高票当选的蒋孝严先生,丝毫没有懈怠,丝毫没有傲气。当我问起蒋孝严先生现在哪里,能否见上一面?林政文先生说,蒋孝严先生每天这个时候——下午4时至6时,必定去"扫街"。

对于"扫街",初到台湾的时候我也不明白,后来经过友人解释,得知这是台湾专有的选举名词,又名"拜票",即候选人沿街挨门挨户拜访居民,恳求他们的支持。蒋孝严先生每天坚持在第三选区一条街一条街地"扫街",走进千家万户,走进寻常百姓家。他完全放下了"太子"的架子,放下"外交官"的架子,他深知,只有得到普通百姓的支持,才是最为珍贵的。

林政文先生介绍说,蒋孝严先生已经六十六岁了。到了这个年纪,功成名就,他完全可以在家里过舒舒服服的日子。然而,蒋孝严先生一直为台湾的命运在焦虑。他看到民进党执政八年,把台湾的经济搞得一塌糊涂,民不聊生,从"四小龙"之首变成了"四小龙"之尾。正因为这样,他一定要出来竞选,一定要通过竞选把民进党打下去。尤其他作为蒋家后代,一定要为重振国民党的雄风而出力。

为了表示对蒋孝严先生的支持,我穿上印有青天白日图案、蒋孝严照片以及"蒋孝严"三个大字的竞选马甲,在他的竞选总部拍了好几张照片,以作纪念。

我问,蒋孝严先生今天在哪里"扫街"?

林政文先生说,在中山区龙江路。

于是,林政文先生派人上了我们的汽车,带领我们朝东北方向驶去,来到了龙江路。这时候,天色已经暗淡下来。终于,司机发现远处马路右侧,停着一辆中巴,车身上漆着蒋孝严的照片以及"蒋孝严"三个红色大字——那是蒋孝严竞选总部的宣传车。不言而喻,蒋孝严先生就在附近。

我赶紧下了车。我看见前方影影绰绰有三个人,其中一个人手中拿着一面旗帜,便赶了过去。走近一看,那面红底白字的旗帜上写着"蒋孝严"三个大字,由一个小伙子举着,另一个小伙子背着一个背包,手中拿着好多宣传品,还有一位中等个子的男子,穿一件白衬衫,敞着领口,外面套着一件红色毛线背心,正在走街串巷,他便是大名鼎鼎的蒋孝严先生。

我先是看他怎样"扫街"。我见到他走进一家杂货店,恭恭敬敬向店主问候,并递上一个"红包"——恳求支持的宣传品。接着,他又走进一家小餐馆,把"红包"递给一位女顾客,并恳求投他一票。

这时,我走向蒋孝严先生,向他递上名片。他一看,很高兴地说:"叶先生,上海作家,欢迎! 我去上海好多次,很喜欢这座充满朝气的城市。"我说:"蒋先生,你这样一家一户地'拜票',很使我感动。"蒋孝严笑道,老百姓是真正的主人,我们是为老百姓服务。

蒋孝严先生很随和,在街头跟我合了好几张影。

他很忙,今天还要向好多人家"拜票"。我随着他走了一段。我发现,他的身边只有两个小伙子充当他的助理,再加那辆宣传车上还有一位司机。他穿着简朴的衣服,走进千家万户,跟老百姓聊家常,就像他们的老朋友一样亲切。

为了不影响他的工作,我告辞了。我庆幸,在台北的街头,能够会晤这位正在"扫街"的蒋介石的嫡孙、蒋经国的嫡子。

来到马英九竞选总部

当我来到台北信义路四段五十五号,那里的"马英九萧万长竞选总部"正处于搬家的过程之中,所以显得有点乱。很多文件都已经用绳子扎成一捆捆的。也正因为这样,在那里见不到竞选总部通常都有的巨幅宣传广告,这些广告"先走一步",已经搬到新址了。

不过,仍可以看出,"马英九萧万长竞选总部"的规模远远超过一般的"立法委员"竞选总部。"马英九萧万长竞选总部"拥有那么多间办公室,上百位工作人员,很多人仍在电脑前忙碌着。

据报道,"马英九萧万长竞选总部"这次搬家,刻意选择台北爱国东路与中华路交叉口的全新大楼"御景大厦",不但意味又"中华"又"爱国",就连门牌也恰巧是十九号,谐音就是"英九"。新总部就连电话总机号码尾数也挑了个8819,谐音"帮帮英九"，再加上同音的车牌号码，"十九"这个数字在马英九总部无所不在。新总部承租御景大厦的第三层到第十五层，总共一千二百平方米，马、萧两人的个人办公室分别选在大楼的第十二层和第十一层。总部搬家的起始日子选择在 2007 年 12 月 19 日。据说，"马英九萧万长竞选总部"希望这一搬能"顺利搬进 2008"。

一位中年男子出面接待"观选团"。他连声说："很抱歉，马主席外出赴会，未能亲自接待诸位，敬请谅解。"尽管马英九已经辞去国民党主席一职，但是很多人仍习惯地称他为马主席。

他递给我的名片上，印着"马英九萧万长竞选总部办公室主任汪诞平"。我注意到，名片的特殊之处在于还印着"第十二任总统、副总统拟参选人马英九、萧万长政治献金专户"的账号，便于各界给予赞助，亦即"政治献金"。

汪诞平主任是一位很随和的人，他开口的第一句话引发一阵笑声——他自我介绍说，他是"职业抬轿"。因为他是资深的国民党高层干部，长期担任马英九高级幕僚，为马英九"抬轿"。这次他担任"马英九萧万长竞选总部办公室主任"，是一项临时性的工作，随着竞选的结束而结束。他的现职是中国国民党秘书长室办公室主任。此前，马英九担任台北市市长的时候，他则在台北市政府担任马英九幕僚。长期追随马英九鞍前马后的他，自称"职业抬轿"倒是十分形象而贴切。

汪诞平主任带我们来到一间只有十几平方米的小会议室，中间是一张棕色长方桌，四周一圈椅子。谈话时，"习惯"地关紧了门。这一"习惯"是竞选期间所特有的，因为前不久就传出消息，马英九总部刚刚开完会，民进党总部就知道了会议的内容。不言而喻，马英九总部有绿营的人"卧底"。马英九总部上百工作人员来自四面八方，民进党要"混"进一两个人做暗探并不难。国与国之间都谍影重重，何况党与党之间、竞选总部与竞选总部之间互相刺探情报。

汪诞平指着这间小会议室说，为了应对竞选错综复杂的局面，马、萧竞选总部成立了"战情中心"。这是一个核心小组，每天早上就在这间小会议室里关上门开会。他兼任这个"战情中心"的执行秘书。这个"战情中心"分为"应变小组"、"策略小组"等。

汪诞平说，马萧竞选总部的核心干部，大都"高缺低用"。所谓"高缺低用"，是指来到这里工作的，很多是国民党的老干部，级别都很高，有的过去担任过部长，有的担任过"大使"，都是沙场老将，到了这里工作，不求官，不求位，一心一意了把马、萧推上"大位"，让国民党从民进党手中夺回执政权。

汪诞平说，台湾原本是国民党执政，蒋介石在台湾实行的是"威权统治"。在蒋经国继任之后，宣布解除戒严，开始了民主政治，政党轮替。在 2000 年，民进党在大选中战胜了国民党，取得了执政权。从此，国民党成了在野党，如今国民党已经当了八年的在野党，深感失去执政权的痛苦。这八年对于国民党的教育和反省是极其深刻的。这八年,使国民党变得清醒,有了长足的进步。正因为这样,他们正全力以赴,投入竞选,一定要使政权失而复得。

国民党是"百年老店"。汪诞平说,国民党在台湾,到了李登辉执政后期,问题越来越严重,尤其是"黑金"的包袱越背越重。所以在 2000 年,不是民进党有多少能耐,是国民党被人民赶下了台,民进党取而代之。也就是说,国民党是自己打败了自己。

今天,民进党越来越像当年的国民党。民进党执政以后,与财团紧密结合,迅速走向腐败。陈水扁就是一个典型的例子。今天,国民党从八年的反思之中汲取了教训,面目一新。

从细节看马英九

汪诞平先生跟随马英九多年,他谈起他眼中的马英九,许多生动的细节给我留下深刻的印象。

汪诞平先生拿起上衣口袋里插着的一支金笔对我说,这几天要搬家了,我从办公桌的抽屉里偶然见到这支金笔,赶紧收起来,做个纪念。过去,在李登辉、连战当主席的时候,核心圈里的人都用这种公家发的高级金笔。马英九当主席之后,他开会做记录都用圆珠笔,党的干部们见了,也都改用圆珠笔。金笔在国民党高层里也就"绝迹"了。

汪诞平先生由此说起跟随马英九出差的经历。过去,在李登辉时代,出差总是住五星级饭店,而且总是一个人住一个房间。他如今跟随马英九出差,住的旅馆往往连一颗星都没有,而且总是两个人住一间房。

至于出差吃饭,基本上是吃便当(即快餐)。马英九很忙,有时候中午,跟客人一起"共进便当",同时与客人研究工作问题。

马英九下乡,穿来穿去是那条牛仔裤。

在马英九家里,好些家具、电器简直可以进历史博物馆了。

马英九确实非常清廉,也很节俭,这是有目共睹的。有的时候,我看到他那么忙,吃得那么简单,都感到心疼。

我问,这次马英九竞选"总统",经费够吗?汪诞平先生说,马英九的竞选费用,大约只相当于过去国民党竞选"总统"的费用的十分之一,是很节省的。

汪诞平先生以为,马英九已经成为国民党新一代最优秀的领导人。由马英九出面竞选"总统",给国民党带来很大的优势。在台湾,十年来马英九一直是人气最旺的政治人物,深受百姓爱戴。马英九在台湾人民中拥有巨大的影响力。可以说,马英九是当今台湾政坛最好的人选。

我请汪诞平先生评价马英九。他说，马英九深受父亲的影响，从小就接受"温良恭俭让"的教育。马英九的优点是清廉、正直、不高调，有国际观。缺点是有时过于"温良恭俭让"。

我请汪诞平先生分析马英九、萧万长与谢长廷、苏贞昌的不同。

汪诞平先生很中肯地进行了分析。他指出，马英九、萧万长是受国民党长期栽培的政治精英，在国民党政府行政系统工作多年，是经过严格考验、循序渐进的行政干部，对个人操守都很注意。谢长廷、苏贞昌则显然不同，他们跟陈水扁一样都是律师出身，是从当年反对国民党政府的"美丽岛事件"的律师辩护团里脱颖而出。他们的口才不错，善于操纵选举，但是行政经验、管理经验不如马英九、萧万长。其实，马英九、萧万长与谢长廷、苏贞昌的不同，也反映了国民党与民进党的不同。

汪诞平先生举了一个很生动的例子。他说，陈水扁上任之初，在民进党里挑不出懂得管理经济的人才，只得请国民党籍的萧万长出任扁"政府"的"经济部长"。有一次，汪诞平随萧万长到高雄考察一个项目，汪诞平问萧万长，你如今与民进党人共事，有何感觉？萧万长回答说，民进党干部决定项目的时候是先说后算，先决定再评估，而国民党干部是先算后说，先评估后决定。

萧万长对汪诞平说，如果要建造一个大型人工湖，按照他的办事规律，先要派专家从地质、气候、环境等方面进行调查，做出初步方案，报"部"讨论，再送经济建设委员会等部门进行种种评估，最后才能决定方案，前前后后大约要两年。由于事先调查充分，因此一旦确定工程方案，建设起来就胜券在握。民进党的干部则不一样，他们可能只用一两个月就确定方案，看上去效率很高，实际上工程一上马，各种问题成堆，可谓欲速则不达。也就是说，国民党干部行政出身，总是从下而上评估，最后才做决定；民进党干部则是从上而下，先提出响亮的口号，再慢慢"求证"。

汪诞平先生话锋一转，说起了双方选举手法的不同：谢长廷、苏贞昌往往竞选口号很响亮，很诱人，但是实现率往往很低。反正不论支票能否兑现，开出去再说；马英九、萧万长则很务实，能够达到多少说多少，也许口号不及民进党响亮，但是说话算数，说一句是一句，都能够在当选之后兑现。比如，谢长廷说，如果他当选，要实现"零失业率"，这话很好听，能不能做到只有天知道；马英九则说，如果他当选，要"把失业率降到百分之三"，这话没有要实现"零失业率"那么动听，那么响亮，但是很务实，经过努力是可以达到。

汪诞平先生说，国民党里大都是"行政人才"，民进党里大都是"选举人才"。执政，搞经济建设，国民党比民进党内行。然而，搞选举，民进党比国民党内行。在选战之中，常常是民进党不断提出议题，国民党"跟"着跑，民进党掌握着选战的主导权。

汪诞平先生指出，国民党和民进党的基本群众也不相同。民进党的基本群众是

"三低"，即低学历、低所得、低地位，大都集中在台湾南部，以"本省人"为多。所以民进党具有强烈的"草根性"。国民党的支持者以台湾北部为多，相对而言，国民党的基本群众以知识分子为多。

马英九意识到争取台湾南部基本群众的重要性。他不断到台湾中南部去，下乡长住，夜住民宅，很得民心。汪诞平先生说了一个最近发生的故事：有一次马英九来到台南农村，住在民宅。在这家农户，公公是深绿的，不欢迎马英九，但是除公公外全家都欢迎马英九。晚上，马英九与大家聊天，一直聊到深夜12时。有人提议与马英九合影。这时，媳妇想到公公，觉得应该请公公也来合影。媳妇上了楼，非常惊讶，因为公公早就穿好西装、系好领带，在那里等候了！

汪诞平先生说，候选人马英九个人很有魅力，不高傲，很随和，平易近人，受到广大台湾老百姓的拥护。那位台南公公态度的转变，就是很典型的事例。

另外，民进党八年执政政绩不好，经济困顿，怨声载道，老百姓强烈要求政党轮换，把腐败的民进党换下来，这也为国民党赢得大选准备了客观环境。就民进党本身而言，"四大天王"的矛盾激化，彼此刀刀见血。

我请汪诞平先生预估这次"立法委员"的选举结果。

他回答说，国民党的"立法委员"过半数是没有问题的。在一百一十三席之中，国民党甚至可以拿下七十席。

后来的选举结果证明汪诞平先生的预估完全正确。2008年1月12日，台湾第七届"立法委员"选举结果揭晓，在全部一百一十三席中，中国国民党赢得八十一席，民主进步党二十七席，无党团结联盟三席，亲民党一席，未经政党推荐一席。

"奥步"防不胜防

我又请汪诞平先生预估2008年台湾"总统"选举结果。

汪诞平先生以非常肯定的口气说，当然是马英九、萧万长胜出！说罢，他又"不过"了一下，我请他详细说明这"不过"。

汪诞平先生回答说，本来就正常的选举而论，进行评估无非是依照"候选人、政见、政党"这三要素。按这三要素评估，马英九、萧万长理所当然远远胜过谢长廷、苏贞昌。"不过"，台湾的选举环境不正常，在逼近投票的关键时刻会出现"奥步"，会严重影响正常的选举结果。

"奥步"是台湾话。我请汪主任作了解释："奥"，在闽南语中是"不好的"、"差的"意思，"步"则是"想法"、"招数"的意思。所谓"奥步"，也就是"损招"、"烂招"的意思。

汪诞平主任说，民进党最善于用"奥步"来影响选举。最典型的是2004年3月19

日——投票的前一天,发生了"奥步",即"两颗子弹事件",一下子民进党就赢得了许多同情票,使大选逆转。又如,2007年高雄市长选举时,民进党又使出"奥步",制造了"道路工事件",一下子使民进党候选人陈菊赢得了选举。

汪先生气愤地说,"奥步"是民主的倒退!正因为这样国民党几次在选举中吃了民进党的"奥步"的亏,所以在这一次大选中,特别注意防范民进党再出"奥步"。

我笑问,你们成立了应变小组,每天早上在这间办公室里开会研究,是不是在研究民进党的"奥步"?

汪先生也笑了,我们确实成立了专门对付突变、反制"奥步"的专业小组。问题在于你不知道民进党这一回用的是什么"奥步"?!民进党的"奥步",总是不断"创新",出人意料,这才会起着震动社会、扭转选举的作用。比如,民进党用过"两颗子弹",今年就不大会出"三颗子弹"。"奥步"是上不了台面的贱招,关键就在于"贱"。国民党是一群君子,难防小人。高雄市长的国民党方面候选人黄俊英就是太老实了,面对突然发生的所谓"道路工事件"一下子反应不过来……

汪先生叹道,"奥步"真是防不胜防,而且都是发生在临选的前夜,所以越是临近大选,我们的神经越是高度紧张。选举,本来应当是在公开、公平、公正的环境中进行,可是"奥步"完全扭曲了选举的正常环境。

我戏问道:国民党为什么不来"奥步"?你们应该以"奥步"来反"奥步"!

汪先生连连摇头说,国民党是君子,绝不使用低下的小人"贱招"。尤其是马英九,法政系毕业,绝不可能为了选举去搞"奥步"。我们要赢得光明正大!马英九在总结"奥步"的教训时曾经指出,我们对付"奥步"的最有效的办法,那就是争取以大差距赢得选举。他以高雄市长选举为例,当时双方选票差距只一两千张,"奥步"就起作用了。如果黄俊英领先陈菊几万张选票,那"奥步"就失去作用,所以我们要战胜民进党的"奥步",关键是在选票上大胜民进党,以绝对优势压倒民进党,那时候,什么"奥步"也救不了民进党的命。

汪诞平先生透露,国民党如今资金相当紧缺。国民党正因为是"百年老店",光是党的退休干部就达五千多人,要发给退休人员"八成薪"(退休前薪金的百分之八十),是一笔很大的支出,同时也是沉重的历史包袱,再加上那么多现职工作人员,每月要发的薪水也是一笔不小的数字,虽说现在的国民党工作人员已经精简到只有原先的三分之一。他作为中国国民党秘书长室办公室主任,已经几个月没有领到薪水了,现在是"留职停薪"来到马英九竞选总部工作的。

孙继先将军与酒泉卫星发射基地

◎董保存

　　"神舟五号"、"神舟六号"、"神舟七号"……酒泉卫星发射中心一次次承担着飞船的发射任务。酒泉卫星发射基地已随之名声大振。这里是我国最大的也是最早建立的卫星发射基地。而基地的第一任司令员孙继先和酒泉卫星发射基地的创建有着太多的传奇故事。就像一位老军人说的：孙司令的传说是提起来一串，放下去一堆……

从兵团司令到"杂牌司令"

　　出任基地司令，对孙继先来说实在是太突然了——

　　1957年深秋的一天下午，身为志愿军第二十兵团代司令的孙继先突然接到了志愿军司令杨勇的电话，要他"马上准备一下，明天一早坐火车回国，接受新任务"。

　　"什么任务？"孙继先问。

　　"不知道。军委刚来的电报，你抓紧时间准备，火车票已经给你买好啦！"

　　军委调我回去干什么？他想来想去，想不出个头绪。朝鲜局势没有什么新的变化，"新任务"可能与朝鲜前线关系不大……莫非台湾海峡有战事？那阵子蒋介石一直叫嚣反攻大陆，会不会调我到福建前线？

孙继先带着满脑子假设到了北京,一下火车,就见到来接站的人,来人说:请到总政治部肖华副主任的办公室。

　　肖华见孙继先来了,热情地把他拉到沙发上坐下。他们是老熟人了,红军时就在一起工作过。

　　"老孙呀,军委决定让你回来,毛主席亲自批准的,给你一个新任务!"肖华倒是开门见山。

　　"肖主任,你说什么任务吧!"

　　"筹建一个导弹试验靶场!"

　　"什么? 靶场?"孙继先如入云雾之中。

　　肖华说:"是导弹靶场! 美国一直吹嘘,他们的两颗原子弹使日本投降了。朝鲜战争期间,他们动不动就用原子弹吓唬我们,利用核讹诈称霸世界! 虽然我们从来没怕过这东西,战略上一直在藐视它,但在战术上我们必须重视它,只有尽快制造出我们自己的导弹、原子弹,才能打破美国的核垄断,粉碎他们的核讹诈。世界已进入原子时代,美、苏、英、法等国相继都建立了自己的导弹(火箭)工业,如果我们落在后边,就会被动挨打!"

　　孙继先听明白了。沉吟片刻,他说:"我是一点思想准备也没有,对搞这么尖端的科技、这么重要的工作,我是一窍不通,丈二和尚摸不着头脑,肖主任你知道,我一直是带兵打仗的呀!"

　　肖华说:"军委觉得你能胜任,才叫你从朝鲜回来。聂帅还要和你谈。"

　　第二天,张爱萍将军把孙继先邀到办公室见面,简要地交代了一下任务,就带他到了聂荣臻元帅家里。聂帅将中央的部署和决定向他作了传达,并语重心长地说:"这可不是当年的二万五千里长征,不是强渡大渡河! 这是尖端科学! 是要下一番苦工夫才能攀登上去的。我们现在就是要走科技事业的长征路,要爬尖端科学的雪山,渡新时期的大渡河! 这是关系军队和国家未来发展前途的大事,这个重要任务,对我们是一次新的考验,我相信你一定能够完成好这个任务。"

　　孙继先一直是带兵打仗的人,战争年代,首长交代任务他从未退缩过。而现在,面临的任务毕竟不是打仗,而是攀登科技高峰,这不是仅仅依靠一般的智慧和勇气能解决的问题。因此他没有像往常一样回答"坚决完成任务",而是默默地点了点头。这在孙继先的军人生涯中是不多见的。他在了解了我国初创时期的导弹、火箭事业的有关情况后更加感到这件任务非同小可。他再次找到肖华,把心里话和盘托出。

　　肖华拍拍孙继先的肩膀,说:"我知道你有些为难之处,事关重大,心里没底嘛,可以边干边学嘛! 过去我们打仗,不也是边打边学会的吗? 叫你干你就干,赶着鸭子上架也得干! 我看你一定能干好!"

......

就这样,在毫无思想准备、没有任何退缩余地的情况下,孙继先来到了这个最初叫"靶场筹备处",别名"炮兵营房工程建筑部"的地方。

很快,在北京市东直门外左家庄设了个办事处,有陆军、海军、空军、炮兵、装甲兵、工程兵、雷达兵、电话兵、卫生兵、文艺兵等着装五花八门的人进出。当地老百姓经常好奇地询问:"你们到底是什么部队呀,怎么什么样的军装都穿呢?"

有一天,孙继先来到这里,正碰上有老百姓在问一个战士,战士说:"我们是杂牌军!"

孙继先自嘲道:"我从正经的兵团司令成了杂牌司令了!"

"干在戈壁滩,埋在青山头"

孙继先最初对基地建在酒泉附近并不十分赞同。晚年他还说:"把基地建在这里并非最佳选择。"

导弹试验靶场的架子搭起来了,地点选定在哪里?

统帅部责成聂荣臻元帅组织导弹试验靶场勘察小组。成员有聂帅秘书安东、炮兵司令员陈锡联、工程兵司令员陈士榘、总参作战部部长王尚荣、总后装备部部长万毅、二十兵团司令员孙继先以及海军和空军的有关领导。

1958年年初,在料峭的寒风中,勘察小组乘坐的专机从北京出发,先向北到东三省,再飞内蒙古坦荡的草原,到宁夏、甘肃、新疆的无垠沙漠,后又从上海至青岛一线的海滩,飞到大西南崇山峻岭……他们几乎飞遍了祖国的天涯海角。

飞机在河套以西银川市附近盘旋,孙继先看到,这里背靠有粮仓之称的"银川",有生命之源黄河水,有可用于建立发射基地的山岭和荒滩。飞机在一片荒滩上降落了。勘察小组经过实地勘察,认为这是合适建场的地点。

回到北京后,苏联专家却认为,这里的地域还不够宽阔,地质条件还不理想……

又经过几天的寻找,勘察小组又选了内蒙古自治区的额济纳旗(位于甘肃酒泉附近)的一块地方。这里地域开阔,有足够的建场面积。

苏联专家认为后一个地点好,孙继先等人认为银川附近好。两种意见分歧严重。孰是孰非,很难说得清楚。孙继先认为额济纳旗不仅交通不便,而且生存条件太差,增加了大量本来可以减少的人力、物力、财力和精力的消耗;从战略角度看,这里离边境太近,又是一片开阔的平地,无险可守,机械化部队只要两小时行程就可到达这里……

军委经过多方考虑,最后还是采纳了苏联专家意见,决定定点额济纳旗地区。

自己虽然有不同意见,但军委作了决策,就要无条件地执行。在漫长的战争年代,孙继先养成了这样的习惯和作风。此次定点,军委决定后,他再没有说过二话。只是当他离休后,听说基地的家属孩子上学等问题还是不能很好解决的时候,他说过,要是把点定在银川附近就没有这问题了。

他第一次来到了戈壁滩,真正见识了"风吹石头跑,遍地不长草,天空飞鸟绝,大雁不落脚"的景象。同行的人都在骂这里的条件恶劣,孙继先低头不说话。

在额济纳旗政府所在地"青山头",他开口说话了,指着一片绿荫问:"这里为什么是绿的?"

同行的人告诉他,祁连山融化的雪水从较深的地层流经这里渗了出来,使这座孤零零的小山头披上了绿装。

他沉思良久,说:"这叫我想起在南京军事学院时刘伯承元帅提出的口号:'干在石头城,埋在紫金山!'我今天也提一个口号——干在戈壁滩,埋在青山头!"

——他百年之后,家人遵照他的遗愿,把他的骨灰埋在了"青山头"一侧的烈士陵园。

"伸手派"

孙继先曾经和人们说起基地初创时的情况,说:"我那时是一个光杆司令,既没有政委,又没有副司令,那叫'伸手派',要人,要钱,要设备。为要人,我几乎踏破了总干部部的门槛。要了政委,要了副司令,要了各部的部长……"

在孙继先受命组建导弹实验基地任务时,国防部成立了一个"五部"。部长万毅负责二十基地的管理工作。孙继先去万毅部长那里"汇报",万部长心知肚明,说:"你找我,是要人要钱。我既不管人又不管钱,我到哪里去弄啊?你要人,就直接去总政治部要,要钱嘛,恐怕找总长也不行,总长拿不出那么多钱,只能去找总理了!"

孙继先又到罗瑞卿那里"汇报",罗总长倒干脆,说:"我们一起去找总理吧!"

总理对发展我国的导弹事业非常重视。在经济状况相当紧张的情况下一下子批了五个亿,主要用于基地的基本建设,包括修专线铁路、军用公路和全部设备的安装费用等(这里不包括购买苏联设备的费用,购设备属国家大项目,是由基地报计划,由外贸部出钱购买)。当时,周总理、罗总长用了很大精力亲自抓基地建设,国家有再大的困难,也要保证基地的建设。特别是周总理,频繁召见孙继先,询问基地建设的进度。

在孙继先看来,一切事情都是人干的。因此,在基地创建初期,他用了大量的精力来"要人"。总干部部对孙继先提名的干部,在严格政审的前提下,基本上是开绿灯的。原空三军政委栗在山被孙继光要来了,而且破格从正军提拔为正兵团,被任命为基地第一任政委。广州军区参谋处处长李富泽不想来,也被他拉来当了副司令。接着来了批立志留在戈壁滩、献身祖国科研事业的年轻大学生。

除了军事技术人员外，必须根据专家的要求选调专业人才。苏联专家提出需要调进一些懂得光学的人才，如果实在没有，调一些会照相的人也行。为此，孙继先曾从北京的八一电影制片厂和上海、东北等地选调了一批专门照相的人；这些人经过自学努力，后来为进行导弹实验，在拍片、观测等方面发挥了重要的作用。

为苏联专家选调西餐厨师，着实让孙继先费了一番脑筋。苏联专家吃不惯中餐，只能吃西餐，而且是十分挑剔的西餐。孙继先派人到上海、天津、哈尔滨、齐齐哈尔等地选调。然而，在20世纪50年代，找个西餐厨师很不容易，找个年轻的西餐厨师就更困难了。孙继先对李富泽说："你亲自出马，无论如何也要找几个好的西餐厨师来。"

李富泽先跑到北京，闯到北京市一位副市长的家里，想从北京的大饭店里"抠"出两个西餐高级厨师来，"两三个就行"。副市长说："实在对不起，我们的外事任务更重，西餐厨师还不够呢！"李富泽吃了闭门羹，出门去了火车站，连夜乘火车赶往哈尔滨。这里的市委书记是他的老战友。李富泽连求带赖，给也得给，不给也得给。市委书记实在没有办法，只好忍痛割爱给了他四个西餐厨师。

……

那时一进入基地，就几乎与世隔绝。写信、与朋友交往都不允许泄露基地的情况，通信地址一律用代号兰州市×××信箱。孙继先本人在戈壁滩工作期间，从未在公开场合露过面，国外情报机构寻不到他的踪迹，便说："此人下落不明。"他的家人虽知他在西北工作，但谁也不知具体在什么地点、干什么具体工作，更没有一个亲属跟他去过一次基地。

用北京建人民大会堂的材料，建西北的人民大会堂

基地初创时期，孙继先和他的战友们经历了怎样的困难和洗礼，是很难用语言来形容的。二十基地的老人，多次向我叙述起他们如何被摄氏四十度以上的气温蒸烤，如何被铺天盖地的沙暴掩埋，如何被第一次喝到人血的蚊虫叮咬，如何被严寒和饥渴折磨……

有一次，孙继先听说北京建人民大会堂剩下些下脚料，便说："总理，能不能把这些下脚料给了我们？"

总理说："你要它干什么？"

"我们在那里安家，想建个基地礼堂。"

总理说："好哇，批给你们。"

不久，这批材料运抵"东风"（基地所在地名）。孙继先专为此事开了一个会。他

说:"我向总理要来了建人民大会堂的材料,我们在基地建一个礼堂,要一流的设计,一流的施工质量。再过三十年也不落后。"

因此,人们说孙继先要建西北的人民大会堂。他说:"就是要有人民大会堂的质量。"

不久,一座漂亮的礼堂拔地而起,在当时的西北地区首屈一指,堪称建筑精品。直到20世纪80年代初,在西北仍属先进之列。可惜,一场突如其来的大火,把这座礼堂的顶盖和木质结构化为灰烬,但它的地基和四壁却完好无损,人们在原基础上又重建了一座礼堂。可见,当年的设计水平、施工能力和建筑质量是多么优秀。

和陈士榘上将"叫板"

1960年夏,基地早期基建工程的任务完成后,工程兵司令员陈士榘想到自己的部队连个像样的营房都没有,就下令,撤离基地的工程兵,将剩余建材全部带走。

就在他们装车的时候,二十基地的官兵报告了孙继先。

孙继先把副司令员李富泽找来,说:"他们要把东西都拉走?"

李富泽说:"东西是二十基地的,不是他工程兵的,拉走,没门!"

孙继先说:"你立即去把'东风'至清水的军用铁路线给封了。"

李富泽指挥重兵,拦住运料军列。双方形成僵局。陈士榘一个电话打到副总参谋长杨成武上将那里,说二十基地拦他们的车,杨成武把电话打到孙继先那里问情况。结果陈士榘、孙继先各说各的理,互不相让。

最后,杨副总长说:"两个兄弟部队总不能打起来吧? 这样吧,孙继先你先放行,再解决争议。"

孙继先不服,说:"杨副总长,服从命令可以,这事情怎么解决?"

"总部立即派人调查。"

孙继先下令撤走了部队。陈士榘急忙将部下拍摄的大批反映工程兵指战员在极其艰苦条件下工作和生活的照片,带到了总部首长那里,要求总部首长允许将二十基地基建"剩料"拨给工程兵建营房。

"官司"打到总参谋长罗瑞卿那里,决定让陈士榘将"剩料"原数退还二十基地,并十分严厉地说:"国家供给二十基地的建材是不允许随便挪用的,本来运进去就不容易,又把它运出来,下一步二十基地的建设怎么搞! 如果陈士榘执意不退还这些'剩料',那他就是窃国大盗!"

最后,陈士榘如数退还了"剩料",了结了这场纠纷。

其实,陈士榘和孙继先的私人感情一直很好,陈司令员很赞赏战争年代自己手下的这员战将,孙司令员也一贯敬重这位身经百战的老上级。这个时候,他们没有为了自己个人的利益而闹别扭,而是为国家、为士兵的利益发生争执的。事后,他们言归于好,友谊长存。

只是孙继先去世后,陈士榘对孙继先的儿子说:你父亲什么都好,就是脾气大!

"兔司令"

当年在中央新闻电影制片厂拍了一部科教片,描述了一个农村姑娘用放养的办法养鸡,既节约饲料,又能多下蛋,这个姑娘只要一吹哨子,漫山遍野的鸡就跑了过来,人称这位姑娘为"鸡司令"。孙继先看后产生联想:这戈壁滩到处都是兔子能吃的沙枣树和骆驼刺,兔子繁殖力那么强,何不从幼兔开始吹哨放养,如能成功,既节省了喂兔的菜,又增加了兔肉产量,何乐而不为呢? 他指示后勤部门试一下放养喂兔的方法。后勤的同志说:兔子与鸡的本性不同,一吹哨就会吓跑的,根本搞不成"兔司令"。孙继先说:"你不试怎么知道不行?"人们只好去试验,他也参加这种试验。结果显然是失败的,但他的良苦用心和急迫心情谁能不理解呢?

红箭腾空

1960 年 4 月 2 日,孙继先司令员、栗在山政委向基地参试官兵下达了 101 任务第一号命令。正在这时,苏联专家以"中国生产的液氧不合格"为由,不让我们用自己的液氧发射导弹。

按中苏国防科技协定,苏方应派专家到中国传授发射技术。当时,我国尚缺乏液氧推进剂的生产技术,兰州一家化工厂在缺乏资料的情况下,依靠科技人员和工人研究生产出了我国自己的液氧推进剂,经化验,完全合格。当时的专家组长契尔阔夫却借口要回国复核化验结果,硬是拖了一个多月的时间。最后,他们的回答是:"你们的燃料不合格!"

孙继先要求他履行合同,帮助解决技术问题,他却说:"这是国家之间的事,有个责任问题,我们不便插手。"

孙继先拍了桌子,说:"有责任,我们承担,你不必担心!"

契尔阔夫作出无可奈何的样子,表示:"非常遗憾,这是我们上级的指示,我们不能违抗。"

当国产液氧从兰州运到基地时,契尔阔夫俨然以经验丰富的科学家口气劝阻中国人不要用这些燃料,否则会酿成难以挽回的后果。同时,他一再表示:"苏维埃社会主义共和国联盟一向最讲信誉,由苏联生产的液氧一定按合同准时运到!"

就这样,我国自行研制的后来被证明是十分合格的价值一百五十万元人民币的整车箱燃料白白地倒进了沙海,燃起了熊熊大火,中国人民的心血就这样简单地化成了烟云……在场的官兵,许多人都流下了伤心的泪水。

契尔阔夫"讲信誉"的话说完没多久,苏联国防部就给中国国防部发来了电报:"因西伯利亚液氧厂发生不可抗拒的事故,不能履行合同。"

显然,苏联政府是没有诚意的!孙继先再也忍不下去了!他和栗在山代表二十基地全体官兵上书军委,强烈要求用自己的液氧发射火箭。

为此,周总理在紫光阁主持召开了一次高级军事会议,彭德怀元帅、聂荣臻元帅和国防科委的领导同志参加了会议。会上,聂帅明确指出:苏联停止燃料供应,绝不是技术上的原因,而是政治上的原因!彭老总说:赫秃子欺人太甚,我们中国人不是随便让人捏的。最后,周总理说:二十基地的指战员们一致要求用国产燃料,他们自己检验这些燃料是合格的,我同意他们的意见。同志们的意见怎样?与会者一致表示同意。总理在基地打来的报告上亲笔批了二字:同意。

紫光阁高级军事会议结束后,周总理招招手说:"孙继先你留下。"

总理问孙继先:"你坦率地回答我,第一次发射地对地导弹,你有多大把握?"

孙继先说了四五条天时、地利、人和等完全有把握的依据,但还是回答有"百分之八十的把握"。

总理又问:"那百分之二十呢?"

"因为是第一次,缺乏经验。"

总理对这样的回答很满意,说:"不错,万事开头难。这件事我们过去没干过,一定要认真细致,稳妥可靠,争取胜利。你们就大胆放手干吧。"

会后,张爱萍经过在二十基地实地考察后,向军委写报告,建议在9月9日到15日期间,选择时机进行发射试验。

转眼间到了8月,苏联单方面撕毁合同,撤走专家,断绝援助。"老大哥"终于露出了真面目,他们一下子停止了对我国提供的一百多个援助项目,使我们的导弹试验部队面临着最艰难、最严峻的时刻:刚刚建起来的火箭发射场,有许多仪器和设备将被搁置沙海之中;不少设施建了半截,被迫停了下来;主要技术资料和图纸全被苏联专家带走……

然而,二十基地的创业者们以加倍的努力来克服这些困难,他们决心依靠自己的力量,完成导弹发射试验任务!由于准备充分,1960年9月3日,罗瑞卿总长亲自批准了 P/2 地对地导弹的发射计划。

9月10日清晨,孙继先绕首区三号发射场转了三圈,他要从最坏的方面做好准备!

他又来到了消防队，作了试射前最后一次检查……

7时42分，点火按钮启动，伴着一阵震撼大地的轰鸣和尾部燃烧的火光，导弹腾空而起，七分钟后，准确地击中了安西弹着点的目标。成功了！在苏联专家撤走后十七天，二十基地用自己的液氧，成功地发射了第一枚地对地导弹。

地对地导弹试验部吕琳部长迅速将参试人员集合在发射场上，孙继先用洪亮的声音自豪地宣布："苏联专家撤走后仅十七天，我们在没有任何经验可提供借鉴的情况下，依靠自力更生，发愤图强，用国产推进剂，成功地发射了第一枚地对地战略导弹。这说明我们的基地有能力完成新武器的发射试验任务！参加这次任务的所有单位的人员都付出了辛勤劳动，我代表基地党委和领导向全体参试单位和参试人员表示热烈祝贺和衷心感谢！"

第一枚使用国产燃料发射地对地导弹试验成功后，整个二十基地又立即投入了第一枚国产地对地导弹发射试验前的紧张准备工作。

一天晚上，孙继先接到了周总理的电话。总理说："钱学森同志要亲临发射现场进行技术指导，我们的国宝——钱学森同志就交给你啦，你一定要保证他的安全！"

孙继先知道，苏联在进行火箭发射试验时，曾经有过几次液氧爆炸事故的教训。其中一次竟然死了一个元帅、两个上将和几个中将，共死了十七名将军。这回我国第一次用自己生产的液氧发射国产的地对地导弹，必须保证万无一失。

1960年11月4日，聂帅和钱学森同机飞抵二十基地。在孙继先等基地领导人的陪同下，他们视察了技术阵地和发射场，在询问了每一个关键性的细节后，聂帅十分关切地问道："能不能准时发射？"

"不会推迟！"孙司令员回答。

钱学森又提醒道：只有搞好预测，才能避免失败，因为这是科学。

为了保证万无一失，孙继先已组织过多次检测工作，对这次发射试验，他早就胸有成竹了！

11月5日晨，撤离场区的警报器响了，孙司令员陪同聂帅、钱学森等进入了敖包山指挥所……

"三十分钟准备！"

"十分钟准备！"

"一分钟准备！"

"点火！"

"隆隆"的巨响，震撼着荒原。我国自己生产的第一枚地对地导弹"东风1号"在滚滚气浪中腾空而起，飞向大漠深处。几分钟后，导弹在预定弹着区爆炸，腾起冲天的烟柱！

"成功啦!""成功啦!"基地沉浸在一片欢呼声中。

聂帅紧紧握着孙继先的手,激动地说:"我们成功了,谢谢你,感谢基地,感谢全体参射人员。你们为祖国争了光,争了气……这是我军军事装备史上一个重要的转折点,从此以后我们有了自己的导弹!"

现代文学和革命史上的失踪者——周文

◎胡发云

1952 年 7 月 1 日,周文猝然离世。那时他正值盛年,刚过四十五岁生日。

周文死在一个新世道诞生的第三年。那曾是他梦想一世,奋斗半生的世道。

周文被定为自杀,党内除名。

2007 年,周文诞辰百年之际,我去北京参加了一个关于他的研讨会,后来去拜访了周文在重庆《新华日报》的下属,中国人民大学原副校长谢韬先生,他们夫妇俩说,当时都听了关于周文之死的传达报告,毛泽东有一个八字批示:"自绝于党,弃之荒郊。"由此,"自绝于"之说诞生,死亡开始成为最后一项罪名。

周文瞬间失去一切,他失去了穿干部服的资格,套了一身古怪的黑寿衣,被草草葬在了京郊一个普通墓地里,没有墓碑。周文夫人郑育之死死记住了这个无名墓地的位置。数年后,当郑育之也将被赶出京城之前,她偷偷来到这里,将周文遗骸转移到万安公墓,给他立了一块碑,上面刻了一个陌生的名字:何开荣。那是周文在老家的原名。

周文迅速从这个世界消失了。

20 世纪 70 年代中期,我第一次知道周文。

初识周文

那时，我和他那个叫李虹的、但从未谋面的外孙女相识了。一次闲聊中，她说她有一个姥爷，叫周文，是一个作家，30 年代在左联工作过，当过左联的组织部长，是鲁迅的学生，给鲁迅抬过棺。那时候，自认为对中国的现代文学已有些了解的我没有读过他的任何作品。

李虹说，很长时间，他们第三代的孩子们，也不知道自己有这么一个姥爷。

周文重新被提起，始于"文革"初期，周文这个被封存已久的名字，开始出现在中央党校的大字报上，一些知情人和群众组织开始质疑周文之死。被"周文自杀"事件压抑与牵连了多年的郑育之——一个 30 年代初期入党，有着许多传奇经历的上海滩上的地下工作者，开始了漫长的艰难的不屈不挠的为丈夫寻求平反之路。但一直未果，反倒又吃了许多苦头。一直到了波谲云诡的 1975 年，中国现代史上最有影响力的两个人——毛泽东和邓小平，一起为周文恢复了名誉。1976 年年初，周文的遗骨被取出，火化后安放于八宝山。他的骨灰盒上，盖上了党旗。

不久，李虹拿来一份装订成册的复印文件，首页是一份中共中央文件，整页是大字体的毛泽东批示："此件印发在京政治局各同志，同时送李井泉郑育之二同志各一份。周文同志之死是被迫死的，如不受压迫，他不会死，此点我看没有疑义。请中央组织部予以复查，妥善解决。毛泽东。十月三十日。"

后面是中共中央邓办发出的《中央组织部关于周文同志被迫害致死的情况调查》及邓小平给毛泽东的请示："主席：政治局会议同意中央组织部对周文同志的复查报告，同意中组部所拟三条平反和善后处理意见，现送请批示。邓小平十一月二十八日。"随后附有毛泽东在延安时期给周文的数封亲笔信和郑育之给毛泽东的申诉信。然后是追悼会上发布的悼词和一大片参加追悼会的人员名单。

这是我第一次看到关于周文的文字材料。

周文是在惶然、悲怆、痛苦与绝望中离世的，那是周文对这世界最后的情绪。在那之前，周文努力过，挣扎过，苦苦思索过，甚至违背周文一贯的做派，违心地反省过、自责过、检讨过。但都没能得到解脱。

1978 年，周文从未谋面的外孙女李虹成为我的妻子。于是，周文与我也有了某种关联。周文与我另一种更深刻的关联是，我们有着同一种终生热爱的职业——写作。

80 年代开始之后，我陆续读到了重新出版的周文作品。那是他在 30 年代写的一批杂文，随笔，评论，短篇、中篇、长篇……可以说，周文一生中最重要最有价值的作品，在他三十岁前后都写完了。那时，从文学领域发端的白话文运动兴起还不到二十年。

对于一个远离政治文化中心,只受过十多年旧式教育,进过两三年新兴学堂的年轻人,周文无疑是极具文学天赋的。更可贵的是,在左翼文学中常见的那些毛病——狂热、教条、偏执、功利、廉价的浪漫主义、空洞的鼓动宣传,甚至直接用文学来组织群众发动革命……这些,周文都很少沾染。本来,对一个从偏远边城来的"左"倾文学青年,这些都是极易受到蛊惑的。周文走了另外一条踏实的路,写他熟悉的,写他心中的,由此,我们才看到了像《雪地》、《山坡下》、《在白森镇》、《烟苗季》等一大批内容独特,风格迥异的周文式小说,为中国现代文学留下了一幅幅不可取代的社会生活画卷。雪域高原,羊肠古道,险关狭谷,挑夫马帮,军阀土匪,山民烟客,家族倾轧,同仁暗斗,帮派火并……读周文的小说,常让我想起凤凰城下的沈从文、呼兰河畔的萧红。

周文踏入中国文坛不久,就被鲁迅先生看做中国最有才华的青年作家之一。1934年,鲁迅和茅盾应美国作家伊罗生之约,编选了一本中国短篇小说集,入选二十三位作家,周文名列其中,同时又把周文、刘丹主编的《文艺》月刊杂志也推荐给了伊罗生。我后来常想,如果周文就在文学之路上走下去,又会如何呢?30年代他的许多同道师友——胡风、巴金、聂绀弩、靳以、萧乾、黎烈文、萧军、萧红、张天翼、沙汀、艾芜、欧阳山……周文会成为哪一个的相似者?

由西康边城到十里洋场,周文成为一名作家的同时,也成为一名职业革命家,这两种身份,编织了他一条奇特的命运线。

回望中国漫漫百年,怀想周文传奇一生,突然发现,他一生中有两次出川,神秘地画出他两道古怪的命运曲线。

第一次出川是1930年年初,行川江,过夔门,下江南。那一年他二十三岁。

这一次是苦闷、忧愤、孤独而出,自信、睿智、从容而归。

第二次出川是1940年年初,越秦岭,出剑阁,赴陕北。那一年他三十三岁。这一次是豪迈、热情、坚定而出,但却归去不再来……

第一次出川

1907年6月17日,川西,山水林木深处的古镇荥经,一个男婴呱呱坠地,起名何开荣。踏入文坛后,他给自己改名为周文——周,他崇敬的鲁迅先生本姓,文,他钟爱一生的文学。

一百年之后,我来到周文故乡。飞抵成都,行驶三百多里到美丽的雨城雅安,再驶数十里,到群峰环绕的荥经。我想,百年之前,在这样偏远闭塞却又物产丰饶的地方,大多数人都会囿于故土,终老一生,特别像何家这样有房有地有店铺,家道还算殷实人家。四岁,周文上私塾,一读就是十年。十五岁,考入新学堂雅州联立中学。十六岁,在母亲包办下完婚。十八岁,到表姐夫任旅长的川边军供职,做候差,文书,印鉴官,禁烟委员……二十岁,做了康定化林坪分县的代县长。从上面简单的履历可以看出,在那样的年代,那样的环境,他算是顺遂的。他有一个能干果决的母亲,有一个稍有权势的亲戚,还有几个慧眼识才的师长。就这样一个原本可以安宁平庸度日,或升官发财娶姨太太的边城青年才俊,突然决意出川,浪迹天涯了。

母亲为他包办的婚姻,是他出走的第一推动力。中国五四之后的作家、革命家名单中,因不满封建包办婚姻而走上新路的人不在少数。周文兄弟三人,他是长子。周文的父亲是一名中医,在他五岁时患肺病去世,母亲独自撑起家业,养育失怙三子。在一个男权社会中,孤儿寡母有许多的凄凉、苦楚与无奈。周文的父亲离世之后,母亲便让孩子们对她以"爸爸"相称,并寄希望于长子周文,希望他早日成为家庭栋梁。在他十六岁的少年时光,周母便主持周文完婚。新人是邻近一户小地主家的女儿。紧接着,母亲让周文到表姐夫的部队里任职,周文离家赴职,也算是一次对无爱婚姻的逃离。但是对于一个单纯、善良、梦尚未做完的知识青年来说,部队血腥、鄙俗、冷酷、弱肉强食的生活,无疑是另一种地狱。那一段日子唯一的收获,就是为他日后的创作提供了许多独特又鲜活的素材。

他不断地变换职业,后来考取国民二十四军刘成勋办的川康边政训练所,这期间,他读了许多对他来说无异于开天眼的书刊:政治学、经济学、帝国主义、三民主义,郭沫若、张资平、陈独秀、鲁迅……他被启蒙了,苦闷彷徨之中,他看到了黑暗与愚昧,不公与野蛮,他渴望光明,渴望自由,渴望寻到生活的意义,也渴望真正的爱情与婚姻。

在川康边政训练所时期,周文遇见了影响他一生的两个人:一位叫刘伯量的老师,一位名叫骆枕寒的青年友人。周文后来说:"我一位同学的弟弟骆枕寒和我很好,他也不满于家庭和军队生活,坚决离去,在上海流浪,他的个性很强,人很正直。给我的印象很深刻。他在上海经常和我通信,叙述他流浪的苦境,也叙述他的快乐。那种苦我是不怕的,在我觉得倒是一种快乐。我能够离开我的家乡,能够离开周围一切我所痛恶的……"

婚姻没有感情,两人都被深深伤害。母亲渴望家族早日兴旺,周文的小弟不幸夭亡,母亲太需要男丁,周文只得生下一个孩子——可惜是一个女儿,在母亲要求下,妻子又怀孕了。周文不能够再忍受下去,编了一个谎言,从母亲那儿要来了二百银圆——用他自己的话来说,骗来了二百银圆。于是,1930年3月,他抛家别子,跋山涉水决然出川了。

往后的十年,是周文一生中可圈可点日新月异的十年。那是一次痛苦、艰难而绮丽的羽化,他破茧为蝶。

3月出发,5月到上海。骆枕寒的哥哥接待了他,告诉他上海太过奢华,不能久留,带他去到南京,住在四川会馆,与骆枕寒等一批川籍流浪青年开始了一段艰苦又浪漫的生活。有钱大家花,有饭一起吃,读书论世,桀骜不驯,看《阿Q正传》《拓荒者》,看花花世界,新生活。这天地人三不管的日子倒也很自在。但等到大家的钱都花光了,还得去找寻吃饭的行当。

当年在川康边政训练所的刘伯量老师,此时已任南京政府农矿部林政司司长。知道周文的境况,把他介绍给一位即将去浙江兰溪任公安局长的同乡,安排他做了一位科长,有吃有住,月薪五十元,这一类查毒禁赌的肥差,还有许多额外进项,像他这样的外来流浪打工者,该是非常满足了。但周文身上有一种东西,那就是传统文人与现代独立知识分子都视为身家性命的道德追求,就像学者张宁指出的"他与周扬、丁玲等还是有很大区别的。周文的不同,并非来自独立思考,而是来自独立道德"。这一点,让他不见容于所谓的旧社会,同样也不见容于他曾经以全副身心去拥抱的新制度。

去兰溪赴职后,周文并无自得之感,看不惯那种官府豪绅或明或暗的枉法勾当,到任几个月后即慨然辞职而去。

周文又回到南京,他不愿再依赖刘伯量,自己考取国民党中央党部的抄写员,为即将召开的"国民大会"抄写国民党党员的调查表和测验表。干了一个月,他开始吐血,查出了肺病,那是致他父亲于死地的一种恶病。刘伯量借了一笔钱给他,让他去西湖疗养。而后,刘伯量再次介绍他去江西修水,担任修水县水利委员会科员,月薪四十元。不到一个月,周文再次请辞。

在修水期间,周文知道了红军,知道了共产党,并心向往之。他隐约觉得他的好友骆枕寒是一个可以帮他找到共产党的人,又远赴广州去找他。

在广州,周文找到了骆枕寒,但是没有找到共产党。没有工作,衣食无着,他们不得不再次返回南京。时局动荡,刘伯量愿意出钱送他回四川,母亲也来信要他返乡,但是周文都拒绝了。靠着刘伯量偶尔的接济,周文和骆枕寒过着极其清贫的生活,但做着极其壮丽的梦。他们互相温暖互相鼓励,读一些社会科学书刊,了解十月革命。这样激越又罗曼蒂克的生活过了几个月,依然难以为继。刘伯量再一次介绍他到安徽省教育厅任事务员,又过上了月薪五十元的小康生活。

安徽省教育厅秘书处有一个日本留学归来的年轻人,是厅长的弟弟,叫叶元烁——就是日后我国著名的文艺理论家以群。许多年中,上过大学中文系的,大都读过他那本大名鼎鼎的高校教材《文学的基本原理》。以群当时在编一本叫《安徽学生》的刊物,当他无意中发现周文那儿的一本禁书——苏联小说《一周间》时,他开始注意周文,并把他也调到秘书处一块儿编刊物。这份工作比较清闲,让周文有时间写那部酝酿已久的长篇小说。周文的文学生涯由此发端,同时,他的革命生涯也由此发端——周文生平第一次遇见了一个活生生的共产党人。以群成了周文走上革命道路的引路人。这一点是那位乐善好施的国民政府林政司长刘伯量先生所始料不及的。

周文死后第十四年,1966 年 8 月,"文革"高潮中,以群在上海跳楼自杀。

写这篇文章的时候,我也注意到刘伯量这个人,在周文的文字中,多次出现过这个名字,周文在自传中这样说道:"刘伯量是我的老师,是一个自由主义者,对革命相当同情。我的亲戚——过去当副司令的那位,名贺次璜,我回成都后又和他往来,他对革命无所谓。文艺界如:老舍、马宗融、罗念生、谢文炳、刘盛亚、李劼人、陶雄、萧曼若、刘开渠、厉歌天、叶鼎彝等,都是自由主义的作家,对革命很同情,和我都很好,现在还在通信。"可以看出,在周文那里,"自由主义者"是一个还说得过去的褒义词。

周文这段话中提到的刘盛亚,是刘伯量的儿子,在南京期间,周文曾与他一起筹办文艺刊物。刘盛亚后来留学德国,纳粹上台,刘盛亚写过十多篇揭露纳粹的文章,成为我国最早的反法西斯作家。抗战开始,刘盛亚毅然返国共赴国难,被聘为内迁乐山的武汉大学教授。1957 年,与时任川大农学院院长的父亲一起,双双被划为右派。1960年,刘盛亚死于峨边沙坪劳改营。这一点,也是自由主义者的刘伯量们始料所不及的。

在安徽省教育厅,周文与以群成为形影不离的密友,从他那里,周文读到了《辩证唯物论和唯物史观》《国家与革命》,普列汉诺夫的《艺术论》,还有苏联版的《党员初级读物》,也读他以笔名华蒂发表的许多作品。

周文在以群的鼓励下,开始在他主编的《皖江晚报》副刊《雀鸣》上发表作品。

周文完成了革命启蒙后,以群告诉他,自己是左联的。左联是革命文艺组织,鲁迅也在里面。他们成立了"安徽文艺研究会",算作左联的一个部分。

1933 年 2 月,周文由左联组织部长以群和宣传部长丁玲介绍,加入中国共产党,后又被选为左联执委、组织部长,并进入党组,党组的另两位成员是林伯修和周扬。开始了他职业革命家和职业作家的双重生活。

那时候的革命者,没有工资,生活靠自己去挣,住房靠自己去租,苦难与危险靠自己去承担。这些都满足了周文对自己的道德要求,也保证了他道德独立的自我期许。在漂泊的旅途上,他有时和那些底层的穷苦百姓一起挤在混乱肮脏的轮船上,火车里,会有一种融入劳苦大众的自豪感。也为他们的贫穷与不幸感到伤痛。这些,成为他创作的道德背景。

1933 年 4 月,周文到左联数月之后,他的生活里进入一个女性,这是一个日本归侨的女儿,当时还在上海一个教会中学读书。这个女性就是多年之后我叫她"姥姥"的郑育之。

郑育之,1913 年生于日本横滨,1919 年归国。父亲是一家金业交易所会计科科长,在当年上海滩上,该算中等人家。五四新文化运动以来,许多这样人家的小姐,都醉心于革命文艺书刊。郑育之的人生嬗变,与一位当时著名的"左"倾女作家有关,那就是当时风靡一时的《莎菲女士日记》的作者丁玲。九一八事变之后的一天，丁玲由一位地下党身份的老师请到郑育之班上讲课，这是少女郑育之第一次与丁玲相遇，从此，她与丁玲开始了长达半个多世纪的风雨情谊。

"一·二八"事变之后，上海进入动荡年代，郑育之等几个向往革命的学生已经无心念书，她们希望找到共产党，数次努力未果，三个十几岁的丫头竟冒昧地给当时丁玲主编的刊物《北斗》写信，表达了这样的愿望。两个月之后，当她们几乎失望的时候，丁玲委托以群给她们复了信。经过一段时间考验，接纳她们三个女生进入左联工作。

在一次秘密的组织生活会上，郑育之第一次与周文这个曾经天远地隔的川西青年相遇。

郑育之一边念书，一边为左联做一些工作。她当时已经是一名地下青年团员。

参加那次会议的还有以群和与郑育之一起给丁玲写信的姑娘梁文若。那是一次很有意思的会议，在四川北路，周文租住的一个亭子间，说完革命之后，大家各自叙说了自己家庭的政治经济情况、婚恋情况。周文如实说了自己的家庭，经历以及婚姻和逃婚。梁文若则宣告，她已经和以群同居。

浪漫时期的革命情侣常常走不到头。梁文若和以群最终分手。但是数十年后，都选择了同一条不归路，"文革"中，梁文若也跳楼自杀。而郑育之却从此与周文风雨相随，一直到周文倒下。

像我们在电影中常常看到的一样，他们两人拉上厚厚的窗帘，通宵达旦写文件，刻钢板，拟集会上用的口号传单，与上下级秘密接头……

革命，爱情，文学……编织成了周文在上海时代的色彩斑斓的背景。这种生活是紧张的，艰苦的，危险的。也是浪漫的，自由的，充满激情和创造力的。就在这样如火如荼的1933年里，除了改写了《毁灭》、《铁流》、《没钱的犹太人》这三部长篇名著之外，周文还创作了《恨》、《薛仁贵征东》、《一个英雄》、《母亲》等大量小说、诗歌、散文、评论。这一年，他的处女作也是成名作——短篇小说《雪地》，发在茅盾主编的《文学》杂志9月号上。这是一篇以他在西康的军旅生活为素材的作品，述说了那些军阀部队的士兵们不堪忍受军官欺压奋起反抗的故事。小说写完后，周文将它寄给鲁迅先生，很快就收到先生肯定这篇小说的复信，说已将它转给茅盾。与《雪地》同期，还发表了茅盾用"惕若"的笔名写的评论文章《雪地的尾巴》。1934年，鲁迅、茅盾将《雪地》推荐给美国作家伊罗生，收入他主编的中国短篇小说集《草鞋脚》，同时又把周文、刘丹主编的《文艺》月刊杂志推荐给伊罗生。由此开始，周文进入了中国30年代文学史。另一件事，则让他进入了现代革命史。

1933年9月27日，上海福州路上，一家在当时看来很气派的大旅社，入住了一对衣饰华贵的新人。这对新人就是周文与郑育之。这是他们结合半年以来，最像新郎新娘的一天。从第二天开始,他们陆续购进了锅、盆、碗、碟、茶杯、刀叉、汽炉,以及许多罐头、汽水、苏打水等食物,还有两只硕大的樟木箱,里面装满面包。看起来,像新人为新生活添置的一应居家用品。这是他们为一次重大的秘密会议做的后勤准备。

此时,由英国萧伯纳、马莱爵士,苏联高尔基,法国古久里、罗曼·罗兰,中国鲁迅、宋庆龄等发起参与的国际组织——"世界反帝大同盟",派代表团来到上海,准备召开远东反帝大同盟会议,由于当局阻挠与监控,会议只好转入地下,中共中央责成江苏省委宣传部长冯雪峰负责筹备此次会议。周文夫妇购买的那些饮食器具,就是为这次会议准备的。

会期临近,地下党交通员前来带领周文夫妇将一应物品运送到开会地点。这对新人上车,直到确认没有盯梢,周文半途下车,他的新郎角色到此结束,因为他还要去起草刻写此次大会的宣传品。到了会场有别人继续扮演新郎。

多年之后,郑育之回忆道:"……天已蒙蒙亮了,暗号声才传来,引进一位穿黑旗袍的妇女,一看是宋庆龄先生。当时敌人对她监视很严,出门就有特务尾巴跟着,那天她好不容易才甩掉尾巴来到这里。"

第二天,1933 年 9 月 30 日,宋庆龄就在这幢小楼里主持召开了上海远东反战大会。会议决定由宋庆龄、两名英国人、两名法国人、一名比利时人共同调查中国被侵略的实情。那天参加会议的有工农代表、中央苏区派来的红军代表和其他爱国军队的代表一百多人。

那次会议上被选为名誉主席的鲁迅先生没有参加会议,稍后在给萧军、萧红的信中说:"会是开成的,费了许多力;各种消息,报上都不肯登,所以在中国很少人知道。结果并不算坏,各代表回国后都有报告,使世界上更明了了中国的实情……会开完,人是不缺一个地都走出的,但似乎也有人后来给他们弄去了,因为近来的捕、杀,秘密的居多,别人无从知道。"

1933 年,是周文凤凰涅槃的一年。新的一年又要来了。

其后几年中,周文依然过着这种风雨飘摇或曰风雷激荡的日子。让人感慨不已的是,他竟然总能在这样的日子里不断写出一些作品来,甚至是他一生中最好的作品。我想,这是因为他得到了他梦寐以求的东西:自由与崇高。

1934 年开始后,随着日寇侵华的脚步声一阵阵逼近,随着国共两党较量的升级,上海滩上的形势也越来越严峻。

左联的工作方针调整之后,受到的破坏迅速减少,成员渐渐增加,胡风调来任宣传部长,各项活动又开始活跃起来。但是周文的工作负担越来越重,长期营养不良,身体越来越坏,肺病复发,痔疮加重。

这期间他两次被捕,一次是误捕,他们夫妇和彭柏山一起去霞飞路巴黎大戏院看苏联电影《循环》，因为衣着太差，被一俄国商人指认为偷了他钻石的窃贼。虽然没有定罪，但是吃了许多皮肉之苦。一次是接头人被捕，他们被守候在那儿的巡捕抓住。这两次最后都由郑家出面，花钱具保化险为夷。

周文向组织请假，得到了批准。他一边写作，一边用写作换来的稿费养病。周文后来说："因为肺病，因为两次的被捕，因为一次挨了毒打，我便作较长期的休养。为了文艺工作，也为了生活，这以后的一年半我完全是在写小说，而我这时期的小说也特别写得多，有二十篇之多，当时曾被傅东华在文章上说我多产。其实我还开始了写长篇《烟草季》。至于我们这一年多党的关系仍然是由路丁同志和我们发生联系的。"

20世纪30年代中后期，周文几乎写下了他一生中最重要的一批作品。80年代后出版的几个集子，收录的也大都是这些。其后的岁月中，他虽然又写下了各类文字数百万，我想，今后能留下来的，还是那几年的。那是他一生中任情率性的一段岁月。许多文学界老人都记得他和傅东华的那一场"盘肠大战"。

傅东华该算是周文的前辈了，周文出道之初，傅东华已是著名的学者、编辑、翻译家，1935年，傅东华在他主编的《文学》杂志上发表了周文的《在山坡上》，小说中写道，一场血腥混战之后，战场死伤一片，夜半，一个腹部刺破肠子外流的士兵醒来，发现与他肉搏的敌手也受伤未死，于是又是一场残忍的带伤厮杀。傅东华认为这一细节不真实，未与作者商量，擅自删去与此情节相关的两千字。这本是一桩不算太小也不算太大的事情，再说傅先生主持《文学》以来，已发过多篇周文的作品，似乎并无个人嫌隙在里面。但有着战场生活并亲眼见过类似场景的周文较真起来，写了文章为此辩解，对傅的删稿表示抗议。傅东华也迅即回应，周文再作反驳，你来我往，刀光剑影，紧接着，又有观者参战，拥傅的，挺周的，有的说文学与生活，有的说作家与编辑，有的由两人的身份背景牵扯到各自的文学派系……一时间，上海滩打起了一场文坛"盘肠大战"。这官司就打到鲁迅先生那里去了。

鲁迅先生亲自向日本军医了解腹破肠出，是否仍可继续搏斗，得到肯定答复，但又担心周文过于执著，陷于长期纷争，反误了自己的写作。1月29日，胡风、鲁迅、周文几人在陶陶居吃饭，鲁迅先生对周文说："创作应该是艰苦地、不断地、坚韧地去做的工作。譬如走路，一直向前就是。在路上，自然难免苍蝇们飞来你面前扰扰嚷嚷，如果扰嚷的太厉害了，也只消一面赶着，一面仍然向前走就行。但如果你为了赶苍蝇，竟停下脚步，或转身去用力和它们扑打，那你已经失败了，因为你至少在这时间已停滞了。你应该立刻拿起你的笔来。"

周文深受启迪，感动至极，将这一场大战打住。

那些年中，周文除了文学写作，依然做着一些重要的不能为人所知的事情。比如秘密营救丁玲出狱并安排护送到延安，受鲁迅先生委托购买火腿、香烟、围巾，带到西安,转送延安的中共中央,又从西安夹带密件、经费回上海,在鲁迅先生和冯雪峰、胡风之间做交通员,联络斯诺去延安采访,采买延安方面需要的一些急需用品,掩护长征中受伤的政治局委员王稼祥去苏联治病——在上海,敌人的眼皮子下面,让王稼祥在一栋小楼里隐藏了三个月,一边疗伤,一边等待赴苏的机会,周文则在掩护陪伴王稼祥的那一段时间里,完成了长篇小说《烟苗季》,同时还成了一位疗伤换药的外科护士。

我后来才知道,当年读中学时,方志敏那感动过我们的《清贫》、《可爱的中国》,也与周文夫妇有关。当读过这两篇文章的学生们已经进入中年时,郑育之回忆了当年的往事:"1936 年,冯雪峰同志来上海后,有些东西交给周文保管,周文管不了,就交给我保存。王稼祥同志来前,为了确保他的安全,存放的许多文件除由冯雪峰同志拿走外,其余都烧毁了,只有卷成一卷的《清贫》和《可爱的中国》两份手稿,冯嘱我暂存……"

1936 年 10 月 19 日,鲁迅先生逝世。周文在第一时间里从冯雪峰那里得到消息,立即参与先生的一应后事,治丧,守灵,下葬,是为鲁迅抬棺的十六位青年之一。当许广平母子处境危险的时候,又安排他们与郑育之父母一家同住数年,尽力保护她的安全。其后鲁迅的每一个忌日,在上海,在成都,在延安,周文都是纪念活动的主要发起者或组织者,写了许多关于鲁迅先生的文章。

这一切,周文都很少说起,也很少见诸他的文字,连到了延安之后写的长长的自传里,也一字未提他与鲁迅那些足以耀人的私交和地下党时那些重要活动。周文是一个自尊的、内敛的甚至是慎独的人。

第二次出川

1937 年抗战爆发。同年 8 月 13 日淞沪会战开始。周文放下了小说创作,写了一系列抗日救国的杂文、评论、诗歌。此时,因为抗日统一战线的建立,在共产国际授意下,左联已经解散一年多了,上海的危势,也不可能再开展更大的文化活动。周文主动要求到四川去做统一战线的工作。

七年前,周文以一个彷徨苦闷的文学青年之身出川;七年后,他重返故里,已是一个知名作家、文学组织者、坚定的革命者和成熟的抗日统一战线工作者了。

成都文艺界得知周文回来,为他举行茶话会、欢迎会。他们希望周文帮助他们,领导他们。周文为文艺工作者协会的朋友写稿、看稿、编刊物,和他们个别接近,去认识他们。周文还结识了川大的一些老作家、老教授,如朱光潜、罗念生、谢文炳、陈翔鹤等。周文将二十余位知名作家、教授等上层知识文化界人士,组成成都文艺界联谊会,推动他们出版文艺刊物,又将七八十位文艺界青年组织为成都文艺工作团,周文参加了成都文化界救亡协会,在艺术委员会负责文艺组,又结识了成都的许多救亡活动分子,很快在成都打开了工作局面。胡风等人在汉口筹备全国文艺界抗敌协会,周文与他常有联系,借冯玉祥、老舍来蓉之机,成立了文艺界抗敌协会成都分会,一时间,这座悠闲的古城热闹起来,雨后春笋般涌现出近百个文艺刊物。

直到此时,周文依然是一个自食其力的自由职业者。经刘伯量介绍,他到设计委员会文化委员会任助理员。后又到成都市政府任科员,有了每月八十元的薪金。成都市市长杨全宇是刘伯量的同学,对周文很好,使周文有更多机会来做他的工作。后来,在南京曾与周文一起创办过文艺刊物的刘盛亚从德国回来,终于通过父亲筹到款项,与周文一起创办了《文艺后防》。

到成都之后,周文才知道,老家的元配在失去周文音信多年又听说他已经死亡的传言之后,改嫁他乡,不知去向。周文从荥经接来了母亲、七年未见的大女儿何文康和他出走后才出生的小女儿何靖康。郑育之也取道香港来到成都。周文一边做着自己的文化活动,一边过起了老少三代天伦之乐的家庭生活。在日后远赴陕北的时候,他也带上了他一直未尽为父之责的两个女儿。

周文并无功成名就衣锦还乡的轻佻,也没有乱用自己在党内的身份与人脉,他将自己的使命深藏起来,以一个文化人的本分踏踏实实做一些他热爱的工作。以至于一些"左倾"青年私底下说他很灰色。

2007年7月,在成都,我寻访了许多周文当年活动过的遗迹旧址,车耀先办的努力餐馆,望江楼,桂花巷,人民公园,办过鲁迅纪念展的图书馆,还有他当年来来回回走过无数次的大街小巷……有些建筑还在,有些连一整条街巷都消失了,满大街熙熙攘攘、车水马龙,还有人记得当年那些个激越又紧张的日子吗?努力餐馆已经装饰一新,要不是招牌上那几个字,便是周文再世,也不会认出它来。它的主人车耀先是我少年时读《红岩》就铭记在心的人物,还有罗世文、朱亚文,这些周文当年的战友,都死在他们的梦想即将实现的时刻。

1939年的一件事情,改变了他的生活轨迹。

设于抗战前线二战区的山西民族革命大学聘任周文去做教授。周文后来说:"一个从事文艺工作的,在这抗战期间不到前方或其他地方走走是不会写出有力的作品来的。我很想到延安来走走,再到前方去。"

1939年12月10日,周文带了妻女和一百多名在川招收的民大新生,从成都出发,开始了五十多天、三千多里的长途跋涉。

1940年年初,周文第二次出川了——出剑阁,翻秦岭,下咸阳,走到西安附近,传来民大生变、阎锡山和共产党闹摩擦的消息。1940年2月2日,周文和他的队伍到达延安。

一踏上延安的土地,首先前来迎接他们的是民众剧团团长柯仲平和他的团员们。

柯仲平与周文紧紧拥抱,然后将他们送到青干校落脚,冯文彬致欢迎词。周文一家先被安排到中央组织部招待所下榻。第二天,丁玲接周文一家到延安文协的窑洞住下。

周文到延安的第三天,在延河边遇见毛泽东。这位日理万机的领袖似乎对周文并不陌生,当即就约了周文去他那儿谈话。毛与周文的谈话连续进行了数日,内容涉及:关于周文30年代的工作情况,关于"民族革命战争的大众文学"和"国防文学"两个口号的论争,关于白话文、文言文、大众语的论争,关于第三种人,关于鲁迅先生的逝世及鲁迅先生对他的培养等。然后伟大领袖给他安排了工作——办一个大众读物社,以提高边区军民的政治文化水平。

本想到延安后安安心心坐下来写作的周文,几乎没有任何犹疑地遵从了毛泽东的安排,迅即到边区党委报到,研究社址、经费,物色编辑人员,通过中组部调进胡绩伟任《边区群众报》主编,张思俊、白彦博任通讯科正副科长,林今朋、庄启栋任丛书木刻科科长,赵守一任编辑科科长,还调入了胡采、方之中、高茜规、朱明、杨蛰生等各类工作人员。很快,连报社的办公窑洞也打好了——是丁玲主持设计的。

这里的一切都是全新的,都是周文从未经历过的。

周文带着家小和一百多新生从成都出发的时候,曾向那位做了军官夫人的表姐借了二百大洋以备路途不时之需,到了延安,才发现自己已经没有偿还能力了,也没有钱来赡养家中老人。他跟周恩来说起此事,周恩来在一次去成都时,带了周文的亲笔信,亲自登门偿还了这一笔债务,同时安排四川有关人员,照顾周文家人,一直到后来周文接母亲进京。

周文从踏上延安这块土地的第一天起,便进入了他人生中的急速运转时期,开始了他长达十二年的文化、教育、新闻、出版及意识形态宣传的组织和领导工作,直到1952年7月1日戛然而止。我手里有一部长长的周文年表,这一段时间的各类活动,占去年表篇幅的一大半,几乎都是以日记载的,一天紧跟一天。

周文到延安的第一个职务是大众读物社社长,兼任《大众文艺》主编,同时还任职于中华全国抗敌协会延安分会、新文字协会、延安反侵略分会一些社团组织。此后又任陕甘宁边区政府教育厅厅长,陕甘宁边区秘书长,晋绥分局秘书长、宣传部副部长、部长兼晋绥抗战日报社和晋绥大众报社社长,中央马列学院秘书长兼中直常委纪检会委员……许多时候身兼数职。那是他一生中工作最繁重的时期。

与周文年表中密集的工作记载相反,赴陕后的十二年里,却再也见不到与他内心相关的文字了,也见不到他一生钟爱、耿耿于怀的文学创作。

有一个问题一直让我好奇:周文,这个被以自由、民主、思想解放为标志的五四精神滋养的文化人,以他的出身、经历、个性气质、社会关系、文学背景及思想观念,是如何经历了踏上延安土地之后那些疾风暴雨的岁月——特别是长达三年的延安整风?

所以，很长一段时间，我想看看第二次出川，来到革命的摇篮、新中国的发源地延安后，周文的内心世界。

我一直想看看他的日记，他的信件和所有与他内心有关的文字，竟都没有。

20世纪80年代初期，我出差去上海，在郑育之（当时我已随夫人李虹叫她姥姥了）家住了几天。第一次见到这位与中共许多重要人物打过交道的上海滩上的传奇人物，让我很意外。她完全是一位里弄老太的模样，一身灰暗的老式春秋装，短发花白，步履琐碎，家里乱得一塌糊涂，信函、文件、书刊一摞一摞堆得到处都是。郑育之极节俭，周文家的后代，都能说得出郑育之几件"抠门"的故事：写信用旧信封翻过来用，写东西常在字纸的背面，所有的废旧零碎都宝贝一样收藏着，买一只咸蟹切八瓣当一家人的下饭菜……只有一样，为了周文的事儿，她多少钱都舍得花。周文去世时，她三十九岁，从此没有再嫁，一直到九十高龄辞世。整整半个世纪，她除了几段岁月有一些降职安排的工作要做，几乎全部生命都在为周文忙碌奔波，为周文的昭雪一次一次赴京申诉，有时候在那里一住数月，招待所，地下室，有一餐没一餐的，就像现在那些专业访民一样。她四处探访周文故旧老友，仔细搜寻周文的每一个字——我今天所看到的百万字的资料和大量图片，都凝结着这位执著老太的血泪与痴情。

在郑育之家的那几天，她刚好在清理文件，我便要她给我找找我想看的那些东西。找了半天，终于找到一本20世纪40年代的日记。郑育之说，周文一直有记日记的习惯，即便是在地下斗争的危险中和抗战初期的繁忙中，他也尽可能地写日记，还保留大量信件。这些文件——包括鲁迅先生给他的书信及赠书，在他第二次出川时，都放在一只箱子里，交给刘盛亚保管，后来在日寇轰炸成都中遗失了。

兴致勃勃读起这本日记，发现全是公文——工作笔记、会议记录、事务安排，有几处写到与生活相关的，也是衣食住行开荒纺纱之类。有一些页面或段落被浓重的墨迹涂抹，用尽办法，也看不出原来的文字。后来，周文的夫人与子女整理出能找到的所有这一类文字，依然没有我想知道的内容。周文的日记从1940年3月到1944年2月，整整四年间全部缺失。

那些年，他写下的文字数以百万计。而作为一个作家，在自己的文字中表达的个体思想和心绪，却是缺失的。

1946年，周文奉调到重庆任新华日报社副社长兼主笔。那一段时间，共产党一南一北两大报纸（另一个是延安的《解放日报》）留下了中共新闻史和思想史上最绚丽的身影。

1946年9月，周文奉召返回晋绥。

其后的五六年岁月，风雷激荡。根据地土改、内战、成立新中国、镇反，全中国土改、审干、抗美援朝，批《武训传》，思想改造，"三反"、"五反"……每一样都是惊天动地的大手笔。

新中国成立前夕,第一次全国文代会将在北京召开。周文接到晋绥分局党委书记李井泉通知,让他带队前往参加。他文心涌动、烦乱不安,觉得自己多年已经没有作品问世,无颜去参加这样一个全国文学艺术界的盛会,也无颜去见那些多年未见的各方文友。他婉谢这样的安排,提出另派他人前往。被说服后,他终于去了。

1949年6月,柯仲平、周文率西北团进京。

周文被选为主席团成员、大会联络处主任、代表资格审查委员会委员,在大会上作了晋绥文艺工作的报告,又被选为中华全国文学艺术界联合会全国委员会委员、中华全国文学工作者协会全国委员,任组织部负责人。在这次大会上,他与冯雪峰、丁玲、胡风等一大批故旧相逢,再一次燃起了重返文坛的欲望。

会后,周文回到晋绥,收到中央通知,让他准备参加接管四川西康。当时,西康还是一个独立省份。周文异常兴奋,那是他的故乡,那儿有自己阔别多年的亲人、友人,有自己熟悉的土地山川,他准备在那里续写《烟苗季》的姐妹篇。

正在他等待出发命令的时刻,接到周恩来一纸电文,调周文到中央政府国务院写作组工作。周文的文学梦再一次破灭,他有些沮丧。向中央组织部报到后,他去见周总理,希望去学习一个时期马列主义理论再工作,周恩来同意了,安排他到马列学院担任秘书长,并告诉周文,马列学院已有个副秘书长,担任行政事务工作,他可以抽出时间边工作边学习。

我不知道周文提出这一要求的真实意图是什么,是真想加强理论修养,还是回避那种公务写作,寻机迂回到自己喜爱的文学创作中来。到马列学院之后,他参加谢觉哉率领的中央人民政府南方老根据地访问团,去了南方数月,收集了许多素材,想回来写小说。但依然没能如愿。

周文接来了母亲和岳父,大女儿何文康、二女儿何靖康也已经工作数年,两个女婿都是年富力强的红军干部,一跨下马背,就接二连三地给周文添了一群外孙、外孙女,四世同堂了。二十年的艰苦奋斗,披肝沥胆,终于换来了和平年代的幸福生活。在他看来,这样的日子将会长长久久地过下去,他总有机会写出许许多多的好作品。谁都没有想到——包括他自己,一年之后,他会忧愤而孤独地死去。

周文之死

周文死在"三反"运动末期。他本人当然不是"老虎"。个人品质上,他是一个清正廉洁到无可挑剔的人,他身上有着中国旧式文人不可救药的道德洁癖。他受命打"老虎"。"老虎"没死,"打虎"的却死了。中国的事情常常如此乖谬。关于这一个微妙、复杂,充满中国政治诡秘色彩的过程,至今也没有谁人能将它说明白。

1951 年年末,毛泽东发动了声势浩大的"三反"、"五反"运动。

这是新中国成立后短短两年中,继"土地改革运动"、"镇压反革命运动"、"抗美援朝运动"、"三查运动"、"民主改革运动"、"批武训运动"、"知识分子自我教育和自我改造运动"等大大小小十几次运动之后的又一次大规模政治运动,与前者不一样的是,这一次运动的矛头主要是针对党内的。

马列学院成立于 1948 年 7 月,刘少奇任院长,陈伯达任副院长。杨献珍任教育长,主持日常工作。周文任秘书长,主管教学。

"三反"运动开展以来,中直机关动作缓慢。毛泽东很不满意,指示说:发动不起来,一律撤职。如有不干净,撤职加开除党籍。

马列学院也受到中直机关党委的批评。1952 年年初,中直机关党委副书记刘华峰代表中直机关党委到学院,直接指定周文负责学院"三反"、"五反"运动,并根据群众举报,点名将副秘书长刘元士作为"老虎"重点。刘元士是一个 1926 年入党的老革命,在高层有着丰厚的人脉资源,与马列学院的重要领导关系也非同一般,给这样的"老虎"拔牙有何风险,周文这一介书生没有好生思虑。

马列学院"打虎队"成立之后,经过一系列内查外调,初步查明,刘元士及另外两人——沈瑛(该院生产办事处副主任)、于维琛(该院修建科采买员)三人的经济问题,金额达二点三三亿元(旧币,一万元相当于人民币一元,下同)。

此外,刘还有买木板贪污了一千多万元,帮杨献珍同志做皮袄贪污了五万元等其他零星的贪污问题。报告上交之后,"打虎队"又查出刘截取银行利息款、买卖股票等多项问题。

这些数据得到多方确认后,范若愚负责写成刘元士材料。沈瑛、于维琛两人的材料也由专门小组写成。最后,组织决定将这些材料交由周文汇总,并且经过"打虎队"、学院和中直机关党委会等多层宣读,征求意见。

这份以周文个人署名的《打刘元士"大老虎"的经验》材料,通过中央直属机关党委送交中共最高领导。毛泽东很快批示:"此经验很好,转发全党参考。"

这是周文参加革命以来,第一次领导党内的政治运动。他太幼稚,竟然在报告里写下这样的文字:

……(刘元士)是 1926 年的党员,"资格"很老,曾和伯达、献珍同志一起坐过牢,共过患难,到马列学院以来,他认定献珍同志一直对他很信任,在公审大会以后他还在念叨着。二、政治上很落后。他整年不看党报,长时期不缴纳党费,对政治很不感兴趣。三、有流氓性。他过去做地下工作时和京津一带的流氓关系很多,他自己就很流氓。四、贪污手段相当老辣,有好些事情从表面看来都可以作两种可能的解释……

如果说,毛泽东是从巩固新生革命政权、强化个人权威的角度发动了这一场运动,我想,周文则更多是从道德立场来看待这些贪赃枉法的人们。

周文是从一个污秽的环境中出来的,在他青年时代的各种任职中,有无数的机会可以收受贿赂、敲诈勒索而发财,也有无数机会可以阿谀奉承、见风使舵而升官,他所以厌恶并拒斥这一切,是因为他希望进入一个更纯美的世界。这也是当年许多出身钟鸣鼎食之家而全心拥抱革命的知识分子的乌托邦。

周文太单纯,他没有想到这样一桩正义在手、天经地义的事,到后来变成自己的炼狱。

"三反"运动开展数月之后,中央决定3月底开始甄别工作。

马列学院因"三反"开展较晚,于是出现了周文报告递上不久,就进入运动后期。"老虎"的问题放下了,上面利用下面上报部分数据不够准确,开始追究"打虎人"。

"三反"甄别开始之后,"杨献珍便向刘少奇、安子文汇报了他个人的看法:他不相信刘元士是'老虎'。安子文等来重新审查,结果证明刘元士没有贪污行为,遂取消了扣给刘元士的'大老虎'的帽子。"(孙春山《无悔人生·杨献珍》)

值得注意的是,有关方面并没有给出有力的甄别平反材料,也没有查出任何逼供、捏造罪名的事实。对此,学者朱鸿召诘问:"如此严肃的组织行为,如此认真的内调外查,如此负责的政治态度,如此确凿的经济数据,为什么很快就被全部推翻了呢?甚至连刘元士自己本人已坦白承认的事实都置之不顾?"

这样,1952年5月以后,虽然马列学院开展的仍然叫"三反运动",但内容已经转变为对周文的清算。

其后近两个月,周文陷入无休止的批判、检讨,再批判、再检讨却无法过关、无法解脱的屈辱与苦难之中。他甚至需要拿了检讨书,到一个一个学员班去念去征求意见……

在最后的时刻,他去找副院长陈伯达申诉。陈伯达的冷漠与偏向,给了周文最后一击。

早年失怙,母亲专断,婚姻不幸,周围世界又是那么残酷污秽,这些在周文性格中烙下了深深印记。他内心敏感却喜怒不形于色,连他那些写生死搏杀的文字也是冷峻克制。不似许多五四以来的作家、诗人那般多情浪漫。在我读到的所有文字中,第一次见到他说自己哭了,并说到自己的痛苦已有两年之久。

6月29日晚,安子文在中组部亲自主持会议,马列学院党委会全体同志和各班班主任参加,对周文进行批判。会议从晚上7点开到次日凌晨5点,周文的检讨仍然没有获准通过。

周文是一个过于自尊的人,在这危难的时刻,在这绝境之中,他没有求助于将他调来北京的周恩来,也没有诉诸将他的报告转发全国的毛泽东。他宁愿自己独自承担这一切。

周文将母亲接来之后,努力竭尽人子之孝,每晚都要去母亲卧室请安,然后回自己房间,再工作到深夜。6月30日午后,也就是经历了通宵批判之后,周文从城里回到西郊的马列学院,他对母亲说,许多天没有睡好,今晚就不来了。母亲不知道,这是儿子最后的诀别。

周文回到房间,在外间桌子上放置一张字条,然后将卧室门闩插上了。

第二天午后,母亲来叫周文,叫了三次,都没有动静,老人捅破窗纸,从窗棂中看去,见他躺在床上,满嘴白沫,一动不动。母亲叫来人破门而入。此时周文已经死去。

外屋桌上,有周文放着的一张字条。笔耕一辈子的周文,最后留下两句非常朴素的话:"我要好好睡睡,请不要叫醒我。"

当时常住城内全国妇联机关的郑育之赶回来,悲恸之中,对周文死因有疑。因为几天前她与周文分别前,周文还说起想通过丁玲、冯雪峰重返文坛。

马列学院迅速宣布周文为自杀。

数十年来,关于周文的死,在不同语境、不同政治气候下,一直有着不同的解说——自杀,病逝,药物过量,便是对那一份结论模糊的尸检报告,也有着不同解说。

在中国很长一段时间里,死因常常比死本身更为重要。

当"自杀"成为对一个人最后一击的锐器时,杨献珍们选择了"自杀"说。

当杨献珍们又成为毛泽东的政治对手时,毛泽东说:"周文同志之死是被迫死的,如不受压迫,他不会死,此点我看没有疑义。"

而郑育之和周文的大多亲属,多年以来一直坚持"药物过量"说。除了也有这样一种可能性之外,"自杀"在中国的政治词典中的特殊含义以及紧接而来的严重后果,也许是重要原因。死,成为一种最后的不自由。

看了周文最后岁月的一些文字,我忽然觉得,他已经心死。

他是文弱的,又是刚烈的。他是坚韧的,又是脆弱的。如一团泥,烤着烤着,最后突然崩裂。

周文的一生,是一个艰苦卓绝自我奋斗的底层知识分子与一个严于律己无私无我的革命党人组合的宿命。他的前期,充满着追求光明,追求自由,追求有个人价值之人生的热情与意志。他的后期,在一个严峻的环境中,一直承担着沉重浩繁的事务工作,成为一架革命机器中超负荷运转的部件,并直接为当时铁的规律所左右。这种由自由知识分子向革命意识形态工作者的转换,是五四以后许多文化人的道路。

混沌社会中的青年知识分子与革命有着天然的联系,被文学之光照耀着的周文,心怀对黑暗时代深恶痛绝的周文,走上社会革命道路几乎是顺理成章的事。尽管他没有在文学写作这条路上一直走下去，但就是那短短几年中的创作，也足以奠定他在现代文学中的地位。这也是为什么半个多世纪之后，周文依然能以他的文字而存在的原因。

从一个自由写作的左翼作家，到一个严酷环境中党的工作者，这是周文一生重大的转折。这个转折，似乎在冥冥之中，也决定了他的命运。

周文死在新中国成立初期，是幸耶，还是不幸？说不幸，可以说，周文为一个崇高的理想，跋涉山山水水，历经风风雨雨，甚至放弃自己一生所爱的文学事业，终于迎来了一个历史性的伟大变化，并在这变化中获得了自己该有的地位与声望，却在这花团锦簇的时刻绝望离世，并给家人、后代带来长久的阴影和苦痛。说是幸运，往后看一看其后数十年中，一轮又一轮的政治动荡，他能够一次又一次的躲避过去吗？如果万幸能躲避过去，又能保全自己不被一次又一次地污染与亵渎吗？看看在他之前已经历尽坎坷但活得比他更长久的那些人：胡风，丁玲，冯雪峰，夏衍，田汉，艾思奇，吴奚如，聂绀弩……有谁能够平安渡过一轮又一轮的汹涌劫波呢？甚至包括当时与周文发生龃龉并给了他许多压力的人们，后来也或久羁牢狱，或死于非命。

这些人大多是周文的挚友、师长甚至生死至交，即便他有幸没有被列入另类，他又能逃脱一脸凛然向这些人大吐口水的窘境吗？又能逃脱刚刚吐了人家口水又被人家的口水淹没的羞辱吗？周文去世三年，胡风落难，他当年那些至交好友瞬间变脸，用最锐利、最恶毒的语言砸向他；最惨的当算丁玲，"胡风案"尚未落幕，她就落入"丁陈集团"陷阱；整个抗战时期与胡风朝夕相处并肩战斗的老舍，转眼就说他是美蒋特务，十一年后，老舍投湖自杀……周文如果活下来，会如何对胡风？对丁玲，对冯雪峰？对那些个敬重或喜爱的文友？这真是一个让人不寒而栗的问题。

从某种意义上说，周文的早逝，让他避免了更多的不堪、煎熬和凌辱，让他保留了些许人格的清白与单纯。

与周文同代的人们，在其后的五十多年中，几乎都已相继离世。时至今日，周文又被人们记起，我想是因为他的为人——有时候，一个人的人格品性，比他一时的对错正误存在得更长久。况且，周文还留下了他的作品——特别是他早年的作品，因为他对生活独特的感受和记录，因为他尚在一种自由的表达之中，那些作品将具有更加长久的生命力。

周文的第一次出川，是对旧式家族桎梏与黑暗社会网络的一次勇敢冲决。

周文的第二次出川，是进入了一架更加严密更加强大的革命机器。这一次，他再也无力冲决，几乎所有进入的人都无力冲决。

而周文之死，似乎是一代"左倾"知识分子命运的先兆。

1994 年，在北京钓鱼台国宾馆召开了"周文纪念暨学术研讨会"，从那开始，十多年来,关于周文的各类学术、纪念活动已有十多次。仅 2007 年周文诞辰百年之时,北京、上海、四川荥经就分别开了三个会。关于周文的书也出了不少。周文夫人郑育之数年前以九十高龄谢世,他的儿女们也进入了老年。活动完了,他们多少都有些伤感,说:怕是最后一次了。

也许是。

但是,关于一个世纪以来,中国知识分子和民族命运的话题,还远远没有说完。

台儿庄战役守城总指挥王冠五的生前身后

◎刘晨芳

在现代战争史上，台儿庄战役是中国在正面抗日战场上取得的首次大捷，是寸土寸血推进、逐街逐巷肉搏的激战。战后的台儿庄天空是红的，河流是红的，土地是红的。今天，这场史诗般壮烈英勇的鏖战已经整整过去七十年了，隐匿在瓦砾和硝烟中的忠魂还需要我们世代铭记。在台儿庄战役纪念馆的"战争简介"里唯一提到了一个人的名字，那就是守城的司令王冠五将军。除此之外，我们对其却知之甚少。

然而在时隔七十年之后的早春，笔者竟然经同事牵线，与王冠五将军的外孙女——在深圳工作的冯睿女士作了一个电话长谈。电话里，冯睿女士深情地敞开了心扉。不久，笔者又与远在黑龙江省宜春市的王冠五的嫡孙王彤取得了联系。2008 年 4 月 6 日下午，笔者赶赴当年王冠五将军的居所——开封市花井街四十号，在那里见到了王冠五的女儿王荫凤女士和从深圳赶来的冯睿女士。于是，这个充满英雄主义色彩的家族的记忆闸门就这样打开了……

一份报道引出了七十年前的血战台儿庄的亲人

冯睿得知姥爷王冠五的消息，是从一份尘封多年的报道开始的：

赵家欣老人在六十九年之后的 2007 年看到了自己写的报道——《台儿庄血战记》,这是 1938 年当时在厦门《星光日报》工作的他和范长江一起冒着生命危险采写的战地报道,战火纷飞中他把稿子寄给报社,等他再到厦门时报馆时,报馆已遭日军占领后关门了,所以赵家欣并不知道这篇报道的下落。然而 2007 年重阳节时他收到了一位报纸收藏者寄给他的这张当年的报纸! 对赵家欣来说,没有比这再好的节日礼物了!

　　那是一张经过岁月的汁液浸泡几十年的旧报纸。"死守台儿庄之旅长王冠五"几个黑体字和一张王冠五的战地戎装照片赫然入目。它又旧又黄,好像经过烟熏后留下了沉重的历史痕迹,默默地告诉人们那段血与火的历史。

　　与这份近七十年前的报纸谋面,勾起了王家后人对血战台儿庄的亲人恍如隔世般的记忆。面对这张尘封太久的报纸,时光把我们带回到了那炮火轰鸣、腥风血雨的年代——

一天几次被从炸塌的房屋中扒出来

　　1938 年 3 月下旬,日军的坂垣征四郎和矶谷廉介两个精锐师团三万多人两路夹击,企图向战略要地徐州逼近,抗日军队在鲁南重镇台儿庄筑起了"血肉长城"。那时,王冠五将军任第二集团军三十军第三十一师九十二旅旅长兼一八六团团长,在台儿庄战役中任守城总指挥。他们所面临的对手板垣、矶谷两个师团是装备精良的日军王牌精锐。而第二集团军由于不是蒋介石的嫡系部队,武器装备差,重兵器很少,有的士兵仅有一把钢刀。这是一场武器装备力量悬殊的战争,血肉对钢炮,打得天惊地泣。

　　战斗刚开始,日军先以狂风暴雨般的猛烈轰击,把台儿庄的外围阵地工事摧毁,我军一无平射炮,二无坦克,无法反击,只能死守台儿庄城。王冠五将指挥部设在战斗最激烈的距台儿庄北城门不足二百米的清真寺内,而北城门又是日军进攻的主要地点,清真寺争夺战异常激烈。日军认为台儿庄背后为大运河,守军背水作战,一定不敢死守,便先以飞机投弹、大炮轰击,两小时内小小台儿庄城落下近万发炮弹,然后日军又以轻、重机枪作纵深射击,压制守军火力,掩护步兵冲锋。守城总指挥王冠五将军沉着指挥,待日军爬城及半时,机、步枪齐射,手榴弹齐扔。如此反复攻防,连日厮杀,双方伤亡惨重。巷战最激烈的时候,王冠五曾一日两三次被从炸塌的房屋中扒出来。

　　日军不断增兵,用炮火作地毯式轰击,猛攻台儿庄。血战至 27 日,数千日军在坦克掩护下攻入城内。守军在王冠五的指挥下,寸土必争,一寸土地一寸血,一个个犹如血人。29 日,为坚定战士们守城信心从而与敌人决一死战,王冠五将军一边命令炸断运河桥,破釜沉舟,一边向下传令:"士兵打完了,连、营、团长上,连、营、团长阵亡了,我就填上去,直至全体将士阵亡,决不后退一步!""台儿庄是全体将士的光荣所在,也是我军官兵的坟墓,虽所剩一兵一卒,也誓与阵地共存亡!"王冠五身先士卒,与全体官兵齐心浴血奋战,双方隔墙相接,临屋而战,一堵墙一间房地争夺,有时敌我仅一墙之隔,互相凿洞射击,就是墙上的一个枪眼,双方都奋力争夺。4月初,一八六团伤亡殆尽,预备队也打光了,台儿庄城已经成了尸山血海,街边尸体叠加,堵塞街巷。王冠五和中国守军顽强抵抗,与敌周旋搏杀,没有退缩一步。日军使用燃烧弹,妄图将台儿庄夷为平地。4月4日,台儿庄城内阵地频频告急,一度失陷四分之三。

4月5日午夜,守军敢死队官兵扔掉了"重赏勇夫"的现大洋,分组向敌奋勇夜袭,用大刀片、手榴弹反复冲杀。敌军血战数天,已精疲力竭,不料中国军队尚能乘夜出击。日军顿时乱作一团,一面仓皇应战一面后退。我军竟在短短一夜之中,一举夺回四分之三城池。6日,第五战区司令长官李宗仁听到台儿庄城内守军夜袭成功的喜讯,高兴极了,立即率随员赶到台儿庄郊外,亲自指挥反攻。一时间杀声震天,日军丧魂落魄,狼狈逃窜,各种辎重到处皆是。矶谷本人率残部拼命突围。

4月7日,台儿庄战役胜利结束,王冠五被提升为少将副师长。捷报传来,一时中外新闻记者云集,赞扬不已。著名记者范长江、赵家欣、陆诒等都先后亲赴军中采访王冠五,并撰写长篇专题报道《台儿庄血战记》,其中范长江和陆诒的专题报道还刊登在当时《大公报》的头版。

郭沫若在收集大量第一手资料后特辑《血战台儿庄》专刊,歌颂王冠五等为国家、为民族英勇奋战的光辉业绩。

6月7日前后,李宗仁、李品仙向蒋介石呈报了《徐州会战奖励人员名单》,其中提到王冠五时,是这样写的:

第三十一师九十一旅旅长王冠五,守备台儿庄内最困苦时犹能沉毅以致全胜,授予华胄荣誉奖章。

蒋介石看后,欣然提笔批示:如拟。

这场战役最终载入了中国抗日战争史册!

如今,在台儿庄战役胜利七十年后,历史的征尘、战争的硝烟都已经在我们的眼前消散,可台儿庄战役的英雄王冠五到底是怎样一个人呢?血战台儿庄之后英雄又怎么样了呢?

小院里的深情回忆

笔者来到开封市花井街四十号这个幽静的小院的时候,看见北屋门口放着一个已经打好包的旧皮箱,原来,这只皮箱是王冠五生前用过的,应台儿庄纪念馆的要求第二天就即带到那里。作为英雄遗物一同带去的,还有一只旧式的机械手表,这只手表曾经作为王荫凤女士的订婚纪念物而让她格外珍视。如今,王女士的丈夫刚刚去世,这块手表对王女士来说就更具非凡意义。七十二岁的王荫凤老人手抚父亲王冠五用过的皮箱和手表不胜感慨,台儿庄大战已经过去整整七十年了,与父亲的永别也五十多个年头了。五十多年来她对父亲的思念从未间断过,提起父亲对自己的教诲,就更是情不能已,谈话不时被哽咽打断。

王冠五于1899年农历六月初一出生于河南省汝南县三桥乡殷店村,家境富裕,年幼时入汝南简易师范附小接受启蒙教育,后又改入私塾读书。成年后当兵,是冯玉祥和吉鸿昌将军的老部下。他毕业于国民党黄埔军校高级班和南京中央军校高等教育班。他一直秉承冯将军的思想作风,爱民爱兵,艰苦朴素,抗日救国,常说"兵比将大,官比民小"。他人看上去很威严,但和士兵说话时,态度很和蔼。

王女士回忆说:"我父亲身材较高,体魄健壮,浓眉大眼,两只眼睛炯炯有神,看上去很威严。他写得一手好书法,喜欢京剧,喜欢下象棋,高兴时会和我母亲一起在棋盘上对弈。他的生活习惯特好,从不睡懒觉,天明即起来练剑。不喜欢舞会、宴席、打麻将,而偏喜好看书、练剑,有很深的古典文化积淀,特别喜欢看《资治通鉴》、《聊斋》等文言书籍。他的烟瘾大,喜欢吸又粗又长的雪茄,记忆中常见他思考问题时叼着雪茄来回地踱步。

"他对我们兄妹俩要求很严,对学习非常重视,善于发现孩子们的特长,然后加以正确的引导。在他的严格要求下,哥哥王荫槐后来考上了上海交大,是学校有名的才子。但由于父亲非常威严,哥哥非常怕他,见到他有时连说话都会变得有点儿结巴。而我因年龄小,又是女孩,父亲非常疼爱我。有时他离开家时,看到我还未睡醒,就来床边看看我,只对母亲说让我睡吧,不要叫醒我。他一贯要求孩子正直、诚信,要与人为善,常给我讲《论语》、《资治通鉴》等。还总是说要让我好好上学,将来能够学有所成。八九岁的时候父亲就教我骑马,我不止一次从马背上摔下来。

"有一次写作文,我写的是《小草》:小雨淅淅沥沥地下着,墙上的小草若有所思地低下了头。父亲看了觉得不像是我这个年龄能写出来的,回来让我重写。我确实写不出来了。父亲并没有批评我,还耐心地教我如何写。父亲虽然是武将,但是从来没有打骂过我们,对勤务兵们也很和善,常让孩子们看《二十四孝》的故事。他对奶奶很孝顺,每天都是等奶奶睡了他才去睡。"

王女士记忆很深的是跟随父亲戎马的日子里"跑日本"(就是日本人来了百姓就跑),常会把鞋子和衣服跑丢了,小美蕊(王荫凤乳名)骑马跑,妈妈坐上担架跑,小美蕊这才明白父亲教自己骑马是有现实意义的。常常是战事来了,随时上马就跑,然后在某某地方会合,等人来接应。日本人烧杀抢掠的行径在她幼小的心灵上留下了痛苦的印迹。

徐州会战结束后,王冠五又参加武汉会战中的大别山北麓激战。8 月中旬,随第二兵团司令孙连仲由鲁南开赴湖北麻城附近。10 月上旬率部在河南商城至麻城公路两侧的打船店、沙窝、白雀园一带山区与日军第十三、十六师团反复拼战,形成胶着、对峙状态。

他一直与共产党新四军的游击总队密切配合,积极抗日。据《汝南县志》记载,民国 28 年(1939)冬,王冠五率部在豫东驻防待命,结识了豫东抗日游击队主要领导人鲁雨亭。鲁雨亭当时是新四军彭雪枫部游击支队第一总队总队长,率有三个团的兵力。他们密切配合,协同作战,不断袭击日军。在此期间,王冠五曾多次资助物资和武器装备给游击队。为此,彭雪枫将军曾多次会见他,赞扬他的抗日爱国、倾向革命的行动。

王冠五与鲁雨亭亲如兄弟,王荫凤讲,她和哥哥那时常常在鲁雨亭家和他的孩子们一起看戏,一起上学,彼此不分你我。他们常去鲁雨亭的父母所在的邓县。在此期间,由王、鲁二人做主,将鲁雨亭的女儿鲁如贞许配给王冠五的儿子王荫槐(订的娃娃亲)。1940 年 4 月 1 日,鲁雨亭总队长在河南永城山城集地区与日寇作战时不幸牺牲。鲁雨亭牺牲后,王冠五和国民党第二集团军三十一师师长池峰城把鲁雨亭一家七口最多时约二十多口人接到自己家中生活,还资助鲁雨亭的孩子上学,并最终落实了与鲁雨亭生前的约定,让自己的儿子娶了鲁雨亭的女儿。王荫槐与鲁如贞婚后非常幸福,还生了三个男孩,开头提到的王彤便是老大。到现在,鲁雨亭的儿子鲁如海、鲁如聚他们还经常来看望王荫凤。鲁雨亭是河南省永城人,共产党的抗日名将,中央电视台一套新闻联播节目中《永远的丰碑》中有一集专门介绍了他,现在河南永城市有他的纪念馆和专门的烈士陵园,中央电视台还曾播出描写他事迹的电视连续剧《芒砀忠魂》。

王冠五虽然是国民党的将领,但他受冯玉祥的影响,家国和民族的意识非常强,脑子里没有那么多的党派之别、番号之争。王冠五看不惯国民党的腐败,不愿打内战,解放战争时,他曾给李先念的部队让路。王冠五的外孙女冯睿说:"上世纪 80 年代,李先念担任国家主席。我姥姥听到广播后,经常好像是自言自语又好像是对我们说:'李先念现在是国家主席了,当年他派人半夜来我家让你姥爷让路,如果不是你姥爷给他让路,李先念是不容易过去的。'姥姥说,在一个风雨交加的雨夜,李先念来找王冠五商议,后来王冠五就让路让李先念的军队过去了,上演了一出'抗战演义'版本的'华容道',王冠五就是这段"演义"里的'关云长',从中可以看出他同情革命的情怀。"

后由于王冠五在进攻解放区行动中消极迟缓,被国民党剥夺了军权,排挤出军界。1947 年左右,他回到汝南老家买了五十亩地,准备解甲归田与妻儿过清闲的生活,不再参与政治。这时,国民党当时的河南省主席刘茂恩和当时共产党的河南省负责人吴芝圃(吴芝圃是新中国建立后河南省第一任共产党的省政府主席)都再三劝说他出山,说赴任也可以为民办事。因此,民国36年(1947),他又被派往兰封(今河南兰考)任第十二行政督察专员,管辖十二个县。

在开封第一次解放时,王冠五带妻女准备去往台湾,当时已经到了武昌,共产党派人再三劝说,名记者范长江也劝说他,说他与别的国民党官员不一样,与共产党关系密切,多次资助共产党,不要害怕,应该留下来等。在他们的再三劝说下,王冠五选择了留下。后来,好事却酿成了悲剧——据《汝阳县志》记载,王冠五于1949年被误杀。

"在父亲的最后阶段,他还嘱咐母亲,不希望我们与政治接触,一定要让我好好读书,做一个对社会有用的人。也许是父亲的教诲真的起了作用,现在家里人很少参与政治。"王荫凤曾考上过中央音乐学院,因为出身不好,家境又特穷,所以就上了不收学费的河南省艺术学校,学修音乐美术专业,后来一直在开封、郑州做老师,专长是钢琴,后来调入开封龙亭区教育局,直至退休。

冯睿回忆说:"姥爷去世后,姥姥悲痛欲绝,都气疯了,满街乱跑,见人就给人跪下磕头,还语无伦次地说:还我先生,还我先生……就这样,她一直守寡四十三年,直至1991年去世。"

王冠五的儿子王荫槐去了黑龙江省宜春市,一直与王荫凤他们没有任何联系。直到1998年王荫槐患癌症去世前才说出他们的家世,王彤这才知道原来在河南还有一个姑姑。也是从2002年起,王彤开始不断地搜集爷爷王冠五的事迹和资料,王冠五家族的一场寻亲记也精彩上演。

其实王荫槐的大儿子王彤就出生在花井街四十号,2007年11月,王彤到河南寻根,几经辗转,在那里见到了自己从未谋过面的亲姑姑王荫凤一家。今年4月8日,台儿庄纪念馆邀请他们参加开幕式。王彤原本都已经赶赴河南境内了,但突然听说母亲鲁如贞身患癌症,就直接又返程飞回了宜春。王彤从已由中科院南京土壤研究所退休的八十多岁的舅舅鲁如坤(鲁雨亭的儿子)的回忆中得知,1947年前后,王冠五还专门请当时在中央大学读书的鲁如坤吃了一顿饭,还送他一支派克笔,鼓励他要像他爸爸鲁雨亭一样正直做人。

王彤想找爷爷王冠五的墓以了父亲王荫槐的心愿,但王荫槐也许不知道父亲死后很惨,死后连墓碑都不敢立,石碑埋得很深,只是露出来一小截儿。每年扫墓的时候都是偷偷摸摸的。"文革"以前还知道埋在开封的东郊,现在已经平了,连那小半截子的"墓碑"都已经找不到了。

七十年后游亲人当年血战的清真寺

2008年4月7日,王荫凤和冯睿母女应邀赴台儿庄,参加次日的台儿庄纪念馆重建后的开幕仪式。刚到村口,她们就深刻而浓烈地感受到了台儿庄人民对抗日英雄的敬仰之情,当得知她们是王冠五的后代的时候,当地人迫不及待地给她们讲述这场战争和战争中的亲人的故事。

清真古寺作为战地指挥所,是台儿庄大战敌我争夺的最激烈的焦点,王冠五和他的战友们在这里坚守了七天七夜。王荫凤一行来到了清真古寺后,看门的五六十岁的阿訇立即惊喜且恭敬地躬身,极其热情地请来一位在这里已经工作了十余年的同志带领他们参观。

寺内当年的指挥室的墙壁上弹痕累累,一巴掌下去就会有不下十个的弹孔,真是无半掌之壁不饮弹,无方寸之土不沃血!在这里,王荫凤老人百感交集,老泪纵横:"爸爸,我们来看你了……"

4月8日是血战台儿庄的胜利纪念日,是一个每年都会很凄迷地靠近清明节的日子,千千万万的台儿庄将士们倒在了断壁残垣之中,冥冥之中是不是一种天意?地下英魂应有知,每年4月8日,是纪念,更是祭奠!历史送走了人,时代留下了魂。人是历史的客,魂是时代的神!让我们安享太平的后来人能够永远铭记那些曾经铸造灵魂的人!

黄继光遗照之谜

◎安庆

黄继光牺牲后靠在树上的正面全身照

几十年前一位志愿军战士捐躯上甘岭的遗照背后,潜藏着一个谜团。

2007 年 6 月 6 日,黄继光的战友、原中国人民志愿军四十五师前线指挥所秘书谢万丁风尘仆仆从武汉赶到北京,将自己保存了五十五年的一组黄继光的遗照无偿捐赠给了中国人民革命军事博物馆。由于黄继光生前没有留下照片,这在一定程度上弥补了英雄无照片传世的缺憾。

但是,在此前后,就黄继光有无照片留世和这些遗照中人是否真的是黄继光本人,人们众说纷纭。笔者通过采访谢万丁老人认为,照片的真实性是可以肯定的。那么,这些照片是怎么流传于世的? 拍摄者又是谁呢?

一

谢万丁老人 1931 年 10 月生于湖南郴州,1949 年 5 月入伍,1951 年 4 月入朝,成为黄继光的战友。他主要负责接听电话、统计和保管慰问品及烈士遗物。上甘岭战役结束后,黄继光的事迹就在前线传开了。谢万丁告诉笔者,一天,他在处理烈士遗物时无意中发现物品中有黄继光的遗照、护士为黄继光遗体入殓的照片以及黄继光纪念碑照片等六张。他想,自己将来可能还能回归祖国,到那时,留些照片什么的,也好向祖国人民汇报。于是,他便在这些照片背后写上"黄继光堵枪口照片"等字样,连同其他照片一起带回了祖国,悉心保存下来。没想到,这一存,竟是五十五年。

这六张照片的规格为36毫米×24毫米,其中四张的背面写有"黄继光堵枪口照片"的字样。这四张照片里,有两张分别为背部全身和半身照片,照片中的人两手高举,身姿清晰可辨;另外两张分别为正面全身和半身照,照片中的黄继光靠在树上,胸膛被子弹全打烂了,呈蜂窝状,面部五官已很难辨认,但能看出是圆脸。第五张照片上是两位身穿白大褂、戴口罩的女卫生员正在给遗体包裹白布,照片的背面写着:"护士为黄继光烈士穿衣。"第六张照片则是黄继光所在师在朝鲜战地上为英雄镌刻的纪念碑。

1954年4月,谢万丁回国。多年以来,他并不知道黄继光生前竟然没有照片留下来,他自己常常翻看这些留作纪念的照片回忆几十年前的戎马生涯,有时也用以教育子女。直到2000年谢老成为湖北省作协会员接受记者采访时,无意中把他收藏有黄继光遗照的消息透露了出来。自此他和他保存的照片一下子成了媒体关注的焦点。因为一直以来,人们都认为黄继光生前死后没有留下一张照片。

2000年的一张《解放军报》发表了谢万丁提供的英雄遗照。当年,得知消息的中国人民革命军事博物馆负责人提出想收藏这些照片,但出于对战友和那段岁月的深厚感情,谢万丁并没有答应,而是坚持自己保管收藏。2006年他去了在加拿大的儿子那里。一年来的见闻让他认识到了对非物质文化遗产保护的重要性,回来后,他写信给中国人民革命军事博物馆,提出要无偿捐献这些照片,以便让英雄的照片有个归宿。几经书信往来,2007年6月6日,谢老在老伴的陪同下,亲自赴京,将珍藏了五十五年的黄继光遗照及相关照片共六张,无偿捐赠给了中国人民革命军事博物馆。中国人民革命军事博物馆颁给了他一个大红证书。证书里这样写着:

谢万丁同志:

您将珍藏的黄继光牺牲后遗照等6张,捐献给中国人民革命军事博物馆。

特发此证。

下面落款收藏单位是"中国人民革命军事博物馆(加盖公章)",收藏时间是"2007年6月6日"。

谢老给笔者念证书内容时非常谨慎,生怕落下一个字。他说,这既是对他个人收藏有英雄照片的肯定,同时又是对英雄照片本身真实性的一个肯定。

二

官义芝是当年为黄继光收殓遗体的原四十五师女卫生员,她看了谢老提供的黄继光遗照后,指着那张正面全身照说:"就是这张了!"官义芝老人非常肯定地记得当时收殓遗体时的情形。她说,黄继光是 10 月 19 日牺牲的,而尸体七十多天后才被发现。当黄继光的尸体被运到战地收容所时,营长在外面喊:"快来看中国的马特洛索夫啊!"马特洛索夫是苏联卫国战争时期用胸膛堵住德军地堡枪口的英雄,新华社在 1952 年 11 月 20 日发回国内的一篇文章中称黄继光为"中国的马特洛索夫"。听到营长的喊声,官义芝赶紧跑到外面去看。她回忆说:"黄继光矮矮的个子,圆圆的脸,看上去还有点孩子气。"

黄继光遗体被送来后不久,就来了一位摄影师为遗体拍照。据官义芝回忆,当时那位摄影师拍了很多照片,有趴着的、站着的、穿军装的和装进棺木的。其中让遗体站起来拍的那几张,还是由她、何成君和几位男卫生员扶着拍的。对"护士为黄继光烈士穿衣"的那张照片,她则没有印象,因为当时收殓遗体的有好几个人,而且,对于照片中的那个护士是不是自己她也不敢肯定。

当时曾与官义芝一起收殓遗体的另一位女卫生员何成君已移居美国多年,她也表示收殓遗体这事是有的,只不过她不记得当时是否照过相。

据谢万丁老人回忆,他在上甘岭搜集的照片大都是由一位叫高亚雄的摄影员拍的。而现居沈阳的高亚雄却表示自己没给黄继光拍过照片。

英雄的遗照到底是怎么来的?

《军事史林》杂志 1998 年第六期发表的《她们给黄继光收殓遗体》一文中曾经提到,当年曾有一位军事记者给黄继光遗体拍过照,但是,那位记者后来也在上甘岭战役中牺牲了。

原四十五师还有一位摄影员叫刘云魁,不过他说他也没有给黄继光的遗体拍过照。

英雄遗照的来历仍然是个谜。

三

2007 年 6 月 7 日,就在媒体报道了谢老捐赠黄继光遗照的消息发表后不久,河南开封一位机关干部魏路提供的线索又一次引起了人们的关注。魏路的爷爷魏锡光留下的遗物中也有与谢万丁捐赠的一模一样的两张照片。

魏锡光当年在第二野战军第四兵团第十五军四十五师政治部担任宣传干事,和黄继光、谢万丁同在一个师。1950 年春天,他随部队进入朝鲜,是进入朝鲜的第一批志愿军,一直到 1954 年夏天才从朝鲜返回国内,在朝鲜期间先后荣获三次三等功。魏锡光在中国人民志愿军第十五军四十五师政治部担任宣传干事期间,留下一百多张照片。其中有两张关于黄继光的照片,一张是两名女卫生员正给烈士包裹白布,一张是刻有"中国人民解放军二级战斗英雄黄继光同志以身殉国永垂不朽"等字样的石碑,这两张照片和谢万丁捐赠的一模一样,有一寸大小。还有一张卫生员整理黄继光遗体的照片,与谢万丁保存的则有所不同——这张照片能看清黄继光的脸。

魏锡光留下来的照片中,还有两张黄继光母亲参观部队的照片,尺寸稍大一些。一张是黄继光的母亲胸戴红花,站在演讲台上;一张是黄继光的母亲在战士陪同下参观部队,照片背面还留有魏锡光用钢笔写的"黄妈妈到继光生前单位参观,一九五三年"字样。

魏锡光上世纪 60 年代转业到河南省鹤壁市工作,1973 年因心脏病突发去世。魏锡光的弟弟、七十七岁的河南大学退休老师魏千志也珍藏着兄长当年从朝鲜战场上寄来的信件和照片。魏锡光生前曾经告诉过魏千志,他和黄继光在同一个师。上甘岭战役发生在 1952 年 10 月,黄继光牺牲后,由于战事急迫,战友们先将其埋到雪地里,战事稳定后才将他的遗体从雪地里挖出来,换上新衣服后安葬。魏千志说哥哥还告诉过他,当时他一直都在现场,看着卫生员给黄继光换衣服。

对于魏锡光保存的黄继光遗照的来源,魏千志说:"我没有问过相册里的照片是不是都是他(魏锡光)拍摄的,因而不能十分确定。但里面绝大部分照片都是他亲自拍摄的。"

官义芝曾对谢万丁老人及《解放军报》记者讲:黄继光遗体是在上甘岭战役结束后的一天上午运到卫生所的。她清楚地记得,为黄继光拍照的是个男同志,叫什么名字不太清楚。当时,他为黄继光拍了很多张照片。

魏路说,爷爷魏锡光曾说过当时他就在现场,并且当时他的身份是师部宣传干事,拍摄了很多朝鲜战场的照片,所以官义芝老人所说的"为黄继光拍照的男同志"很有可能就是魏锡光。

但这也仅仅是可能,魏锡光已经去世,而且没有留下可靠的依据。

英雄遗容能流芳后世,多少能让人少些遗憾,但英雄遗照的真正拍摄者到底是谁,至今仍是一个谜。

民国首任内阁总理唐绍仪被刺之谜

◎刘向上

　　唐绍仪在中国近代史上是个举足轻重的人物,曾担任过中华民国首任内阁总理。然而,就是这样一个显赫一时的达官贵人,却在 1938 年 9 月 30 日被人刺死在上海寓所,成为轰动一时的大案。

　　唐绍仪为什么被刺?凶手又是谁?

中华民国首任内阁总理

　　唐绍仪,又名唐绍怡,字少川,生于 1862 年 1 月 2 日,广东省珠海市唐家镇唐家村人。清末民初著名的政治活动家、外交家。唐父巨川是上海的茶叶出口商。唐绍仪自幼到上海读书,1874 年官派留学美国,经中学升至哥伦比亚大学文科。

　　1881 年,唐绍仪归国后,被派往天津的洋务学堂,1885 年进入天津税务衙门任职,1889 年年底被委任为驻龙山商务委员,即驻朝鲜汉城领事,在任上表现出干练的外交才能。在朝鲜期间,唐绍仪与当时驻扎朝鲜总理交涉通商事宜的袁世凯建立友谊。1896 年 10 月,清王朝正式委任唐绍仪为中国驻朝鲜总领事。1898 年 9 月,唐绍仪因奔父丧返国,结束其出使朝鲜近十年的外交生涯。

1901 年，袁世凯擢升为直隶总督兼北洋大臣，他重用唐绍仪为天津海关道。唐绍仪在任期间，办理接收八国联军分占的天津城区、收回秦皇岛口岸管理权等事务，成就斐然，令同僚们刮目相看。袁世凯亦上奏朝廷，称赞唐绍仪出色的表现和能力。

1904 年，清王朝任命唐绍仪为全权议约大臣，赴印度与英国代表谈判有关西藏问题。唐绍仪坚持民族立场，运用灵活的外交手段，力主推翻英国与西藏地方政府签订的所谓《拉萨条约》，挫败了英国妄图将西藏从中国领土中分割出去的阴谋。1906 年 4月，中英签订《续订印藏条约》，虽然英国取得从印度架设电线通往西藏已开商埠的特权，但也不得不承认中国对西藏的领土主权。

自 1906 年起，唐绍仪先后被委任为全国铁路总公司督办、税务处会办大臣、邮传部左侍郎。1910 年，唐绍仪曾一度被任命为邮传部尚书，但不久即辞职。

武昌起义爆发后，清廷起用袁世凯为总理大臣。唐绍仪被聘任袁内阁的全权代表，赴上海与南方民军总代表伍廷芳谈判议和。由于南北双方代表共同努力，终于达成了确定共和体制、优待清室、推举袁世凯为大总统的协议。

唐绍仪少年留美，已接受民主共和思想的熏陶。民国初年，唐绍仪的思想立场更向民主共和方面转变，他由黄兴、蔡元培介绍，并由孙中山监督，加入了同盟会，当酝酿新政府总理人选时，唐得到革命党人和袁世凯的推选及任命，成为中华民国第一任内阁总理。唐绍仪出任总理之初，本抱有极大的政治抱负，他挑选宋教仁、蔡元培、陈其美等同盟会骨干成员入阁，担任农林、教育、工商总长，使同盟会会员在政府中占据多数，被称为"同盟会中心内阁"。唐绍仪勤于公务，注重办事效率，使政府呈现一派新气象。

袁世凯习性大权独揽，对唐绍仪推行责任内阁制，"事事咸恪遵约法"甚为不满，在用人、财政、遵守《临时约法》规定的总理附署权等问题上，两人的裂痕加深。唐绍仪主张"民国用人，务贵新不贵旧"，拒绝袁系赵秉钧（为内阁内务总长）私自安排北洋旧人入阁，赵竟以辞职相威胁。在筹款方面，唐绍仪反对英、美、德、法四国银行团提出监督中国财政的无理要求，引起了袁世凯和财政总长及四国银行团的合伙攻击。王芝祥督直事件最终导致了唐绍仪与袁世凯分道扬镳。1912 年 6 月初，直隶省议会选举王芝祥（适加入同盟会）为直隶都督，袁世凯不予承认，并抛开总理附署权，公布另任命令。唐绍仪见《临时约法》已遭到破坏，"彻悟袁之种种行为，存心欺骗民党"，遂于 6 月 15 日愤而提出辞呈，时任总理不足三个月。

来上海做寓公

此后，唐绍仪寓居上海数年，与人集资创办金星人寿保险有限公司，自任董事长，但他仍密切关注着政治舞台。1913年,袁世凯刺杀宋教仁,唐绍仪予以强烈的谴责,并拒绝袁世凯拉拢其复任北洋军阀政府总理。1915年,袁世凯复辟,唐绍仪与蔡元培、汪精卫联名致电,警告袁"取消帝制野心,并辞职以谢天下"。护国军兴起后,唐绍仪再次致电袁世凯,劝其退位。

1916年6月,袁世凯暴毙,黎元洪继任总统。但皖系军阀段祺瑞大权在握。唐绍仪力主恢复旧约法和国会,站在孙中山革命派的立场上,多次拒绝北洋军阀的拉拢利诱。

1917年8月,唐绍仪南下参加护法运动,被孙中山任命为护法军政府财政总长。滇、桂军阀排挤孙中山,唐绍仪曾进行过调和。军政府改组后,唐绍仪为七总裁之一,但因孙中山辞职赴上海,唐亦未莅任。

1919年年初,北洋军阀政府与护法军政府谈判议和,唐绍仪担任南方总代表。他维护孙中山的护法旗帜,但其主张被北方代表拒绝,同时也为把持南方军政府的桂系军阀所不容,所以,被撤掉总代表之职。南北议和历时年余,终未达成协议。

蒋介石上台后,唐绍仪也只以党国元老自居,担任一些闲职,如国民党中央监察委员,国民政府委员等职,蒋聘他为高级顾问,他拒不到任。平日或游山玩水,或闭门吟诗,对政治似乎是不闻不问。

1932年,南京政府批准广东中山县为模范县,任命唐绍仪为中山县县长。中山虽是县制,但因是孙中山先生的故乡,名门大族集中,且行政上自治,地位特殊,经费充裕,也并非一般人所能染指。唐绍仪本是中山人,不嫌官小,欣然前往担任县长。不料好景不长,唐绍仪得罪了两广实力派人物陈济棠,连个小小的县长都坐不稳,后来矛盾激化,被排挤出广东这块地盘。他原本志不在此,从中山县县长任上退下来后,干脆就来沪做了寓公。毛泽东曾在文章中提到,要能上能下,上能做内阁总理,下能当中山县长,说的就是唐绍仪。

经过如此漫长的政治生涯,卸下公职的唐绍仪,整日在上海的寓所优哉游哉,不免有一种寂寞之感。他住在上海法租界福开森路(今武康路)的一座花园洋房里,偌大的楼房和草坪,只有几个仆人与他住在一起。不久,"八一三"抗战爆发,日本大兵在上海耀武扬威,日本海军陆战队一卡车一卡车地开来驶去,刺刀闪烁着逼人寒光。但唐绍仪所在的法租界依旧灯红酒绿,洋溢着迷人的异国情调,只是大批难民的拥进,给这畸形的繁华景象蒙上了一种色彩。

唐绍仪的别墅附近,法租界警方采取了特别保卫措施,派出不少安南巡捕往来巡逻,并在门口设岗,不准闲人随便进出。既然如此,他也就乐得逍遥自在,整日深居简出,伺机再起。每天早上,他先到四马路(今福州路)上的杏花楼喝早茶,除了精美的广帮糕点外,他还要喝点人参汤、鹿茸汤之类的,以补元气。平素在家中,则以欣赏古玩自娱,尤对瓷器有特殊兴趣,可谓行家里手,面对历朝珍品,每每摩挲把玩,爱不释手。不想以后的杀身之祸,竟也与此直接有关。

联日传言惹祸上身

唐绍仪毕竟不同于一般的租界寓公。日本侵略军当局在占据上海后,便打起了唐绍仪的主意,秘密制定所谓"南唐北吴计划",其主要内容是"起用唐绍仪及吴佩孚等一流人物","建立和平政权",以取代蒋介石为"谈判"对手。在华的日军大小特务,纷纷奉命出动,从各方面加紧策划,很快,唐绍仪与日本特务秘密接洽的流言就传开了。

事出有因。1938 年 9 月下旬,日本驻中国特务机关长、老牌特务土肥原来上海,想与唐绍仪秘密接洽合作计划,劝其出山做总统。那天,土肥原由唐的"乘龙快婿"、清末两广总督岑春煊之子岑德广陪同,坐车前往福开森路唐宅。岑德广由日本贵族学校出身,此时早已倒向了日本,因精通日文,故由他兼任翻译。据史料记载,在这次会谈中,土肥原曾小心翼翼地试探:"阁下能否起草一份'和平通电'或'和平救国宣言'? 这是我们建立新政权的第一步。"至于这次会谈的内容和结果,迄今不得而知。

土肥原对唐绍仪有兴趣,并非他仅是一个值得抬出的大人物,而是认为他有一定的亲日思想和泛亚主义情绪。

对于外间纷纷扬扬的传言,唐绍仪也只以外交辞令推托道:"一生政治活动中,对于外间任何谣传,皆视为痴人说梦。"

潜伏在上海的军统特务,自然不敢懈怠,对唐绍仪的一举一动,监视严密。军统头子戴笠,因近期的情报和除奸工作开展不力,受到上峰批评,正惴惴不安之间,见到手下送来的有关唐的情报,喜出望外,以为有了一个重大的除奸对象。他一面立即把情报转呈蒋介石过目,一面又命令手下加紧监视,哪怕鸡毛蒜皮之事也须一并报来,不得延误。

蒋介石得知唐绍仪与日本人接触频繁,十分不悦,但又有所忌讳。唐绍仪虽已退出政坛,但毕竟是国民党的元老,如果果真倒向日本,岂不坏了国民党政府的名声? 但仓促下杀手,又查无实据。遂先礼后兵,通过各种关系,对唐进行笼络,馈赠津贴,委以官职。孔祥熙就对他说:"少老(唐绍仪字少川)如有所需,拟请随时电告。"唐的另一个女婿诸昌年,也受指使来沪,劝其脱离日伪包围,移居香港,若能先到武汉,当委以外交委员会主席之职。戴笠根据蒋介石的意思,也叫杜月笙从香港写信给他,劝他赴港居住。面对这些规劝,唐绍仪回答说:"请诸位朋友放心,我唐某宁做亡国奴,不去当汉奸。若有机会,一定去港。"又说:"等把上海一些家务事料理完毕后便动身。"话是如此说,却一直迟迟未见其动静。不久,戴笠便发出了刺杀令。

大花瓶里的小钢斧

法租界唐寓,宅前巡捕警戒森严,家中保镖仆人众多,并不是一个理想的暗杀之地。戴笠从8月间布置下手,到9月30日唐绍仪被刺身亡,先后设计过几个方案,但均因种种原因作罢。后来他们探知,唐绍仪平时喜欢收藏古玩,对历代瓷器珍品最是喜欢,一直不惜高价搜求。这正是天赐良机。

几天之后,军统安排的内线谢志磐带着身着便装的军统人员,冒充古董商人,驾车直开唐宅。谢是唐绍仪一个故友的弟子,常去唐绍仪处走动,这次也被军统设计收买。他们一行来到宅前,安南门卫搜身甚严,但除了几件古玩外,并无破绽。管家把他们一行人领到会客室坐定后,唐绍仪缓缓从楼上下来。谢志磐赶忙趋前,脸上堆出笑容:"老爷,法租界难民中不少人带有值钱的古董,愿廉价出让。"又指着这几位"古董商人"说:"他们知道老爷喜欢,特选几样送来。恭请老爷过目。"说完,递过几个装有古玩的锦绣盒子。唐绍仪手拿放大镜,对几件古玩一一仔细观看,连声赞道:"好东西!好东西!你们开个价吧。"谢志磐随便报了价,买卖就算成交了,几位神秘的古董商人扬长而去。原来,这只是军统行动人员的一次演习,以确保今后下手万无一失。他们以后又来了几次,几次下来,他们发现唐绍仪对古董简直到了入迷的程度,总是亲自接待来访的古董商,对特别珍贵的货,还要屏退仆役,关紧房门,不让外人窥见。这正是下手之机。

一个周密的暗杀方案定下了。9月30日上午,秋风细雨,沉沉阴霾。一辆蓝色轿车直驶唐宅大门口,从车上走下谢志磐与另外三个人,安南门卫见是熟客,拉开铁门放行。谢身穿蓝色西装,老牌军统特务赵理君扮作古董商,着淡灰色哔叽长衫,两人并肩而行,后随军统杀手王兴国、李阿大,一色伙计装束,提着一个装有古董的大皮箱。箱内确有好货:一只南宋御制大花瓶,一把据说是抗倭名将戚继光所佩之剑,另有古玩数件。尚有锋利的小钢斧一把,就藏在那只南宋大花瓶内。

一行四人来到客厅,管家早已上楼禀报唐绍仪,说谢大少爷又带人来出售古董,请老爷下楼过目。不多时,唐绍仪下楼与来人略事寒暄。宾主坐定后,赵理君先抽出那把宝剑,走到唐绍仪面前,口称:"此剑系戚继光抗倭时所用,价值连城,请唐总理过目。"唐绍仪接过宝剑,略一把玩,眉头微皱,摆出一副鉴赏行家的口气说:"恐非真物也。明朝军人已多佩刀而不佩剑,时戚将军与倭寇锋镝对峙的,也是有名的日本倭刀。"两人讨价还价,争执不下。这时,唐绍仪为缓和一下气氛,对站在一边的佣人说:"给客人点烟。"但房间内找不到火柴,佣人即出外去取,赵理君见时机已到,用眼色示意李阿大下手。

当唐绍仪转身低头凝视其他古玩时,李迅速从南宋花瓶内取出小钢斧,绕到唐的背后,照着其头颅猛然砍下,唐绍仪不及哼声,便颓然倒下,当时脑浆飞溅,鲜血喷涌。赵理君见大功告成,让众人赶快出门上车,临到房门口时谢志磐与赵理君口中振振有词,连称:"唐总理不必送了,留步,留步。"带上房门出来,四人又齐向门内一鞠躬,显得异常恭敬。门外唐宅的保镖、仆人见这般光景,也无疑心。谢志磐一行四人紧一步慢一步地出得门来,坐上那辆一直没有熄火的蓝色轿车,风驰电掣般驶去。几个仆人只是隐约记得那辆车的车牌号。

戴笠杀人灭口

法租界巡捕房接得唐绍仪被刺报告后,迅即出动大批武装巡捕奔赴现场,另派装甲车一辆镇守要道路口。同时,用电话通知各处巡捕房,注意缉捕那辆蓝色嫌疑轿车。中午时分,一辆装甲车在麦琪路(今乌鲁木齐中路)姚主教路口,找到了空无一人的蓝色轿车。经查,该车车号为6312,系某出租汽车公司所有,于数天前被一身份不明的人租去。凶手显然有备而来,这条线索就此断了。另一路巡捕根据唐家人提供的谢志磐家地址,直扑法租界拉都路(今襄阳南路)275号搜捕,但此处早已是人去楼空了。

唐绍仪被刺后伤势极重,急送附近的广慈医院抢救,到达医院时已奄奄一息。医生给他又是打强心针,又是输血,但仍不见效,唐绍仪神志一直处于昏迷状态。当天下午4时,唐绍仪终告不治。第二天,上海各报纷纷登出消息:"唐绍仪被刺殒命!"在法租界捕房验尸后,尸体由唐氏亲戚子女具结领去,后于胶州路万国殡仪馆设礼堂祭奠,身后事倒不算寂寞。

再说几个刺客辗转逃脱后,径直投到重庆戴笠门下邀功请赏。赵理君被委任为军统局第三处行动科上校科长,王兴国、李阿大也各有所用。唯那个被收买的谢志磐不够老练,事后一直惶惶如丧家之犬,又因与唐绍仪有特殊关系,逃到重庆后便有点精神失常,时常自言自语地说:"我对不起唐伯伯!"因此,戴笠无法给他安排工作,只是让他在一家旅馆暂且住下。不久,据说谢志磐得了精神分裂症,被送入一家医院诊治,关在一间特别监护病房中,但毛病反而越来越重。他偷偷地在裤袋里装了一支手枪,一只手总是插在裤袋里,说是有人要加害于他。一天,重庆侦缉所的几个特务前往这家医院公干,发现谢的病房紧关着门,便从门上气窗探看。谢一惊之下,拔枪便射,这几个一齐还击,当场打死了谢志磐。事后有人说,这是戴笠的杀人灭口之计。

唐绍仪遇刺后,国民党元老认为没有掌握唐绍仪失节确证而将其杀害,大为不满。蒋介石下令付治丧费五千元,并将唐绍仪生平事迹存付国史馆,以平息风波。

张宗昌被刺内幕

◎高　原

站台遭射杀

1932年9月3日下午6点22分,正是初秋的黄昏时分,济南火车站里里外外,人声、车轮声、汽笛声响成一片。一列从浦口开来的202次快车正点火待发,即将开往北平,还有三分钟就要离站了。这时,在208号头等客车里,送行的山东省国民政府主席韩复榘的代表程希贤、张受骞和石友三等人见开车时间将到,就起身告辞,向车下走去。那位被送的客人生得身材高大、体格健壮,这时也按常礼送客到车厢门口,与众人握手告别。

知情的人都知道,这位被省府大员送行的贵客不是别人,乃是四年前威风凛凛的山东督军、全国闻名的直鲁军司令、大军阀张宗昌。

张宗昌站在车厢门口正与送客们握手告别,突然,在车下送行的人群中,跳出一个人来,举枪高喊:"我打死你这个王八蛋!"说着就向张宗昌连开三枪,但三枪均未响。机警的张宗昌一见有刺客,急忙避入餐车,并往怀里掏枪。这时他才发现自己那支心爱的德国造最新式左轮手枪昨天在宴会上被好友石友三要去了。现在无法还击,他只得往餐车那一头狂奔。那刺客也尾随追上餐车，并上了子弹。刺客见张宗昌逃到餐车那一头，正欲启车门而出，就随手一枪，又未击中。这时张宗昌的承启官刘怀周从后面追上来，将刺客一把抱住，刺客情急力大，一下子挣脱了身，继续猛追张宗昌。张宗昌在刺客被承启官抱住的一刹那，早已打开车门，跳下了火车。

张宗昌没有想到迎面站台台柱的后面，又闪出一个刺客，向他开了一枪，幸好这一枪没有击中要害。张宗昌不顾一切地继续向前狂逃。车上的刺客也跳下了火车向前猛追。张宗昌的承启官刘怀周及张的几个卫士紧跟着追了上来，一齐向刺客开枪。枪声响成一片。突然，隐蔽在站台台柱后面的那位刺客对准刘怀周打了一枪，刘应声倒地。其他卫士吓得四散逃走。接着，车站四周的房屋与空车厢里枪声大作，密集的子弹向张宗昌射来。张宗昌跑到第三站台北面第七股道上时，被一颗子弹击中头部倒地。后面追赶的两名刺客跳到张宗昌跟前，恐其未死，又向他打了三枪。

曾经不可一世的张宗昌就这样被刺身亡。

郑继成声言报父仇

张宗昌被击毙后，两名刺客中比较年轻的那一名大呼："我是郑继成，乃郑金声之子！我杀死张宗昌是替父报仇！"言毕，急急钻入在铁道上的一列装甲车以避危险。有人识得，此人就是山东省政府的参议郑继成。等韩复榘的第三路军执法队开来弹压时，郑继成即向他们自首，随即被执法队押走。郑继成先被押在第三路军军法处，9月24日被转送到山东省高等法院，旋又交济南地方法院。另一名曾追上车去的刺客名叫陈凤山，也向执法队自首。由于郑继成全部承担责任，不久，陈凤山即获释。张宗昌死后，随其同往济南的参谋长金寿良、秘书长徐晓楼、副官长程榕等人抚尸大哭。山东省政府主席韩复榘以重金备棺厚殓，于9月11日将张宗昌的尸体运回北京家中。

郑继成为父报仇刺杀张宗昌一事成为当时全国的头号新闻。南北各报纷纷竞相采访，连续报道。张宗昌曾是民国初期赫赫有名的北洋军阀大头目，独霸山东三年多，他与北伐军在中原大战中，枪杀被俘的冯玉祥部西北军高级将领郑金声，乃是北伐史上著名事件。

他被郑继成刺死自然成为当时人们议论的中心话题。

"狗肉将军"发迹史

张宗昌，山东掖县人，1881年生。家庭窘困，十五六岁时随其母到东北营口谋生，为赌棍帮闲，与扒手为伍，后来流落北满当胡匪。辛亥革命爆发后，他由关东率胡匪百人到烟台投山东民军都督胡瑛。后又到上海投陈其美，当到沪军团长。在"二次革命"时，他投靠了北洋军阀冯国璋。1928 年，张宗昌派部下暗杀了陈其美，深得冯国璋的信任。经冯提拔，张宗昌先后升任旅长、军官教育团团长、侍从武官长等，积极参加军阀混战。后来兵败潦倒，曾投靠直系曹锟，因吴佩孚反对，未受重用。1921 年，他到关东投靠奉系张作霖，以战功升至副军长、军长。1924 年年底，第二次直奉大战，直军战败，张宗昌率部攻抵上海。1925 年 4 月，张宗昌出任山东督军，独霸山东三年整。他横征暴敛、杀人如麻，给山东人民带来了无穷的灾难。山东人民称张有三不知，即"不知兵有多少，钱有多少，姨太太有多少"。又因其豪赌成性，赢得"狗肉将军"的绰号。

中原战败埋下祸根

1926 年 4 月，张宗昌率军与冯玉祥国民军作战，攻入北京，想炸毁孙中山先生的灵柩。张宗昌成为全国人民切齿痛恨的混世魔王。1927 年，南方北伐军与冯玉祥的国民军协同作战，从江苏、河南两面夹攻山东。张宗昌在张作霖的支持下，率直鲁联军与冯玉祥部在豫东兰封一带进行了两次恶战，在第一次兰封会战中，冯部第八方面军刘镇华的军长姜明玉阵前叛变，诱捕了第八方面军副总指挥、冯部高级将领郑金声，将郑金声送给了张宗昌。1927 年 11 月 6 日，张宗昌在第一次兰封会战失败后，恼羞成怒，悍然下令杀死了郑金声。

1928 年 5 月，张宗昌终于被北伐军彻底战败，逃出山东，一路溃退到德州、天津至冀东。10 月，在张学良与国民党白崇禧部双方夹攻下，张宗昌全军覆没，他的残部被白崇禧全部改编。张宗昌只身逃往大连，寻求日本人的保护。

想不到在事隔四年后的 1932 年 9 月 3 日，他竟死于仇敌郑金声的儿子郑继成的手中。

刺客变成英雄获"特赦"

郑继成为父报仇，似乎是顺理成章的事，而且杀的又是万人痛恨的张宗昌，因此，他的行为不但未引起人们的指责，反而赢得了社会的广泛同情与声援。当时，除少数与张宗昌有关系的人，以郑继成是预谋杀人为由，要求对其重判外，大多数都视郑为除奸复仇的英雄人物。

社会各界还掀起了"援郑运动"，给关押中的郑继成送来慰问品，拍来致敬电。许多社会团体与个人还纷纷向南京国民政府及山东省政府请愿，认为张宗昌祸国殃民，国民政府对张的通缉令尚在，人人得而诛之，今郑继成杀之，不仅无罪，而且有功。

被张宗昌杀害的前青岛公民报社社长胡信之之女胡玉华在致韩复榘电中称："张宗昌祸鲁三载,翻北海之波,不足湔其恶;伐南山之竹,不足罄其罪。况复残害革命先进?今次回鲁,又包藏祸心。不去庆父,鲁难未已。郑继成杀之,为党、为国、为父、为山东、为天下复仇。"所以,其坚决要求对郑继成特赦。

正在泰山幽居的原西北军总司令冯玉祥特地让人写了一本《郑继成为父报仇》的小册子,添枝加叶地描写了郑继成的生平事略与除奸复仇的英勇行为,并附录了济南七十二个同业公会请求特赦的电文,广为散发。一时间,郑继成成了誉满全国的英雄。郑继成在狱中也备受优待。法院看守所所长的办公室成了郑继成的临时会客厅,看守所所长还特地让出自己的住室作为郑继成的寝室。

一个多月后的 1932 年 10 月 7 日,济南警方才对郑继成以"预谋杀人罪"提出起诉,10 月 15 日在济南地方法院进行公审。在审问中,郑继成侃侃而谈,供认不讳。10 月 19 日,法院判处郑继成有期徒刑七年,褫夺公民权利七年。然而仅仅过了三个月,经过行政院核准,南京司法行政部责济南地方法院,将郑继成予以"特赦"。于是,郑继成大摇大摆地走出了监狱。

"结义盟弟"一手导演暗杀剧

刺杀张宗昌的事件似乎到此可以结束了。案件的起因与结果好像都十分清楚。然而细心的人就会发现其中有许多疑窦:张宗昌与韩复榘、郑金声原属两个敌对的集团,双方恶战多年,1928 年,张宗昌就是被西北军击败而离开山东的。南京国民政府对其通缉令尚在,张宗昌在韩复榘部仇人很多。那么,他为什么还会在 1932 年 9 月突然来到这个对他来说危机四伏的济南呢?张宗昌来到济南只有一天时间,行踪诡秘,仅和山东省少数上层人士周旋,郑继成等人何以知晓其行踪呢?张宗昌武艺高强,枪法极准,若有一支枪在手,几十人难以近其身边。张宗昌离开济南前夕护身手枪何以突然被石友三要去了呢?尤其发人深思的是:据法院验尸报告,张宗昌头部致命的一弹,系步枪子弹,而郑继成等两名刺客拿的都是手枪,因而真正的刺杀凶手,并不是郑继成,而是另有其人。那么预伏在暗处的又是什么人呢?

一段时间后,张宗昌被刺内幕才渐渐被披露出来。原来,真正暗杀张宗昌的并不是郑继成,而是当地的主人——山东省政府主席韩复榘。车站刺杀张宗昌乃是韩复榘预谋与策划的一次成功的暗杀行动。

"狗肉将军"张宗昌 1928 年春因不敌蒋介石的中央军,率部退出山东后,从此一蹶不振。因遭蒋介石通缉,他于 1930 年东渡日本避祸,1932 年春应张学良之邀返回中国,暂居北京铁狮子胡同。

1932 年 8 月，韩复榘应"陆海空军副总司令"张学良之召和华北驻军诸将领一起来北平参加军事会议，会议上经好友石友三介绍，认识了大名鼎鼎的张宗昌。交谈之下，两人觉得情投意合，大有相见恨晚之感。他们还经石友三撮合，韩复榘、张宗昌、张学良、于学忠结成盟兄弟。张宗昌比韩复榘大九岁，遂以大哥自居，开口闭口"向方老弟"（韩复榘字向方）。不知是过分得意而忘乎所以呢，抑或是原本就口无遮拦，张宗昌在酒席间对"向方老弟"说了这么一段话："俺的许多老部下现在还都散驻在山东各处，俺只要去招呼一下，马上可以合成一支队伍！"

韩复榘当时听了心里一惊，张宗昌的势力他是有所耳闻的，张宗昌当山东督办时坐镇济南，拥有十万大军；四年前败出山东时，仅率部五万，扣除伤亡，确有三两万散兵留在山东。现在张宗昌口出狂言，是否有意卷土重来？

韩复榘把疑问压在心里，呷了一口酒，微笑道："呵！老兄还有这么大的威力呀，真是可敬可佩！"

散席后，韩复榘心里很不高兴，觉得对张宗昌要多加小心。过两天，张学良请结义兄弟看戏，原本是订的各人一个包厢。但戏看到一半时，张宗昌忽然来到韩复榘南包厢，拍着韩复榘的肩膀哈哈笑道："向方老弟，你在山东顶了俺的窝子，俺今天顶了你太太的窝子啦！"

韩复榘感到张宗昌话中有话，大有"复辟"之意，于是下了狠心，心里道："哼！狗肉将军，你想跟我姓韩的碰？我叫你一命呜呼！"

张母、少帅劝阻无效

两天后，军事会议结束，韩复榘由北平返回济南。

没几天，孙传芳的老部下、原少将师长卢殿臣受韩复榘所派，从济南来北平，给张宗昌送来许多礼物和韩复榘的一封亲笔信。韩复榘在信中大谈结义兄弟友情，热情邀请张宗昌"速作泉城之行，共谋大事"。

张宗昌虽已下野，却一直想重整旗鼓。他应张学良之邀从日本回来，就是指望这位已当上"陆海空军副总司令"的老朋友（张宗昌是张作霖一手提拔起来的，和张学良关系极好）成全愿望。但张学良邀请张宗昌回国的用意主要是怕他待在日本被收买当汉奸，并不准备让他执掌兵权，所以只给大洋（每月八万元）而不给位置。近半年待下来，张宗昌大失所望，确实动过"赴鲁召集旧部"的念头，韩复榘的这封信，增加了对他的诱惑力。他反复考虑后，决定立即赴济南。

消息在小范围内一泄出，参谋长金寿昌、秘书长徐晓楼相约登门劝阻。他们指出，韩复榘这个人，貌似憨直，心术却极多，为人寡信而反复无常。

张宗昌不以为然，连连摇头说："韩向方和我张效坤（张宗昌字效坤）已对天八拜、义结金兰，既已称兄道弟，他再讲心术，也不会把计谋耍到自己老兄头上来，否则，他今后以何面目立足军界？"

金参谋长开腔道："效帅，韩复榘可是不讲结义之情的，他原是冯玉祥手下的一个兵，由小卒升到班、排、连、营长，后来又逐步升迁，一直做到冯玉祥的第六军军长，冯玉祥还把自己兼任的国民政府河南省主席位置让给他，两人换帖结义。可是，韩复榘是怎样对付冯玉祥的？民国十八年，蒋介石、冯玉祥大战时，仅仅因为冯玉祥打了他一个耳光，他就倒戈了，搞了个什么'甘棠东进'行动，结果，冯玉祥大败。效帅，依小弟看来，你跟韩复榘的关系远远及不上冯玉祥当时跟韩复榘的关系，他会考虑金兰之义吗？"

张宗昌似有所动，但想了片刻，他说："即便有那么点儿危险，俺也要舍命冒他一下。俺目前只有一条路——借韩复榘的力量，恢复山东旧业。古今凡能成大事的，都得冒几分风险：刘邦曾赴鸿门宴，关云长也曾单刀赴会，他们若贪生怕死，能成事吗？况且，俺初赴济南，仅为笼络感情，试探态度，韩复榘怎能平白无故把俺杀了呢？俺老张自十六岁从山东老家闯关东，到今年已有整整二十五个年头，足迹北到海参崴，南到湘西，到上海滩，跟老毛子干过架，和红胡子玩过命，战场上枪林弹雨见得多哩，鸿门宴也去过不是一次两次，难道这会儿还怕韩复榘？"张宗昌一生身经百战，屡遭危险，但每次都被他奇迹般地避过了，这一次次"化险为夷"的经历使他形成了自信、固执的禀性。金寿昌、徐晓楼见劝说无效，决定去见张宗昌的母亲祝氏，陈说利害，鼓动她去劝儿子。张宗昌是遐迩闻名的孝子，想来总不至于违抗母命。但这次祝氏说的话却被他当做耳边风，张宗昌一只耳朵进另一只耳朵出，反说母亲"此等大事，汝等不懂"。

祝氏撞了个软钉子，并不死心，这老婆子做事颇有心机，一计不成又生一计。她知道张宗昌和当时在北京的张学良、吴佩孚、孙传芳关系不错，便遣人前去捎话，央求他们劝张宗昌打消去山东的主意。

吴佩孚、孙传芳次日结伴同来，劝张宗昌打消南下念头。这两个名声显赫的大军阀其时均已手无寸权，不被张宗昌看在眼里，所以他们说的话自然不起半点儿作用。两人最后悻悻而去。

过了一天，张学良来了，跟这位盟兄说了一番道理，临末还说："你想东山再起，须忍耐一个时期才成，我一定成全你就是。到韩复榘那里去冒这个险，实在不值得！"张学良还主动提出跟蒋介石交涉，撤销对张宗昌的通缉令。话说到这般地步，足见张学良的诚意，张宗昌遂答应取消南下计划。祝氏听说后，自是欢喜不尽，冲着自己房里供着的那尊金铸观音三拜九叩，感谢娘娘保佑。

本来这事就这样结束了，谁知两天后韩复榘又拍来一封电报促驾。电报中说："关于联络旧部、扩编队伍等事宜,亦悉从兄意。"张宗昌一看,欣喜雀跃。韩复榘有这等诚意,他是非去一趟济南不可了!为了防止再受人阻止,张宗昌这次不露一丝口风,暗里吩咐贴身马弁去车站购了去济南的头等厢票三张,连夜出发。

过后,张母祝氏才知道,只好哭哭啼啼给张学良打电话告急。张学良一听也暗自吃惊,急给天津警备司令林宪祖发了份加急电报,叫他速往车站拦截。可是当林宪祖赶到天津车站时,那趟列车已驶过天津,无法追回了。

暗杀在午后行动

韩复榘见张宗昌已经上钩,就开始在济南布置暗杀事宜。这时,正寓居泰山的冯玉祥得到韩复榘的密报,对杀张极表赞同,并告韩可用郑继成以替父报仇之名杀之,这样就可以遮人耳目,且可赢得社会各界同情。原来,这郑继成乃郑金声的嗣子(实是侄子)。1927年11月6日张宗昌在济南将被俘的郑金声枪杀后,曾想进一步捕杀郑继成。郑继成东躲西藏,后流亡国外,直到1928年张宗昌垮台后才回国。后来,郑继成投奔韩复榘,当了山东省府的参议。韩觉得让郑继成出面杀张,确实合乎理,顺乎情,于是就依计而行。

张宗昌一行到达济南后,韩复榘特派石友三、程希贤、张受骞等人到车站欢迎,并以石友三之私邸做其临时寓所,使张安心不疑他。当日,张宗昌赴省府拜望韩复榘,韩热情接待,两人谈笑甚欢。当晚,韩复榘在石友三寓所大摆酒宴,为张洗尘,并请各厅长、师长和石友三等人作陪。席间,韩复榘又发表热情的讲话:"张兄高尚之人格,实堪兄弟敬佩,兄弟与张兄订交,不胜荣幸之至,将来同舟共济,一定受益匪浅……"张宗昌听了更为感动。

话分两头说。在北平的张学良得知天津警备司令林宪祖没来得及拦截张宗昌,不禁傻眼了。

张学良和张宗昌的关系非同一般,早在1922年张宗昌刚投奔张作霖时,两人已成为好朋友了,后来张宗昌帮张作霖平定"高卢叛乱",初建功勋。张宗昌坐镇绥芬河发展势力时,多次受到杨宇霆、郭松龄的刁难,几次险遭不测,全是张学良凭自己在奉军中的特殊地位伸手相助才使张宗昌化险为夷的。这次张宗昌不辞而别,张学良估计会出事。他彻夜不眠,苦思良策,最后想出一个办法:借张宗昌姨太太之名给张宗昌发电报,假称其母祝氏病危,叫他马上返回北平。

当张宗昌打开电报一看,吓出一身冷汗,电报上写道:"济南山东省政府转张宗昌,十万火急,母于昨晚突患脑溢血症,即送德国医院抢救,现已处弥留状态,望接电后速返平。切切!张薛氏十月二日。"

张宗昌二话不说,急去找韩复榘,递过电报说:"贤弟,俺母亲患急病,差不多要撒手归天啦!"

韩复榘这人也真会演戏,他看着电报,竟也急得脸色焦黄,额头出汗,倒好像祝氏是他的娘一样。当张宗昌提出得马上回去时,因韩复榘暗杀计划已布置妥当,所以他也就顺水推舟地说:"对啊,是得马上往回赶!"

韩复榘按铃唤来秘书,让往火车站打电话订了三张去北平的当天车票。开车时间是6:25。

韩复榘为表敬意,特在自己寓所设午宴为张宗昌送行。还让大太太从家里藏的补药中选几样特别珍贵的,让勤务兵送往张宗昌屋里,说是奉赠给祝老太太的薄礼。

中午,韩复榘在自己寓所为张宗昌饯行。这次场面简朴,临席的除了韩复榘、张宗昌外,只请了石友三和金寿昌作陪。韩复榘酒量甚大,但一般场合均以半斤为限,故从不显露醉态,这次却一反常规,频频劝酒。

"狗肉将军"堪称海量,一次喝两斤烈酒也不会醉倒,但这次因赴鲁无成果,加上母亲"病危",心情不佳,只喝了半斤多就觉头昏脑涨。但韩复榘仍频频与之干杯。

旁边的石友三看看火候差不多了,打着哈哈对张宗昌说:"效坤兄,我有一事相求,未知允否?"

张宗昌和石友三的友情胜于韩复榘,他连忙说:"你要什么,尽管开口!但凡俺有,保证不打回票!"

石友三说:"昨天游大明湖时,我发现你那把手枪实在不错,不知兄长能否割爱?"

张宗昌大脑正处于兴奋状态,对石友三又无戒心,当下不假思索便点头说:"哈哈,我以为是什么事呢,要我的枪?好说好说!"他掏出手枪递给对方,"拿去吧!这么一桩小事还要什么求不求的。呵呵,你这家伙,真是识货的行家,俺这把手枪,是新近购得的德国'自来造',就是昨天放了两响。"

石友三把枪拿在手里,爱不释手地看了一会儿,揣在怀里,拱手作揖,连声称谢。

其实,这都是韩复榘的安排。张宗昌是神枪手,百发百中,如不先缴其手枪,郑继成很难下手。而石友三是张宗昌挚友,所以张看不出破绽。

几个人又喝了一会儿酒,看看已是午后3点钟,便结束了。韩复榘叫金寿昌扶张宗昌去客房稍稍休息一会儿,一应行李,派勤务兵去帮着打点。

将近下午5点,张宗昌等人上了韩复榘准备的轿车,韩复榘、石友三坐各自的专车,在勤务兵的护卫下,前往济南火车站。事先,韩复榘已通知军政要员往车站为张宗昌送行,这些人已先行抵达。现场还有不少新闻记者。

张宗昌不知这是韩复榘为了表白自己跟即将发生的刺杀案无关而故意安排了这些目击者、见证人,反认为是对自己的尊重,步上站台与众官员握别时极是得意。

车启动前的预备铃打响了,张宗昌跟送行的人一一握手告别……

接着就发生了郑继成的暗杀事件……

其实,张宗昌是被韩复榘预伏在四周的军队用一阵乱枪打死的。

这才是张宗昌被暗杀的全部真相。

张宗昌被杀后,其子张济乐曾欲赴济南报仇,其母袁氏知无政治靠山,不仅报仇不成,还会让人斩草除根,因而极力劝阻。过不久,袁氏携家财逃亡大连。张宗昌的几十名小老婆向袁氏索财算账,袁氏致函云:"尔等来到张门,系贪图宗昌富贵,要算账向宗昌去算,与我无涉。"尔后,张宗昌几十名妻妾皆作鸟兽散。

韩复榘伏法记

◎孟昭庚

魂断楼梯

1938年1月23日,国民政府发布命令:韩复榘因违反战时军律,免去其本兼各职,褫夺陆军二级上将原官及一切荣誉勋典,由军事委员会提交军事法庭审判。

次日,国民政府下令对韩复榘法会审,并作出终审判决,以"违抗军令,临阵脱逃"的罪名,判处韩复榘死刑,立即执行。

1938年1月24日晚7时许,有两个看守的士兵到关押韩复榘的那幢小楼上,打开一间装有铁窗的牢房,装着很随便的样子,对躺在一张小铁床上发呆的韩复榘说:"韩复榘,快起来,何审判长找你谈话,跟我们下楼!"

韩复榘信以为真,当他扶着铁床站起来时,两个士兵对视一下,其中一个对韩复榘说:"你如有什么话要告诉你家里,咱俩一定替你转告。"

韩复榘瓮声瓮气地说:"俺老汉没有家!"

两个士兵又对视一下,其中一个说:"没有话说,那就跟我们走吧!"

韩复榘双腿酸软,手扶楼梯栏杆,慢慢地往下走。走到楼梯半腰时,借着昏黄的路灯灯光,瞥见院子里全是持枪的军警,明晃晃的刺刀闪着寒光。"这不是明明要对我行刑吗?"韩复榘的心不由一沉。待稍微镇定一下,便对带他的那两个士兵说:"请等一下,我的鞋子小,有些挤脚,上去换双鞋子再走。"他边说边转身上楼。就在他的脚刚迈上一个台阶,"砰! 砰! 砰!"三声枪响,站在楼梯下的刑警朝他的后脑勺和后心连开了三枪……

韩复榘从被捕到伏法,首尾都算,总共才十三天。

发迹

韩复榘,字向方,1891 年(清光绪十七年。一说 1890 年,清光绪十六年)生于直隶霸县台山村(今河北省霸县煎茶铺乡台山村)。父亲韩世泽,字净源,是光绪十二年的秀才,饱读诗书,为本村塾师,为人方正,深受众人敬重。韩复榘自幼聪颖机敏,随父在塾中攻读,不仅对四书、五经琅琅成诵,而且对书法尤为爱好,时时临摹,很有章法,小楷更见工整。

1908 年,韩复榘时年十七岁,娶本县北庄头村书香门第高姓之女高艺珍为妻。

韩复榘婚后第二年,韩父托人将十八岁的韩复榘荐入本县县衙任贴写(即司书),专录写公文。

韩复榘青少年时代,正值清朝末年,当时官吏腐败无能,社会风气败坏,赌风盛行。韩复榘婚后进入县衙当差,远离父母管束,就常常出入赌场,结果嗜赌成性,输得债台高筑。债主强逼还债,无奈,韩复榘便萌生了"闯关东"的念头。韩复榘回家与妻子高艺珍商议,高也认为只有走这条险路,方能人走债烂。她将自己仅有的一副银镯从手腕上褪下来给丈夫作了路费。韩复榘不敢告诉父母,悄悄溜出家门,与妻子洒泪而别,踏上生死未卜的关东路。

韩复榘在关东辽阳乡间给人打短工。一天,他听人说,清新军第二十镇(相当于师)在新民府招新兵,便贸然前往投军。只因是外乡人,无人担保,招兵官拒不收录。后经人疏通和担保,韩复榘才被收录。韩复榘被编在第四十协(相当于旅)第八十标(相当于团)第三营,该营的管带就是冯玉祥。从此,韩复榘跟冯玉祥结下了不解之缘,随着冯玉祥职务的不断升迁,韩复榘也就跟着水涨船高,飞黄腾达起来。

那时,"好儿不当兵,好铁不打钉",当兵的大都是文盲,想在士兵中找个能识文断字的人很难,而韩复榘颇通文墨,又有几分雄豪之气,所以一开始便得到冯玉祥的赏识和器重,三个月后就被擢升为营部司书生。按清新军制,司书生为最低一级军官。是年韩复榘二十岁。

不久,武昌起义爆发,韩复榘随冯玉祥在京畿重镇滦州起兵响应。

经过滦州起义，冯玉祥发现韩复榘胆识过人，果断机警，是个难得的军事干才，就对韩复榘说："如今是多事之秋，群雄四起，你不用再办什么文案了，跟我带兵打仗吧！"于是韩复榘就被冯玉祥委以后哨什长（相当于排长），是年二十一岁。

以后，在一个不太长的时间内，韩复榘因作战勇敢，屡有战功，又练兵有道，就由一个名不见经传的小小的司书生，一步步蹿升为连长、营长、团长、旅长、师长，被誉为"飞将军"，在军阀部队总算混成了一个像模像样的人物，跟孙良诚、孙连仲、刘汝明、佟麟阁、石友三等其他十二人一道被时人称为冯玉祥麾下的"十三太保"和"新五虎上将"。到 1928 年，蒋、桂、冯、阎四派联合北伐时，韩复榘已是讨逆军第二集团军第三路军总指挥了。这年年底，韩复榘率部回驻郑州，经冯玉祥推荐，他当上了河南省政府主席，时年三十七岁。

叛冯投蒋

"风云突变，军阀重开战"，国民党新军阀蒋（介石）、桂（李宗仁、白崇禧）、冯（玉祥）、阎（锡山）四派，打下北京、天津后，联合便立即解体，转变为四派之间的激烈斗争。

1929 年三、四月间，蒋、桂首先分裂，战火烽起。当时，韩复榘奉命助蒋打桂，屯兵鄂豫边境。不久，李宗仁、白崇禧的桂军败北，冯玉祥急电韩复榘向南进军，以占领武汉。当西北军进至湖北孝感，蒋介石即下令韩部停止前进，就地驻扎。但蒋介石对韩复榘本人则优礼有加，将他请到武汉，借口劳军，趁机拉拢，又是召见，又是宴请，又是封官，又是给钱。韩复榘被蒋介石的花言巧语所迷惑，认定蒋介石是中国的"真命天子"，天下当属老蒋，遂萌生脱离冯玉祥"自立门户"、投靠蒋介石之意。

1929 年 5 月，蒋、冯决裂，中原战云密布，冯玉祥在华阴召开军事会议，策划对蒋发兵。韩复榘在会上没有说什么，可在返回他的部队驻地陕州车站后便宣布离开冯玉祥，另谋出路，命令部队向东开拔，回军洛阳。当天下午，韩复榘一行乘火车抵达洛阳。

韩复榘倒戈后，向蒋介石连发三封电报，表达自己"维持和平，拥护中央"之心迹。蒋介石甚为欢心，不但对其通电嘉奖，仍保持他河南省政府主席的地位，而且还拨给他一大笔相当可观的经费和武器。韩复榘对蒋介石感激涕零，发誓效命中央。

1930 年春，蒋、冯、阎大战爆发，韩复榘向蒋介石请命，愿去山东对付晋军。蒋介石同意，任命他为第一军团总指挥，兵发山东。韩复榘一举占领了济南，并又乘势占据了山东很多地盘。

蒋介石当时觉得韩复榘尚有可利用之处，便命韩复榘任山东省政府主席。

对抗中央

韩复榘任山东省政府主席后,为防止尾大不掉,蒋介石也对他作些限制。在军队方面,南京政府只准他编两个甲种师,一个乙种师,一个手枪团,并一律划为地方部队。而嗜枪如命的韩复榘则认为,在军事上若没有实力,老蒋是不会将他放在眼里的。于是他来个"斩而不奏"——除保留原有三个师之外,又陆续扩编了两个师和一个旅,部队发展到六万人。他还不满足,暗地里还在招兵买马,将各路民团改编、升级为部队。韩复榘把山东变为自己的独立王国,不准中央军的一兵一卒驻在山东。这样,蒋、韩的矛盾也就产生并日趋尖锐。

蒋介石看到韩复榘目无国府,一意孤行,心中不悦,原本答应按月供给的军饷,也扣住不发了。为此,韩复榘窝了一肚子火,"好啊,你老蒋不管我吃饭,那我就另砌炉灶了!"一怒之下,他下令由山东省府接管中央在山东的税务机构,在济南赶走盐运使、烟酒印花税局长、税警局长以及中央财政部特派员等一大批官员,这些肥缺则统统由他委以亲信接管,所收税款归山东省府支配,不交国府一分一文。与此同时,青岛、烟台等地的国税机关也都被韩复榘派武装人员接收。

蒋介石闻知大发雷霆,气得"娘希匹"骂了一通又一通。因当时还有比这更棘手的问题亟待解决,他只好暂时把这口气忍了,派孔祥熙去济南与韩磋商,山东国税收入,还是按月交给中央银行济南分行,再由该分行就近按月从税收项里拨发军饷,国税如不足,再由财政部汇给。韩复榘这才答应。国府在山东的财税机构恢复行使权力。

韩复榘对日本人的态度

韩复榘对日本人,既有斗争又有勾结,一切以自己的利益为转移。华北事变前后,日本人确实想拉拢、利用韩复榘,而韩复榘为了保住自己的地盘和地位,也不得不对日本人进行敷衍。七七事变后,日本人想方设法引诱韩复榘保持"中立"。当韩复榘看到蒋介石对日态度空前的强硬,他也跟着强硬起来。为了表示自己与日本人之决绝,韩复榘限令日本领事馆人员及侨民即日撤走,如不走,他们的安全他概不负责。他还态度严厉地对日本武官石野说:"你们若把我韩复榘看做汉奸,那你们就瞎了眼。"

抗战爆发后,蒋介石提升韩复榘为第五战区副司令长官(司令长官为李宗仁)兼第三集团军总司令,继续担任山东省政府主席,令其抗击日寇,勿稍松懈,不得与日本人妥协。

当1937年11月,日寇向鲁北大举侵犯时,韩复榘亲率已换上步枪的手枪旅和特务团过黄河迎战,在德州、惠民、齐东等地摆开战场与日军作战,在济阳与敌遭遇,手枪旅抵挡不住,溃退下来,损失不小。韩复榘率百余散兵,在一个村庄被敌包围,几乎被俘,他是骑着摩托车冲出重围的。跑到济南后,他气急败坏地对教育厅长何思源嚷道:"打!打!打!几乎回不来!再打,老本都得赔进去!"

从此,韩复榘患了恐日症,几乎到了谈"日"色变的地步,再也不愿跟日军接触了。

日军占领南京之后,气焰愈加嚣张。东京大本营,于 1937 年 12 月 17 日下达了进攻济南的"大陆令第三十四号"。华北派遣军第二军第十师团、第五师团很快就迫近黄河北岸,占据鹊山,隔着黄河用重炮轰击韩复榘的省府大院。隆隆的炮声震荡在黄河上空,炮弹则落在济南城内,济南城陷入一片恐惧、混乱之中。韩复榘准备弃城逃跑。事实上,早在日军炮轰济南之前,韩复榘就已将眷属和家私运往豫西了,军需物资也已开始向南阳运送。

对抗军令

第五战区司令长官李宗仁,根据蒋介石的命令,特地赶到济南,要韩复榘借助黄河天险,御敌于黄河以北,以确保鲁中、鲁南之安全。

"万一敌人突破黄河防线,"李宗仁手指大幅军事地图上的鲁南地区对韩复榘和他的左右将领说,"你们就以沂蒙山区为后方,利用山区有利地形跟敌周旋,死死拖住日寇一部分兵力,给其他战场调整兵力、重新布防赢得切实需要的时间。"

"不,这不行!"韩复榘不愿担当风险,一心要撤离山东保存实力,对让他率部待在沂蒙山区打游击,他怎么也不会接受。听李宗仁这么一说,他显得十分紧张,便不顾自己身份,黑着脸顶上去。"你光说山区、山区,我们几万人马真的拥进去,鬼子四面包抄,恐怕就出不来了,困就把我们困死了,我们就成了日本人的饺子馅了!"

"饺子馅?笑话!"李宗仁看到韩复榘已对抗敌丧失信心了,便哈哈一笑,以解室内沉闷的气氛,然后鼓励道:"不错,敌人是很强大,但你韩主席的部队也不是那么好吃的饺子馅!只要你向方兄振作起来,你的人马很可能会变为一块卡住敌人喉咙的鸡骨头!"

"德公(李宗仁字德邻),承蒙高抬,"韩复榘抱拳向李宗仁拱拱手,说,"上海、南京都丢了,日本人眼看就要打到小蚌埠,装备比我们优良的中央军尚且抵挡不住,都一溃千里,我们拿什么阻止敌人前进?"

李宗仁见韩复榘如此泄气,便不客气地说:"大敌当前,守土抗战乃军人神圣职责,还望韩主席服从中央,以大局为重,全力以赴!"

"这个当然,我韩某人是当兵出身,向来是开的子弹铺,卖的子弹头,对打仗何曾含糊过？只是，我们也确有困难啊！"韩复榘一个劲儿地叫苦连天。

"国难当头，哪能没困难？想办法克服嘛！"李宗仁还是耐心地忍愤开导。

"克服？请问德公，我们怎么克服？"韩复榘不但仍固执己见，而且向李宗仁步步紧逼。

战事迫在眉睫，韩复榘如此对抗，李宗仁终被激怒了。"啊，你，你?!"李宗仁气得脸都变色了。他见韩复榘丢弃山东的念头已铁定了，再怎么晓之以理也无济于事了，便立即结束谈话，返回徐州。

几日后，日军从济阳门台子突破黄河天险，济南受到严重威胁。韩复榘为了保存实力，于1937年12月22日清晨5点带领省府全套机构、军政人员及其眷属仓皇逃离济南向南撤退，顷刻，山东北部防务全线崩溃，日军于1937年12月26日占领济南。

济南陷入敌手的消息传到武汉、传到蒋介石耳中，蒋便急电韩复榘，严他务必固守兖州、泰安。韩复榘认为这是蒋介石、李宗仁让他打头阵，是借刀杀人。他对部下说："我们就这么几万人，如果把这点家底儿丢得干干净净，华北就没有我们立足之地了。只要我们有军队，我们就不愁没有饭吃，没有地盘可以抢地盘嘛！"韩复榘跟所有军阀一样，都把军队看做是自己的命根子，是赖以安身立命、享受荣华的宝贵之本。

韩复榘在黄河以北的济阳抗敌，出师不利，不过，他的几万主力并未受到重创。但韩复榘太胆大妄为了，对蒋介石、李宗仁的命令置若罔闻，竟一枪不发，又将兖州、泰安拱手送敌。他本人则率几万主力像潮水一样涌向鲁西南，进驻曹县、成武、单县等地，随时准备全师入豫。

由于韩复榘节节败退，致使津浦路、陇海路的徐州以北地带门户洞开，徐州形势骤然吃紧。李宗仁打电话责问韩复榘为何不执行委座命令又放弃泰安。韩复榘振振有词道："南京已失，何况泰安！"李宗仁火冒三丈，在电话上声色俱厉地吼道："韩副司令官，这是最高统帅命令，再退，军法严惩，决不姑息！"

意欲联合反蒋

韩复榘与国民党第七战区司令长官兼第一集团军总司令、四川省政府主席刘湘私交很厚。他知道自己屡抗军令，已彻底地为蒋所不容，担心在南撤途中，蒋派中央军拦截，将他吃掉，便秘密派人跟刘湘联络，请刘湘相助。此时刘湘正在战时首都武汉治病，住在汉口万国医院。

韩、刘这一阶段联系频繁，往来密切，引起消息灵通的蒋介石、戴笠的高度重视。他们从各种迹象上推断，鲁、川两省两军很可能在私下搞联合，并企图搞什么名堂。

为了弄清并切实掌握韩、刘相勾结的目的和证据，戴笠特地找国民党第八十八军军长范绍增帮忙。范原是刘湘手下一名高级军官，因受刘排挤与刘有个人恩怨。范假装生病，也住在万国医院刘湘病房附近一个病房"治疗"，日夜密切注意刘湘的一举一动。

时间不长，范绍增就获悉刘湘给川军一个将领王缵绪发了一封信，命令王缵绪"速带两师兵力到宜昌、沙市一带，与韩复榘去襄樊的队伍取得联络"。

这一情报非同小可，戴笠经过秘密侦查，终于弄清了事情的原委。

原来，韩、刘确有密谋反蒋的举动，他们料定老蒋早晚要放弃武汉西迁重庆。这四川本是刘湘的天下，刘湘想，如老蒋带中央军入川，在川中遍插亲信，那么他刘湘在川地将寸步难行，公开阻止老蒋入川他既没有这个胆量，也没有那个力量，现在韩复榘要跟他联合，二人便一拍即合。他们分头活动了另外两个对蒋不忠的北方将领，计划韩复榘的部队从河南向襄樊、汉中一带推进，以配合刘湘的川军封锁老蒋西迁四川的道路。然后，几派势力联合起来与蒋抗衡，在川、鄂边境割据一方，相互呼应。

蒋介石听了戴笠报告这一情报时，脸上当即便露出了杀机，恨不得立刻就将韩复榘、刘湘等人碎尸万段。

中计

韩复榘对蒋介石戒心很重。为了能顺利将韩逮捕归案，蒋介石颇费了一番脑筋，最后决定利用开会之机动手。为了稳住韩复榘，不使他生疑、紧张，蒋介石在这阶段很少露面，也不给韩发电报、打电话。为不使韩复榘有突然感，蒋介石先指派李宗仁在徐州召开区域性的军事会议，对韩进行试探和麻痹。

韩复榘看到徐州会议是由五战区司令长官李宗仁主持，地点又是在自己驻军附近，作为五战区副司令长官不到场似乎有些说不过去。可他转念一想，自己跟李宗仁已经闹得不可收拾了，见面实在不好意思，于是便以"偶感风寒，身体不适"为由，派何思源代表他去徐州赴会。何思源回来后告诉他，李宗仁只是调整一下本战区的军事部署，一字未提第三集团军南撤之事。

徐州会议刚散，蒋介石便从武汉发来急电，声称形势骤变，军情危急，他将于1938年1月11日在开封召集北方将领举行军事会议，所有北方部队军长以上长官都必须如期到会，不得有误。

韩复榘接到蒋的电报，不免疑虑重重，便给蒋介石复了个措词婉转的电报：职部甫自前方移此，歉难赴汴开会，一俟稍有头绪，当即趋前请示。

蒋介石接到韩复榘这一纯属搪塞的电报，并未大动肝火，像没事儿似的，亲自给韩复榘挂了电话："喂，向方，你是向方兄吗？"蒋在电话上跟韩称兄道弟，语气极其亲切而又诚恳，"嗯，这个，眼下局势严峻，国土沦丧，生灵涂炭，我心急如焚，决定在开封召集会议，商定诸事，请向方兄带孙军长桐萱等将领务必遵期到会。"

话既已说到这种地步，态度又这样友好，再推辞，似乎也难以启齿。韩复榘在心里琢磨，如此隆重的军事会议，各路将领盛聚，老蒋纵然对自己有所不满，也不至于在国难当头，正值用人之际，会拿一个战区副司令长官、集团军上将总司令、一省之主席开刀吧？这样的会不参加，会让众将领小瞧自己，这个人丢不起。再说，刘经扶（刘峙）带二十万中央军从石家庄一带撤至河南彰德，刘本人先退到郑州，继而又将司令部移驻开封，老蒋不也未对他怎么样？这么一想，疑虑全消，就带着军长孙桐萱等几个亲信将领，由一个全副武装的手枪营护卫，乘钢甲车直奔古城开封而去。

赴会

1938 年 1 月 9 日下午，韩复榘一行风尘仆仆地抵达了黄沙弥漫的古都开封，下榻于市内黄河水利委员会委员长孙祥榕的公馆里，但他的卫队营却因为当局借口市内不好安排，而被留驻在城外。因为最高统帅在此，与会者的卫队一律不准进城，这也是在情理之中，韩也就不疑有他。

韩复榘哪里知道，戴笠已亲率一批行动队员先期密赴开封，所有的一切都在按照戴笠的既定计划行事。

1 月 11 日下午，会议在开封南关袁家花园内一座小礼堂内举行。韩复榘与军长孙桐萱带着几名贴身卫士乘汽车按时来到开会地点。下了汽车，在随员护卫下，径直由园门而进。

园内非常幽静，看不出有什么剑拔弩张、刀光剑影的迹象。韩复榘他们往前走了一会儿，眼前出现一座拱门，在拱门的两厢房旁，贴着一张长纸条，上写"随员接待处"，并有持枪的宪兵在守卫，只准与会的军政官员进去，随员谢绝入内。这样，韩复榘的两个卫士、孙桐萱的一个卫士只得被留在接待处等候。

以前，凡老蒋在外地、在战区主持召开的会议，程序大体上也曾这样做，韩复榘也就不往深处细究。他同一些参加会议的熟人打着招呼，边说边往里走去。当他们来到小礼堂的副官处时，又遇到第二道关卡，这里不仅警卫森严，墙上还贴有一张特别的告示，声称："奉上峰谕：今日高级军事会议，为慎重起见，所有到会将领，不得携带武器进入会议厅，应将随身武器移交副官长保管，给予临时收据，俟会议完毕后凭收据取回。"

"咦，今天的会议花样怎么这么多？"韩复榘看了告示，心里嘀咕着，讥笑老蒋疑心太重，却没有考虑别的，就随其他将领一道，把随身携带的两支德国造的袖珍手枪掏出来交上去，接过收据便跟心情各异的众将领一道进入会议厅。

这是一座精致、整洁的小礼堂,参加会议的将领的座次是事先安排好的。韩复榘与他的亲信孙桐萱军长分开来,被安排在上将席,坐在蒋介石的嫡系将领刘峙的身边,直到这时,韩复榘还未意识到自己将大祸临头,还在轻松地跟刘峙开着玩笑。

与蒋介石当面交锋

当身披皮领大衣,内着考究的将军服,手戴白手套的蒋介石,在一大帮随员的簇拥和护卫下步入会议厅时,所有在场的军政官员"刷"地起立,向他致敬。蒋介石摆摆手,示意大家坐下来,便在会议厅主席席位上就座。蒋介石把白手套脱下来,放在面前的桌子上,然后用冷峻、威严的目光扫视一下会场,干咳几声,清清嗓子,这才操着浓重的浙江宁波口音说:

"诸位辛苦了! 这个,今天大家欢聚一堂,共商国是,机会难得。在座的许多是老同志,老相识,也有初次见面的,这样吧,点个名,大家先认识认识吧!"

蒋介石拿着事先准备的与会人员名单,正儿八经地点了名,随后,便是滔滔不绝的训话。话题是围绕军人以服从命令为天职,待云山雾罩地不指名地把韩复榘等人训斥一顿之后,终于露出了峥嵘:

"抗日是全国一致的,这个,是每个将领义不容辞的责任,可是竟有这么一位战区副司令长官兼集团军总司令,一枪不发,放弃黄河天险的阵地,连失数城,使日军长驱直入,进占大半个山东,给整个战局带来严重后果,我要问韩主席,你为什么要这样做?这给国家、民族带来什么样的灾难,你考虑过吗? 所以,这个责任你是不能推卸的,你必须进行深刻的反省!"说到这里,蒋介石一脸杀气,两道锐利的目光扫了韩复榘一眼。

韩复榘压根儿未料到蒋介石这么快就变脸跟他摊牌,只觉得一股寒气从脚下升上后脊梁。但韩复榘毕竟不是等闲之辈,他是一个曾浴血沙场、历经九死一生的骄横悍将,生就的是一副天不怕地不怕的性情,现在看到蒋介石杀气腾腾地向他兴师问罪,心想,是祸躲不过,伸头也是死,缩头也是亡,头砍掉了不过碗大的疤,谁怕谁? 想到这儿,他也就不在乎蒋的威严了。于是他毫不客气地当场诘问蒋介石:

"报告蒋委员长,卑职不明白,山东丢失是我应负责任,可南京丢失,那又是谁的责任?"

专横跋扈的蒋介石,岂能容许别人在这种场合顶撞他? 不等韩复榘将话说完,就厉声喝道:"现在我问的是山东,不是南京,南京丢失,自有人负责。可你拥兵自重,不战而逃,失地千里,跟日本人勾勾搭搭,明来暗去,阴谋出卖山东,这是什么问题?"

"这是造谣,没有的事!"韩复榘毫不示弱地大声否认。

"造谣?"蒋一声狞笑,"你的所作所为证据确凿! 有些事不用我说,雨农会把它公布于众的。实话告诉你，你不仅目无党国，违抗军令，还图谋不轨，你还有内奸嫌疑！"

韩复榘见流氓成性的蒋介石要把他置于死地，看来今日在劫难逃了，也就豁出去了："哈哈，内奸！戴雨农没有向你报告中国有个天字第一号的大内奸吗？"

蒋介石惊问："你说什么？谁是天字第一号大内奸？！"

"我说的是你！"韩复榘声震屋宇，"你给张汉卿下绝对不抵抗的命令，断送了东三省，你搞《何梅协定》，出卖华北主权……"

"放肆！"蒋介石暴跳如雷，再次截断对方的话头，"一派胡言！一派胡说！"

"不，我没胡说，这些都是举国皆知……"韩复榘还想继续与蒋舌战，被坐在他旁边的刘峙劝阻了。刘拉着韩的胳膊说："向方，干吗火气这么大，要冷静点，委座正在气头上，走，你先到我办公室休息一下吧。"他一边说一边拉着韩复榘离开会议厅。

被捕

刘峙陪着韩复榘从小礼堂侧门走出来，三转两转便转到后门口，未见刘峙招呼，便有一辆黑色的小轿车缓缓地向他们开了过来，停在他们面前。头昏脑涨的韩复榘并未想到，要不是事先安排，哪会有一辆轿车恰到好处地在此等候？

刘峙指着汽车说："向方上车吧，这是我的车。"

"不，不用，我的车就在大门外。"韩复榘想离开会场，但不愿坐别人的车。

"这又何必呢？到大门外，得走正门，一连几道关卡你不是不知道的，那是宪兵三团的人在把守，那些家伙目中无人，没准又要惹你生气。这后门是我布置的岗哨。"刘峙边说边拉住韩复榘的手，把他推向车门。韩复榘不知这是戴笠的"连环计"，以为刘峙会陪他一道出去的，便弯腰上车。车前座上的那两个身材魁梧的军人，见韩复榘上车了，便迅速地转到后排，坐在韩的两侧，把韩夹在中间。刘峙见状，这才对他说："你先到我公馆休息，我回去参加会议。不回去，老头子又要疑神疑鬼，晚上跟你弄几杯！"未待韩复榘回话呢，不知从哪里钻出来的一个驾驶兵拉开前座门，坐上驾驶座，启动了车子。刘峙顺手"嘭"的一声，将车门关上。

起先，韩复榘还以为坐在他两旁的军人是刘峙的副官，是来护卫他的，也未介意，可待车子开动后，他看这两个军人脸色阴沉，觉得不对劲，不禁惊问："你们是……"

对方没有直接回答韩复榘的问话，而是用两个乌黑的枪口顶住了他的身子，向韩出示了逮捕证，压低声音说："韩复榘，你被捕了！"立即将锃亮、冰冷的手铐套上他的双手。

"啊，你们？"韩复榘愤怒地吼道，"你们是什么人？敢抓我？"韩复榘就像一头骤然被关进铁笼子里的野兽，狂暴地咆哮着、挣扎着。

"你放老实点儿,嚷叫也没有用,我们是奉命行事!"两个武装军人分坐在两边,四只手像钳子一样紧紧抓住他的两只手臂,把他按在车座上,使他动弹不得。

汽车开足马力,直奔开封火车站。月台上,戴笠早已等候在一辆随时待发的专列旁,大批军警严密封锁车站,韩复榘被挟持上了火车,戴笠立即命令开车,火车风驰电掣,直驶武汉。

韩复榘被囚禁在武昌"军法执行总监部"院内的一幢二层小楼上,跟外界完全隔绝了。直到1938年1月24日晚被毙。

在韩复榘伏法之后,刘湘也在万国医院病房突然殒命。

韩复榘该杀

记得曾有一部电影叫《民国最大的谋杀案》,演的是蒋介石谋杀韩复榘的故事。

笔者曾对"谋杀"提出质疑,认为编导是将诱捕与谋杀相混淆,将电影取这样的名字多有不妥。

作为军人,守土有责。抗战初期,身为第五战区副司令长官兼第三集团军总司令、山东省政府主席的韩复榘,在日军进攻山东时惊慌失措,为保存实力,不指挥、组织所属军队及民众奋勇抗敌,而是脚底板抹油——溜之大吉,一枪不发,短短几日,便使省会济南,重镇兖州、泰安成了日寇囊中之物,造成了山东北部防务全线崩溃,按战时军律,你说该不该杀? 照笔者看来,该杀!

毛泽东在其《论持久战》这部不朽名著中,谈及这件事情,也说"李服膺(时任国民党军第六十一军军长,1937年10月,在晋北天镇不战而退,被第二战区司令长官阎锡山下令正法——笔者)、韩复榘等逃跑主义者的被杀,是杀得对的"。

胡适与蒋介石在抗战前的恩恩怨怨

◎赵映林

国民党人骂胡适是北洋军阀的小走狗

1927年4月的中国,阴云密布,大河上下,长江南北,到处充满着阵阵血腥,全国一片白色恐怖。

是年4月12日,胡适在欧洲出席中英庚款全体委员会议并游历欧美后,从美国西雅图登船起程回国,上船之际得悉国内发生"清党反共"的"四一二"政变。胡适是何等聪明,他立刻意识到"四一二"政变对中国今后走向一定会产生影响。他给美国朋友写信说:"四月的政变似乎是走向一个对的方向。国民党似乎有意振作一下。但是代价太大了!这也许会大大减缓革命的进程;这也可能意味着新文化运动的倒退。"

24日,船到日本横滨。此时,中国国内,蒋介石正在大肆屠杀共产党人。北方军阀也在做垂死挣扎,残酷镇压共产党人和进步人士。其中,张作霖卑劣地从苏联大使馆逮捕绞杀了中国共产党创始人之一的李大钊。1926年胡适经苏联赴欧期间,很是赞美了一番苏联。他还告诉徐志摩:"志摩,只要我们肯干,什么制度都可以行。"徐志摩却不赞成胡适,不无调侃地微讽胡适:"你倒像一个布尔什维克!"胡适有诸多进步人士的朋友，尤其是共产党朋友，如陈独秀、李大钊等，所以，北洋军阀很猜疑胡适。而南方的国民党呢，对胡适也是心存疑虑与不满。1922年陈炯明叛变革命，炮轰总统府。胡适为之辩护，说"我们"反对抬出"悖主"、"犯上"、"叛逆"等旧道德的死尸攻击陈炯明。在《努力》杂志第十二号上胡适写道："陈炯明此次是革命，不是叛逆。"惹得国民党人在《民国日报》上大骂胡适丧心病狂！不仅如此，胡适还参加国民党抵制的善后会议，而且公开批评孙中山要求入党者按指模、宣誓，以示效忠。在报刊上他也大发议论，主张"联省自治"，反对国民党的"武力统一"。这种种的原因让国民党中一些人对胡适恨得牙痒痒的。

　　1926年7月，在伦敦出席中英庚款全体委员会议时有一次宴请，胡适遇见了刚从广州回来的一个英国人。谈话中，此人说自己在广州见过苏俄顾问鲍罗廷和蒋介石、宋子文等人。胡适很感兴趣，遂问起蒋介石其人如何。这位英国人说："鲍罗廷讲蒋介石是一个好的革命家。"胡适说："好革命家我是承认的，但他可算是一个好的政治家吗？"胡适没有见过鲍罗廷、蒋介石，而宋子文是自己留学美国时哥伦比亚大学的同学。在这次宴请谈话中，胡适又说道："蒋介石将军的军事才能我是不怀疑的，但他有眼光做政治上的大事业吗？"此时此刻的胡适还不是很了解蒋介石其人。随后不久，胡适去了巴黎。

　　9月18日晚，胡适与傅斯年等人又约好在巴黎一家华人开的万花楼饭馆吃饭。胡适到时，傅斯年等人已先到了。胡适在上楼前，饭馆老板悄悄告诉胡适："楼上有人发传单骂你。我特站在门口等你。你不要进去了吧？"传单是"中国旅欧巴黎国民党支部"印发的。传单痛骂胡适是北洋军阀的小走狗，到欧洲来为北洋军阀张目，号召大家起来驱赶胡适。胡适回到旅舍将传单贴到了当天的日记上，到是年12月30日，胡适才又在日记中补记了此事。

胡适支持蒋介石"四一二"政变

　　总之，在1927年的四五月之前，胡适是几面不讨好。国内朋友和学生知道胡适从美国起程回国，纷纷写信给他，劝他避避风头，暂不要回国。好友、时任商务印书馆经理的高梦旦写信给他："时局混乱已极，国（民党）、共（产党）与北方（军阀）鼎足而三，兵祸党狱，几成恐怖世界，言论尤不能自由。吾兄性好发表意见，此处时势，甚易招忌，如在日本有讲授机会或可研究哲学史材料，少住数月，实为最好之事，尚望三思。"丁文江给胡适的信中说："国内党争正烈，你脾气不好，最好暂时留在日本，多做点研究日本国情的工作。"4月28日，在日本的胡适又收到原北大毕业的学生顾颉刚的信，信中说道："我以十年来追随的资格，挚劝先生一句话：万勿回北京去。"

这样一来,胡适也就不敢贸然回国了。可日本的生活费用远高于国内,胡适不可能长住。三个月后,胡适决定回国了。不过他是在作了充分准备后才回来的。

在日本的那三个月里,他认真阅读了那一段时间报纸上关于蒋介石"清党反共"的各种报道,既弄明白了一些人的看法,也有了自己的认识。恰在这时,胡适在东京碰到刚从上海来日本的美国哈佛大学教授赫贞。谈话中,赫贞对蒋介石的"清党反共"颇不以为然。赫贞转述宋子文的话,说这是一次大反动。胡适追问道:"这怎么说?"赫贞回答说:"贵国宋子文先生讲,国民革命的主旨是以党治军,就是以文人制裁武人。现在完了,文人制裁武人的局面被推翻了。这难道不是大反动吗!"胡适说:"蒋介石将军清党反共的举动能得着一班元老的支持,你们外国朋友也许不认得吴敬恒(吴稚晖)、蔡元培是什么人,但我知道这几个人,很佩服他们的见识与人格。这个新政府能得到这一班元老的支持,是站得住的。"胡适还对报人和中国留日学生说:"蔡元培、吴敬恒不是反动派,他们是倾向于无政府主义的自由论者。我向来敬重这几个人,他们以道义力量支持的政府,是可以得着我的同情的。"胡适是借与赫贞教授谈话的机会,表明自己的态度。他知道,国内一定会传开他在日本的上述讲话。事情发展也果如胡适所预料的,国民党方面知道了胡适的立场。

不过,胡适的态度并不说明他已认定国民党已完全是个符合现代民主政治要求的现代化政党,此时,在胡适眼里国民党"总比北洋军阀有现代知识",不过也就仅此而已。在国民党与北洋军政府之间,或与其他政治集团之间,胡适不过是"两害相权,取其轻"罢了。正是这一点,这就决定了胡适与国民党、蒋介石少不了要有龃龉,他与国民党、蒋介石之间就不可能相安无事,胡适也就无可奈何一步一步地做了国家的"诤臣",做了国民党、蒋介石的"诤友"。

蒋介石容忍了胡适批评国民党把国家变成"名教"的国家

胡适回到上海后,重振新月社,成立新月书店,出版《新月》和《诗刊》。这年暑期末,胡适受聘光华大学教授。次年又担任中国公学校长。1928年年底,张学良在东北易帜,宣布服从"三民主义"。至此,国民党、蒋介石形式上完成了中国的统一。这时国民党可谓踌躇满志,那种"大权在握,就把令来行"的不可一世的霸傲之气充斥国民党的御用报刊。与此同时,铺天盖地的口号与标语,无耻地自我吹嘘,似乎正是国民党解民于倒悬。对这种假、大、空,连国民党的宣传部长汪精卫都觉得难以忍受,他在给胡适的信中说:"当着万人的演说场,除却不断不续地喊出许多口号之外,想讲几句有条理较为仔细的话,恐怕也没有人要听。"汪精卫尚且如此看,胡适自不必说了。他一生反对人们轻易被教条口号所迷惑,担忧人们"被人牵着鼻子走"。于是从胡适笔下冒出了《名教》一文,痛斥"标语口号"的泛滥,文中说得最痛快流利的一处是说,墙上贴一张"国民政府是为全民谋幸福的政府",正等于在门上写一条"姜太公在此"一样——"同为废纸而已"。他说:中国是个没有宗教的国家,中国人是不迷信宗教的民族,然而,眼下却有了宗教,叫"名教"。他批判说:如今是月月有纪念,周周做纪念周,墙上处处是标语,人人嘴上有的是口号。于是中国才成了一个有"名教"的国家。胡适的意思很明白:不满当权者利用行政权力制造对执政党的迷信。故他接任中国公学校长后,中国公学是全国唯一一所敢于不挂国民党党旗,周一上午不举行国民党总理纪念周的高等院校,反对党化教育,更不张贴宣传性的,自我标榜、自我吹捧的标语口号,而在学校办公室、广场走道旁,反倒竖着不少木牌,给学生贴壁报用。那些壁报,有左派办的,有国民党员办的,有国家主义办的,有无党派办的。胡适一视同仁,准许学生各抒己见。

胡适不满国民党的这套做法,却又不赞成暴力反对政府,仅希望一点一滴地改良政府、改善政治。他在给李石曾的信中说:"我所希望的,只是一点儿言论自由,使我们能够公开的替国家想想,替人民说说话。我对于政治的兴趣,不过如此而已。"

胡适批评国民党,未受到迫害,原因是胡适在国内外影响大,从早年胡适"暴得大名"以后,每作公开讲演都是人山人海,对于青年学生尤其具有特别的号召力。而这个"特别的号召力"现象并非是政治权威造成的,相反,它在很大程度上象征了向政治权威挑战的心理。这使得蒋介石萌生了要拉拢胡适、利用胡适在国内外影响为己所用的心理;在内心,蒋介石并没有认同胡适,放弃胡适是反党的认知。于是,就出现了这样戏剧性的结果:蒋介石不满胡适的做法,却又不得不容忍胡适的批评。而胡适也开始沿着做蒋介石"净友"的路径与蒋越走越近。

蒋介石给足了胡适面子

1929年4月,南京国民政府发表了一道保障人权的命令:"凡在中华民国法权管辖之内,无论个人或团体规章不得以非法行为侵害他人身体、自由及财产。违者即依法严惩不贷。"胡适本来对民国以来的人权状况就不满,认为人权被剥夺得几乎没有丝毫的剩余,国民政府本应颁布切实可行的人权法令才是,结果盼来的国民党政府的这道保障人权的命令规定,其内容竟然如此不具体、抽象、笼统。于是胡适于第二个月在《新月》杂志上发表《人权与约法》,公开批评国民党政府的这道含混不清的"人权保障"命令。胡适说:"这道命令认'人权'为'身体、自由、财产'三项,但这三项都没有明确规定。""命令所禁止的只是'个人或团体'而并不曾提及政府机关。'个人或团体'固然不得以非法行为侵害他人身体、自由及财产,但今日我们最感觉痛苦的是种种政府机关或假借政府与党部的机关侵害人民的身体、自由及财产。""命令中说,'违者即依法严惩不贷',所谓'依法'是依什么样法？我们就不知道今日有何种法律可以保障人民的权利。"胡适说："在今日如果说真要保障人权,如果真要确立法治基础,第一件事是应该制定中华民国的宪法。至少也应该制定所谓训政时期的约法。"矛头直指国民党政府。

胡适认为法治绝不只是对着普通百姓和民众团体的,也应该是对着政府、党和军队的所有官员的。胡适呼吁："快快制定约法以确定法治基础! 快快制定约法以保障人权!"如果有侵犯人权的,"无论一百五十二旅的连长或国民政府主席,人民都可以控告,都得受法律的制裁"。

胡适的《人权与约法》一发表,犹如在平静的湖水中撂下一颗炸弹,波涛涌动。人们在敬佩胡适的勇气和胆识的同时,纷纷给《新月》写信发表看法。

到此,胡适还意犹未尽,干脆一不做二不休,又连续发表了几篇文章:《我们什么时候可有宪法——对于〈建国大纲〉的疑问》、《知难,行亦不易——孙中山先生的"行易知难"述评》、《新文化运动与国民党》,对国民党进行批评。而一句"从新文化运动的立场看来,国民党是反动的"更是石破天惊,大快人心! 蔡元培在给胡适的信中说,《人权与约法》,"振聩发聋,不胜佩服"。近代著名实业家南通张謇的儿子张孝若是胡适的好朋友,他给胡适写信说："前月看见先生在《新月》所发表的那篇文字,说的义正词严,毫无假借,真佩服先生有识见、有胆量! 这种浩然之气,替老百姓喊几句、打一个抱不平,不问有效无效,国民人格上的安慰,关系也极大。试问现在国中,还有几位人格资望够得上说两句教训政府的话? 像先生这样的要说便说,着实是'凤毛麟角'了! 现在最不堪的,是人格破产,上上下下没有一个不弄钱,上行下效,变本加厉,与廉洁二字确成背道而驰,恐怕要弄到只有府门前一对石狮子干净了。最痛心的,从前是官国,兵国,匪国,到了现在,又加上党国,不知中华几时才有民国呢?"

胡适的大胆批评,让一些国民党人恼羞成怒。一方面没收焚毁《新月》杂志,查禁胡适编辑的《人权论集》,一方面组织御用报刊"围攻"胡适,并将抨击胡适的文章编成《评胡适反党义近著》一书。到此,国民党中一些人仍不罢休,国民党上海特别市党部呈请国民党中央,令教育部将胡适撤职查办。

国民党基层是气势汹汹,蒋介石和国民党中央也作出了回应。在胡适发表《人权与约法》的第二个月,国民党召开的三届二中全会公布"治权行使之规律案",其中规定:"人民之生命、财产与身体之自由,皆受法律之保障,非经合法程序,不得剥夺……"所谓"治权行使"乃指政府的执法为保障人权。这正是胡适的意思。所以,胡适将国民党的这份"治权行使之规律案"贴入日记中,指出这"与我的《人权与约法》一文有关"。不过,国民党在这里避开了敏感的"约法"一词。

不久,受英美政治制度影响较深的宋子文又约胡适面谈,要胡适"代他们想想国家的重要问题"。7月2日那天,胡适有备而去,与宋子文谈了自己对国政改革的具体意见。胡适认为,自己的"态度是'修正'态度:我们不问谁在台上,只希望做点补偏救弊的工作。补得一分是一分,救得一弊是一利"。

胡适掀起的这场人权运动,是对国民党实施训政党治的最早挑战,再次给他赢得了巨大声誉;而蒋介石的回应,也表明他的豁达大度与能够容忍异己,并开始注意胡适。

胡适比鲁迅与梁漱溟幸运多了! 这大概也让胡适有更大勇气批评国民党、蒋介石了。

不过这并非表明蒋介石就信任胡适、相中胡适而将其视为"自己人"。1931年3月17日下午清华大学学生代表来到南京见蒋,要求由胡适担任清华大学校长。蒋介石不客气地答复说:"胡适系反党,不能派。"

蒋介石给胡适面子,是缘于国民党内部的权力争斗

既然蒋介石眼中的胡适仍是"反动分子",蒋介石又缘何接受胡适提出的某些人权主张? 这是与国民党内部的派系矛盾斗争纠集在一起而出现的结局。

从蒋介石在南京成立国民政府,到宁汉合流、东北易帜,国民党内部的政治格局,仍是蒋介石、汪精卫、胡汉民三角关系。汪、胡皆为国民党元老级人物,过去也深为孙中山所信任。蒋在党内的资历均逊于汪、胡,但蒋手中有兵权,在非民主政治时代,这往往起着决定性的作用,由此决定了汪、胡二人必须依附于蒋,才能有所作为;而汪、胡二人由于资历与原先在党内的地位旗鼓相当,难分伯仲,孙中山去世后,这二人谁也不让谁,关系早成水火。

1927年汪精卫被迫引退,胡汉民则于次年从欧洲回到国内,担任立法院长。由于汪的引退,胡汉民雄心勃勃,一心要以"法治的力量来约束枪杆子"——制约蒋介石。

汪精卫最为担忧的是深怕胡汉民被党内视为孙中山理论继承人,更惧怕蒋、胡二人联盟对他的进一步剥夺,所以,以汪精卫为首的国民党改组派发表了《最近党务政治宣言》,批评国民党官僚化,百分之八十的党代表为中央所圈定、指派,蹂躏民主。他本人则四处发表讲话,以党内民主派的形象出现在公众视野中。

此时此刻的蒋介石虽然在军事上取得胜利,但在人权、约法的思想理论方面却感到一种压力,当以胡适为代表的人权派、汪精卫与胡汉民,以及国民党基层党部唇枪舌剑时,蒋介石的思考也有了结果——择善而从,顺应时代潮流,以利于进一步巩固自己的地位。这就是蒋介石回应胡适提倡人权的另一深层缘由。蒋介石此举不仅客观上让胡适坚定了"为国家做一个诤臣,为政府做一个诤友"的决心,而且一举端掉了胡汉

民,减少了一个强有力的政治对手。

蒋介石尊重胡适,终于在二人之间建立起友谊

1932 年是胡适与蒋介石关系中很重要的一年。此前二人虽已"打交道"不少,但都是间接的,从未曾谋面。但这年末,他们五天之内竟见了三次面并共进晚餐。《胡适的日记》1932 年 11 月 28 日记载:"下午 7 时,过江,在蒋介石先生寓内晚餐,此是我第一次和他相见。"第二天,胡适再次在蒋介石寓所晚餐。同席者有顾孟余、陈布雷、陈立夫。当晚胡适给蒋介石送了一本《淮南王书》,目的是希望蒋介石推行"无为"政治,领袖应该抓大事,不必事无巨细都去抓。用今天的话说叫做"抓大放小"。12 月 2 日,蒋又一次邀胡适共进晚餐。

这最初三次胡、蒋的见面,共进晚餐,其中第三次见面,胡适对蒋介石请他注意教育制度如何改革和学风问题如何整顿,给予了很不客气的回答。胡适批评说,这都是政治不清明所致。话说得很重。不过蒋介石未有任何不悦的表示。蒋介石还把自己写的《力行丛书》赠送胡适。胡适翻了翻后发现,书中对孙中山"知难行易"的解释采用了自己的一些观点。这说明蒋介石在某种程度上已经吸纳了胡适的思想。也就是认可了胡适对孙中山这一哲学观念的批评。就这三次晤面,胡适明显感到了蒋对自己的器重。在日后的交往中,特别是对日外交中,蒋介石不时就一些大政方针垂询胡适,对胡适也确实表现出礼贤下士的姿态,表现出对胡适、对知识分子应有的尊重。就从这年开始,胡适与蒋介石之间的关系开始进入了一个在互异中的合作关系,胡适继续着对国民党与蒋介石的批评。

1934 年,蒋介石在南昌发起"新生活运动",自任"新生活运动促进会"会长。蒋介石说:"现在,我们要救国,要复兴民族,并不需要讲求怎么高深奥妙的道理;就是从实际生活起做几件很平常、很粗浅的事情;就是要从家常便饭的小事做起。"实际上,蒋介石的真实目的是要通过"新生活运动"对受中国共产党影响的江西老百姓加以改造。蒋介石的号召一下,国民党统治区域,上下各级党政机关无不闻风而动,热烈响应。蒋介石手订的小册子《新生活须知》,铺天盖地,充斥机关、学校等各行各业,被视为人人必须遵守的法规经典。

在国民党各级党政官员纷纷献媚取悦之时,胡适却顶风而上,在《独立评论》和《大公报》上发表《为新生活运动进一解》,批评蒋介石太夸张新生活的效能。胡适说:"要知道,救国与复兴民族,得靠知识与技能,和钮扣碗筷的形式不相干。"还说道:"要清楚认识,新生活运动应该是一个教育运动,而不是一个政治运动。生活习惯的改革,不是开会贴标语所能收效的。若靠一班官僚来提倡新生活,只可以引起种种揣摩风气,虚

应故事的恶习惯,只会增加虚伪而已。"胡适还说:"我们不要忘了生活的基础是经济的、物质的,人民太穷,决不会有良好的生活习惯。生活提高了,知识提高了,不但会路不拾遗,拾了遗物还会花钱去登报招领。"在国民党统治区,敢于如此批评最高当局举措的,恐怕除了胡适再找不出第二个。说来也怪,蒋介石竟然没有作任何表示。也许正是蒋介石的这种态度赢得了胡适的认可,后来,胡适不止一次地对人说:"蒋先生长进了,气度变阔大了,态度变平和了。能够相当的容纳异己者的要求,尊重异己者的看法了。"胡适的这些话传到了蒋介石的耳朵里,蒋介石还派人向胡适表示感谢。投桃报李,胡适又进一步表扬蒋介石了,胡适说:"蒋先生的做法,自然会逐渐得到国人的承认,蒋先生已成为全国公认的领袖,是个事实。"不过,对蒋介石的缺点胡适并没有放过,仍时不时地予以批评。胡适对蒋介石的这类批评,其实说白了,他是想把蒋介石和国民政府往美国式的民主制度上引。

一年多后,"西安事变"爆发了。胡适在震惊之余,致电张学良,称:"陕中之变,举国震惊。介公(指蒋介石)负国家之重,若遭危害,国家事业至少要倒退二十年。""若执迷不悟,名为抗战,实则自坏长城,正为敌人所深快,为国家民族之罪人。"

12月20日,胡适在《大公报》发表《张学良的叛国》一文,指责张学良背叛国家,破坏统一,是毁坏国家、民族的力量,妨碍了国家的进步。对胡适的这一举动,国民党南京政府大为欣赏,将它与傅斯年写的《张贼的叛国》一起大量印刷用飞机到西安散发。

胡适一直主张专家治国,反对蒋介石的"军人治党",反对蒋介石的专制独裁,胡适不赞成共产主义,可是对蒋介石国民党骂共产党是"匪"又十分反感,他觉是有理说理,用鲁迅的话说是"谩骂不是战斗"。但在历史的关键时刻,胡适总还是站在蒋介石的一边。

所以,胡适是一个复杂的人物。

蒋介石对胡适尊重,胡适对蒋介石感激涕零,这也是人之常情。胡适终其一生都致力于倡导英美式政治,反对专制政权,不满国民党的一党专政,直到他晚年既没在政治上与蒋介石分手,也没少批评国民党的"军人治党"、"党在国上"、"以党治国"和蒋介石父子的专制。胡适去世时,蒋介石除了亲撰"适之先生千古! 新文化中旧道德的楷模,旧伦理中新思想的师表"的挽联外,还送了一幅挽额,蒋亲笔书"智德兼隆"。对胡适一生的评价也让人感到了蒋介石的态度。

蒋梦麟何以被称为北大"功狗"

◎赵映林

民国时期,中国出了不少在国内外颇具影响的大学校长,如北大蔡元培、清华梅贻琦、南开张伯苓、震旦(复旦)马相伯……他们为中国的教育事业作出过不可磨灭的贡献。本文的北大校长蒋梦麟即是其中一位。

有一次傅斯年对胡适说:"论办事能力,你不如我,论学问,我不如你,我是你的一条狗,蒋梦麟学问不如蔡孑民先生,但办事能力比蔡先生高明,蒋先生是蔡先生的一条狗。"以后,蒋梦麟也说自己是蔡先生的一条"狗",只不过是条"功狗"。

由于有傅斯年与蒋梦麟的这么一说一和,于是,蒋梦麟就落了个"功狗"校长之戏称。

说起"功狗",这是有典故的。话说刘邦做了皇帝后,大封功臣,那些出身草莽、没有什么文化,却在刀光剑影中出生入死、提着脑袋南征北战,为刘邦打下若大江山的伙伴虽说个个封侯拜将,然而名列功臣第一的却是一个文人——在后方协助刘邦的萧何! 这一下炸锅了,群情激奋:萧何凭什么名列功臣第一? 刘邦对他手下这批开国武将说了一段颇有见地的话,他说:"猎狗只有追擒野兽的功能,而猎人却能指挥猎狗。你们只不过是擒杀野兽有功的猎狗(功狗),只有萧何才称得上是猎人(功人)。"这就是蒋梦麟讲的"功狗"一词的由来。

负笈西洋，学贯中西

中法战争结束后第二年，即 1886 年 1 月，蒋梦麟出生在浙江余姚。蒋梦麟的少年是在浙江余姚乡下蒋村度过的。当时他的名字叫"梦熊"，字兆贤、少贤，成年后号孟邻。在绍兴求学时因为参加学潮遂改名"梦麟"，有时也写作"梦邻"。蒋梦麟六岁入私塾，1903 年，十七岁的蒋梦麟考中了秀才。然而，此时的清王朝已是风雨飘摇、满目疮痍。在开明的父亲支持下，蒋梦麟先是来到离家乡四十余里的绍兴中西学堂。中西学堂创办于 1897 年，此刻正由蔡元培担任学堂的监督。蒋梦麟与蔡元培的师生之谊就是从这时开始的。蒋梦麟说在中西学堂读书首先学到的是地球是圆的，多少年之后，他还说在那时他觉得这是个不可思议的事。因为他从小一向认为地球是平的！对雷鸣电闪知识的了解，也使他目瞪口呆。之后他一度又在上海、杭州的教会学校念书。正是对西方科学知识的接受，令蒋梦麟的眼界大开，爱国心也在不知不觉中萌芽滋生了。后来，由于他参加学生闹事而被列入黑名单，不得不改名，于 1902 年以蒋梦麟之名顺利考入浙江省立高等学堂，后来又到上海入盛宣怀创办的南洋公学。少年时代的这段求学经历，使蒋梦麟既打好了旧学的根基，又进入了新知识的门径，为他日后负笈西洋、学贯中西奠定了基础。

1905 年 9 月 2 日，清廷废止了延续一千三百年之久的科举制度。传统之路走不通了，只有去海外接受系统的近代教育。1908 年，蒋梦麟自费来到美国，进了加州大学农学院，他从农学院的学习联想到教育，对同学说："我在这里研究如何培养动物和植物，为什么不研究如何教育人才？"于是，蒋梦麟在 1912 年顺利完成了加州大学的学业后，便来到纽约入哥伦比亚大学研究院，师从美国著名哲学家、教育家，也是胡适的老师杜威教授，开始他的哲学研究。还跟从孟禄教授研究教育学，把西方的新教育原理作了细密研究。在美国留学期间他结识了孙中山、黄炎培等人，从此，成为孙中山革命事业的追随者。孙中山对蒋梦麟评价很高，孙中山说："少贤他日当为中国教育泰斗。"果不其然，回国若干年后蒋梦麟已是国内屈指可数的教育大家。

1917 年初夏，蒋梦麟以《中国教育原则之研究》获得了美国哥伦比亚大学哲学博士学位，比同在哥伦比亚大学留学的胡适还早呢！他的毕业论文与胡适走的是同一条路子，都是用西方的方法来研究中国古代的思想。是年 8 月，蒋梦麟回到了阔别九年的祖国。回国后，蒋梦麟并没有一开始就进入教育界，而是进了在上海的商务印书馆，同时协助居住在上海的孙中山做研究工作，帮助孙中山撰写中国实业计划，还负责校阅孙中山的英文原稿。他真正进入教育界是他回国的第二年，即 1918 年。这年夏天，蒋梦麟来到黄炎培等人创立并由其主持的江苏省教育会所属的中华职业教育社任专职书记,之后又担任"新教育共进社"的机关报《新教育》月刊主编。特别值得一说的是蒋梦麟在这时即 1919 年提出了"劳工神圣",早于李大钊、吴佩孚,是继蔡元培之后在中国提出"劳工神圣"的第二个人!

三十三岁就代表蔡校长主持北大

五四运动发生那天,蒋梦麟与胡适、陶行知正在上海欢迎其恩师杜威教授等人,完全不知道北京已发生了爱国学生运动。直到第二天上海《时事新报》等记者来访,才得知头天在北京发生的事情。胡适随后不久先期回到北大,蒋梦麟一边陪同并主持杜威教授演讲,一边与胡适不时保持联系,了解北京方面运动的情况。6 月 6 日,上海成立商学工报联合会,蒋梦麟出任临时干事。当租界工部局干涉罢市时,蒋梦麟立即前往英、美领事馆严正交涉。全国学生联合会在上海成立时,蒋梦麟在会上发表讲话,明确表示支持学生的爱国行动。又在《新教育》杂志发表《改变人生的态度》,大力赞颂和高度评价五四运动。他说:"欧洲文运复兴的起始,是要求人类本性的权利,后来引发到自然界的新观念和研究的新方法。而五四运动就是这解放的新起点。大家一起来解放思想,推翻旧思想、旧习惯,把自己认做活泼泼的一个人。旧己譬如昨日死,新己譬如今日生。"当时能这样认识"五四"意义的,在全国屈指可数。

由于蔡元培支持学生运动,爱护学生,惹恼了北洋军阀政府,他们敌视蔡元培,认为他是学生闹事的罪魁祸首。北洋军阀政府总理钱能训召开内阁紧急会议,决定解散北京大学,撤免校长蔡元培。警备司令段芝贵甚至说出"宁出十年不要学校,不可一日容此学风"的混话。此后内定安徽省孔教会会长马其昶接替蔡元培出任北大校长。北洋军阀政府的倒行逆施惹怒了学生,运动掀起高潮。在五四运动后期的工人阶级成为运动主力的"六三"运动中,蒋梦麟与志同道合的胡适、汤尔和(当时的医专校长)一道竭力支持北大学生的挽留蔡校长运动,鼓动蔡元培回北京复任北大校长。在强大的压力之下,北洋军阀政府大总统徐世昌不得不签署大总统令表示"挽蔡"。蔡元培则表示,只要政府答应不处罚学生,便可以回校。可政府随即食言,并没有改变镇压学生运动的方针。于是,蔡元培复电北洋军阀政府拒绝返校复职。学生运动由此愈发猛烈。在强大的"挽蔡"压力下,北洋军阀政府不得不改弦易辙,北洋军阀政府国务院、教育部先后致电蔡元培,请他速回北大主持校务。可蔡元培在离开北大前,曾信誓旦旦地表示过不再回北大,必须给他留下一个回旋的时机。经过各方斡旋,由汤尔和提出一个折中方案,即蔡元培在回北大之前,由蔡元培在绍兴中西学堂任职时的得意弟子蒋梦麟暂时去代理北大。在这样的情势下,蒋梦麟开始了他与北大前后近二十年的关系。当时蒋梦麟年仅三十三岁。

代理北大校长一职

当各方议定由蒋梦麟代理北大校长后,蒋梦麟经过一番慎重考虑后接受了,于是,他提出两点意见要求蔡元培同意:一是只代表蔡先生个人,而非代表北大校长;二是仅为蔡先生的督印者。当时尽管蒋梦麟只有三十三岁,却颇具谦谦君子之风。蔡元培对蒋梦麟提出的这两点都同意了,还交代蒋梦麟说:"前段日子,各界代表来杭州(蔡元培离开北大后南下于上海、杭州之间)每天都有几起,迄未答谢,你到北京后,可代我向社会各界致谢,说明我已有回北大的决心,对大学责任,我愿意继续担负完全责任。"之后蒋梦麟起程前往北京,临行前向蔡元培告辞,蔡元培又语重心长地对他说:"从今以后,须负极大之责任,使大学为全国文化之中心,立千百年之大计。"蒋梦麟颔首称是。

蒋梦麟这一去北大,是他人生的一重大拐点。

1919年7月,北洋军阀政府教育部批准蔡元培的请求,同意由蒋梦麟代理北大校长的职务。

蒋梦麟初来乍到,凭什么才能在北大站得住脚?何况当初在他答应众人之劝代理北大之时,也并非所有教员都持欢迎态度的。在当时,门户之见、地域之见还是存在的。蒋梦麟对此倒是有心理准备的,头脑从未发过热、膨胀过。在全体学生欢迎大会结束后召开的教职员会上,蒋梦麟谦虚地说:"我只是蔡先生派来代捺印子的,一切请各位主持。"他这么一说,反对者也不便于再指责什么了。于是,在校评议会上通过了聘他做教授,担任总务长的决议。看起来蒋梦麟不惊不险地在北大被认可了,可棘手的事情还在后面。一方面被警厅拘押的学生还有一部分没放出来,一方面国会中还有人在觊觎北大校长一职。面对校内外的纷扰,尤其是北洋军阀政府官僚政客与旧势力的干扰,蒋梦麟本着《诗经·邶风·雄雉》所云"不忮不求,何用不臧"(意思是"不去害人不贪吝,走到哪儿都得成")之精神,在胡适、汤尔和、马叙伦等一班朋友的帮助下,四处奔波,向前奋斗,终于使所有在押学生得以无条件释放,暑期结束后,新学期顺利招得新生四百名。蒋梦麟总算在北大初步站稳了脚跟。

暴风雨过去了,霁日重现,新的学期开始了。蔡元培在各方一再督促之下,于是年9月20日到校,蒋梦麟向恩师蔡元培交了一份满意的答卷。蔡元培在北大任校长十年半,而实际在校办事不过五年半。凡蔡元培不在校,不论是他赴欧美考察,还是因政府腐败愤而辞职,总是由总务长蒋梦麟代理校务。除了三次代行校长职务外,蒋梦麟长期以总务长的身份,将主要精力用在协助蔡元培进行北大的体制改革上,成为蔡元培治理北大的得力助手。在蔡元培的主导下,蒋梦麟与胡适、陈独秀等人通力合作,共同把北大引上了现代大学的轨道。

"蔡先生是北大'功人',我是蔡先生的一条狗"

在中国新文化运动史上,北大是无法抹去的一个名词,这固然与蔡元培密不可分。然而,倘若没有蒋梦麟、胡适、傅斯年等人,只怕北大在中国教育史上也要逊色不少。但对蔡元培与胡适这两位先生的办事水平,傅斯年曾批评说,真是不敢恭维。而认为自己的办事能力超过胡适,蒋梦麟的办事能力超过蔡元培。有一次傅斯年对胡适说:"论办事能力,你不如我,论学问,我不如你,我是你的一条狗;蒋梦麟学问不如蔡孑民先生,但办事能力比蔡先生高明,蒋先生是蔡先生的一条狗。"以后,蒋梦麟也说自己是蔡先生的一条"狗","蔡先生是北大'功人',我是蔡先生的一条狗"。只不过蒋梦麟是条"功狗"。事实也确实如此,在不少人的心目中,都认为蒋梦麟是北大自由派中最有办事能力的人。蔡元培也认可此说,在北大,学校的发展、部门的设置是请蒋梦麟君通盘计划的。

蔡元培入主北大后提出自己的办学方针:"兼容并包,思想自由。"开创了中国大学的传统。由此,蔡元培也被尊称为"北大之父"。将蔡元培的办学思想、办学方针贯彻全校并身体力行者,乃是蒋梦麟,其后是胡适、傅斯年。

在蒋梦麟协助蔡元培主持完成的这一系列改革中,其基本精神就是要使北大能够真正走上教授治校的道路,从而实现学术自由、思想自由、兼容并包,全面贯彻现代教育理念,保证大学真正成为不受政治干扰、相对独立和自主的学术机构,并以无畏精神追求真理。

北大在蔡元培的主持下,经过蒋梦麟的具体运作,到 20 世纪 20 年代中期,取得了令人骄羡的成绩。例如物理专业,由于一批从海外学成归来的教授的殚精竭虑,北大预科的物理水平已与美国哈佛大学一年级水平相当,北大物理专业的本科毕业生水平也处在美国学士与硕士之间。创办仅仅二十七八年时间的北大,某些学科已跻身世界一流大学水平,这无疑是值得骄傲的。蒋梦麟与北大的教授们对中国现代化进程的贡献,无论如何是不能够抹杀的。

中兴北大

1924 年国共合作后,全国革命形势高涨,第二年在上海发生了五卅惨案,引发全国性的反帝运动。北大学生自然是运动先锋。1926 年 3 月 18 日,北大、北师大等校学生和各社会团体共十万人在天安门广场集会,强烈反对列强对中国政府的最后通牒。后来,两千多人组成请愿团开始到执政府请愿。而此时,蒋梦麟已得到消息,说政府已经下令,学生如果包围执政府,军队就开枪。于是,他劝告学生不可冒险,避免牺牲,并设法阻止学生参加请愿、示威、游行。可学生不听。当队伍来到执政府门前,就遭到了武装镇压,四十七人被打死,伤者达二百余人,其中北大学生三死五伤。

3月24日,蒋梦麟在北大全体师生参加的追悼大会上,潸然泪下。他对政府的暴行痛加抨击:"处此人权旁落,豺狼当道之时,民众与政府相搏,不啻与虎狼相斗,终必为虎狼所噬。古人说苛政猛于虎,确确实实如此!"说罢放声大哭,全场一片哭泣声。

3月26日,他发出布告:"本校定于30日开学,因此次同学惨死,开学后停课一星期,以志哀悼。"蒋梦麟一贯不赞成学生从事政治活动,但他又认为学生运动是被体制与腐败政府给逼出来的。而且在面对政府杀害自己的学生时,作为一校之长,他那反对暴政的态度又是如此的旗帜鲜明。

"三一八"惨案激起了全国各界的抗议与愤怒。蒋梦麟的态度也影响到北京各大学学生。第二天,北京学联决定举行总罢课。北大学生会向全国发出紧急通电,控诉北洋军阀政府的血腥罪行,号召全国人民一致奋起,打倒段祺瑞政府,驱逐八国公使并与之断绝外交关系,废除一切不平等条约。段祺瑞下台后,奉军随之进入北京,其驻军司令张宗昌是个声名狼藉的"狗肉将军"。此人尤其仇视知识分子集中的教育界和新闻界。有人问蒋梦麟,张宗昌是个什么样的人,他回答说:"张宗昌嘛,体健如牛、脑笨如猪、性暴如虎,他的利爪随时会伸向他不喜欢的任何一个人,或者他垂涎的任何漂亮女人,而且敌视学者文化人,实在令人不敢恭维。"正如蒋梦麟所说的,"狗肉将军"进入北京后,就开始对新闻界与教育界下毒手。4月26日,张宗昌以"宣传赤化"的罪名将《京报》记者、著名报人邵飘萍杀害,同时准备抓捕蒋梦麟,幸亏北京军政府的前总理孙宝琦当晚一得到消息,立即告诉了蒋梦麟,蒋梦麟得到消息后立即逃出了险境。蒋梦麟躲避了三个月后,在朋友们的帮助下,乘一辆马车一路上逃过警察的检查,辗转于上海、杭州、南京。国民革命军北伐胜利,蒋梦麟一度出任浙江大学校长与国民政府教育部部长。

蔡元培于1923年6月从欧洲回到国内,第七次提出辞职后就再也没有回到过北大。

1930年12月,代校长蒋梦麟接任北大校长。蒋梦麟到校视察后,随即提出"教授治学,学生求学,职员治事,校长治校"的办学方针。根据这个方针北大公布了《国立北京大学组织大纲》,规定北大的职志是"研究高深学术,养成专门人才,陶融健全品格"。重建文、理、法三学院,实行学院制,各设院长一名。院长由校长就教授中聘任。改原评议会为校务会议,人员组成与职权同原评议会,必要时可延聘专家列席,所以,校务会实际上是教授会。原行政会议、教务会议仍旧保留,职权不变。推行学分制,要求毕业生撰写论文并授予学位,追求高等教育的正规化。蒋梦麟接任北大校长后,推行的仍是他当年协助蔡元培时制定的那一套管理模式,只不过突出了他那美国式的"十六字"管理方针和办事原则而已。

一个学校教学质量的好坏除了管理就看师资队伍的质量了。蒋梦麟一面将流失的教授请回来，一面延揽大批留学生来校任教，充实师资。他对文学院院长胡适以及理学院院长周炳琳、法学院院长刘树杞说："辞退旧人，我去做；选聘新人，你们去做。"蒋梦麟用人继承了蔡元培不拘一格的好传统，挑选教师只看学术上的贡献。如钱穆没有高学历，国学水平却很高，蒋梦麟毫不犹豫地将其请到北大当教授。犹如当年蔡元培延请梁漱溟。在蒋梦麟的诚挚待人下，20世纪30年代的北大聚集了一大批学有专长，业有专攻的专家、教授，北大成为人才荟萃之地，这就保证了北大的整体教学水平。

为了保证教授专心教学和科研，蒋梦麟实行教授专任制度，规定聘请教授以专任为原则。在他校兼课的，则薪水少于专任教授；在他校兼课多的只能聘为讲师。同时大幅度提高专任教授的待遇。

经费紧缺始终是困扰北大的老大难问题。蒋梦麟在胡适、傅斯年的帮助下，经多方活动，终于为北大争取到每年二十万元的固定经费，加上临时自筹资金二十万元，总算有了办学经费的基本保证。这些钱大部分用来改善教学条件，购置仪器设备，使得理工科的一些院系都建立和置办了比较完备的实验室和仪器设备。

为了促使教学科研的健全发展，对蔡元培执掌北大时期形成的"囊括大典，网罗众家，思想自由，兼容并包"的传统，蒋梦麟坚持不变。在"大度包容"的方针下，自由主义传统得以延续下来。他对全校同仁宣告："我们当继续不断的向'容'字一方面努力。'宰相肚里好撑船'，本校'肚'里要驶飞艇才好。"

蒋梦麟以自己的渊博学识和精明干练，在那段艰苦岁月里，克服重重困难，小心翼翼地把握着北大之舵，竭智尽能，把希望之舟平稳渡过惊涛骇浪，二十年如一日，终使北大的教学与科研水平稳步提升，达到了北大历史上的最高峰，为当时北平国立八校之首。到抗战前北大已跻身世界一流大学。对此，蒋梦麟十分谦逊地说："我在北大工作二十几年，主持校政十七年，但知谨守蔡校长余绪，把学术自由的风气，维持不堕。"又说："我自到北大后，始终得到适之、孟真的全力帮助，方才有北大的发展。"

抗战爆发后，1938年北大与清华大学、南开大学组建为西南联大，不设校长，由三校校长蒋梦麟、梅贻琦、张伯苓及秘书杨振声组成常委，共同负责主持校务。大政方针实行合议制，推梅贻琦为主席，实际主持学校一切日常行政事务。蒋梦麟负责对外。三校犹如一校，使得西南联大在抗日战争那样艰苦动荡不安的岁月中坚持下来，为国家培养了一批高素质的人才，在联大三千八百名毕业生中，培养出了两位诺贝尔奖获得者、七十八位中科院院士、十二位中国工程院院士和一批著名的文学家、哲学家、社会科学家和政治家等，写下了中国民族教育史上永垂史册的辉煌篇章。这其中蒋梦麟功不可没。

《名人传记》佳作

名流沧桑

文化名人是族群文化的符号
他们不只代表一部电影
一篇小说、一幕戏剧
他们的观察、思考和人生体验
更代表了生命的沉思与喟叹

文化名流

韦韬眼中的父亲茅盾　曾卓·从"小雪莱"到"老水手"
文坛双星贾芝、质植芳兄弟　张季鸾与陈布雷
胡秋原与李敖打官司　孙多慈与徐悲鸿　郁达夫与结发
夫人孙荃　周巍峙与王昆　润麒见证的"梅兰之恋"

韦韬眼中的父亲——茅盾

◎刘守华

茅盾

2007 年 11 月，茅盾先生生前留下来的六大箱档案资料，由其子韦韬经手，捐赠给了茅公家乡——浙江省桐乡市档案馆。韦韬说："这意味着从 1981 年父亲去世到现在，二十六年来我为父亲所做的事情终于可以画上圆满的句号了。"作为茅公的独子，韦韬被父亲称做是"我大半生活动中始终在我身边的唯一的一个人"。那么，在儿子眼里，这位中国现代文化的先驱、被称做中国文学史上一座丰碑的父亲，又是怎样的形象呢？2008 年早春的一天，笔者在位于京郊的韦韬先生的住所，聆听了八十五岁高龄的韦老讲述对父亲的记忆。

在我幼年记忆里，父母亲整天是忙忙碌碌的

我是 1923 年出生的。印象中，我和长我两岁的姐姐是在奶奶的教养下度过幼年时期的。从我记事到背上书包上学的那四五年，父母好像整天忙忙碌碌。那时我们住在上海，父亲却多次离家，去了广州、武汉、日本，少则半年，多则两年。我长大后才知道，去广州，父亲是参加国民党第二次代表大会；和母亲一起去武汉，是参加 1927 年的大革命；而去日本，则是为了躲避国民党政府的通缉。

父亲的文学成就有目共睹，但许多人却不知道，他还是中国共产党最早的党员之一。1916年，父亲从北京大学预科毕业，来到上海，进了商务印书馆，后又主编《小说月报》。在那里，父亲第一次读到《新青年》，这激起了他在各种思潮中寻求真理的欲望，并最终选择了马克思主义。五四运动后，《新青年》从北京迁到上海出版，父亲见到了陈独秀。因为志趣相投，父亲顺理成章地担当了《新青年》的"铁杆"撰稿人。1920年7月，陈独秀等人成立了上海共产主义小组，不久父亲也加入了，1921年7月，中国共产党成立，父亲成为第一批党员之一。

1926年10月，父亲在母亲陪伴下，来到武汉中央军事政治学校（原黄埔军校）任教。不久，又担任《汉口民国日报》总主笔。"四一二"反革命政变后，蒋介石屠杀共产党人、血腥镇压起义工人，《汉口民国日报》开始整版刊登讨伐蒋介石的文章。1927年7月下旬，父亲奉中央之命赶到九江，准备赴南昌参加八一起义，但因交通阻断滞留，不得不转道回到上海。当时，父亲已被列入南京政府通缉的第一批共产党员名单，处境十分危险，无奈只得隐匿家中，过起与世隔绝的生活，并开始了文学创作。

我和姐姐很奇怪，父亲怎么不出门了，天天关在书房里写东西？他写作时，我和姐姐只要听见鸡毛掸子敲桌子的声音就乖乖闭嘴，不敢再吵闹。父亲从来没有打过我们，敲桌子只是提醒我们小声点，别影响他写作。不过，那一阶段我们却有了与父亲难得的亲近机会。他对孩子们在学校的情况不闻不问，却鼓励多看书，让我们到书架上找自己喜欢的书看。有一阵子，我对美国房龙著的《人类的故事》看入了迷，父亲发现后又悄悄地买了房龙的另一本有关世界地理的书《我们的世界》让我看。印象最深的是父亲一字一句地教我们唱《国际歌》，我和姐姐年龄虽小，但知道这是共产党的歌，是很神圣的歌，只能在家里秘密唱。那是父亲对我和姐姐潜移默化的政治熏陶，在学校游戏时，同学们分两派"玩打仗"，我总是加入"共产党"那一派。

长成青年时，父亲把我和姐姐送到了延安

1928年夏，为了躲避国民党的通缉，父亲被迫流亡日本，与党组织失去了联系，直到1930年4月初他才回到祖国，继续文学创作。

抗战期间，许多地区相继沦陷，父亲考虑上海不能久守，就把奶奶送回桐乡老家，带着一家四口，开始了战时的流浪生活。1939年年初，我们全家从香港经昆明、兰州，飞往新疆。当时新疆是盛世才的天下，这个"土皇帝"利用"进步"外衣作伪装，暗地里却实行严密的特务统治，使许多不明真相的人受蒙蔽。随着一些进步人士陆续被捕，父亲的处境也日益险恶。1940年4月，奶奶在家乡去世，父亲趁机向盛世才请假奔丧，这才让我们全家得以离开新疆。一年的经历，总算有惊无险，6月，全家终于平安抵达

延安。

"解放区的天是晴朗的天",在延安,我们真正感受到抗日的热情,全家都希望能在这里常住。父母住在鲁艺的窑洞里,父亲一边授课,一边筹划去华北前线看看。我和姐姐则分别进了陕北公学和女子大学。姐姐在女子大学系统地学习马列主义理论,并很快加入了共产党。她本来天赋就高,中学时英语成绩已经很好,在新疆的一年,父亲还特意请了一位俄罗斯族女教师教她俄语,所以她很快就转入军委俄语专训高级班学习。

在延安才住了半年,周恩来就从重庆发来电报,希望父亲利用自己的社会威望,在国统区进行抗日宣传,并希望父亲到那里工作。母亲坚决要和父亲偕往,她认为,孩子已经大了,又有组织照管,留在延安让人放心。而父亲体弱多病,身边更需要有人照顾。父母去了国统区,奔波于重庆、香港、桂林等地。夜深人静时,他们最牵挂的就是远在"天边"的儿女。父亲曾写诗寄托思念之情:"……桓桓彼多士,引领向北国。双双小儿女,驰书诉契阔。梦晤如生平,欢笑复呜咽。感此倍怆神,但祝健与硕。中夜起徘徊,寒螿何凄切!"

1944年,姐姐在延安结婚。1945年8月,日本投降。当时延安的干部纷纷被派往新开辟的地区工作,尤其是东北地区,更需要像姐姐这样精通俄语的干部。姐姐当时已经怀孕,为了去东北,在没有征求父母意见的情形下仓促地决定做人流手术,却不幸在医疗事故中去世,年仅二十四岁。父母只有两个孩子,父亲又格外心疼聪明、懂事的姐姐,女儿去世这个打击,成为父母心中永远无法熨平的伤痕。不久父亲在为萧红《呼兰河传》作序时,借题发挥,表达了对女儿的深切怀念:"这种太早的死,曾经成为我的感情上的一种沉重的负担,我愿意忘却,但又不能且不忍轻易忘却。"更不幸的是,1949年4月,姐夫在太原前线采访时又光荣牺牲,年仅三十四岁。

姐姐去世后,为了减轻父母的痛苦,我到重庆在父母身边陪伴了两个月。那时父亲萌生了让我继续上大学深造的想法,而我却急于要回解放区,想为开创新世界尽一份力。虽然刚刚失去女儿,父母却并没有执拗地要让唯一的儿子留在身边,最终还是满足了我的愿望。

解放战争中,我一直在东北的新闻战线上工作,后来又南下到汉口,在《长江日报》担任记者。新中国成立初期,阴差阳错,我当上了没有扛过枪的人民解放军。那时我已结婚,在南京军事学院工作,父母在北京,每年我们夫妻只能利用春节的几天假期到北京探望父母。1958年,我调到位于北京近郊的高等军事学院,妻子也复员进了人民文学出版社。在以后的岁月中,我们一家一直伴随在父母的身边,慰藉着他们寂寞的生活。

我成年阶段的大部分时光,是和父亲一起度过的

母亲年轻时,为了参加革命活动,不愿意多要孩子,还常说"一儿一女一枝花",不料,姐姐年纪轻轻就离开了我们,给父母留下了永远无法愈合的创伤。新中国成立后,母亲没有参加工作,而父亲担任文化部长,公务繁忙又常出国,母亲不免孤单,便盼望着第三代快点出世。经不住母亲的敦促,我们的女儿、儿子相继出生,家里有了生气,母亲也开始忙碌起来。

1965 年元旦,我们照例带着孩子到父母家过年,母亲悄悄对我说,不让你爸爸当文化部长了。那时,我们已经预感到一场新的政治风暴正向文艺界袭来,父亲作为在位十五年之久的文化部长,看来"罪责难逃"。果然没过几天,报上就公布了免去父亲文化部长职务改任全国政协副主席的消息。不久,电影《林家铺子》作为毒草遭到批判,明眼人一看就明白,这矛头是对着作品的原作者茅盾先生的。

不过父亲却很平静,一切照旧,有时还早起为上学的孙女煮牛奶。在我的感觉里,父亲是个沉默的人,一直不太管孩子,我和姐姐都是在"放羊"的状况下长大的。但父亲对孙辈却百依百顺,似乎想在第三代身上弥补当年未能在儿女身上倾注的爱。那时从外表看,父亲对报刊上批判文章的关注程度,远不如对孙辈的关心。我儿子小宁有一天抱回一只花猫,担心大人不让在家里养,父亲却很赞赏,还帮着给猫找窝,训练猫在簸箕里排便。产小猫时,父亲竟张罗着布置"产房"。我女儿小钢好静,喜欢看书,父亲专门为她制订了自学计划,还选了一些古诗文,用毛笔工整地誊抄下来,装订成册,耐心讲解。

1966 年,"文革"开始,抄家、批斗、扫地出门的事件频频发生,这种动乱也波及我家。8 月 30 日早晨,一群红卫兵闯进家门,说是来清查"四旧"物品的,领头的还举着一把日本军刀。虽然他们没有打人,只是将翻出来的物品封存起来,但这次抄家却对母亲刺激不小,此后她始终心有余悸,身体也日益虚弱。母亲患糖尿病需要经常注射胰岛素,父亲便自己学会了打针,甚至一夜数次起来照顾她。那段时间家里的不幸接踵而至,我受审查,大女儿未成年就要上山下乡,妻子不得不撇下出生才四个月的小女儿去干校。1969 年国庆,父亲没有像往年那样接到去天安门参加庆典的通知。时隔不久,警卫员撤走了,专车也取消了,连每天的两大本《参考资料》也停送了。前文化部长、蜚声海内外文坛的作家,就此销声匿迹。母亲为此惴惴不安,生怕哪一天会冲进一伙人把父亲抓走。一连串的不幸击垮了母亲,1970 年 1 月 29 日,母亲停止了呼吸。母亲的去世,是对父亲最沉重的一击,他心力交瘁,终于病倒了。在我的记忆里,父亲这次生病是最危险的一次,好在治疗及时,最终转危为安。我们实在放心不下孤单一人

的父亲,于是把自己那套单元房交还给公家,一家人搬到父亲家,陪伴他度过动荡的晚年。

父亲以前从来不跟我们聊天,"文革"后他过起了赋闲的生活,母亲去世,更让他寂寞孤单,与我们的闲谈这才多起来。

我们一直动员父亲写回忆录,但他一直未答应。父亲认为,写回忆录不能单凭记忆,需要查阅过去的报刊作为印证和补充,而当时这根本做不到。1976年初,父亲突然告诉我们要写回忆录了。他说,按现在的政治局面,"文革"不知要拖到何时结束,我怕等不到那一天了,所以考虑现在就把回忆录写出来,即使不完整,也好留下一个历史见证。

父亲的回忆录最初采取的是录音与笔录同时进行的方式。父亲利用晚上和上午时间构思,午休后开始工作。我负责录音,妻子和小钢负责记录,每天进行两个小时。1976年清明节前后,天安门广场出现了群众自发的对周总理的悼念活动,上级挨家挨户通知,不准到天安门。接到通知这一天,父亲向我们宣布,"放假"三天,让我们也去参加天安门的活动。父亲对群众自发的悼念活动赞叹不已,认为这是十分重要的信号。

到5月底,口述录音终于结束了,整理出来的笔记父亲却并不满意。他认为,只叙述了经历,但缺乏文采,录音作为资料保存可以,用来创作则无法表现作家的风格,于是决定亲自动笔,重新撰写。粉碎"四人帮"后,中央鼓励健在的老同志写回忆录,以抢救文化遗产。父亲撰写工作的大环境得到了极大改善,特别是我和妻子相继由组织出面,调到父亲身边,专门帮助他收集整理资料,父亲的写作速度才明显加快。

撰写回忆录是父亲晚年全身心投入的工作,但毕竟年老体弱,靠着与衰老的顽强拼搏,父亲每天平均完成八九百字。1981年,在他住进医院的最后日子里,回忆录是他最牵挂的事。他状态好的时候会告诉我们他的计划:"如果4月出院的话,到10月正好半年,这样就可以把回忆录写完了。写完一点,我的精神负担就减轻一点,全部写完,就全部解放了,那时我就可以好好休息休息了。"

遗憾的是,父亲没有等到那一天,1981年3月27日,父亲永远地离开了我们。父亲终究没能亲自完成自己的回忆录,只写到1934年,仅完成了一半。但父亲所做的准备工作却远远超出了这个年限,正是父亲的充分准备以及1976年留下的口述录音,给了我们勇气,使我们在父亲去世后,大胆地拿起笔,按照父亲的写作思路,续写完成了父亲的回忆录,了却了老人家生前未能实现的心愿。

到了晚年,我愿尽自己的一切力量为父亲做事

　　父亲去世后,我们有一个想法,这也是很多关心、爱护父亲的同志们的共同心愿,就是要把茅公一生所做的事情发扬光大;把他所写的东西,比较完整地保存下来留给后人。为此,在这二十多年里,我们为父亲做了几件事:第一件是建立茅盾故居,北京建一个,家乡桐乡乌镇也建了一个;第二件是续写完成了父亲的回忆录《我走过的道路》;第三件是撰写出版了回忆父亲的几部书:《父亲茅盾的晚年》、《我的父亲茅盾》等;第四件是出版《茅盾全集》,这个庞大的工程2006年终于完成,共有五十二卷,其中《茅盾全集》四十二卷,《茅盾译文全集》十卷;第五件是成立茅盾研究会,对父亲的作品和一生的活动进行研究;第六件是为父亲生前留下来的档案资料找到了很好的归宿,移交给家乡——桐乡市档案馆保存。

　　将父亲的档案捐赠给家乡,了却了我一桩心事。我手中一直保存着父亲留下来的一些手稿、书籍和文物,这些东西自己保存显然行不通,我的子女也许还珍视,但到了孙子辈、曾孙辈会不会散失呢? 这些东西中国现代文学馆保存了一部分,因为它是全国作家的一个“档案库”。上海图书馆也保存了一部分,因为父亲的主要创作活动是在上海。此外,还有两个故居也保存了一部分。但剩下的大量资料究竟该存在哪里,我一直在选择。2007年春节前夕,家乡档案馆的同志到北京来拜年,提出想把这些东西放到家乡。我觉得这个主意不错。我到桐乡后发现,这里热爱茅公的氛围很浓,连小学生都对茅公有很好的理解。2006年,父亲的骨灰运回了家乡,如果档案也能回去,让桐乡成为研究茅公、关心茅公、保存茅公档案文物最好的地方,岂不是最好的结果。我整理了两个月,档案竟然有六大箱。桐乡市派一位副市长带队,专门开车进京来接这批档案。听说他们在回去的路上小心翼翼,住宾馆时担心放在车里出意外,人拉肩扛,都搬进了房间。他们的工作效率也真高,一个星期后,就加班加点整理清点出了目录。另外还有父亲的谈话录音带、生平及相关活动的照片及研究参考资料,不同时期出版的父亲作品等。此外,还有我姐姐沈霞的日记、作文、信件、照片等。时间跨度从1925年至1981年,整整五十六年。不久他们又出版了《茅盾珍档手迹·游苏日记》,最近又告诉我,已经整理出了十六个专题,将陆续整理出版。能够把父亲的档案保存下来、利用起来,这是最让我感到欣慰的。

　　常常有人问我,父亲在我眼中是怎样的形象? 对我的影响又是什么? 这些问题很难回答。父亲一直是信仰共产主义的,他的文学成就更是有目共睹,而我认为,父亲的人格魅力主要体现在团结至上、平等待人、远离特权、勤俭持家几个方面。

　　20世纪30年代,中国文坛活跃而又复杂,各种学术观点纷至沓来,在论争中,有时

就出现超越学术范围,带着宗派情绪的讽刺、谩骂。每到这个时候,父亲总是挂出"免战牌",他一贯主张,个人品德与学术观点是两回事,观点争论必须彻底,不搞调和折中,但却不能因观点不同而贬损以至于否定对方的为人。父亲一生结交的朋友可谓多矣,上自社会名流,下至普通百姓,他一律坦诚平等相待。他蔑视阿谀奉承、藏奸耍滑之辈,斥之为小人,而他自己,也总是以此来衡量所结交的朋友。新中国成立之初,父亲被任命为文化部长,他内心的感受却是"不会做官也不想做官",母亲更是希望能在西湖边买一套房子,让父亲安心写作。虽然做了"官",但父亲有意识地远离特权。政府规定,给予高级干部特殊服务,但父亲却认为,凡是私人的需求,一律不能沾公家的光。他一般外出都不带秘书,生活起居由自己料理,公家配备的厨师,他也以"家里人口少"为由谢绝了。父亲的日常生活,可用"俭朴"来概括,但这并不是来自生活的长期艰辛和困顿,而是对人世间贫富、贵贱、荣辱等都洞悉后,自觉选择的一种生活方式,形成的一种思维定式。

父亲一生俭朴、不计私利。1980 年 9 月,有一个设立鲁迅文学奖的议案送交他征求意见,父亲由此得到启发。他对我说:"新中国成立后我们生活安定,你妈妈又向来节俭,稿费一直存在银行里,现在有多少了?"我当时掌管全家财政,就告诉父亲,大概有二三十万。父亲说,你们都有固定的工资收入,我这笔稿费放在家里也没用,不如捐出去设立一个文学奖。1981 年 3 月 14 日,父亲在医院病危时,口述了给中共中央的信,请求党在他去世后追认他为中共党员。同时还口述了一封致作家协会书记处的信,表达了愿意将二十五万元稿费捐赠给作协,作为长篇小说文艺奖金基金,以奖励每年最优秀长篇小说的愿望。如今,茅盾文学奖已经评选和颁发了六届。

父亲一生著译多达一千五百万余字,但他却在一份个人登记表上这样概括自己的主要经历和文学成就:"1919 年参加文学活动,1927 年 9 月起开始写小说,写过一些小说、杂文、文艺评论、古典文学研究等。"寥寥数语带过,人格魅力由此可见一斑。

我的父亲茅盾,就是这样一个人。

曾卓：从"小雪莱"到"老水手"

◎裴高才　丁逸枫

青年曾卓伉俪与子女

早在 1939 年，曾卓就以一首《门》蜚声诗坛，被誉为"中国的小雪莱"。

他并非"七月派"，曾被胡风视为"另类"，而一场政治风暴却硬性将他划为"胡风集团"的"死党"，蒙难长达二十五年之久。但他的诗作始终保持着真挚饱满、激情洋溢、灵思飞动。尽管他被革职下狱，但他钟情缪斯，坚信人性、真理、未来，虽九死其犹未悔，其《悬崖边的树》被称为"知识分子灵魂的活的雕塑"。

平反昭雪后的曾卓，进入他创作的第二春天。其真情写作的《老水手的歌》，一举获得第二届全国优秀诗集奖；诗论集《听笛人手记》阐发幽深，又荣膺全国新时期优秀散文集奖。

即使是诗人逝世后，同样受到华文诗坛的重视。在 2003 年 9 月 16 日举行的第八届国际华文诗人笔会上，曾夫人薛如茵代表诗人捧回了"当代诗魂金奖"……

梦里依稀慈母泪

"长江流过我整个的生命，波涛声中震荡着我的思乡曲！"

曾卓的祖辈原在湖北黄陂蔡家榨镇曾家大湾世代务农，为生活所迫，祖父曾梁府来到汉口做苦力，终于在此开了一家小小的百货店，并将全家迁入。曾卓因此于1922年3月5日出生于斯。

曾梁府非常重视教育，尽管日子过得艰难，仍让长子，即曾卓的父亲曾觉生接受了正规教育，并毕业于武汉大学。

曾卓的母亲段小年出生在黄陂六指店段家岗的一个殷实的农民家庭，只是自幼父母早逝，家道中落。父母之命、媒妁之言，让她嫁到了曾家。

"我的童年并不是那样甜蜜，甚至可以说是有些黯淡。"母亲初嫁时，父亲还是大学生。那时正值五四运动风潮，其父因不满父母包办婚姻，在汉口另成新家，曾卓从四岁起，便由母亲带着跟祖父、祖母一起生活。

幼年时，母亲常常抱着他口里念念有词："我儿饿我凭他饿，莫让孙儿饿我儿。"这也许就是诗人最早接受的诗教吧。

在这个喧嚣的大城市中，母亲的天地只是污黑的厨房和破旧的小楼。她唯一的消遣就是一字一字地低声念着质地粗糙的石印《珍珠塔》一类的弹词书。

曾卓七八岁时，因同情母亲，时常说出一些对父亲不敬的话。母亲却总是用眼神或一个手势阻止小曾卓，事后就背着人责备说："这些话是你能说的?! 你……"说这话时，她的声音哽咽了。

段氏是自尊而刚强的。她慈爱地也是严厉地管束着儿子，她心中最大的希望是自己的儿子能够绽出花朵，将来装饰她的暮年。

曾卓六岁入学，由于贪玩，学习成绩不佳。细心的母亲为他订了《小朋友》和《儿童世界》两份杂志，从而激发了他阅读的兴趣，学习成绩也明显提高。

十一岁时，因一个小伙伴说了一句伤害他母亲的话，曾卓一气之下竟与对方扭打起来……当曾卓回到家里，发现母亲脸色苍白，一言不发。当母亲为他查看伤口时，他发现母亲全身都在战栗! 从此，他暗暗发誓，要好好读书，少让母亲担心。

1937年春，曾卓卷入了抗日救亡运动的浪潮，因此被学校开除。祖父就将他送到几十里外的一个小镇去念书。他又被当地的抗日热情所感染、所鼓舞、所振奋，于1938年3月通过地下党员介绍，加入了中国共产党。

武汉沦陷前，父亲带一家人西迁。曾卓初中毕业后，祖父决定让他到四川去找父亲。临别时，母亲的神情显得凄伤、黯然，但没有眼泪。她为他将行李提下楼，和家人一齐送他到门口，看他坐上人力车。曾卓走了好远后，回头看到母亲还站在门边。他的心情沉重、纷乱，但没有想到，绝没有想到，这次分别竟是永别。

让他终生难忘的是1944年冬天，国民党军队从湘桂大撤退，身处兵荒马乱和饥病交加中的母亲，因日夜惦念着儿子曾卓，在前往重庆逃难途中客死他乡。给她陪葬的唯一的东西是儿子中学时获得的奖品：一把七星剑。

当曾卓得知苦命的母亲竟撒手人寰时，犹如五雷轰顶，痛不欲生！梦里总是母亲的影子。为了表达他对母亲的思念，他一生最长的诗是写给母亲的。

命运临着大旋涡

曾卓进了重庆复旦中学后，一边读书，一边参加抗日救亡运动，诸如"吼声剧团"、"复活社"等，到处留下他的身影。

在广泛阅读文艺书刊中，他每天必读复旦大学国文系教授靳以（即章靳以）主编的《国民公报》副刊《文群》。这是一份颇有影响的报纸，上面常见名家之作。

1939 年 1 月，曾卓送一个同学去延安，便情不自禁地写了一首诗《别》，抱着试一试的想法向《文群》投稿，没有想到很快就发表了，还配发了一篇短评。这更激发了曾卓的写诗热情，常有诗在《文群》上发表。这年秋，靳以还专程到学生宿舍看望了曾卓，更是让他受宠若惊。接下来，在靳以的指导下，曾卓又扩大了范围，向《文学月报》等报刊投稿。曾用阿文、江汶、柳江等笔名发表过诗、散文和杂文。故在曾卓心里，靳以是他正式结识的第一位作家，是引导他叩开文坛之门的恩师。

这年冬天，曾卓听说以前经常一起参与救亡活动的一位女青年，在武汉沦陷时被落魄的父亲逼着嫁给了比她大二十多岁的国民党官员，从而得到了一笔可观的聘金……曾几何时，曾卓等曾期望她成为中国的"苏菲亚"（俄罗斯女革命家），哪知如今她却成为叛逆者！他不禁奋笔疾书写成名诗《门》，诗云：

> 莫正视一眼／对那向我们哭泣而来的女郎／曾经用美丽的谎言来哄骗我们的是她／曾经用前进的姿态来吸引我们的是她／而她／在并不汹涌的波涛中就投进了／残害我们的兄弟的人的怀抱／今天／她又要走进／我们友谊的圈子／她说／她现在才知道／只有我们／才是善良的灵魂／让她在门外哭泣／我们的门／不为叛逆者开

《门》在《大公报》发表后，一时间让曾卓声名鹊起，"中国的小雪莱"的美誉不胫而走。

可是，由于曾卓思想过于激进，于 1940 年春被学校辞退。"皖南事变"后，地下党安排他到乡下暂避了一段时间，并在那里高中毕业。

1941 年夏，曾卓与诗人邹荻帆、姚奔、史放等募集到了一点经费，在复旦大学创办了诗刊《诗垦地》。当时，重庆的进步刊物大都被迫停刊。所以这个小小的诗刊受到了进步文学青年的关注并起到了一定的影响。只是由于经费困难和环境所迫，《诗垦地》断断续续地出了六期后就停刊了。

曾卓为了想与邹荻帆等在一起，因报考复旦大学未果，就到复旦教务处供职，后又因为政治上比较暴露而被迫离开，在重庆流浪。

同年秋，他考入重庆中央大学。曾卓一进校门就被特务盯上了。但他不为所惧，依然和进步同学一道组织"桔社"、"中大剧艺社"，定期出版墙报……他先后参加过艾青、田间等诗歌朗诵会，演出过夏衍的《上海屋檐下》，老舍、宋之的合编的《国家至上》和契诃夫的独幕剧《求婚》，以及鲁迅的散文诗剧《过客》等。

1946 年夏，中央大学回迁南京，曾卓回武汉见到了受中共地下党委派在武汉开展工作的邵荃麟，葛琴则在武汉主编《大刚报》的副刊《大江》。

他们就让曾卓接编了《大江》，曾卓开始了他的编辑生涯。这年 10 月，曾卓返校完成学业，《大江》交由端木蕻良接编。

次年夏，曾卓大学毕业后，返汉续编《大江》，在邹荻帆、绿原、伍禾等人的支持下，这个副刊成为进步青年的向导。

1949 年 5 月 16 日武汉解放，恰逢《大江》出刊五百期。曾卓特地主持了一个座谈会，编辑了纪念特刊，成为迎接武汉新生的号角。曾卓还加写了编者按："在反动统治的迫害下面，在荒芜的武汉文坛中间，作为争取一个据点，团结一批人，这存在本身就有某种积极的意义。因为，无论如何，《大江》是与这个时代的命运相结合的，是与兄弟们的进军相呼应的。"

悬崖边的一棵树

诗人的命运与共和国的命运一样多难。

1955 年"胡风案"的风暴席卷全国文艺界。曾卓从此度过了他生命中再不可重来的三十三岁至五十四岁。

这年 5 月 15 日晚，曾卓刚要出去观看外国团体演出，武汉市委领导李尔重突然来到家中，关切地问曾卓："你给我交个底，你和胡风究竟是什么关系？"

其实，在抗战期间，曾卓的诗风并不为胡风所欣赏，甚至将他列入"另册"。故在1949 年以前他们只有简单的交往。

当初，曾卓是怀着对鲁迅的崇拜而关注鲁迅的战友与学生胡风的，认为他是一位有很高审美水平的文艺理论家。尤其是胡风与鲁迅一道同周扬关于"大众文学"与"国防文学"的论战，让他终生难忘。1940 年夏，胡风来到重庆复旦大学任教，曾卓曾随邹荻帆一起拜访过胡风。接下来，曾卓将自己颇受好评的一首诗让胡风指教，胡风却不以为然，认为"小资产阶级情调"太重。以至于胡风在主编出版《七月诗丛》丛书时，曾卓的几位好友的作品都收入其中，唯独漏掉了曾卓。故年轻气盛的曾卓一直没有再向胡风编辑的《七月》与《希望》投稿。当时,曾卓从不被人们视为胡风派的成员。

直到 1953 年全国第二次文代会,曾卓和胡风的来往才渐渐多起来,但也是同乡之谊,并无特殊关系。

再说 5 月 16 日晚上 12 点,身为长江日报社党支部书记兼副社长的曾卓突然被带到社长李致的房间去。公安人员宣布他是胡风分子。随后,他被留在李致的房间隔离反省。

到了 6 月 10 日深夜,曾卓正式被捕了!被捕半年之后,公安部门在四川国民党遗留下来的档案中发现:"运用通讯员曾卓四百元。经手人:陈蓝逊。"

曾卓和陈蓝逊是小学同学,但在重庆从无来往。后经公安部门查明,是特务分子陈蓝逊为了虚报多领钱,将他所知的人名列出,除曾卓外,还有白杨、秦怡等。

自己无辜地被关押,曾卓满腹怨气,他再三要求上法院审判,为自己辩护。自然,这只是书生之见。

他被逼着写揭发别人的材料,也给他看别人对他的揭发交代材料。他看到胡风写道:"我记得他从没给我投过稿,只通过几封信。"阿垅写道:"他对文艺理论从来不感兴趣。"曾卓看到这些材料,反倒从心底更感激这些朋友们,更怀念这些不知下落的人。

在狱中被单独监禁的一年多,为了减轻孤独和寂寞的痛苦,他决定写诗。他陆陆续续写了三十多首,先用草纸写,后被抄走,改为口吟,一首诗反反复复吟诵,牢记在心。

此时此刻,他忘不了与薛如茵一起歌唱的美好时光。那时,曾卓是武汉文联副主席,薛如茵是音乐编辑,他们常常一起吟唱苏联歌曲。1956 年,曾卓深情地写了一首诗给薛如茵,可是,由于他被隔离、被逮捕,她六年后才看到这首诗。

1957 年 3 月 27 日,曾卓由于身体有病,被保外就医。可是,他出来后妻子竟向他提出离婚……

1961 年,风暴一度过去,他与知心爱人薛如茵才得以重逢。

1961 年 10 月,曾卓被分配到武汉话剧院任编剧。夫人建议:你曾经在重庆做过多年地下工作,为何不将《红岩》中的江姐搬上舞台?曾卓觉得言之有理,就投入到了多幕话剧《江姐》的创作之中。

尽管他在剧本中成功地塑造了江姐的英雄形象,但由于他的"反革命分子"身份,是否上演曾引起了争议,争论的结果是剧作者不能署名曾卓方能上演。

1962 年春,《江姐》上演后,震撼着观众的心灵,而且适逢当时加强革命传统教育的大环境,又是全国第一个根据《红岩》改编的剧本。该剧不仅是向武汉人代会献礼的剧目,就连文化部长夏衍看了剧本后,也赞不绝口。同年 3 月 2 日至 26 日,文化部和中国剧协还在广州召开的全国话剧、歌剧、儿童剧创作座谈会,肯定了武汉的经验。同年底,广东省话剧团也排演了另编多幕话剧《红岩》,后来南京话剧团上演《江姐》时,也借鉴了曾卓的创作成果。

为了纪念这一创作成果,当他与薛如茵的爱情结晶问世时,他们就给儿子起了一个响亮的名字:曾岩。

经历了长达二十五年的磨难,二十五年的求索,曾卓终于"和祖国一道越过灾难和痛苦的岁月",迎来了生命中的又一个黎明。

1979 年曾卓重新回到了党和人民的怀抱,回到了他梦寐以求的战斗岗位。虽然他已经步入老年,但是他心中的诗情如火山一样奔涌。

这年 4 月,正在筹办的《外国文学研究》向他约稿,他将写于 1974 年的一篇读德国作家雷马克著的《凯旋门》的读后感《阴影中的〈凯旋门〉》寄去,该刊第一期发表后,在读者中引起了强烈反响,有几位在文坛颇受尊敬的友人纷纷向他致意。这是阔别文坛二十多年后第一次发表作品,由于他尚未彻底平反,故他很感激该刊主编徐迟与编者的好意和感佩于他们的勇气。

受此鼓舞,同年 9 月,他的六首诗也在《诗刊》发表。12 月,他的问题得到彻底平反。接下来,《文汇月刊》为他开辟"听笛人手记"专栏。他在一篇介绍了柯罗连科的中篇小说《盲音乐家》中,表达了对当时虚伪的创作倾向的厌恶。其结尾是这样写的:"我多么希望,在我的窗口也能听到那样动人的笛声,有着特别真挚的感情、有着纯洁诗意的笛声……"

"老水手"面向大海

灾难远走,韶华远走。一切都平静下来,不平静的是一颗诗人的心。

他那些亮着光、响着音的句子从久远的时空呼啸而来,使寒冷的冬天渐渐温暖,他进入了创作的第二个青春期。

由于身心长期受到摧残和复出后的严重透支,1980 年,曾卓倒下了。开始医生怀疑是矽肺,后来到武汉同济医院拍片检查才发现其肺叶上竟有两个洞和一个肿瘤……

武汉文联获悉后,立即安排车辆送曾卓到武汉市结核病医院住院治疗。可是,在离医院几十米处,曾卓突然瞥见穿着条形住院服装的病人在散步,医院还有一扇大铁门,他脑海里立刻产生了条件反射:想起了监狱的囚衣与铁门以及那不堪回首的往事。在如此心理负担下怎能治病? 他因此放弃了在这里治疗。

经过半年的治疗,医生才给曾卓的病情下了结论:肿瘤是良性的。他因此放松了警惕,又全身心地投入写作。

有人劝他保重身体,他却说:"一件作品是否打动人,不仅在于你说了些什么,更要看你是在一种怎样的精神状态下写作的。"

一分耕耘,一分收获。1983年,他的诗集《老水手的歌》获得全国第二届新诗奖,1989年,他的散文集《听笛人手记》获得全国优秀散文集奖。

曾卓还是中外文学交流的使者,先后到南斯拉夫(现属马其顿)、美国、德国、法国等国访问。参加了在南斯拉夫举行的"斯特鲁卡国际诗歌节",参与发起成立了国际华文诗人笔会……

1999年,曾卓沉疴不起,经检查发现了肺癌病灶。武汉市委书记黎智得知后,立即让卫生局组织专家会诊,并安排曾卓夫妇到北京三○一医院诊断。

经过进行X刀手术,在住院长达八个月之后,肿瘤才由三厘米缩小到一厘米。然而,回家过了一个春节,肿瘤又复原了……

得知曾卓患病后,老诗人、贺敬之的夫人柯岩专门为他寻医问药;吴松刚请名医为他配药酒、做药丸……

尽管如此,但他如同"悬崖边的树"那样,仍然向着全新的时代张开着他那宽厚而热情的怀抱。

在曾卓八十大寿的欢聚会上,薛如茵向他献上为《悬崖边的树》谱曲的歌。那首曲子是她在医院日夜陪护他时,等他入睡以后熬夜写成的。当他在聚会上听了这首歌后,激动地对她说:"真没想到,这是送给我的最好的祝福和礼物啦!"

2002年4月10日,诗人在与病魔进行顽强搏斗多年之后,坐着他的"火车"走向天国了……

在4月16日的追思会上,鲜花簇拥着诗人的巨幅照片,诗人白发苍颜,率真地笑着,那笑容仿佛春天里和煦的阳光,眼睛依然清澈而明亮,没有忧愁,没有哀伤。怀念他和他的诗为人间放射出的"高洁而温暖的光芒"。中国作协发来电文说:"曾卓同志的逝世是我国文学界的重大损失,人民失去了一位杰出的作家。"中国诗歌学会唁电云:"他的诗歌和散文立意深刻,语言优美……为我国文学增添了亮丽的色彩,至今仍让人难以忘却。"贺敬之、柯岩、牛汉、绿原、舒芜、邵燕祥、何满子等从外地发来唁电和悼文。老作家骆文和夫人献上挽联:"千载诗章弘扬道德力量,力量长在;百年人品激发社会良知,良知永存。"老诗人莎蕻尽管身体不适,仍深情朗诵他为曾卓写下的诗句:"你的航船没有终点,你用生命和诗留下一个永恒的春天。"著名诗人绿原在《追思"没有被打倒"的曾卓》中说:"曾卓是一位诗品赫赫有名,人品铁骨铮铮的诗人;他生前真诚地显现自己的真诚,他爱很多人;如今,他虽然远行了,但他仍被很多人爱。"

追思会散了,散不了的是大家的追思。

2003年9月20日上午,泪挥顿作细雨飞,为"老水手"送行。

希望的顶点是含笑的信,

震动旷野的是群众的歌声，

我的诗是我的碑。

曾卓的人生道路是坎坷的，性格是倔犟的，情感是火热的，成就是辉煌的。他是屹立于悬崖边的永葆青春的巨树，是搏击于大海的技艺高超的老水手，是翱翔于蓝天永不疲倦的雄鹰……诗人长眠于石门峰，山与水、静与动、人与自然浑然一体，处处洋溢着生命的律动……

文坛双星贾芝、贾植芳兄弟的"红""黑"人生

◎周洁皓

贾芝(左一)与其弟贾植芳(左三)

他们是一对亲兄弟,曾因不同的境遇被看做是一黑一红两种人物。但最终,他们不同的人生却同样辉煌。

贾芝,我国著名教育家、诗人、翻译家、民间文艺学家、中国社科院资深研究员,曾任中国民间文艺家协会主席、中国文联荣誉委员、中国少数民族文学会会长。是我国著名学者、民主人士李大钊的大女儿李星华的丈夫,又曾任李鹏同志的老师。在2007年年底举办的第八届中国民间艺术"山花奖"颁奖晚会上,这位著名的"草根学者"获得"终身成就奖"。

贾植芳,我国文学理论家、作家、翻译家,早年主要从事文艺创作和翻译,后历任震旦大学教授,复旦大学教授、图书馆馆长,中国比较文学学会会长,中华文学史料学会会长等职。是中国当代文学学科的奠基人之一,是中国比较文学学科的开创者,并为我国学术界培养了一批中坚力量。著有《人生赋》、《狱里狱外》、《老人老事》,专著《中国现代文学主潮》,译著《契诃夫手记》等。

上世纪初,山西襄汾县南侯村富商贾家出了两个才子,闻名乡里。兄贾芝,原名贾植芝,生于1913年;弟贾植芳,小兄长两岁。虽同胞兄弟,但兄稳且痴,弟侠且野,性格

迥异,然而人生却同样精彩。

神童有别

很多年后,贾植芳曾给两个玄外孙女讲自己小时候的故事:有一次要喝橘子水,哥哥贾芝不给买,他就躺在地上打滚。而仅仅比他大两岁也不过才四五岁的哥哥,竟像个小大人一样在旁边哄他,给他讲人生道理。孩童时期,哥哥贾芝就显得文静儒雅,弟弟贾植芳则十分调皮顽劣。

那时候,贾芝和贾植芳都喜欢听故事,但他们选择讲故事的人却不一样。哥哥爱听思想开放的伯父讲故事,被那些外国的事情和大道理吸引,天天晚上也要跟伯父睡一个被窝。正是从伯父的嘴里,他知道了马克思,知道他倡导革命,但革命在他的国家没有成功,而在俄国成功了。这在他幼小心灵里播下了革命的种子,以至于影响到他的一生。而贾植芳却热衷于与家里的山西、山东籍长工玩,最喜欢听他们讲民间传说,晚上常常还要赖在长工房里睡觉,不过总是在半夜时分被找他的母亲赶回家。贾植芳还喜欢热闹,每逢村里或邻里迎神赛会时演社戏,他总是早早就站在那里等着看。

贾氏兄弟的父亲以务农为主,为人忠厚,常做善事,经常将从北京买回的药品及家中钱粮送给村里人。他们的伯父经商,办的是洋务,见多识广。因为贾芝曾一度过继给喜欢他的伯父,所以,在他身上,有父亲的影子,也有伯父的影子。说话做事有板有眼,学习时坐在书桌前稳稳当当,两眼只盯着课本,嘴里念念有词,像个小学究。

贾植芳却和哥哥相反,虽聪明却总是不能老老实实地坐下来读书。读小学的时候,还常常弄丢课本。当时语文教科书第一篇课文是:"大狗跳,小狗叫,大狗跳一跳,小狗叫三叫,汪、汪、汪!"父亲虽然每七天赶一次集都要给贾植芳买一本新的语文教科书,但仍然跟不上他丢书的速度。后来贾植芳干脆将课本拴在裤带上防丢。读书虽不用心,但他脑子灵活,小小年纪就体味到了课文里的趣味。当字还不认识的时候,贾植芳跟着老师读两遍课文,便能熟背了。刚上学时老师让他背课文,他故意捣乱,大声背道:"大狗跳,小狗叫。大狗跳一跳,小狗叫三叫,汪汪汪汪汪……"明明是叫三叫,他却一股劲儿地叫下去,直叫得老师生气拍桌子他才停下来。

1929 年 7 月,在伯父的资助下,贾芝、贾植芳一起到省城太原继续求学。兄弟俩因而有幸在少年时代就受到中西文化启蒙,这也给他们与生俱来的天赋提供了充分的发展空间。兄弟俩都酷爱文学,他们差不多同时做起了文学家之梦。贾芝善诗,曾被艾青称为"布谷鸟诗人",同时他法文也好,曾经翻译过大量诗歌。贾植芳秉性聪敏,精通俄语、英语、日语,国学基础更是深厚扎实,是我国最早的翻译家之一。1931 年,十八岁的贾芝自费出版了他的第一部诗集《水磨集》;不久,贾植芳也出版了译文集《契诃夫手记》。贾氏兄弟从此崭露头角，步入文坛。

两种命运

1937 年，贾芝从中法大学孔德学院毕业，本来想到法国里昂大学留学继续深造，但由于"七七事变"爆发没有去成。为参加抗日战争，1938 年 8 月贾芝经西安八路军办事处来到了革命圣地延安。到延安后先在"抗大"学习，后来又进了"鲁艺"文学系，然后在延安中学、延安大学教书。1949 年到北京后，先后在文化部、人民文学出版社、社科院文学研究所、中国民研会做党的工作，同时进行文学研究工作。"吃过小米扛过枪"的贾芝，在当时是响当当的革命作家。

贾植芳的命运却完全相反。他从十九岁就开始过第一次监狱生活，一生竟坐了四次监狱：北洋政府的监狱、日本人的监狱、国民党的监狱，第四次入狱的罪名是"胡风反革命集团骨干分子"。

第一次入狱是因参加"一二·九"学生爱国运动，被北平警察局以"共产党嫌疑犯"罪名逮捕，被关押两个多月。

刚被关进去的时候，十九岁的贾植芳年轻气盛，跟没事人似的。当时一个老犯人跟他说："你是政治犯，受优待，吃的跟我们刑事犯不一样。看守所欺负你人小不懂事，克扣你的囚粮费。"贾植芳一听，发了脾气，第二次开饭时，就把窝头、咸菜全摔在地上，大声吵吵道："我是政治犯，我不吃这种饭。"没想到看守过了一会儿竟真的给他重新送了饭菜：四个花卷、一碗米饭、一碟炒肉，还有个鸡蛋汤。

但哥哥贾芝听说他被抓后，却吓得一下子坐到了地上。按当时国民党政府的法律，政治犯可以就地处决。贾芝知道贾植芳贪吃贪喝，就跟人借了二十元钱，买了许多鸡蛋糕、点心、饼干和水果，送到警察局，想让弟弟在临死前吃饱。可是，警察局一口否认抓过贾植芳这个人。万般无奈，贾芝求伯父帮忙。伯父上下打点，花了一千块银元和五十两鸦片烟，把贾植芳保了出来。

贾植芳出来后，还很得意，说自己这一辈子第一次坐小汽车就是在去看守所的路上。

第二次进的是日本人的监狱。有了坐牢经验的贾植芳还在监狱里托看守给他买酒喝，不过得给人家小费。有时候看守还挺关照他，若上面有人来检查，看守人员就说："今天你不要喝酒了，上面有人来检查。"

第三次被抓也是因为被怀疑是"共产党嫌疑分子"，于 1947 年在上海被国民党中统特务抓了进去。中统特务提了一个条件，只要他在《中央日报》上发表一篇《反共宣言》就可以出来，但贾植芳拒绝了。后来，特务以"提供胡风地址"为释放条件引诱贾植芳屈服,但贾植芳坚持说他根本不认识胡风。

1955 年 5 月 15 日,就在报纸发表"胡风反革命集团"第一批材料的第三天,上海高教局领导以开会为名把贾植芳叫到了办公室,问贾植芳对《人民日报》上《关于胡风反革命集团的编者按语》有什么看法。贾植芳说:报纸看是看了,但是意思我不明白。领导直接问:胡风搞的什么阴谋? 贾植芳的脾气上来了:胡风按正常组织手续向中央提意见,又不是在马路上撒传单,怎么是阴谋呀?

领导质问:你还为胡风辩护! 你跟胡风是什么关系?

贾植芳说:我跟胡风是写文章的朋友,在旧社会共患难,他在我最困难的时候帮助过我,就是这么个关系!

当晚,贾植芳就被带进了看守所。此后,他咬定自己跟胡风是朋友,死不改口,并为此进了第四次监狱,受了整整十一年的牢狱之灾,被批斗了近十三年。

若干年后,贾植芳回忆起这一段,淡然而笑:"我不后悔,我是胡风的朋友,我觉得非常光荣。"

性情兄弟

"远看像个逃荒的,近看像个要饭的,细一看,是中国社会科学院的。"有人给贾芝编了这个顺口溜,大师的个性可见一斑:不在乎形象,一心搞研究,愈发像个学究了。

有人说,如果贾芝一直从政的话,他的前程不可限量。因为论资历,贾芝是从延安走出来的老革命;论学历他是老革命干部中为数不多的大学生;论社会背景他是革命烈士李大钊的女婿,又是几位党和国家领导人(李鹏等)的老师。但贾芝淡泊名利,一心研究民间文学。

在史无前例的"文化大革命"中,许多部门都被砸烂,他自己也成了"革命对象",但他仍然念念不忘他的民间文学。当时,中国文联大院里贴满了大字报,贾芝也被戴上了"走资派"、"反动权威"等帽子,但他满不在乎。有一次,斗争会开过,他急忙回家,背后还背着"打倒贾芝"的大字,他却浑然不知,手里还托着半个西瓜,在大街上边走边思考民间文学方面的问题。回到家后,家人又害怕又好笑,取下了他背上的字,他还若无其事,慢悠悠地说:"我说呢,街上人都朝着我笑。"但当他在大院扫地时看到民间文学编辑部的资料被扔得满地时,他受不了了,既愤怒又心疼,一篇篇地拾起来看。有晚辈好心地说他:"这都什么时候了,您还有心管这些东西,快扔了吧。"他一改往日慈祥面孔,冷冰冰地瞪人家一眼。

贾芝每天除了吃饭、睡觉外就是研究民间文学,有时甚至到了走火入魔的程度,因此闹了不少笑话。

有一天,贾芝携带户口本去邮局取包裹,顺便准备寄一封信。结果他满脑子想的都是关于民间文学的事,一不留神,把信和户口簿一块儿丢进信箱里。没办法他只好在那里傻等,待邮局工作人员来开箱取信时才把户口簿拿回家。又一天,贾芝到朋友家商量工作,慌忙之中把朋友女儿的书包背走了,小女孩儿追着他喊:"爷爷,爷爷,你背走的是我的书包。"贾芝停下来呆呆地看着小女孩儿,好一会儿才醒悟过来……

贾芝因为这些丢三落四的事,家人经常说他。后来有一次出门坐火车,仔细想了一下,竟然什么都没有忘带,遂得意地对同行的人说,人家都说我丢三落四,常丢东西,这回我可什么也没有丢! 话还没说完,一挥手他把茶杯扔出了窗外。

弟弟贾植芳也有一堆笑话,不过和哥哥不同的是,他不是因为"痴"才闹的笑话,他有时是故意逗人家,有点"恶搞"的味道了。

有一次贾植芳因耳聋去商店买助听器,却故意说是买"窃听器",使得售货员大惊失色继而捧腹大笑。他逗别人开心,自己也开心。

贾植芳还曾戏称:如果自己有两个儿子,一个取名"贾仁",一个取名"贾义";如果有两个女儿,则分别叫做"贾慈"和"贾悲"。贾植芳的这个玩笑,无疑是对"假仁假义假慈悲"世相的鞭挞和嘲讽。

1955 年,贾植芳因胡风冤案被捕入狱后,有一次审讯员问他:"贾植芳,你怎么认识某某人的?"他说:"你说的这个人我不认识。"对方似笑非笑地说:"你真会狡辩! 你不认识他,他怎么认识你,还给你送书?"说着,他拿出一本书来,上款写着"贾植芳先生教正",下款写着"某某敬赠"。贾植芳说:"这是我们学术文化界的一种习惯和风气,认识不认识的同行人总互相赠送著作。"贾植芳这么一解释,对方就恼火了,拍着桌子大声申斥说:"你还在继续狡辩! 这本书定价两元多。他不认识你,平白无故地把两元钱的东西送给你,谁会相信? 我们是干什么的? 告诉你,骗不了人的!"对方这么一发脾气,贾植芳差点笑出来,干脆认了,还轻声咕哝道:这些同志是农民,上帝原谅他们吧! 幸亏人家没有听见,否则恐怕又是一番批斗了。

在"文化大革命"期间,贾植芳经过十多年的监禁和劳改生活,反倒把身体磨炼得更壮实了。每次批斗,他不像别人那样神情沮丧,畏首畏尾,而是挺着胸脯,迈着坚定的步子,像个平常人。正是因为他问心无愧,且生性乐观,才使他一次次地度过磨难,一次次坦然地面对恐怖阴暗的现实,无所畏惧。

晚年生活

历史上曾有过这样的误会,认为贾氏兄弟走的是两条道路,一个走的是"红"道,一个走的是"黑"道。当然,是非早已分明,贾氏兄弟都是革命战士,革命作家:贾芝自不必说,他是从延安走出来的老革命;贾植芳也是革命的,新中国成立前他曾介绍许多进步青年到延安去;新中国成立后他作为进步知识分子先后在上海震旦大学、复旦大学中文系任教授、系主任,讲授苏联文学。贾植芳说:"当年复旦的教师,陈望道翻译马克思的《共产党宣言》,我翻译恩格斯的《住宅问题》,此外再没有第三个人翻译过马恩的东西。"

如今,老哥俩都是近百岁的老人了。哥哥住在北京,弟弟住在上海。两人身体都很好,但听力不行了。每次通电话,身边还各需要有一个人转达。

步入晚年,哥哥的生活相对来说更平淡一些。每天早上,贾芝在床上要做一套按摩体操,不做操就像没睡醒,不能起床。在家里他能干的事情都是自己去做,叠被子、扫地、洗碗等。近两年,贾芝不大写文章了。有时,还写写毛笔字。也常常应邀到外地出差,深入到县里、村上考察访问。在北京经常参加各种会议,他现任中国民间文艺家协会的名誉主席。

近年贾芝又喜欢上了唱歌。不管时间地点,也不管身边有人没人,张口就来:正月里来是新春,赶上那猪羊出了门,猪啊羊呀送到哪里去?送给那英勇的八路军,哎嘞玫瑰花呀海呀海棠花,送给英勇的八路军。唱完后贾芝还要加上一句:我就是当年的八路军。

贾芝身体一直很好,走路、上楼心不慌、气不喘,步履稳健,每天都工作、读书十多个小时。这些得益于他非常好的生活习惯。他的养生秘诀是:心宽、吃醋、洗脚。比如洗脚,他一直坚持用热水泡脚,这个习惯在艰苦的革命年代就已经养成了。在延安时行军,每人每天只有一杯热水,他宁愿只喝半杯,也要留下半杯浇在脚缝上。

作为李大钊的女婿,贾芝还整理出版了《李大钊诗文选集》等。"不叹年华空飞逝,只觉事多做不完。"这是贾芝二十年前写下的两句诗,也正是他工作生活的真实写照!

弟弟贾植芳的生活到晚年仍似他年轻时一样,精彩但又有波折。

1997 年,和贾植芳同甘苦大半辈子的妻子任敏突然患病,医院诊断为脑中风。任敏 1943 年在上大学时认识贾植芳,因为欣赏他的为人和才华,没过多久,就搬到了贾植芳的小屋里和他同居,一辈子没有办结婚证。两人虽经过百般打击过了大半个世纪,仍恩爱如初。她一生病,贾植芳急坏了,日夜守在身边,每每稍有好转,贾植芳便像孩子般高兴。到 2000 年时,医院发出了病危通知。贾植芳在学生的搀扶下来到病房,一手拄着拐杖,一手紧紧握着任敏的手,大声叫着她的名字:"任敏啊,以前别人整我们,我们没有办法。现在好了,我们一定不能被自己打倒! 你要好起来!"入院以后从来没有反应的任敏,这时竟流出了眼泪。

在观察室里,任敏每天仅药费就需五百多元,花钱似流水。连医务人员私下都在嘀咕,觉得是在花冤枉钱,但贾植芳一门心思要把爱妻医好。在任敏生病的五年里,昂贵的医药费使贾植芳山穷水尽。但贾植芳从无怨言，每天伏案写作，整理旧稿、日记、书信、回忆录以及各类散文。出版社汇来的稿酬，他总是第一时间交给学生，说赶快，送到医院里去交医药费。

任敏奇迹般地闯过了生死关口，虽仍昏迷不醒，但可以回家休养。贾植芳请来侄女管理他的家，又找来保姆专门照料病人。他自己每天亲自挑选水果，加上用小米、大枣、核桃仁、麦片熬的粥，细心地喂给病人。

当时已经八十多岁的贾植芳每天起床的第一件事就是去看任敏，问她晚上睡得好不好，然后再去刷牙洗脸。晚上睡觉前，他给任敏搓脚心，搓到热了才放进被窝，而自己每次都搓得一身汗，但这些细致的活，他从不让保姆代做。

虽然任敏不能说话，甚至后来连意识都没有了。但贾植芳每天都在她的床前跟她说话，给她读文章。家里来了客人，他待客人走后，都要到病床前和任敏讲来了些什么人，说了些什么话。"任敏，刚才某某来了，我没能陪你，你不生气吧？"他常常抚摩着任敏的额头说："任敏不要怕，咱们回家了。"

任敏的病情一次比一次严重，但是每次她都能奇迹般地活下来，活过了五个春秋。养女贾英说，母亲舍不得父亲。

2002 年 11 月，任敏离开人世。贾植芳至今保留着她的房间，里面的布置也是任敏活着时候的样子。一张小桌上，端放着任敏的遗像，贾植芳定期在旁边放鲜花、水果、点心和酒。他也常对来看他的客人说："这是酒，她爱喝酒，每天中午我都会陪她喝一杯。这是牛奶，是任敏的早点。"

就是在这段老人整日为病人奔波的时间，他的回忆录《狱里狱外》问世，在知识界产生了重大影响。

如今，贾芝、贾植芳这对文坛宿将，著作等身，虽都已近百岁，但仍老当益壮，笔耕不辍，为中国的文学事业，不断地增添新的华章！

张季鸾与陈布雷：民国国士的半世情缘

◎李满星

陈布雷

　　民国时期《大公报》首任总编辑张季鸾，与蒋介石秘书陈布雷，有二十年交情，可谓文字至交。两知己互相欣赏，堪比瑜亮，生逢乱世以文章报国，成就一段佳话。

两支笔闻名天下

　　民国诞生，张季鸾以秘书身份执笔起草了孙中山的《就职宣言》，陈布雷以报人身份翻译了孙中山的《告友邦人士书》。大时代的两支笔，参与民国创世，闻名天下。

　　张季鸾，名炽章，字季鸾，后来以字闻名天下，他的本名反而少有人知晓。张祖籍陕西榆林，1888 年 3 月 20 日生于山东邹平。陈布雷比张季鸾小两岁，原名训恩，字彦及，号畏垒，笔名布雷，浙江省慈溪县西乡官桥人。

　　两人都上过当地有名的学堂，熟读经史，受新文化、新思想影响很大。张季鸾在1906 年年初留学日本，在东京见过民主革命的先行者孙中山，当面聆听其教诲，还协助创办同盟会陕西分会，主编《夏声》杂志，初显才名；陈训恩在浙江高等学堂读书时，从国文教师那里饱览了《复报》、《民报》、《新世纪》等禁书，议论风发，有时在作文中竟毫无顾忌地把"光复汉物，驱逐胡虏"也写了进去。清末"浙路案"起后，陈训恩被推为浙江高等学堂的学生代表之一,撰写一篇关于"铁道国有"的文章寄给杨度,又寄一份给上海《天铎报》的洪佛矢先生。洪佛矢将陈训恩的来书在《天铎报》上刊出,并回信勉励陈训恩常撰文投寄该报。这就是陈训恩与新闻界发生关系的开始。

辛亥革命前夕,一大批热血青年陆续回国报效,张季鸾回国,出任《民立报》编辑。

1912年元旦,中华民国临时政府在南京成立,孙中山就任临时大总统。于右任保荐张季鸾为总统府秘书。同时的秘书中有康心孚、杨杏佛、任鸿隽、林伯渠等青年才俊。

张季鸾曾执笔起草孙中山的就职宣言。

孙中山的就职宣言,高屋建瓴,气势雄健,思想邃密,文采璀璨,通过电波,传遍了全中国,传遍了全世界。在经过了近百年的今天来看,依然给人以热血沸腾之感。

张季鸾的才华,也为内行人所钦佩。

就在这一天,张季鸾及时向位于上海的《民立报》拍发新闻电,报道南京临时政府成立和大总统就职的盛况。这是中国报纸第一次拍发的新闻专电。熟悉新闻史的后起之秀徐铸成评价:"中国报纸之自有新闻电,确以季鸾先生一电为嚆矢。"从政而不忘新闻报国,难怪张季鸾后来要以报纸作为他终生事业。

陈训恩也在1911年走上新闻报国之路。这年春,陈训恩由家乡过上海赴杭入学,暂住在天铎报社。他的堂兄陈屺怀任社长,总编辑戴天仇,即戴季陶,因结婚请假,请陈训恩代编报纸。陈每日撰短论两则,有时也代撰论说。他撰写的短论,文笔洗练,字句铿锵,颇能吸引读者。在当年秋"浙高"毕业后,陈即被吸收进《天铎报》工作。报社的胡飘瓦要陈起个笔名。陈想起在浙高读书时,因为长得面颊圆满,胖乎乎的,被同学们戏称为"面包孩儿",面包的英文为bread,译音为布雷,于是就用起了"布雷"的笔名。大家都知道布雷姓陈,都以陈布雷称之,渐渐陈训恩已不大为人知晓。

武昌起义时,陈布雷在《天铎报》上以布雷笔名,设《谈鄂》专题,按日连载,共写十篇专论,沪杭各地竞相传阅,从此布雷之名响彻沪、宁、杭等地。

中华民国成立,孙中山在南京就任临时大总统,发表《告友邦人士书》,稿子是英文写的,外交部长王宠惠带到上海,想在报纸上发表,一时找不到翻译,结果陈布雷以古文试译一段,他的译文典雅传神、准确。王看了大为满意。于是这篇《告友邦人士书》成了《天铎报》的独家新闻。第二天《民立报》同人知道后,不无遗憾地对于右任说:"此文《天铎报》抢先发表,可惜可惜。"

4月1日,孙中山辞去临时大总统,张季鸾亦随之离开临时政府,投身民主革命的激流中。

陈布雷也因与《天铎报》总编辑李怀霜意见不合,遂辞职回宁波任教,但民主革命的激情未减,并于1912年3月在宁波参加同盟会。

畏垒、一苇齐名

张季鸾与陈布雷始识，在 20 世纪 20 年代的上海。

张季鸾离开临时政府回到上海，辗转京沪办报，开始报人生涯。

1913 年年初，张与曹成甫创办北京《民立报》，同时兼任上海《民立报》驻京记者。发生了宋教仁案后，张季鸾挺身而出，在北京《民立报》与于右任南北遥相呼应，以鲜明的立场，高举民主革命的旗帜，痛斥袁世凯的野蛮暴行。后来，张季鸾得知了袁世凯"善后大借款"内幕，立即撰文在上海《民立报》披露，震动全国，掀起倒袁浪潮，并成为讨袁"二次革命"的导火线。

袁死黎继，张季鸾任《新闻报》北京特约记者，以"一苇"通信脍炙人口。后，张为《中华新报》总编辑，因披露段祺瑞以胶济铁路为抵押向日本秘密借款的消息被捕。

陈布雷于 1920 年到上海再次踏入报界，任《商报》编辑部主任。陈布雷执笔的那些时评，议论透辟，文笔犀利，深得读者喜欢，被报界誉为"突起之异军"。1923 年，评论改署名制，陈布雷开始使用"畏垒"的笔名，他不畏惧军阀的强势，这一年发生的大事，如曹锟贿选、孙传芳举兵入浙江等，他都曾发表旗帜鲜明的反对文章。孙中山对《商报》也非常赏识，说"等报，虽属党员办的报纸，可是为党宣传最得力的成绩，远不及《商报》；《商报》只是几个同志在那里苦撑，可称为忠实的党报"。蒋介石这时在上海订阅《商报》，经常读署名布雷的文章，也常听戴季陶等称赞陈布雷的文笔流畅犀利。在上海的中国共产党人，对《商报》亦很注意，在自己办的刊物上常转载《商报》的社论。郭沫若推崇这一时期的陈布雷，"如椽大笔，横扫千军，令人倾慕"。

这时主笔《中华新报》的张季鸾称赞说，《商报》社论为"论坛寂寞中突起之异军，辗转探询，始知著论者为陈、潘二人"。

陈布雷与张季鸾订交，也是在这时。

陈布雷在《商报》，因为与张季鸾主持的《中华新报》打起了笔墨官司，往复论辩七八次，可谓不打不相识。陈布雷过后认为，他们论辩的论据，实际上未必强于张季鸾所持者。而正在这时，张季鸾却在《中华新报》发表一短评："余在报界十年，感寂寞与痛苦久矣。最近商报与本报之辩论，其主张且不论，然其攻击之猛，笔锋之锐，令为读之先自感一种愉快，甚喜我报界之有进步也。国事待讨论者正多，如吾两报，不宜为一个问题，辩难不已，宜自此结束论争，不必定孰为得失。"

张季鸾在《中华新报》表现出的雅量和深情，为陈布雷所敬佩。

自此，两人订交，互为伯仲。第二年，因为《中华新报》停刊，张季鸾离开上海走北方。陈布雷急忙写信敦劝，说："今日政治之事，得先生一人不加多，然舆论界万不可无先生,援招隐之义,敢以重回故业为请。"张季鸾回信,写道:"且请拭目俟之,中国必须有终身之新闻记者,舍我辈其谁。"

1926年秋,是陈布雷、张季鸾二人人生的转折点。

当年9月1日,张季鸾担任总编辑的《大公报》,以新姿态与读者相见。自主持新记《大公报》笔政后十五年间,张季鸾如鱼得水,龙飞九天,意气风发,驰骋报坛,指点江山,激扬文字,朝野一致景仰,声名远播海外。其影响之大,享誉之高,不惟国内罕有其匹,就是在欧美新闻人中,也不多见。

经过具有帝师之称的张静江推荐,陈布雷1926年冬天来到南昌北伐军总司令部后,蒋介石就请他写一篇《告黄埔同学书》。陈布雷奋笔直书,把历年对北洋军阀的愤恨和对外国帝国主义侵略的义愤一齐倾泻在纸上,义正词严,掷地有声,一个晚上一挥而就。此文文白兼用,情理并茂,有的地方还运用四六对仗文句,读起来铿锵有声,成为北伐时的一篇名文。

张季鸾主持新记《大公报》笔政后,论事析理,能够时时处处出以公心,超越党派私利,从国家民族的根本利益出发,曾以"三骂"脍炙人口,以直声、文名而使天下皆知。

"三骂"其一为骂军阀吴佩孚。1926年12月4日发表社评《跌霸》,对曾"独霸一时"而今大势已去的吴佩孚之所以有今天的结局进行了精辟的分析,该文也成为为吴氏及直系军阀的送终之作。

其二为骂汪精卫。1927年11月4日,张季鸾在《呜呼领袖欲之罪恶》中,点破汪氏政客本来面目,对忽而"联共",忽而"清共"、"分共"的汪精卫之反复无常进行了无情的揭露,并一针见血地指出,中国十余年军阀混战、政局动荡的原因,是"领袖欲与支配欲为之祟耳"。

其三为骂炙手可热的蒋介石。1927年蒋介石在上海发动"四一二"政变。国共分裂,大革命失败。4月29日,张季鸾写出社评《党祸》,抨击蒋介石杀戮青年、残害进步人士。1927年12月2日,张季鸾在蒋介石宋美龄新婚次日,发表传诵一时的社评《蒋介石之人生观》,文章纵横捭阖,嬉笑怒骂,冷嘲热讽,指控"不学无术"的蒋"自误而复误青年",淋漓尽致,逻辑谨严,文采出众,是一篇很出色的文字。

1928年7月,在河南郑州,经陈布雷引荐,张季鸾初次采访蒋介石。七个月前曾被张季鸾痛骂过的蒋介石不计前嫌,反而视张为国士诤友。蒋介石深知,古往今来,得天下者,要动刀枪,还要动笔杆。他感到急需一位能下笔千言、倚马可待的大文士、大手笔,作为在新闻界的代言人。因此,蒋对张礼敬有加,言必称先生。

携手辅佐蒋介石

1928 年后至抗战前期,张季鸾、陈布雷共事一主,携手辅佐蒋介石。张充当新闻界的代言人,陈起草了一些重要的文稿。

陈布雷充当蒋介石幕僚,颇受器重。他为蒋介石捉刀,起草各种文告、文件,甚至代笔写《西安半月记》之类的私人文字,深得蒋的心意。蒋介石一改对部属"张参谋长"、"李军长"之类的称呼,尊陈布雷为"布雷先生"。

而对张季鸾,作为独裁者的蒋介石同样礼敬有加。国民党的舆论宣传总是不能适应其要求,这令蒋深为不满,也是国民党的舆论宣传机构屡屡挨骂的主要原因。这也就难怪始终没有参加过任何政治党派的张季鸾及其主持笔政的《大公报》,受到蒋介石重视,脱颖而出,并成为一代论宗和全国的舆论重镇。

1931 年 5 月 2 日,在纪念《大公报》发行一万号时,蒋介石送来亲笔题写的"收获与耕耘"贺词,称该报"改组以来,赖今社中诸君之不断努力,声光蔚起,大改昔观,曾不五年,一跃而为中国第一流之新闻纸"。

张季鸾其人欣然为政府所用,蒋介石常通过陈布雷约其晤谈,讨论时事,并时常电话咨询,称其"季鸾先生",可见蒋对他的尊敬。

《大公报》重心南移、出版上海版以后,他们的往来更加频繁。张季鸾通过陈布雷深知蒋的为人和想法,在脑中将它推前一步,写为社评,蒋觉得很有道理,往往照此实行。

《大公报》所以常常得风气之先,蒋也因此收"尊重舆论"之誉。

充当战时精神长城

抗日战争时期,张季鸾、陈布雷和蒋介石的关系,达到了密切无间的顶峰。张主笔的《大公报》全力鼓吹抗战,激励民心士气,而且参与蒋重大的决策和活动,演绎谔谔国士式故事。陈布雷,充任蒋介石文胆及"军机大臣",为蒋介石起草了一些重要的文稿,演绎出了一连串的"贤相"式的故事。张季鸾、陈布雷合作起草的文告和社论,被称为"战时精神长城"。

1937 年震惊中外的卢沟桥事变爆发后,陈布雷为蒋介石起草《对卢沟桥事件之严正声明》、《最后关头》两篇文章,其中"如果战端一开,只有牺牲到底。那就地无分南北,人无分老幼,无论何人皆有守土抗战之责任,皆应抱定牺牲一切之决心"为张季鸾的得意之笔。这种旗帜鲜明地宣扬国民政府决定牺牲到底抵抗日本侵略的立场,对全国军民团结起来同仇敌忾,对各党派、社会各界结成全民族抗日统一战线,对引导全国各界的舆论,都产生了重大影响,可以说功不可没。

"八一三"淞沪战起,蒋介石在武汉发表《告全国国民书》,表示:"目前形势无论如何转变,唯有向前迈进,万无中途屈服之理。"其实,这篇影响深远的文告,是陈布雷起草、张季鸾参与了其中修改。张并在《大公报》发表社评《置之死地而后生》,振奋人心,影响极其深远。

南京会战时,和平谣言满天飞。张季鸾和陈布雷商量后,写下了《最低调的和战论》。文章指出,只要大家"不分党派,同心奋斗""中国就永不亡,民族精神也永不至衰落,力言和局之不可保,只有继续抗战之一途"。这篇社论一发表,弥漫南京、武汉的"和谣"就为之一扫,"空气澄清",在当时影响很大。

在武汉期间,国家局势最为动荡,不仅张季鸾在《大公报》的言论最为社会所关注,其为蒋所撰写的重要文稿,也在国内外引起重要反响。陈布雷1938年在武汉,在日机轰炸下,为蒋介石起草最著名的六千字的文告《抗战周年纪念告全国军民书》也倾注了张季鸾的心血。张季鸾评论该文谓:"淋漓酣畅,在统帅昭告全国之书告中当不能更详尽于此,篇幅虽长而不觉其冗,气势旺盛,通体不懈,是抗战前途光明之象征。"

这篇文告用五种语言,向国内外广播。海内外各报,一律在头版头条刊出。这对坚定全民抗战的信心,促进抗日统一战线的团结,有极其重要的促进作用。

在1940年日本对大西南抗战后方进行狂轰滥炸之际,蒋介石决定,发布《告日本国民书》,警告日本当局。

《告日本国民书》,本是蒋介石命陈布雷写,陈则推荐张季鸾执笔。当时,张季鸾因为肺病卧于病榻。但他欣然受命,以日本风格及日文写成,洋洋洒洒近万言,蒋介石阅后一字未改,印刷后用飞机撒向日本主要城市。

抗战期间,张季鸾、陈布雷两人关系更加密切,谈论世界局势,论敌情,论战局……畏垒一苇,一时瑜亮。陈布雷日记中隔三两天都有记载。在对外宣传方面,张出了很多主意,陈布雷常常把张的长信和建议几千字几千字摘录在日记中。

国士完人誉满四海

1941年8月31日,张季鸾病重住进中央医院治疗,陈布雷到医院探访达三次,可见交情之深。9月6日凌晨5时,陈布雷得知张季鸾去世了,6时30分就赶到中央医院,为民国失去一国士,同仁失去一挚友,不胜歔欷。直到9时,陈布雷目睹装殓盖棺,才离开回去,但他依然不愿相信知己挚友已经去世。午后,为委员长起草哀悼张季鸾唁电,经过蒋介石过目后立即致大公报社。

下午 4 时,陈布雷再次至中央医院帮助办理成殓事宜。直到晚上 8 时,陈布雷才归到寓所。晚上,陈布雷在日记中详细记下了张季鸾之死。陈布雷在日记中也有记友人或亲人之死,但从未这样详细和充满感情,而且对张的评价也远远超过其所记之任何人。

陪都新闻界和各界人士为张季鸾隆重举行了追悼会。国共两党领袖蒋、毛诸公同声哀悼。蒋介石、周恩来都亲自参加公祭并致送挽联。

蒋的挽联是:

天下慕正声,千秋不朽;

崇朝嗟永诀,四海同悲。

1948 年 11 月 13 日,追随蒋介石二十年的幕僚、"文胆"陈布雷黯然自尽,终年五十九岁,一生清廉、人品高洁的他在留给蒋的遗书中说:"自问平生实无始终贡献可言","书生无用,负国负公"。蒋则称誉他为"当代完人"。

文坛老儒与文化顽童的恩恩怨怨

——胡秋原与李敖打官司始末

◎裴高才

胡秋原

　　这是一场轰动台湾的跨世纪文化官司,经过长达四十一年的缠讼,此案的双方胡秋原与李敖各有胜负。它创下了台湾文化官司的三项之最:影响最大,第一宗,缠讼时间最长。

　　此案原告胡秋原,1910年农历五月初五生于湖北省武汉市黄陂区木兰山下的胡家大湾,是我国著名的爱国学者、教授和文学家,曾任台湾资深"立委"与"中国统一联盟"名誉主席。作为文化人,他学贯中西,先后与瞿秋白、鲁迅、胡适、李敖等论战,笔墨官司打了七十余年;作为爱国者,他要么弃学抗日、捍卫外蒙,要么左右开弓斥"两独",他因此被下狱、流放、革职。他是一位颇具争议的人物,他与国、共两党的关系扑朔迷离,尤其是1988年他毅然首访大陆,成为海峡两岸隔绝四十年后第一位来访的台湾上层人士,他因此被李登辉当局开除国民党党籍。他掀起了阵阵"胡秋原旋风",一时间轰动世界。

　　被告李敖,台湾知名作家,素以特立独行著称,曾多次将台湾政商要人推上被告席,是台湾的"诉讼专业户"。

"文星"官司硝烟起

胡秋原有一个"怪"脾气,对于别人口头攻击并不计较,对于文字攻击则寸步不让。其实,他与《文星》及李敖原本并无个人恩怨。刚开始,他不仅是《文星》的撰稿人,他的《少作收残录》和《同舟共济》也都是交给文星书店出版经售的。

这里的"文星",是指《文星》杂志及其文星书店,其名来自杜甫的诗句"北风随气爽,南斗避文星"。《文星》是台湾资深"立委"萧同兹之子萧孟能与朱婉坚夫妇创办的,创刊于1957年11月5日,是一份文艺生活类综合性杂志。由叶明勋担任发行人,书店老板萧孟能任社长。其办刊方针是"不按牌理出牌"。

1961年10月1日,《文星》第四十八期出人意料地刊出一篇居浩然撰写的火气十足的《徐复观的故事》。此文可算是"《文星》'西化派'作者猛烈抨击'传统派'为'义和团分子'的头一炮"。紧接着,第四十九期又发表了青年李敖一炮打乱天下的成名作《老年人与棒子》。11月6日,胡适应亚东区科学教育会议之邀在开幕式上发表英文演讲,第五十期《文星》刊出了讲稿译文。这篇讲稿立即遭到徐复观、郑学稼等人的"口诛笔伐"。徐复观在《民主评论》上发表了《中国人的耻辱,东方人的耻辱》一文,猛烈抨击胡适"东方的老文明中没有多少精神成分"这一说法。这场中西文化论战悄然开始。

深谙市场的萧孟能认为,这对于《文星》杂志来说,不啻于一次千载难逢的商机。于是,他在1962年2月1日出版的《文星》第五十二期的《编辑室报告》中有这样一段话:"在这一次论战中,我们暂时不想指出谁对谁错……请大家登台演讲,各抒高论……"

所谓"老人应交棒子"是指,《美台协防协定》实行以后,美国曾有将蒋介石的权力交给陈诚的计划。二十六岁的李敖以愤世嫉俗之笔从否定"传统",继而发展到否定"道统",并隐隐发出了"换马"的呼声。其语气一上来就顾步自盼、咄咄逼人,让萧孟能心中大喜过望。

在陈立峰(《文星》主编)的介绍下,萧孟能亲赴台北新店找到了"蓄势待发的穷小子"李敖。萧孟能认为,《文星》头四年的言论文章太少,太弱,对外联络不够,设计题材做得不够,因此许多社会关系都运用不起来。他认定,李敖就是心目中文化性批判言论的最佳人选。

在萧孟能"老谋深算"的赏识之下,"文化顽童"李敖毅然放弃了在台湾大学历史研究所的学业,不由分说地投奔"文星"。从此"文星变色"了……

当时,胡秋原本无意参加胡适与徐复观之"中西文化问题"辩论,但在陈立峰的再三邀请下，《文星》第五十一期（1962年1月1日）发表了胡秋原近三万字的长文《超越传统派、西化派、俄化派而前进》，他不以胡适否定中国传统文化为然，警告人们不可在"复古"、"西化"中二者选一，"因复古只足以促成洋化，而洋化无论西洋化、北洋化，到最后皆是亡国"，同时告诫年轻人应当"认真的，规规矩矩的做人"、"求学"、"立国"、特别指出所谓"大胆假设，小心求证"根本是对科学方法的误解。

接着，李敖在《文星》第五十二期《给谈中西文化的人看看病》一文中，一枪连挑五十几位中国三百多年来的古今人物，如张其昀、陈立夫、陶希圣、胡秋原、任卓宣（叶青）、陈启天、郑学稼、钱穆、牟宗三、徐复观等。直截了当地声称，这些人都是有病的。这些病包括盲目排外的"义和团病"、夸大狂的"中胜于西病"、充满谎言的"中土流行病"、虚骄的"超越前进病"、最蛊惑人心的"中学为体、西学为用病"等。

李敖的文章发表后，一时间"数不清的来信，数不清的批评、赞扬、支持、恐吓，以及数不清的文字上的辩驳讨论"。是时，"文星"派扬言，"这回胡秋原被打倒了"。胡秋原则说"文化问题无战事"。就这样，一方以李敖为首，另一方以胡秋原当帅，一场言论两极、硝烟四起的"中西文化大论战"爆发……

1962年4月，在《文星》第五十四期上，李敖发表的《我要继续给人看看病》一文，说胡秋原"是一位病得很辛苦的大病人，他的长篇大论矛盾百出，仅《超越》一文就有自相矛盾三十七处之多"；台大助教许登源在文中批评胡秋原以"立正、向前看、超越、前进"来比喻"超越"完全是一种口号，逻辑观念也不正确，他建议胡秋原"应修好大一逻辑"、再"吃一帖强烈的泻药，把自己杂乱无章，概念不清，思考不逻辑等毛病统统泻去"，完全是一副轻蔑的口吻……这一期的《文星》几乎成了一本反胡（秋原）反徐（复观）的专辑，其中四篇围攻胡秋原，三篇围攻徐复观。如此猛烈的文字火力，让胡秋原、徐复观等人如坐针毡。

恰恰此时，胡秋原发生了"伦敦风波"。雷震案发后，胡秋原又因仗义执言而开罪了某些人。其中胡秋原在《同舟共济》中称，美国的"史学与哲学很难令人恭维"，也成了新西化派及其支持者的靶子。胡秋原怀疑《文星》有组织性地攻击他，有一股势力在迫害他。于是，他转移阵地，开始在《世界评论》上撰文以反击《文星》上的年轻人，把居浩然、李敖、许登源、洪成完四个人编为甲、乙、丙、丁四号，逐个批评。胡秋原在六万余字的《由精神独立到新文化之创造》一文中也用了"小军阀"、"骷髅姿态"、"文化废人"等语言反击李敖。

为此，《文星》第五十七期战火又起，居浩然在《从门捷列夫的周期表说起》一文中，冷嘲热讽地挖苦胡秋原等人既不懂自然科学，又要卖弄从通俗科学杂志那里贩来的知识，结果与义和团思想分子一样不打自招地暴露弱点……接着，笔锋忽然一转，又指责在上一期充当"和事佬"的梁容若、黄宝实。

当论战一方采用如此非理性方式论战时，引起一批对传统文化热爱或有所肯定者的反感。《文星》内部也开始出现了分裂。1962 年 8 月 1 日，发行人叶明勋、主编陈立峰宣布辞职。

胡秋原在《世界评论》上，一一答复对手，说他们只是放稻草箭，不成战争，指出他们的理论、知识乃至对英文术语之误解，闹了一场笑话。

1962 年 9 月 1 日，《文星》第五十九期刊出过一封居浩然从英国寄来的短信："前辈留英同学中有人领过福建人民政府的津贴，因此对于'津贴'两字特别敏感。在他们看来，《文星》杂志不领津贴而能继续出版将近五年，乃是不可能的事情。至于他们办的杂志，照例津贴一停，生命告终……'闽变'（即李济深、陈铭枢领导的反蒋抗日福建事变，胡秋原曾参加并任文化宣传委员会主任）乃是与虎谋皮的反动行为，参加的分子都是投机取巧的败类……我们应该把个人历史摊开来由大众检视。如有毒素存在，大家来帮助他'自清'。借反对人身攻击的名目来掩蔽见不得人的丑史，乃是一种诡计，我们要毫不容情地加以揭发……"

信中提及的"闽变"，显然是针对胡秋原的。同期《旧文重刊》专栏中则刊出"闽变真相"文章五篇，进一步将胡秋原逼进了论战的死胡同。或许出于无奈，也许是他基于对别人口头攻击并不计较，对文字攻击则决不让步的原则，胡秋原在"立法院"提出质询。

到了 1962 年 10 月，李敖写了一篇《胡秋原的真面目》在《文星》发表，内容提到胡秋原参加 1933 年"闽变"的经过，并借"闽变"之事，说照片上的某人就是胡秋原，说要调查"胡秋原是否应戴红帽子"，又说胡秋原去苏联避难一年半，抗战时期撰写大量"亲苏"文字的历史，帮助国民党的敌人中共，"一死不足蔽其辜"，还说"人身攻击是必要而有理的"。同时，又"揭开了任卓宣、郑学稼曾为中共党员的老底"。

为此，胡秋原协同郑学稼于 10 月 4 日正式向台北地方法院控告萧孟能、李敖等人诽谤。胡秋原本身是"立委"，又有任卓宣、郑学稼等中老年知识分子为后援。而李敖年轻气盛，既有青年知识分子的支持，又有《文星》萧孟能及其"立委"父亲萧同兹撑腰，再加上一些国民党要人又是文星书店股东，所以诉讼双方对簿公堂，难分难解。

胡秋原与李敖之所以走上法庭，也与台湾的时代背景有关。当时的台湾，若是被戴上"红帽子"，轻则坐牢，重则杀头。

《中华杂志》辟阵地

由于这场官司轰动一时，在进入法律程序以后仍有不少人出面调解，其中包括二十多名国民党要员。李敖在《李敖快意恩仇录》中说：

"胡秋原既然坚持要诉诸法律，我就随他的便，那时我没有钱请律师，我就买了一些法律的书，自己先备战起来了。这时候，一个神秘的消息传出了，那就是居浩然的太太找到了胡秋原的太太，由太太级的出面，双方先行达成和解……"

本来，胡秋原诉状中居浩然是被告之一，因居浩然接受太太和解建议，胡秋原当庭撤销对他的起诉。为表谢意，居浩然送了一本熊十力的《原儒》给胡秋原。后来，胡秋原则在《中华杂志》上刊登了居浩然的文章，两人和好如初。

正在双方处于胶着状态时，一位《香港时报》主笔，在《自由报》上也对胡秋原下了"最后通牒"，声称如果胡秋原再不停止诉讼，他将要揭发胡做过香港《文汇报》主笔的秘密。其实，香港《文汇报》并无主笔，当时的社论大都转载于北京的《人民日报》。所以，胡秋原又把那位主笔一并控告。后经人调解，胡秋原软化立场，只要那位主笔在《中央日报》上登报声明承认错误即可，可是那人只愿背后赔情，却不愿公开道歉。

无独有偶，在官司开庭时，某报东京特派员在此旁听，次日，他在某报上也说胡秋原是香港《文汇报》主笔。经律师交涉，该报同意由胡秋原写出更正登出。然而，当胡文章寄出后，该报未予登出。胡秋原向法院控告也无下文。

有鉴于此，胡秋原的前川中学同学沈云阶，是一位实业家，看见胡没有地盘与武器，愿意协助胡秋原办一杂志，于是就有了 1963 年 8 月《中华杂志》的创刊。

然而，《中华杂志》从开始登记起就麻烦不断。有关人员收到登记申请后，以种种理由不予批准，后经友人前去说项，说胡秋原没有钱，顶多办得三个月就会停刊，不妨给他个人情，批准算了。杂志创刊后，先由新亚书店发行，又有人前去捣乱，劝人们不要购买；有人阻止作者向杂志社投稿；有人甚至造谣说《中华杂志》是"色情文字"，已遭查禁。不久，真的有人送来了一本"警总"和台北市政府编印的查禁图书目录，在被市政府查禁的书中居然有两本是《中华杂志》出版的。胡秋原将书拿来一看，根本不是他们杂志发行的，于是，他致函市政府抗议，却如泥牛入海。

任尔东西南北风，咬住青山不放松。《中华杂志》以其独特的风格在市场中逐渐站稳脚跟，随后行销中国各地及海外。初创时，沈先生资助两三年计七万元左右，后由胡秋原的两个女儿在美国节约奖学金补贴到逐渐自给，到了第六年便有盈余了。然后，胡秋原就利用盈余出版图书。仅出版"文星"官司方面的书就有《在唐三藏与浮士德之间》、《此风不可长》、《诽谤集团公然煽动政治清算问题》、《护法篇》等。

《中华杂志》虽为对抗西化派而创办，但其主要内容还是继续《祖国》和《民主政治》，研究中国的出路问题。但由于中国问题和世界问题不可分，所以必须研究国际问题。国际形势是历史横断面，历史之纵横研究，都必须对西方（包括美国）、俄罗斯、中国的文化史作比较研究，而这又要研究学问方法论、价值判断论的问题。为了保持研究之正大、正确而有利于国家，他又提倡知识分子务必维护人格尊严、民族尊严、学问尊严即所谓"三大尊严"。《中华杂志》也凝聚了胡秋原三十一年的心血,所有的社论除五篇是他人的文章外,其余全部是他一人撰写。

由于《中华杂志》以不俗的成绩跻身于台湾期刊之林,一位台湾当局的大员托胡秋原的一位朋友传话,如果《中华杂志》能为当局说话,当局可以提供资金保障,让其扩大规模。胡秋原对那位朋友说:"感谢老兄和那位大员的好意。因为我没有受政府资助,就有人造谣说杂志是政府出钱办的,我正在依法追究呢。倘若我现在接受资助,那不正中别人下怀吗?"

胡秋原的婉言谢绝原以为那位大员再不会找他,哪知,在随后的日子里,那位大员不断让朋友来做他的工作,并说这是当局的好意,而且许诺杂志上的文章仍由他定,当局决不干涉。胡秋原被说得没办法,最后回答他们说:"既然你们那样看得起我,我建议政府可另办一杂志,可聘我为主编,我至少每月写一篇文章,行不行?"那位大员听了这话后,再也不来找他了。

相互缠讼四十载

再说"文星"官司打到了 1963 年的秋天,法院判决有了结果。"文星"官司的知情人任卓宣说:

"胡秋原在久未判决期间,急于明辨是非,又出版了两本小书:一为《此风不可长》,二为《诽谤集团公然煽动政治清算问题》。在诉讼发生后,被告借此又对胡秋原提出反诉。及法官判决时,胡先生一面胜诉,一面又败诉,或称大胜小败。"

事情是这样的。由于胡秋原有一文章中称李敖是"小疯狗",李敖就此大做文章,硬说胡是故意诽谤。其实,"小疯狗"一词是李敖的一好友对他的昵称,李敖对此称呼沾沾自喜,并收在其文存中刊行。胡秋原认为,自己只是引用罢了,且打有引号。

可是,9 月 5 日,法官张顺吉作了如下判决:确认两被告李敖、萧孟能为共犯,各罚一千元;法庭采用"文献会"秘书高荫祖的证词,认为控方用"盗用"二字诽谤了对方,罚胡秋原六百元,并否认被告等的诬告罪,抹杀其恐吓罪。

为此,台湾《政治评论》发表了《从郑学稼胡秋原自诉案说到张顺吉》一文,对此案审理与判决作了详细的分析与说明,明确指出:"郑胡二位虽胜诉,胡则大胜小败,此案审理与判决有失公允。"

法院的判决下达后,双方都表示不服,且立即上诉到高院,从此官司就一拖再拖,从 1963 年起,一直拖了十一年,直到 1974 年再次开庭。

开庭那天,李敖因"叛乱"的案子,被关到"警备总部"军法处了,所以他戴着镣铐上庭,他一方面对胡秋原认错,另一方面反告胡秋原诽谤即前述所说"小疯狗"事。当胡秋原的律师董良骏辩护说"小疯狗"只是引用,不是诽谤时,李敖立即反驳道:"法官先生,要是我去你家造访,给我介绍你夫人说是'贱内',我可以说这是你'下贱'的太太吗?我的朋友可称我是'小疯狗',我自己也可以此为喜,但别人不可说我是'小疯狗'。这就如同法官先生可以自称太太是'贱内',别人却不可以称其为'下贱的太太'一样。否则,说此话的人就是犯诽谤之罪。"

李敖语毕,法官似乎觉得言之有理。这时,董律师突然想起他造访胡秋原时,正值一位国文教师在向胡秋原请教中国文字的特质。胡秋原就向来人解释中国文字在语体系上有两种特性:一为"结合"文。即由字成词、从词成句,而后由章成文;文章之真义即由结合特性衍出。二为应对之"矩"。即人际间言谈与对话的规矩,问者必须有所指,答者当有其礼;不可胡问乱语,或答非所问。此即中国文字"矩"的特性。于是,董律师眉头一皱,计上心来,立即站起来说:

"法官先生,刚才被告之辩解与中国文字对话之'矩'根本不合,所言违背逻辑推理,更是不可能存在的事实。请法官先生想一想,如果有人趋府造访,当你自谦地介绍你太太是'贱内',此人当绝无可能如被告所言:'这是你下贱的太太!'即使此人目不识丁,当会回应说:'法官太太好或法官老婆好';如果此人有一定的文化程度或受过良好的家教,他会回答说:'夫人好!'或'尊夫人好!'怎么可能说出:'这是你下贱的太太?'如果真有这种造访之人如此无'矩',那这个人岂不是变成了一只真正的'疯狗'吗?"

董良骏慷慨陈述完毕,法官们纷纷对他点头示意。随后,法院宣布了判决:李敖等诽谤成立,胡秋原胜诉。胡秋原在《三十三年来笔舌生涯纪要》中回忆道:

"1974 年 4 月,文星官司在高院结案。我与郑学稼先生在刑事上胜诉。继而有民事赔偿,我与郑先生各得四万元,我的被告之一因另案在狱,他镣铐上庭,在庭上两次认错,我即对他宣布放弃民事赔偿的要求。"

尽管胡秋原放弃了对李敖的民事赔偿,但李敖出狱后,一面寻找控告胡秋原的机会,一面在报刊上大写抨击胡秋原的文章。如《胡秋原有反俄远见吗?》、《蒋总裁口中的胡同志》、《胡秋原冒充伪部长》、《胡秋原怎样迫害殷海光》、《从迫殷到批胡》、《为胡秋原的迫害举证》等。

为此,胡秋原根据李敖在《我与殷海光》、《李敖自传与回忆》两书及《乌鸦评论》中的攻击,陆续写了长达十七万字的长文《一个计划、一个谎言、一个劝告》,反击李敖。

接着,胡秋原又于 1990 年 4 月 13 日、6 月 12 日,在《中央日报》连续刊登攻击李敖的大幅广告《李敖诈诬六奏》、《殷海光纪念会韦、胡、夏三人广播李敖谎言》。

李敖看到这些广告,于 1990 年 9 月 27 日,正式将胡秋原及《中央日报》发行人石永贵送上被告席,并向台北地方法院提供了胡秋原"诽谤罪"的三十条证据,诸如"骗子"、"卖国"、"汉奸"、"走狗"、"流氓"、"无赖"、"充当美国之线民"等。

经过双方反复较量,1991年10月4日,台湾高等法院判决胡秋原诽谤罪成立,判处拘役四十天。

胡秋原拘役期满后,又在《"立法院"公报》及《中华杂志》上连续发表了攻击李敖的文章。

1991年11月30日,李敖再次以新的"诽谤罪"将胡秋原告到台北地方法院。胡秋原则于次年11月20日向台湾高等法院提出反诉。

经过双方角力,台湾高等法院判决李敖胜诉,胡秋原赔偿三十五万元。李敖嫌少,又向最高法庭上诉,提出要求赔偿四百万元。最后,最高法院判决胡秋原应再付李敖一百六十五万元本息,合计为二百万元。

可是,胡秋原最后只赔了三十五万元,余款以无钱赔偿为由软拖。在李敖要求下,法院将胡秋原家的大门贴上封条。李敖在胜诉后得意地说:"这一场官司引发了我的好讼性格,自此进出法院,前后长达三十六年,至今未已,其中胡秋原终在他案上被我打败过……胡秋原赔了我三十五万元,我分了一半给我的律师郭鑫生,一半自己痛痛快快地花了。"

胡秋原也非等闲之辈,他再次将李敖送上被告席。

李敖在1986年撰写《我与殷海光》、《李敖自传与回忆》等书中指称,因为胡秋原致函给当时的台湾大学校长钱思亮,导致当时台大教授殷海光失去台大教职,甚至因此怄气而死。此外,李敖也在文章中指称,胡秋原曾请警备总部监视殷海光的行踪。

风水轮流转。一向告状像吃家常便饭,而且获赔金额可观的李敖,渐渐打破官司不败的"李敖神话"。台湾《联合报》报道说,经过十年缠讼,台湾高等法院于2003年8月6日五审认为,从殷海光自己的记录文献中,提及当初离开台大,与其思想等因素有关;后来死亡也是因为罹患胃癌多年,根据现有证据而言,看不出殷海光的去职与死亡和胡秋原有何关系,因此认定李敖损及胡秋原的名誉。最后判决李敖败诉,只是将赔偿胡秋原新台币八百万元降低为一百六十万元。基本上与胡秋原上次拖欠李敖的赔偿一百六十五万元相当。

李敖不服判决,再次上诉。2003年11月法院作出终审判决:维持原判。这样一来,胡秋原与李敖的笔墨官司从20世纪60年代打到21世纪初,前后长达四十一年之久,直到2004年胡秋原逝世才不了了之!

姑姑孙多慈与徐悲鸿的悲情往事

◎吴新华　郑　朝

凡略知徐悲鸿先生历史的便知道有一位孙多慈女士。孙多慈是我国早期为数不多的女油画家,她和徐悲鸿师生恋的故事,在上个世纪30年代的中国艺坛尽人皆知。

但是,几十年来,这一段风流轶事,常常会被有意无意地描绘成不同的版本,特别是对孙多慈这个女性,更是众说纷纭。本文作者之一吴新华与孙家是世交,多年生活在一起,又是她的学生;郑朝是孙在国立艺专时的学生,又是一名近代中国美术史的研究者。吴和郑又是战友,有着近六十年友情。他们俩经常在一起谈论孙多慈这个人物。二人均已年届八旬,深感应该在其直接观察的基础上,真实地写一下这个人物。

为了叙述方便,文章采用吴新华第一人称的口气来讲述。

我称孙多慈为"姑姑",但无血缘关系。昔年安徽寿州有三位同窗少女,情投意合,义结金兰,不是姐妹胜似姐妹。大姐叫叶庭筠,称韵竹,二姐李家应,称韵丹,小妹孙多慈,称韵兰(后外人均称韵君)。叶庭筠便是我的母亲。孙多慈的感情生活,我母亲是知道最多的。自我懂事以后,直到1949年孙多慈随丈夫许绍棣去台湾,我们三家一直保持着非常亲密的关系。

画才初露尖尖角

孙姑姑1912年出生,出身于书香门第。父亲孙传瑗先生,字养癯,饱读诗书,又曾赴日本留学。归国后一度风光,做了安徽省政府的委员,还做过孙传芳的幕僚。自孙大帅倒台后,受到牵连,获罪入狱。此后,失意闲住,以诗赋消磨时光。母亲汤毅英,出身名门,能文善画,曾任安徽第三师范学校校长。三位结义姐妹都是她的学生,她后来参透世事,吃素念佛,远离红尘,不问俗事。

孙姑姑自幼十分聪慧、文静,受父母宠爱,但家庭对她的教育十分严格,父母亲授诗书经籍。孙姑姑最爱诗词,《红楼梦》中的诗词皆能背诵。养癯先生期盼爱女日后成为一位博学的才女。但孙姑姑自幼也爱上绘画,起初喜欢描摹线装书的绣像,渐渐不满起来,更喜对景写生。养癯先生也曾不无得意地说:"这丫头在这方面还有点儿天分!"

孙姑姑很快出落成一个亭亭玉立的大姑娘。1929年,奉父命去南京投考中央大学中文系,不幸落第。她便有意攻读自己酷爱的美术专业,要求先在中央大学美术系旁听进修,待来年再正式投考。在这样的情况下,养癯先生无奈,只好答允女儿的选择。

初遇悲鸿互生慕

1930年,孙多慈进入中大美术系旁听。当时,徐悲鸿先生是中大美术系的教授、主任。徐悲鸿一向爱护青年,重视人才。孙多慈天生丽质、端庄淑雅,她的聪慧和绘画天赋,很快引起徐先生的注意。加上这段时间,她父亲因受孙传芳的牵连,正在南京坐牢,家境窘迫,孙多慈不免常顾影自怜,更使徐先生对其产生爱怜之情。孙多慈进入中大后得蒙徐悲鸿的亲授,徐还将自己的素描让孙多慈带回临摹,另外还特地给她开"小灶",殷勤指导、启发、诱导,使她的学业飞快进步。后来徐悲鸿还为这位女弟子画了一幅肖像,题曰:"慈生学画三月,智慧绝伦,敏妙之才,吾所罕见,愿毕生勇猛精进,发扬真艺……"爱惜与期待之情溢于言表。而孙多慈自遇徐师以后,也深怀感激、仰慕、庆幸之情。由此可见,徐、孙相遇之初,互相产生好感是自然之事,至于婚恋之意恐怕当初是没有的。一个单纯而又受礼教影响的少女,是不敢妄想的;一个有妇之夫的尊严师长,也是不敢妄想的。

1930年夏秋之交,孙多慈以第一名的成绩考取中大美术系,本想在艺术的殿堂中进一步施展其才华,不料中大校园和美术界忽然掀起轩然大波,闹得沸沸扬扬,攻击所谓"徐、孙师生之恋",骂徐悲鸿好色,有失师道尊严;说孙多慈轻浮虚荣,破坏老师家庭。

对这件事的小题大做，笔者认为原因是复杂的：

第一，其时国难日益深重，徐悲鸿对持不抵抗主义的蒋介石深感不满，公开批评，并参加田汉等人的南国社的进步活动。多次拒绝张道藩请他为蒋介石作像的要求。在广东、广西两省将领发动反蒋的"六一"运动后，他又义无反顾地跑到桂林去。这些必遭国民党上层的忌恨。有人借机拿他的私事炒作就不足为奇了。第二，在艺术上徐悲鸿是坚定的写实派，尖锐地抨击过抽象派、野兽派等现代流派，与不同流派的同行颇多争吵，难免有人乘机攻讦。第三，最重要的是徐妻蒋碧薇醋意大发，直接干预。孙多慈以第一名考入中大美术系，国画为满分一百分。蒋获知此事，逼迫徐悲鸿出国。徐迫于内外压力，向中大递了辞呈离去（后因故未能成行）。1930 年 2 月，徐在寂寞无奈中作《台城夜月》图，画中俩人同在一山冈上，徐席地而坐，孙侍立一旁，颈间纱巾随风飘动，天空一轮明月。徐的这副得意之作，可惜被蒋碧薇攫回毁灭。

徐、蒋当初私奔巴黎，原是艺坛一段佳话，不过后来环境变迁，志趣各异，逐渐在感情上出现裂痕。加上蒋背后有个倾心于她、身居高位的张道藩，这对徐悲鸿感情的打击是致命的，伤及肺腑。徐悲鸿心中的痛苦与无奈是可想而知的。

所以，日后母亲经常长叹一声，评价徐、孙之恋："唉，你孙姑姑和徐先生的事，三分是师生情，七分是他们逼出来的！"此言不谬！社会和蒋碧薇意在逼迫徐、孙拉开距离，而事与愿违，世事却把孙多慈一步一步地推向徐悲鸿。

红豆戒指"慈悲缘"

确实，徐悲鸿已渐渐爱上孙多慈了！

当徐的好友舒新城来访，见到《台城夜月》后，联系外界所闻，询问徐的真情。徐坦言自己已爱上这位女学生。不久，徐在致舒的一封函中详述了恋孙之苦，并附诗：燕子矶头叹水逝，秦淮艳迹已消沉。荒寒胜有台城路，水月双清万古情。

在接下来的四年中，虽然徐悲鸿很少来校，但多慈姑姑仍不断遭到一些别有用心的同学的无端攻击和骚扰，在教室的黑板上时有侮辱徐、孙的字句。为了避嫌，孙多慈也很久没有到徐悲鸿的画室中去了，但是孙多慈对恩师的爱意却也从灵魂的深处爆发出来了！

一天，孙多慈也不知道哪里来的那么大的勇气与力量，竟然不顾一切，昂首走进了阔别已久的徐悲鸿的画室。她看到站在画桌前的徐先生，脸色苍白，双眉紧锁，在宣纸上专心作画：几根老枝，几片枯叶在风中挣扎，几只麻雀逆风飞行……徐先生猛然发现了面前的孙多慈，不由得一阵心痛，微动着嘴唇说："对不起，让你受委屈了！"此时，孙多慈再也按捺不住自己的感情,猛地扑在徐先生的怀里,号啕大哭,眼泪肆无忌惮地汹涌而出,把徐先生灰布长衫的前襟湿了一大片。徐先生也百感交集,却凝然无语,用手轻轻地抚摸着她的长发。

这一天,可能是他们从师生情发展到师生恋的明白宣告!

1934年,孙多慈在中大美术系以第一名的成绩毕业。原先徐悲鸿已与有关方面疏通好,利用比利时政府将庚子赔款的一部分作为资金,让她去法国深造,不料此事也被蒋碧薇搅黄了。出于无奈,孙多慈只好回到安徽,在省立安庆中学任教,内心非常痛苦。她立志一生从事美术教育,课余致力作画。这年冬天,徐悲鸿作《燕燕于飞》赠孙。画面为一古装女子,愁容满面,仰望高飞的燕子,上题:"乙亥冬,写燕燕于飞,以遣胸怀。"传递了对孙的思慕之情。

1934年4月,孙多慈致信徐悲鸿,流露了对恩师的感激和爱慕之情,也倾诉了胸中的苦闷,表示要十年不通信,专心求艺,以期实现恩师的厚望。徐深为感动,回信勉励她继续努力作画,并将私蓄五千元钱托舒新城以间接的名义向孙购画,盖因他知道孙家经济拮据。

一个月后,徐突然来安庆,由孙多慈和李家应陪同,盘桓二日。这是徐临去桂林前来向孙告别。徐悲鸿远走之后,孙多慈给他寄去一粒她在天目山野外写生时采来的红豆。虽然孙未着一字,但王维《红豆》诗的寓意是尽人皆知的。

徐悲鸿接到红豆,恋情难抑,作红豆诗三首寄孙。

其一为:灿烂朝霞血染红,付与灵犀一点通。千言万语从何说,关山间隔此心同。

其二为:耿耿星河月在天,光芒北斗自高悬。几回凝望相思地,风送凄凉到客边。

其三为:急风狂雨避不恭,放舟弃棹匿亭阴。剥莲认识心中苦,独自沉沉味苦心。

徐悲鸿还打了一枚戒指戴在手上。把红豆嵌在上面。背后镌刻"慈悲"二字。

徐、孙之恋,红豆作证,昭昭于天下矣!这时的徐、孙是很痛苦的,也是很幸福的!

乱世悲情多磨难

1937年7月,抗日战争全面爆发!

母亲叶庭筠和孙多慈两家结伴而行,开始向内地流浪。流浪到长沙,形势稍稳定。我家和孙家住在桂花井街的一个大宅院内。

一天,母亲和孙多慈姑姑要一道出门去,孙姑姑穿了一件未见穿过的灰色法兰绒大衣;母亲也穿上从上海买来的从未穿过的狐皮领大衣。她们这种特别隆重的样子,给我留下深刻印象,后来知道她们去会见徐悲鸿先生。

徐先生是去桂林的途中在长沙作短暂的转车停留。她们赶到火车站附近的一间小客栈去会见徐先生。徐、孙两位恋人在战乱中偶然相见，自然十分快乐。徐先生见到初次见面却久已心怀感激的母亲；母亲见到她小妹心仪已久的知心人，也感到十分亲切。徐先生邀请她们到附近的一家饭店吃饭。吃饭的时候，徐先生忽然问道：二位女士，你们可知道长沙人的筷子为啥做得这般长？她们端详着长筷子答不出来，正在这一瞬间，徐先生用那筷子夹了一块炒腰花，隔着桌子，径直塞到坐在对面的孙姑姑嘴里，笑着说："长筷子的妙用在此也！"把两位女士都逗笑了。

饭后回到小客栈，孙姑姑代母亲向徐先生求画，徐沉吟片刻后从皮箱里取出一幅《立马》相赠。原题有字样："秋风万里频回首，认识当年旧战场。悲鸿写于桂林，廿六年八月与倭寇鏖战之际。"当即挥毫补题："庭筠女士文豪惠存。廿七年四月七日台儿庄大捷歼敌两万人，志之于此，永为纪念。"

母亲珍藏此画数十年，是她辞世后留给我的最珍贵的遗物。

这次长沙会晤，孙姑姑邀大姐即母亲同去，是为了商量她和徐的婚姻大计。徐、孙从师生情发展到师生恋，经历了风风雨雨，重重折磨，他们内心都十分矛盾、痛苦，都想在这次见面时，把问题摊开、说透，并让母亲当"参谋"。

他们谈到什么程度，母亲当然不会同孩子细讲，但是可以肯定的是孙姑姑对徐先生的感情又跨出了重要的一步。特别是母亲与徐悲鸿接触后，对徐本人和他与孙姑姑之间的深爱，有了进一步理解，成了他们婚事的积极支持者。他们下决心了。只是因为徐先生急着要赶回桂林，他们的婚事要等孙到桂林才能作安排。

以后在长沙的几个月中，孙姑姑似乎已经摆脱那种忧伤压抑的心境，开朗愉悦起来。那时，我们两家常一起到附近的长沙名胜天心阁去玩。孙姑姑穿一条黑色长裤，白衬衣，领口是一个黑蝴蝶结，微风徐徐拂动她的柔发和胸前的飘带，衬托着她端庄、娴静的神态，真是美丽。

到了暑假，局势又紧张起来，我们一家逃到湘江对岸的农村去躲避日军的轰炸。孙姑姑忽然来信，要母亲陪她们孙家一同去桂林。母亲狠心地把我们几个孩子托给并不很熟的房东，匆匆过江而去。

在桂林，徐悲鸿与孙多慈多次见面，他们在一起度过许多快乐的日子，他们一同观览了桂林和阳朔的山水，一起作画。母亲是见证人。我家现在还存有徐悲鸿的一幅《鹅哥》图。徐在上面题词："丁丑大暑，为慈作画"，落款是"阳朔天民"。画上的两只鹅哥，神态极为生动，像是它们互相在倾诉绵绵不尽的情话。这正是他俩在桂林这一短暂而快乐相处的写照。

孙多慈有什么情况，总是和母亲商量的。但最终她和徐悲鸿的感情却没有结果。母亲没有和我说过详因，但我推想，也许是因为：

第一是蒋碧薇不甘心。徐悲鸿和蒋碧薇当年私奔，共同生活二十多年，生儿育女，已经形成事实上的婚姻。现在要脱离这种同居关系，徐悲鸿曾请教过章伯钧等法律专家，以为从法律上看似乎简单，但实际上并非如此。虽然他俩感情早已破裂，而蒋出于报复心理，大造舆论，造成对徐悲鸿不利的社会和家庭压力。蒋声称，决不让他如愿以偿，在经济等方面也提出极为苛刻的条件，更索要徐的一百幅佳作和珍藏品。徐悲鸿忍痛满足了这些要求，但并未取得蒋碧薇的谅解和允诺。

第二是孙姑姑的父亲孙养癯的坚决反对。孙父是一位道学家，也是一位看重仕宦的人。他有一子一女，儿子不成器，就把光宗耀祖的希望全寄托在女儿身上。他心中的乘龙快婿应该是一位高官，他看不起画家，更反对与有妇之夫的老师发生婚姻关系。虽然徐悲鸿的画名很高，为人敬重。但他对徐仍是不屑。蒋碧薇的回忆录中提到，在这期间，"徐先生曾托人到孙家门上求婚，被孙老先生大骂一顿，悻悻地出国去了"。

师生苦恋终飘零

杭州沦陷后，浙南的丽水成为浙江的政治、文化中心。

母亲和李家应姑姑经过约一个月的颠沛之苦，来到丽水碧湖镇。李家应时任浙江第一保育院院长，母亲应聘在保育院工作。稍后到达的孙多慈在碧湖的浙江省联合中学任教。

孙姑姑除任教外，也有画不完的题材，有时还邀请潘天寿、郑仁山等画家一起到李家应院长的会客室里作画，她泼墨挥毫，高谈阔论，显得格外高兴。

然而孙姑姑尽管脸上有了一抹明媚的阳光，但心底的乌云却是挥之不去的。

徐、孙的婚事虽遭挫折，但是两人的感情依然浓烈。徐在海外，虽云天万里，战火纷飞，鱼雁阻滞，但是他们还是通了不少信，其中许多中途失落，收到的只是少数。

1939年9月，徐往印度讲学，10月携作品到香港展览，收到孙多慈一信。

徐回信劝她不要消沉。随后孙又发一电报，要徐到浙江去。可是徐的行程安排得满满的，岂能更动。

徐于12月抵印度，邮路阻隔。两人音信从此中断。他们的婚事更是渺茫。

但是此时的孙多慈已快三十岁了，这位美丽且多才多艺的女教师，在浙南山区当然是令人十分注目的，也不乏崇拜和追求者，其中包括一些达官显要。

一天夜晚，三姐妹正在房中谈心，忽然闯进来四个提着红灯笼的卫兵，递上名片，说"将军敬请小姐面谈"。

来者不善！

母亲说："今夜已晚，可否明天上午让孙小姐去拜访将军？"不许。母亲要求陪同前往，又不许。无奈，孙姑姑进里屋换衣服。母亲嘱咐她："看来今天不去是不行的，去就去,不要怕！他是中央要员,估计还不至于胡来。他如果有什么无理要求,你厉害些,他也不敢把你怎么样!"

深夜,孙姑姑才由四个卫兵护送回来。她面色苍白,等卫兵一走,就忍不住抽泣起来。

原来这位将军到碧湖来,并无军情要事,是专程来向孙求婚的。她当然严词拒绝了。

奇怪的是,这位将军对她的事了如指掌,什么"徐先生在海外音信渺无,生死未卜";什么"你家现下经济拮据,老太爷的脾气不好也是可以理解的";什么"没有一个安定的环境,怎能发挥你的艺术才能",等等。这些话虽然没有说服她去当这位将军的抗战夫人,但使她的精神防线发生动摇。

除了徐悲鸿的杳无音信,家庭经济也确实是一个大问题。父亲孙老先生长期赋闲,老太爷的架子又放不下。母亲除料理一些家务外,主要是念经拜佛。一个哥哥长得相貌堂堂却终日无所事事。吃的用的,全部负担都压在她纤弱的肩上。战时物价飞涨,教师工资微薄,真使她心劳力绌,烦恼异常。是啊! 是应该找个合适的人嫁了!

许绍棣就这样凸现在她面前了。

许绍棣,时任浙江省教育厅厅长,权重势大。他外貌儒雅,热心抗战事业,为办战时流亡学校作出过一定成绩,生活也尚简朴,政界的名声尚佳。他于抗战前夕,中年丧偶,有两个女儿,名绛烟和黛烟。他体弱多病,早想续弦,已追求孙多慈多时。但文化界也都记住鲁迅先生曾在一篇文章中提到:"有人""提出呈浙江省党部通缉堕落文人鲁迅",禁止鲁迅著作在浙江出售,此人便是早年的许绍棣。故其在进步文坛中声名狼藉。加上他与郁达夫妻子王映霞的绯闻流传颇广。因此,开始时叶、李两位义姐是持反对意见的。

但是看重仕途的孙老先生是竭力主张接纳这位快婿的。孙姑姑虽然心中还眷恋着漂泊在海外的徐悲鸿,但迫于现实和家庭的压力,矛盾了很久,终于允诺了这门亲事。

1940 年年底,许厅长和孙姑姑的婚礼在丽水城里隆重举行。母亲被委托代表娘家处理一些事务。

不久,日寇大举南侵,许家迁至山区景宁,恰好我从保育院毕业后,考入联初就读,联初也搬到景宁上课,而孙姑姑也在联初任课。我不仅每周与她在课堂上见,星期天也常去她家玩。这时我观察到,孙姑姑的体态较前稍显丰满,神情端庄而显得寡语;表面满足的背后,蕴藏着一种认命的哀怨。

1945 年抗战胜利,叶、李、孙三家同时回到杭州。孙家住在西湖博物馆内的一座红砖小楼内,枕孤山而面西湖,环境绝佳。此时,许绍棣任《东南日报》社长,孙多慈到国立艺专任教。孙姑姑又拿起了画笔。每次去看她，她总要拿新作给我们看，眼中放出愉悦的光彩。

终老台湾空抱恨

可是不久，内战又起，解放军节节胜利。到了1948年，我考入上海复旦大学，学生运动风起云涌，我成为一名积极分子，心中充满激情与憧憬。当时地下党通过外围组织，动员进步同学给某些要离开大陆的人写信。我不知天高地厚，给孙姑姑写了一封信，劝他们与国民党反动派决裂，留下来迎接解放。孙姑姑没有回信，母亲知道后来信埋怨我不懂事，许绍棣是什么人？你写这信对自己有危险，也使孙姑姑为难！

1949年春，眼看解放军就要渡江，国民党上层人物纷纷逃亡，上海一片混乱。一天，许绍棣的女儿绛烟（她当时也在复旦大学预习）对我说："我妈现在上海，很想见见你！"我在北四川路一家旅馆见到了她。

孙姑姑有些发福了，气色还好，但神情忧郁。她问："你们有什么打算？还有美芳？"美芳是我的妹妹，她的干女儿。她在试探美芳愿不愿意跟她走。

我满怀惜别之情，却又坚定地说："我已把美芳带到上海来了，在宋美龄办的育才学校学习，一切都好！其实，你们逃到台湾又能苟安几日呢？我们要在这里迎接解放，台湾不久也会解放的！"

孙姑姑深深地叹了口气，凄凉地说："是啊！我们很可能会成为'白华'。"

这一匆匆的话别，竟与孙姑姑成永别！

不久，杭州、上海相继解放。

母亲常回忆她们多彩的青少年时代，无限伤感：李家应在1960年代不幸自杀身亡；小妹远去台湾，消息杳然。她还觉得有一件事愧对小妹。原来，孙多慈与许绍棣结婚之前，把一包多年与徐悲鸿先生的通信书札，可能还有些诗稿、日记，统统交给母亲保管。母亲信守诺言，不给任何人（包括我们这些孩子）看。在抗战后期，日寇频繁扫荡，跋山涉水逃难之际，东西甩光了，但这包东西始终保存着。后来到了"文革"，我们兄弟均是解放军军官，她怕连累我们，这包东西成了烫手的山芋。室外抄家、游斗的噪声不绝于耳，我们兄妹三人均不在她身边。百般无奈，她只好将其付之一炬！这包东西守护着多少徐、孙的秘密？这真是一件无法弥补的损失啊！这也是我母亲临终前的一大遗憾！

孙多慈于1966年患乳腺癌，1975年1月与世长辞，享年六十三岁。

孙先生的学生、我的学长朱杞华先生在台湾发表《忆孙多慈师》中说：

卅八年(1949年)孙师随许氏来台定居后，不久即在师大任教，并有个人专用画室。40年代多次出国研究或展览，可能由于过去感情创伤过深，仍难以发挥自己应有的空间。五十岁以后，作品问世，更趋于停步不前，不料胸部癌细胞已在滋长……

　　朱先生最后发出这样一番感慨：倘若当年徐、孙能结为夫妇，则中国近代绘画史上，他俩皆能登上艺术名人之林，他俩更不可能都在五十多岁，即遭天忌而遭绝症。看过画展及许多书籍，令我为孙师叹息不已……

　　徐悲鸿去世后，孙多慈曾为他守孝一年。这也是台湾艺坛盛传之事。可见孙不曾一日能忘怀于徐也。

郁达夫与结发夫人孙荃

◎文　楚

　　堂屋里挂着一幅郁达夫的放大遗像……每逢清明、中秋、新年这三个大节,这位一直苦守在富春江畔满舟弄故屋里的老太太总要把平日不用的大八仙桌抬出堂屋门口,虽然终年吃素,这时她也会破例去买回一些荤腥,烹烧焐炖得香喷喷的,——放到八仙桌上供奉曾经遗弃她的丈夫、不幸沦落海外的孤魂……

　　白净的颜面,高耸的颧骨,薄薄的嘴唇,两眼炯炯有神,聊起天来富有感染力……郁达夫这位大文豪我没有见过,但他的形象非常清晰,因为我曾与郁天明先生有一面之缘,而且还与郁飞先生在浙江人民出版社共事过,午休时睡一个房间。郁飞说过:父亲郁达夫死得太早,1945年二战结束后,在苏门答腊岛被尚未放下武器的日本宪兵杀害,年仅四十八岁。近半个世纪来的风风雨雨淡化了他,人们不可能像熟识郭沫若形象那样认识郁达夫。但是我长得与他一模一样,可以说是"一个模子印出来"的呀。

　　郁天明与郁飞在容貌体态上有着惊人的相似,虽然他俩是同父异母的兄弟。郁天明是郁达夫和孙荃的儿子,郁飞是郁达夫和王映霞的儿子。

才女,出身非凡的家族

　　孙荃的名字原来叫兰坡,订婚后郁达夫给她改名为荃。为此1917年10月16日,在日本名古屋八高读书的郁达夫还写了这首诗——

> 赠君名号报君知，两字兰荃出楚辞。
> 别有伤心深意在，离人芳草最相思。

孙兰坡清光绪二十三年（1897）九月二十一日生于浙江富阳大青乡宵井村的大户乡绅之家。宵井孙家据说是三国东吴孙权的后裔。孙兰坡的父亲除了拥有祖业外，还在贝山寺经营造纸业。他富有而知书明理，在村中用自己的宅屋办私塾。他的一个儿子是秀才，另一个儿子是日本留学生。他十分钟爱自己的女儿兰坡。但清末民初，富阳县城的洋学堂也不收女学生，因此孙兰坡只能在自家私塾里读了几年书便辍学了。好在她有一个书香氛围颇浓的家庭，有她爱读的唐诗。诗里那些闺怨、春怅、秋愁、别哀的句子，很能拨动这位少女的心弦，同时她还可以去向大哥孙伊清请教。如此熏陶、练习，闺中的兰坡也能下笔赋诗了。

她所受到的传统训练便是女红，她的针线功夫也是百里挑一。裹粽子更是她的绝活：煮熟的粽子剥开来，有棱有角，一粒米饭都不沾在粽箬上，这一声誉名扬乡里，凡婚嫁人家都争着请她去裹"娶亲粽"。

孙兰坡是个美人儿，大眼睛，挺直鼻梁，瓜子儿脸庞，既能干，又有文化，家里又富有，凡是见过她的人都说，能娶来这样的小姐做媳妇，那是前世修来的福分！这福分给富阳县城里的郁家三儿子郁文（达夫）沾上了。郁家此时已家道中落。郁达夫三岁时，在县衙当司事兼行医的父亲因病亡故了。一家老少六口——祖母、母亲、郁氏三兄弟一姐姐——全靠郁母独力支撑，把三间住屋、六亩薄田，以及"庄书"（登记庄内田、地、塘、山、宅的册籍）抵出，将郁华（曼陀）、郁浩（养吾）、郁文（达夫）三子送出山城，上了高等学府，老大与老三还东渡留学日本。陆氏，是一位颇有魄力、令三个儿子敬畏的寡妇。是她的主张，娶进大青首富人家的女儿兰坡做自己的儿媳妇。

其实郁、孙两家原是老亲。据郁家宗谱记载，祖上富阳郁宸章与宵井下台门孙天佑结义一生，情同手足。他们死后，两家后人遵遗嘱，将他俩合穴葬在屠山。郁、孙两家后人常一起去扫墓。郁家曾有两代男子娶大青宵井孙家女儿做媳妇。郁达夫母亲陆氏的娘家也在大青乡。还因为郁家是"庄书人家"，郁、孙两家经常走动，彼此家风家底都十分了解。

如此通家之谊，郁达夫与孙荃的结合也顺理成章。郁家那时家道中落，连郁达夫自己也感觉"我所经验到的最初的感觉，便是饥饿"。但是老泰山看重郁家的是书香世家，三个儿子都奋进求学，前程似锦，因此他愿意接受郁达夫这位乘龙快婿。1917 年 8 月 28 日，留学日本名古屋第八高等学校的郁达夫，趁暑假回国返乡，与孙兰坡订婚。

时郁达夫二十二岁,孙兰坡二十一岁。

西楼,留着他俩的唱和

郁达夫的知交郭沫若说过,"达夫的诗词实在比他的小说或者散文还好"。达夫有幸,他早早地遇到了知音,能够同他唱和的伴侣。他一生中曾有四个女人走进他的生活,但唯有结发草荆孙荃理解他那感伤而耐人寻味的诗词。

郁达夫与孙荃订婚返回日本之后,接着便是阳历岁末,他从名古屋写了一张明信片给未婚妻,书七律一首——

> 人来海外名方贱,梦返江南岁已迟。
> 多病所须唯药物,此生难了是相思。

富春江畔呼应的是未婚妻孙荃的无限柔情——

> 淋漓襟上旧啼痕,难断柔情一寸根。
> 正尔愁心无托处,何堪梦里遇游魂。

因为经常与未婚夫唱和,又因为郁达夫要她多读晚唐诗,感受李商隐的纤巧神韵,孙荃的七绝大有进步。1919 年 1 月 17 日,郁达夫将心上人的《有感》一首与他在 1917 年写的《奉赠》一起发表在杭州《之江日报》上,难分千秋——

> 一纸家书抵万金,少陵此语感人深。
> 天边鸣雁池中鲤,切莫临风惜尔音。(郁诗)
> 笑不成欢独倚楼,怀人坐断海南州。
> 他年纵得封侯日,难抵春闺一夜愁。(孙诗)

1920 年,郁达夫将孙荃两首七绝《寂感》略加润色后,夹在他自己的诗中,发表在日本的《太阳》杂志上——

> 深闺静坐觉魂销,梅影横窗气寂寥。
> 无奈夜长孤梦冷,书灯空照可怜宵。(孙诗)
> 鸿雁西来插翅斜,秋风吹冷夜芦花。

青山隐隐江南暮,小杜当年亦忆家。(郁诗)

郁家珍藏着一封家书,信中,郁达夫告诉孙荃:1919 年夏他将从名古屋八高毕业,预备下半年升入东京帝国大学。但长兄北京来信,10 月间京师将举行高等文官考试,"颇欲乘兴西游,只愁路费恐多","梅子黄时,晴雨无常,汝起居亦佳否"这封信是用清逸、工整的小楷书写的,像刻书排版的那样,字间、行距十分规范,颇费工夫。其本意是郁达夫供未婚妻在闺中习字临摹用的。信末署名"郁文,己未(即 1919 年)夏历七月八日"。信尾还有他的两方闲章:"从吾所好"、"我是春江旧钓徒"。这封信虽谈不上是情书,但却是郁达夫初恋的见证。

"豆蔻花开碧树枝"(郁诗),沧沧长流的一江春水孕育的这对才子才女的爱情,成熟了。1920 年 7 月,就读东京帝国大学的郁达夫放暑假返乡,在富阳县城满舟弄(后改名达夫弄)宅屋里与孙荃完婚。这幢三开间祖传楼屋里,有一间南向的西楼,是郁达夫童年读书的地方,凭窗可以眺望"一川如画"的富春江。钱塘江的源流之一新安江自黄山入浙,流至桐庐富阳段称富春江,一路山水风光极佳,江面"风雨晦明,春秋朝夕",郁家的西楼可尽收眼底,因而郁达夫誉称"西楼抵得过滕王高阁"。如今西楼里多了位女主人,建立了新家庭,续写诗情画意的爱情故事。结婚后,郁达夫为他的学业和"创造社"的事业,继续往返东京与上海之间。

从 1920 年到 1926 年,孙荃无论在富春江畔的西楼,还是随丈夫到安庆(郁达夫任安徽法政专门学校英文科主任),还是在上海(郁达夫与郭沫若、成仿吾办"创造社"),或是住北京什刹海(郁达夫任北京大学统计学讲师),这不算太短的六年间,虽然为生活奔波,日子拮据,却享受着一家人的天伦之乐,孙荃还称得上是位幸福的少妇。

弃妇,郁家接纳的媳妇

1927 年,郁达夫在上海、杭州狂热地追求王映霞,爱得死去活来,对王说:"那事情(指与孙荃离婚)若不解决,我于三年之后,一定死给你看!"(1927 年 3 月 14 日日记)平心而论,在那"五四"一代文化人群体中,对"父母之命、媒妁之言"封建婚姻的反叛,摒弃发妻,与自由恋爱的女性同居是见怪不怪的,更何况是万分罗曼蒂克情调的郁达夫。但是,寡母给他择婚的孙荃,是郁达夫曾经倾情恋爱过的,而且为他生育了二子一女,第四个也已经"怀材抱器"了。两个女人中,郁达夫虽然选择了小他十一岁、健美丰满、充满朝气的新女性王映霞,但发妻孙荃仍在他考虑中。这年的 3 月 11 日,他写信给王映霞,要她等他三年,说"那件事情"(离婚),"至于我的决心,现在一时实在是下不了,一时实在是行不出去",郁达夫认为,现在离婚太残忍了,"因为她将要做产了"。

天真的郁达夫设想，"将来我一定可以做到的，并且在未做到之先，你也尽可以不睬我"，以此来缓冲，简直像在写小说。

这年的5月，为避上海"四一二"腥风血雨之灾，也为养（黄疸）病，郁达夫到了杭州。王映霞的祖父王二南十分欣赏郁达夫的文才，欣然接受这位东床，但绝不能让自己钟爱的孙女做小妾。此时达夫的二哥养吾恰好来杭州探病，老人正告养吾，让达夫从速返富阳老家，解除达夫与孙荃的婚契。那个时代只要有男人的一纸休书，婚姻问题便解决了。端阳节那天，郁达夫抖擞精神回到满舟弄，向敬畏的母亲诉说自己与王映霞的情事——孙荃并不在现场，还在北京什刹海畔的租房里，而且怀着郁的孩子。清心寡居的陆氏是位坚强的女性，赡养着守寡的婆婆，含辛茹苦把三个儿子培养成才，如今在自己门下又要制造"新寡"不成？她对郁达夫说，你到北京去把她接回来，住在郁家。兰坡就是我的儿媳妇，我要把她当做自己的女儿看待，析出一份祖产在她名下，永远住在郁家。

这是母亲最好也是最正面的回答了。郁达夫从命，9月再次北上，执行"挈妇"返乡任务。往事，怎堪回首！1923年10月，他经东京帝大同学陈启修推荐，赴北大任讲师，先住在大哥郁曼陀在西城巡捕厅胡同的家中。翌年春天，孙荃带着大儿子龙儿来了，于是他们搬出大哥家，住到什刹海北岸的一处小出租房里，在湖光柳荫中，龙儿爬上树去摘青枣，一家人过着悠闲自在的日子。其间，他的好友鲁迅来探望过一次，在屋前的葡萄架下，谈得十分投机。鲁迅还抱过龙儿。1925年，郁达夫独身南下，到武昌师范大学任教，后赴广州，任中大文科教授。时间不长，在北京的妻子拍来了"龙儿病重"的电报，还未等他赶到，大儿子已经在端阳节那天夭折了。夫妻俩抱头痛哭不已。夫妻俩去墓地给龙儿下葬，烧纸钱……

热恋王映霞的1927年上半年，郁达夫在2月7日的日记中也曾有过自忏——

> 我也该觉悟了，是 resignation（按：认命）确定的时候了，可怜我的荃君，可怜我的龙儿、熊儿（按：即郁天明），这一个月来，竟没有上过我的心，啊啊，到头来，终究只好回到自家破烂的老巢里去。这时候荃君如在上海，我想跑过去寻她出来，紧紧抱着了痛哭一阵。我要向她 confess（按：忏悔），我要求她饶赦，我要求她能够接受我这一刻的纯洁的真情。

但是此刻他又不能忏悔了。他默默到了北平，不向任何朋友、同事声张，在长兄那里亦无颜面——法官曼陀当然谴责他，不许他犯重婚罪——匆匆带着挺着大肚子的发妻和一儿一女，默默地回到上海。这种难堪的聚分，他实在受不了，就托一位同乡将孙荃母子仨带回富阳郁家。

孙荃,一个深山古老遗族的弱女子,一个动荡社会里的伶仃者,自然摆脱不了弃妇的命运。出乎她意料的是,平时严厉有加的婆婆,竟慈爱地正式接纳了她。陆氏还把祖产中郁达夫那份划到了她和三个孙儿的名下,并且还不定期地写信给这位小儿子,催他寄钱养家。这就造成了分居不离婚的事实。1927年6月5日,郁达夫在杭州聚丰园酒店请客,宣布与王映霞订婚。男方,达夫二哥养吾以家长身份赴宴。1928年春,郁达夫发请帖,宣布在日本东京精养轩结婚,但这是虚晃一枪。3月才在上海东亚饭店,不事声张地举办婚宴,用现在的话来说——低调。事实上,郁达夫与王映霞结婚前,他与孙荃既无离婚协议书,也未登报解除婚契的声明。

天外,风雨茅庐的倾覆

按君子协定,郁达夫每月提供给他的荃君和三个子女生活费五十大洋。这在当时可是一笔不小的数目。郁达夫无恒业,经济来源全靠文学创作的版税。在他创作的旺盛期,当然收入颇丰。

每月支付孙荃及子女生活费五十元,王映霞是知道的,但到了1931年1月,郁达夫已在王二南的诱导下,将自己的著作版权全部赠予王映霞,并签署了法律文件。经济权被新欢一把抓住了,所以支付给发妻生活费用实际上是王映霞在操作的。1932年10月郁达夫(时在杭州西湖医院养病)致王映霞的明信片中,多次提到了这件事"富阳钱,请勿寄去,且慢点再说","以后的五十元,就照我那封快信里的办法,积到过年,一起还她","五十元一月的那地方以后请勿寄,就照我昨天快信中所说的那个办法,到年下算个总账,弄弄清楚就是了"。为了取悦王映霞,他甚至说"以后就一刀两断,不再往来。若弄不到钱,则率性连这四五百元,都一并抹去不提"。甚至骂他的荃君为"泼妇",子虚乌有地说在杭州马路上"遇见泼妇孙氏和一不识少年男子……"后来又在信中承认"她并没有离开过家乡,倒是我的眼睛进化了的缘故,一笑"。

但是,郁达夫与王映霞结合后并没有过上他所期望的安定生活,不听鲁迅先生劝阻,移家杭州,结果带来了无穷无尽的烦恼与灾祸。倾其积蓄建成的新居"风雨茅庐"(产权归王映霞所有),他只住了三天。在全国军民奋起抗日救亡的岁月里,郁达夫作为军委会政治部第三厅少将设计委员(厅长郭沫若)、中华全国文艺界抗敌协会理事,1938年年底,曾去徐州、山东、河南前线冒着敌人的炮火,"千里劳军此一行"。

郁达夫与王映霞的婚姻关系风风雨雨地持续了十二年,终于画上了句号。王映霞回国后在交通部干了一段,1942年,在重庆与招商局官员钟贤道结婚。婚宴场面极大。

而此时的孙荃,依旧苦守在富阳郁家,出入满舟弄,踯躅富春江边。1937年"八一三"淞沪抗战后,王映霞扶老携小,避难到富阳,曾多次见到孙荃,觉得并不是什么"泼妇",而是一个土布衣着、笃信菩萨、牵儿带女的极普通的村妇。就这么一位村妇，支撑着一个被摒弃了的家，抚养郁家儿女。孙荃哪知道天外的事，杭州"风雨茅庐"将临倾覆的厄运。

祭奠，达夫弄里的倾诉

自 1927 年孙荃从北平回到富阳后，一直住在满舟弄郁家，在婆婆的全力支持下，艰辛地抚养她为郁达夫生养的一子二女，一直到日本军队侵占富阳，才偕子女避难宵井娘家。

日本侵华战争给富阳郁家带来了血腥的灾难！

——1937 年 12 月 24 日，杭州、富阳同时沦陷，日军铁蹄践踏富春江畔鹳山，侵占了陆氏避难在那里的松筠别墅（长子郁曼陀所建），逼迫这位七十多岁的老母亲烧饭（二子郁浩一家避难环山，陆氏不愿随行）。陆氏当然不会屈从，当夜逃往后山，终因大雪封道，被活活饿死、冻死在山上。

——毕业于日本法政大学的郁家长子郁曼陀，后任江苏省高等法院第二分院刑庭（管上海租界）庭长。他是一位卓有成就的法学家，正直爱国的大法官。上海沦陷后，第二分院迁租界孤岛，郁曼陀坚持爱国立场，严拒汪伪政府胁迫诱降，1939 年 11 月 23 日，被汪伪特务杀害于自家门口，时年五十六岁。新中国成立后，中央人民政府向郁曼陀家属颁发革命烈士证书。家乡人民在鹳山修建了郁曼陀衣冠冢，并造了一座"双烈士纪念亭"，纪念他和弟弟郁达夫的以身殉国壮烈行为。

——1940 年，郁达夫与王映霞分手后，全身心投入抗日救亡运动。他继续任《星洲日报》副刊编辑，撰写抗日时论。同时，为国内来新加坡的抗日救亡剧社（金山、王莹率领）做宣传，还呼吁南侨文化界义卖文稿或自由捐助，集款支持中华全国文艺界抗敌协会。1941 年岁末，太平洋战争爆发，他任新加坡文化界战时工作团主席、战时工作干部训练班主任。1942 年 1 月，陈嘉庚领导的新加坡华侨抗敌委员会成立，郁达夫任执委兼新文化界抗日联合会主席。2 月，新加坡沦陷前夕，因重庆驻新领事馆拒签回国护照，郁达夫被迫流亡到苏门答腊岛，后定居小镇巴爷公务，化名赵廉。他开设赵豫酒厂，一次偶然中，被发现会讲流利的日语，他被迫做武吉丁宜日本宪兵总部通译。由于侨奸洪根培告密，宪兵队调查证实赵廉就是著名作家郁达夫，实行暗中监控。1945 年日本投降后，乘盟军尚未接管苏岛的间隙，8 月 29 日晚，日宪兵总部将郁达夫劫持至郊外，极其残忍地掐死了他。1952 年，经中央人民政府批准，追认郁达夫为革命烈士。烈士证发到了富阳郁家孙荃手里。

日本投降后，孙荃带着儿女回到幸存的满舟弄郁家宅屋，读到了郁达夫的《毁家诗纪》（1939 年 3 月发表在香港旬刊《大风》），后来又获知了郁达夫的噩耗。孙荃对丈夫原先有过的那种怨恨，随着事态的发展和时间的推移，渐渐消除。这三代寡居、妇人做栋梁的郁家，艰难岁月是那么的漫长！近一个世纪以来，晨光熹微时，夜幕覆盖时，满舟深弄里都会传出木鱼的橐橐声。青灯黄卷，伴随孙荃没有尽头的寂寞年华。孙儿们每从杭州去富阳老家看望奶奶时（长子郁天明时在浙江省高级人民法院工作），冷不丁上西楼她的房间时，常发现她口中念念有词地端坐着，桌上摊着一张黄纸，黄纸上布满用火柴梗蘸印泥的红点……

孙荃夫人在为海天之外的孤魂祈祷？在为她和达夫的孩子们祝愿？她清心寡欲，长年茹素，乃至闻到荤腥气味都会感到恶心，但是每逢清明、中秋、阴历新年这三个中国传统大节日时，她总是破例上街去买回荤腥，烹烧焐炖得香喷喷的，放到八仙桌上祭奠曾经遗弃她的丈夫，不幸沦落在海外的孤魂。她跪在一个蒲团上，叩首，再拜，嘴唇有规则地在抖动，诉说深埋在心底的感情。堂前上方悬挂着一幅放大了的郁达夫当年的照片，两边挂着一副对联："绝交流俗因耽懒""出卖文章为买书"，是达夫遗墨，那是他1932年在上海时写下的短句。

郁达夫，依旧在孙荃的心中。萦绕着她的——总是他俩那些美好的往事。老人晚年经常向孙辈们讲述着这些。她说，在（20世纪）20年代初，郁达夫带她去上海，会见好友郭沫若、成仿吾，筹建"创造社"。那天郭寓来了好多人。成仿吾拿出一块从湖南家乡带来的腊肉，准备煮了供大家一起吃。可是郭沫若的日本夫人安娜不会做。孙荃见状，大胆进厨房，帮安娜做饭做菜，但两人语言不通，要盐要油什么的沟通不了，只好唤郭沫若进厨房做翻译。

"达夫的故乡富阳是个风光明媚的地方，我虽然没去过……"1963年郭沫若为实现这个愿望，专程去看望故友遗孀孙荃夫人。但事不凑巧，因为相邻一家豆腐店的锅炉爆炸，将郁家老屋炸坍了，孙荃暂住在豆腐店幸存的一间小屋里，那天县里通知她，有位中央首长来看她，没有具体说是谁，时间紧迫得连换个地方也来不及，只好煮茶等待。郭沫若在公安民警严密护卫下来了，只见一片残垣破瓦，几只麻雀飞飞跳跳在觅食，只好带着遗憾走了。两位老人失之交臂。其实孙荃在五十步开外的小屋里等候而不敢离开半步。

富阳县人民政府为保留历史文物，很快按原样在原址重建了一幢三开间的两层砖房"郁达夫烈士故居"。达夫故居被保存下来了。海内外评论认为：没有孙荃夫人，就不会有郁达夫故居，她自1920年从宵井村嫁到这里的郁家，以一个中国传统女性、贤妻良母的品德辛劳一生，养育了郁达夫的三个子女，使他们个个成为社会上的有用之才。

孙荃夫人在郁达夫故居里整整生活了五十多年，虽然她随丈夫去过安庆、上海、北京，但她一生中的大部分时间是在故居中度过的，这幢房子就是她不幸人生含辛茹苦的见证。1978年3月29日，听着春江汤汤流水声，她平静地闭上了双眼，享年八十二岁。

红色歌坛艺术伉俪——周巍峙与王昆

◎ 胡铁华

认识王昆,是通过著名的音乐舞蹈史诗《东方红》:一曲激扬高亢的《农友歌》,一身农民领袖的戎装,极有穿透力和震撼力。不久前,在全国政协纪念周恩来的活动中,王昆再一次深情地表演了《农友歌》,再一次引来观众经久不息的掌声。而周巍峙则在上个世纪 30 年代初就参加了抗日救亡运动和进步文化工作,长期担任我们党和国家文艺工作的领导人,最为人所熟知的,是他谱曲的《志愿军进行曲》和长诗《十里长街送总理》。这对革命艺术名人、红色歌坛艺术伉俪——周巍峙与王昆,从 1943 年结为夫妻,到今天已走过漫漫六十四年岁月。他们生命中的每一步,都充满着不可或缺的缘分和相濡以沫的感情。

红线

熟悉的人都说,当年,如果不是周巍峙独具慧眼,就没有今天的歌唱家王昆。

1939 年 4 月,周巍峙率领西北战地服务团来到晋察冀军区三分区所在地的河北唐县,当地干部群众向他们介绍说这里有位十二岁的妇女干部有一副好嗓子,是远近闻名的"小歌手"。周巍峙决定听听这个"小歌手"的歌声。那一天,王昆走到台上,亮开歌喉唱了一曲她的"保留节目"《松花江上》。在雷动的掌声中,周巍峙也喜欢上了这棵好苗子,当即吸收王昆进入西北战地服务团。

后来,周巍峙调入延安鲁迅文艺学院戏剧音乐系任助理员兼鲁艺文工团副团长。王昆则进入鲁艺学习,后又成为鲁艺文工团成员。这年王昆十九岁,瘦骨伶仃,两个丫丫辫,地地道道的农村女娃子。当时,延安的秧歌扭得正火,延安的民歌也唱得正火。王昆很快就被西北高原高亢的民间歌唱吸引住了。她跟着民间艺人唱秦腔、唱眉户、唱信天游,感到一种难以言说的兴奋。于是,桥儿沟的山坡上、莜麦地里、小河滩头便不时地响起了她银铃一般的歌声。

王昆的第一个艺术高峰是饰演新歌剧《白毛女》中的"喜儿"。《白毛女》创作班子,是当时鲁艺最强的班子了。导演王滨、王大化、舒强。王滨在延安导过《带枪的人》、《蠢货》;王大化既导又演,《兄妹开荒》、《拥军花鼓》都是他挑大梁;舒强是音乐家舒模的弟弟,对斯坦尼斯拉夫斯基体系的研究很有见地。《白毛女》第一稿时,由林白演喜儿,到第二稿时,林白怀孕了,妊娠反应非常厉害,根本没法排戏。于是,周巍峙和许多专家力推王昆,一是因为她是贫苦农民的女儿,有敌后游击区生活和斗争经历,而故事又以她的家乡为背景,她从风土人情、年龄身份等方面能够更好地把握角色;另外一点是她有一副好嗓子,不仅高亢,而且十分甜美,能承担起剧中繁重的唱段的任务。

在紧张的排练中,周巍峙不断给王昆以艺术指导。《白毛女》作为献礼节目在中国共产党第七次代表大会上推出,公演那一天,毛泽东、朱总司令、参加七大的代表以及各个解放区的首长几乎全来了。当时王昆有点紧张,周巍峙又一次鼓励她说:"你是久经沙场的老兵了,今天这场战斗一定要打赢。"那天,王昆和大家的演出非常成功。当大幕落下时,王昆和同志们扒开幕缝偷看中央首长和代表们的反应。她看到,场上观众反应很热烈,好多人哭了,她甚至看见毛主席也在用手绢擦眼泪。演出结束后,中央首长一齐走进后台,向剧组表示祝贺。当周恩来得知整个剧组只有王昆一个人因唱段太多才能享受每场吃两个鸡蛋的待遇时,立即感慨万千地"许愿":"同志们哪,你们真是太辛苦了! 真是对不住你们啊! 将来我们有条件了,一定改善大家的生活!"

良缘

工作中,周巍峙与王昆的爱情开始萌发和升华。饰演"喜儿"成功后,王昆心中暗暗喜欢上了这位既是领导又是老师的周巍峙。作为延安的当红"明星",王昆引来很多人求爱,可她却坚定不移地把绣球抛给了自己的心上人——周巍峙。但他俩的相爱并不顺利,那时王昆还不是党员,当时党内有一条规定:党员领导干部不可以和非党员群众结婚。然而,纯贞的爱紧系着两个年轻人的心。周巍峙在政治上更加用心帮助王昆。1943年，王昆双喜临门：加入了共产党，同时与周巍峙结为伉俪，享受到一同住小窑洞的"待遇"。

新中国成立后，这对革命伉俪迎来了政治和艺术生命中的高峰。周巍峙在新中国成立后历任文化部艺术局副局长、中央歌舞团团长、中央实验歌剧院院长、文化部艺术局局长、文化部副部长和代部长，连续两届中国文联主席，是中共八大、十二大代表，第三届全国人大代表，第五届全国政协委员，第七届全国政协常委。王昆则是中央实验歌剧院和东方歌舞团的民歌台柱，并先后担任中国文联第四届委员，中国音协第二、三届理事，全国妇联第四届执委，是中共十一大代表，第一至三届全国人大代表，第五、六届全国政协委员。

新中国成立后周巍峙变换的"工种"繁杂，岗位一个换一个。工作的覆盖面遍及戏曲、话剧、歌剧、曲艺、杂技、美术、音乐、艺术教育、群众文化和对外文化交流等方面。"来自贫寒家，混迹文苑中，奔忙六十载，一个打杂工。"这是周老六十多岁时的自嘲。作为夫人，王昆最清楚周巍峙在音乐创作上的天分，当然更希望他在音乐创作上继续有所建树。周巍峙刚被任命为文化部艺术局副局长的时候，夫人王昆曾经跟周恩来总理直截了当地提出过不要让周巍峙当官，让他去干业务，写写曲子。周总理当时大笑说："现在是人民当政、当家做主人，总要有人做官办事，人民的官，共产党员不能不当啊。我不是长期当官吗？像他既懂业务，又能做行政领导的人，还不好找呢。"周总理这一席话，让王昆脸红了，从此她便全力支持周巍峙一心一意扑在文艺领导工作上了。

对于从年轻时起就受共产主义教育和熏陶的周巍峙而言，个人的爱好从来是服从革命需要的，没什么价钱好讲。所谓"共产党员是块砖，哪里需要哪里搬"，因而他宁愿让钟爱的作曲渐渐变成了"业余爱好"。不过，尽管行政工作繁忙，他还是创作出了《中国人民志愿军战歌》等脍炙人口的歌曲。在新中国成立十五周年的大型音乐舞蹈史诗《东方红》中，周恩来总理亲自点将，周巍峙担任组织指挥小组的总指挥，负责创作工作。周巍峙不辱使命，仅用两天就拿出了大歌舞第一稿提纲。"东方红"这个晚会名称就是周巍峙起的。当指挥小组研究《农友歌》的主唱人选时，周巍峙率先表态，"选角儿第一条要依赖实力"。王昆的当选是经过指挥部集体研究决定的，她的演唱也大受好评。革命音乐舞蹈史诗《东方红》在人民大会堂彩排，"总导演"周恩来总理看后对周巍峙开玩笑说："你编曲来她唱歌，真是红色歌坛的艺术伴侣呀。"

患难

疾风知劲草，患难见真情。周巍峙与王昆的爱情生涯曾经历各种磨难考验，而"文革"中的经历更具传奇色彩。被称为十年浩劫的"文化大革命"是从文化部门开始的，而文化部是被林彪、"四人帮""砸烂"的单位，身为"文艺黑线领导"和"牛鬼蛇神"的周巍峙和王昆在劫难逃，最先成为打倒对象。更为倒霉的是江青在1968年点名诬陷周巍峙"替法国人审讯政治犯"，诬陷王昆"里通外国"，大儿子周七月也被诬"攻击无产阶级司令部"和所谓"叛国"，关进了监狱。一家人妻离子散，天各一方。在"五七"干校，周巍峙被当做专政对象进行劳动改造，放养鸭子三百多只，比一般农户养得还多。特别是王昆，由于对江青在"文革"中的一些言行很不满意，在朋友中几次议论，吃的苦头就更大了，先后十多次被抓走，关入"牛棚"。

在政治逆境中，是周恩来总理保护了周巍峙和王昆。1973年6月，周总理看了来访的朝鲜艺术团演出后，在召集人谈"十大"问题时，他点了当时的文化部长于会泳，很生气地说："为什么朝鲜还在唱《志愿军战歌》，我们中国反而不唱？周巍峙有多大问题？王昆就更没有什么问题了，她从小参加革命，在革命队伍中长大，她在延安时演出了《白毛女》，对文艺事业是有贡献的嘛！"由于总理三次过问，所谓"专案组"赶忙为周巍峙作了个结论，但还要留点"历史问题"的尾巴。后来，在工作安排上，于会泳要拉周巍峙回艺术局工作，他坚决不去，由此再次被"四人帮"迫害。

1976年4月批邓期间，因为曾给邓小平同志写过两封反对"四人帮"的信，王昆第二次被抓走。当时周巍峙对王昆仅仅说了八个字："注意身体，好好学习。"王昆告诉他一句话："大衣在柜子里面。"周老知道这是暗示大衣口袋里有她写给邓小平同志的信的存稿。周老将信稿交给王昆的侄子带回家乡唐县，装入罐中埋入地下。那时候，他们夫妻的对话完全像当年地下工作者秘密接头。王昆说，总有一天，我们要把"药单"（即信稿）拿出来。1976年，敬爱的周恩来总理不幸逝世，面对"四人帮"的猖狂肆虐，周巍峙带着无尽的哀思和极大的爱党爱国之心，连夜谱写出《十里长街送总理》，在全国马上引起强烈的政治反响。

回忆在"文革"中的遭遇，这对艺术伴侣很为能经历了噩运考验而自豪。尽管周巍峙和王昆双双被打成"反革命分子"，关入牛棚；尽管这对热爱艺术、热爱歌唱的人十年多的时间竟未能开口唱一支歌，但在命运坎坷之时，周巍峙和王昆的夫妻感情和革命信念始终不变，互相爱护，互相支持，始终保持了自己的气节，也备受人民群众敬佩。

壮心

粉碎"四人帮"后，与广大受迫害的人们一样，周巍峙和王昆得到解放。周巍峙担任文化部党组书记和全国文联主席的重要职务。王昆同志则担任东方歌舞团团长，此后，又受聘担任东方华夏艺术中心总监、理事长，始终忙于教学和演出。

在改革之年，这对老夫妇坚持与时俱进，做了许多实质性工作。1982年10月4

日,中共中央书记处作出创作和演出一部《中国革命之歌》的决定,周巍峙出任该剧创作演出领导小组组长。阔别近二十年后,他再次披挂上阵,指挥一部新的史诗性大型歌舞。邓小平同志1984年国庆节期间观看了首演后,评价是"很好"。胡耀邦同志陪同来访的金日成观后,评价是与《东方红》相比"各有千秋"。上个世纪80年代中期年逾古稀的周老从文化部领导岗位退下后,至今也没有真正闲下来。1979年,他被任命为全国艺术科学规划领导小组组长,开始领导十部中国民族民间文艺集成志书的编纂和出版工作。全书共三百卷,约四百五十册,五亿左右字数,被誉为"文化长城"和"民族民间文艺百科全书",是一项空前浩大的文化工程。

王昆坚持在艺术上勇于创新改革,积极探索中国民族唱法规律。她在民族唱法基础上,吸收西洋发声的长处,发展了自己音色明朗、感情质朴、处理细腻的演唱风格。在积极推广民歌和坚持自己演唱特色的同时,她并不排斥西洋唱法和不同演唱风格。1985年,在她的大力促成下,东方歌舞团策划并推出了一台名为《让世界充满爱》的节目。也就是在那次演出中,中国第一个摇滚歌星崔健演唱了《一无所有》。在歌坛,王昆有"伯乐"的美称,她总是能独具慧眼挖掘培养人才,在东方歌舞团时,经她培养的远征、郑绪岚、朱明瑛、陈俊华、郭蓉、牟炫甫、索宝丽等人,已成为我国歌坛享有盛名的优秀艺术家。作为中国歌坛民族唱法的开拓者和奠基者之一,王昆获得国家颁发的金质奖、巴基斯坦总统授予的"卓越明星"勋章,获我国首届"金唱片奖",被誉为"德高望重的歌唱家"。夏衍高度评价王昆的歌声"朴实纯真、一片天籁"。茅盾1979年欣然为王昆赠诗:早岁歌喉动八方,延安儿女不寻常。新人旧鬼白毛女,陕西江南大垦荒。白骨妖精空施虐,丹心兰蕙自芬芳。若非粉碎奸帮四,安得余韵又绕梁。

"革命人永远是年轻",用这句歌词来形容周巍峙和王昆,是最合适不过了。与他们在一起,你不会觉得面对的是一对年近百岁的老人。

虽然退下来了,但这对老夫妻积极向上的人生观丝毫不改。周老戏称自己是"三有限主人":一、老年人知识有限,学习更应主动。新的历史时期,充满许多新人新事,需要不断补充新的知识,不能把自己关闭在一个保守的真空里,抱着与现实不协调的老经验不放。二、老年人精力有限,思想更要洒脱。年纪大了,遇事要想得开,不要对一切看不顺眼,牢骚满腹。有意见就提,在适当的场合敞开心扉谈谈,也算尽到了自己的责任。不要生闲气,更不要生闷气,这是很伤人的。三、老年人时间有限,工作更要抓紧。大家都希望老年人健康长寿,毕竟时间不多了,因此,要一步一个脚印,踏踏实实,尽自己所能多做些事。时间那么宝贵,怎能白白浪费掉呢?

在老人家中的客厅里,挂有一幅书法"有容乃大"。周巍峙对此解释为:"百川归海,有容乃大。立壁千仞,无欲则刚。一个讲胸怀,一个讲性格。我们共产党人就要有这样的胸怀和性格。"

"人生最美夕阳红"。今年周巍峙九十一岁,王昆八十二岁。以前,他们各有各的事情,常年是聚少离多,只有在最近一年他们才真正开始享受"伴侣"的人生乐趣。周巍峙由于工作的关系而有着广泛的文艺爱好,他喜欢民族音乐,喜欢民歌,他爱唱歌(最爱唱的是《苏武牧羊》),喜欢曲艺,喜欢听评书,此外他对京剧、淮剧、扬剧都很感兴趣。他喜欢吹口琴,钢琴也能弹上几曲,夫弹妇唱是这个家庭中的保留节目。周巍峙有夜间工作的习惯,除了不可推却的会议或活动外,他一般在上午 10 点钟左右起床。夫人很注重他的服装,常让他穿着一些时髦的款式,依旧给人以年轻的感觉。

　　王昆除了参加一些演出和会议,还在家带几个学生。她皮肤白皙细腻,眼睛炯炯有神,走起路来大步流星,说话唱歌嗓音洪亮,给人的感觉永远有使不完的劲。演唱民歌是王昆一生热爱的事业。她用歌声讴歌我党改天换地的伟大事业,讴歌人民群众中涌现的时代英模。八十高龄的王昆,多次参加中央电视台的"心连心"艺术团,到延安、井冈山、韶山等地演出。人们赞美"王昆的歌不老,她的艺术生命不老"。

末代国舅润麒见证的"梅孟之恋"

◎贾英华

末代国舅润麒和许多皇族都是红透京城的京戏名角——梅兰芳和孟小冬的"超级粉丝",但润麒自己也难以想到的是,因为自己家族与他们二人的亲密关系而使年少的他居然见证了"梅孟之恋"的全过程。

梅兰芳被劫与胡同口血淋淋的人头

20世纪20年代的梅兰芳,已是蜚声京城内外的京剧男旦,称得上大红大紫。其祖父梅巧玲随徽班进京后,颇受皇宫"升平署"的赏识,一家三代在戏行里迅速蹿红。尤其是自幼生于北京的梅兰芳,在杨小楼等名角提携之下,脱颖而出,竟位居"四大名旦"之首,也更成了润麒一家人追捧的"美人"偶像。

出乎意料的是,梅兰芳竟然遭"劫"了,一时轰动京城。

消息传来,润麒一家人无不万分惊诧。虽然润麒与梅兰芳只有过几面之交,但对这桩劫案的牵涉者孟小冬(注:孟小冬,原名若兰,字令辉,著名京剧女老生演员。1908年生于北京,祖籍山东。1938年拜余叔岩为师,成为余派艺术的主要传人,1978年逝世于台湾),却再熟悉不过。她不仅是润麒外祖母的义女,也是他们一家"戏迷"的挚友。当时,在偌大的京城提起女老生孟小冬,几乎无人不晓。她是爱新觉罗家族的座上宾,也是荣宅(润麒的父亲名为荣源,故称其府为荣宅)的密友。各王府的堂会,无不以邀孟小冬出场为荣,作为一名京戏女演员,她简直红透了整个京城。

半年多前,孟小冬突然辍演多日,不见了踪影,据传闻是嫁给了著名京剧演员梅兰芳。但荣宅的人深知梅兰芳妻儿俱在,结婚对于孟小冬明明是没影儿的事。不久,报纸上果然出现了"梅孟之恋"以及"梅兰芳劫案"等众说不一的报道。

荣宅上下正对"梅兰芳劫案"将信将疑的时候,让润麒没有料到的是,他与大姨儿居然亲眼见到了"梅兰芳劫案"中的凶犯被枭首示众的头颅。

1927年农历九月十五午后,他跟着大姨儿一起乘坐马车,由北往南行走,路过东四牌楼九条胡同(注:即现在北京市东城区东四九条胡同)西口时,只见聚者甚众,挤得人山人海,抢着围观电线杆中间悬挂的一颗人头,虽然润麒那年已经十六岁,家里人仍拿他当小孩儿来看待,坐在颠簸的马车上,大姨儿扳过他的脑袋,又用手捂住他的脸,不让他看那颗血淋淋的人头。

而润麒偏偏非看不可,而且清楚地看到那颗年轻头颅脸上焦黄焦黄的。据说,这正巧是"梅兰芳劫案"的凶犯被枭首示众。

这件事,成了荣宅一家人茶余饭后议论的焦点。他们谈论的中心话题,不是梅兰芳,也不是那个杀人凶犯,而是时常出入荣宅的当红女老生——孟小冬,而润麒则是她的忘年之交。

不仅润麒的母亲仲馨经常与孟小冬相伴一起出外游玩,润麒也短不了追逐她到各个剧场观看演出,乃至跟随她去后台四处乱窜。

那些日子,抢看当天的报纸,成了他家最紧要的事。原来,劫案的凶犯是一名山东籍大学生,叫李志刚,家庭虽然不富裕,却时常到城南游艺园"捧角",日久天长,竟"摽"上了扮相俊俏的孟小冬,隔三差五地去她家串门,因未遭到拒绝,便误以为她对自己有意。

谁知,孟小冬一连多日未登台,李志刚探知她一个多月没回家,又听说她嫁给了梅兰芳,于是移恨于梅老板,苦苦寻觅了近半年,终于打听到了梅宅所在地——无量大人胡同五号。

九月十四午夜,时值梅兰芳与友人同赴宴会,痴迷孟小冬的大学生李志刚竟然尾随至东四牌楼九条胡同的冯宅(注:冯宅,当时在东四牌楼九条胡同三十五号,即梅兰芳与孟小冬的大媒——中国银行总裁冯耿光的寓所)。冯宅即冯耿光(注:冯耿光,字幼伟,广东中山县人,日本士官学校第二期毕业,曾任晚清政府军咨府第二厅厅长、北洋政府总统府顾问、中国银行总裁、新华银行董事长。新中国成立后,任中国银行公私合营董事)的住宅,疯狂的李志刚声言梅兰芳抢了他的未婚妻,于是绑架了当时正在冯宅的梅先生的好友张三爷,向梅兰芳强行勒索五万元。这出轰动一时的"桃色"闹剧,从当晚7时至第二天早晨8时,终以军警将其一枪击毙才告落幕。

而引起润麒一家人格外关注的,是报纸登载的一则简短消息:

凶犯被枭首示众于九条西口时,有人见一青年女子乘汽车而来,面披黑纱,下车瞻望凶犯首级,欷歔泪下,旋复登车而去。惜无好事者报警拘捕,或设法追踪侦探,盖亦无头公案之一绝好线索也。

据京城人纷纷传说,这位面蒙黑纱的翩翩女子,就是大名鼎鼎的孟小冬。

这桩劫案的原委,要从一年前说起。在一次堂会中,"旦帝"梅兰芳与"冬皇"孟小冬没经排演,被突然邀请合演了一出《游龙戏凤》,竟获满堂彩。哪知,二人一见钟情,在众人的撮合和梅大奶奶王明华首肯之下,居然将戏中的"假夫妻"变成了真实婚姻。转过年的正月二十四,俩人在冯耿光的九条寓所喜结良缘。后来,凶犯李志刚来冯宅抢人质也因此。之后,孟小冬被"金屋藏娇",隐匿在距长安戏院不远的内务部街的小胡同里。

一时,京津媒体"爆炒"梅孟姻缘,各报刊发表了不少报道和评论,而孟小冬却消失得杳无踪迹。此时,梅兰芳的二太太福芝芳正坐在家里生着闷气。另一个"冬皇"的戏迷李志刚,则发疯似的漫天寻找着孟小冬,这才引出了那血淋淋的一幕。

农历九月下旬的一天傍晚,润麒母亲仲馨神色忧郁地拿回一份天津《北洋画报》。

全家人在灯下,抢着阅读梅兰芳在这份画报上公开登载的《梅兰芳最近因北京劫案,致天津张谷公手札》。这封手札里,梅兰芳颇具外交辞令,对"梅孟婚姻"闪烁其词,这使孟小冬顿生不快,旋即,引起了梅、孟之间的一场轩然大波。

后来,孟小冬竟然逐渐与梅兰芳断绝关系,一度中断了演出。重登舞台后,孟小冬搬回了她母亲家居住。自此,润麒一家人,又重新见到了与梅兰芳"圆后破镜"的孟小冬。

润麒一家与孟小冬的亲密交往

当时,润麒和全家人寄住在东四牌楼三条胡同路北一幢深宅大院里。房主是一家远房亲戚,也是大户人家,被润麒一直称作"大舅"——在大院里仅住了两间小房,腾出不少空房来,让润麒跟着母亲和六姨儿以及几位姑奶奶租住。有时,三姨儿和五姨儿也前来一起打牌,只为图个热闹。

最显眼的是,大院里有一座旧戏台。不知是否这个缘由,前几年,一个熟人曾招来住在隔壁院子的街坊孟小冬前来串门聊天,孟小冬便自然而然认识了润麒一家人。起初,她由于家境不富裕才走上了学戏的道路,登台演戏以后,一家经济才有所好转。她是京戏演员，当然愿意结识"皇族"，借以提高社会地位，一来二去，跟润麒的父母混得愈来愈熟。

润麒属于自来熟，一见面就亲热得以姐弟相称，很快就和她成了无话不谈的"挚友"。

两家离得挺近，在胡同里仅隔两个门。孟小冬家里挺清静，只有父母和弟弟，没事时，她就来润麒家玩儿，若聊得太晚，有时竟与仲馨同屋而眠，惹得坊间闲话不断。因润麒的外祖母也酷爱京戏，于是，孟小冬作为朗贝勒福晋的义女，成了这一家的常客。

当时，孟小冬无论扮相还是唱腔，都称得上风靡一时。但她并不经常登台，只唱上一两天就待在家里歇着。也有时上海、天津等地邀请她去唱戏，十天半月才返京。她虽然生活散淡，"冬皇"（注：据考，力捧孟小冬为"冬皇"者，是《天津商报》的沙大风。他最先在《孟话专栏》中称孟小冬为"我皇"。在此之后，逐渐演化为"梨园冬皇"）的美誉，却日渐声名鹊起。

孟小冬与梅兰芳"离异"之后，手中还多少有点儿积蓄，花钱仍是大手大脚。手绢、袜子，依然成打成打地买，自己只挑选一二，其余只作"天女散花"，分送给润麒和他的表妹、保姆、丫鬟或亲朋好友。她与仲馨、润麒的五姨儿关系都不错，时常互赠一些小礼品，以作酬答。

从外地演出回京，见了面，她张口就叫润麒"小淘气儿"，始终惦念着给他带回一件礼物。而他从不称呼她什么官称，说话总是没大没小。一次演出归来，她故作神秘，双手藏在背后：

"润麒，你猜猜，我给你带回什么来啦？"

没等润麒说话，她把一只手表轻轻塞到他的手里。他瞧着这只手表，感到挺奇怪：

"上边明明没有表针儿，怎么还能走呢？"

起初，他好歹不要，孟小冬劝了劝，见他执意不收，也就收了回去。隔天，润麒琢磨了琢磨，人家好心从外地买回来，若硬是不收，她会认为是看不起她，于是，又找到她拿回了手表。顿时，孟小冬喜笑颜开，拉着他的手，问长问短，显得异常亲热。

"以后，不准见外。"

"好吧。"

然而，两家尽管相距咫尺，多年来，润麒却始终没去过她家一趟。

在驰骋舞台的粉墨生活中，孟小冬似乎暂时忘却了"失恋"的隐痛。

目睹"冬皇"孟小冬的戏子生活

在润麒的眼里，五姨儿长得眉清目秀，高鼻梁、大眼睛，尤其酷爱饰演京戏老生，打扮起来格外迷人。难以说清什么原由,润麒的五姨儿出奇的喜欢孟小冬。有一天她忽发奇想,想叫她的丈夫再娶一名小老婆,竟然打上了孟小冬的主意,有意撮合二人成亲。

润麒无意中得知了这件事,心想这只是说说而已。此讯一经传出,孟小冬听到后,倒没显得怎么反感,依旧与五姨夫说说笑笑,照常往来。

平时,孟小冬在家里总是短衣、短裤,一身短打,偶尔出门时才穿旗袍、高跟鞋,梳上时髦的发型。平素看不出她性格粗暴,表面倒像是一名文明的知识女子。润麒跟她时常打打闹闹,也从来没见她发过脾气。

忽然有一天,孟小冬与五姨夫不知为何闹翻了脸,平常文质彬彬、大家闺秀似的孟小冬,出乎意料地暴跳如雷,竟与五姨夫粗野地对面大骂起来。

自幼润麒也没见过如此架势。那天上午,孟小冬双手叉腰站在屋门口,身穿短汗衫、白绸裤子,一只脚横蹬在栏杆上,拍着大腿痛骂他的五姨夫:

"你这个杂种……"

见这情景,谁也不敢贸然上前劝她。这时的孟小冬,丝毫瞧不出来是一名年轻女子,倒像一个凶神恶煞的"夜叉"。院里有人猜测,很可能是五姨夫对她动手动脚,失了礼才惹恼了她。

五姨夫始终没露面,畏缩在屋里没搭一句腔。润麒也被吓得没敢吱声,只是躲在门旁偷偷观阵,只见孟小冬狠狠一顿大骂之后,扬长而去。

然而,更多时间里,她是安静、平和的。与润麒在一起时,她时常聊一些京剧演员的逸闻趣事。她过去唱京剧《王佐断臂》之前,总要先演一段钟馗率一群小鬼儿跳的舞蹈,润麒和观众在台下觉得美妙至极,一阵阵喝彩不止。而她在桌子上剁自己的胳膊时,每次都是一个空翻跟斗折过去,极为利落的优美身段,总是赢得雷鸣般的掌声。

自从与梅兰芳闹过一场"离异"之后,孟小冬元气大伤,有一段时期竟疏于练功,再演出"断臂"空翻时,显然极为吃力,只能翻一个虎跳前扑,勉强从桌子上滚过去。

临到她下了场,刚刚走到后台门,一名演配角"畔儿"的演员与孟小冬恰巧走个碰头,竟然朝她竖起大拇指,讥讽地说:

"您那个空翻跟头可真棒呀,我们练武功的都佩服您。"

"嗯?"显然,她听出了话里的刺儿,双手一叉腰,两眼圆瞪,跟那个"畔儿"大声吵嚷起来。

本来,她重返舞台就窝了一肚子火,哪知这次偏巧又遇上挑刺儿的家伙,实在忍无可忍,便叉着腰站在后台,大骂一顿才算出了气。

润麒始终在一旁冷眼相观,此时孟小冬实在不像女子与男人吵嘴,倒像两个男人在打蛮架。回到家里,孟小冬长叹一口气,对他说出了心里话:

"后台是个杂巴地,哪派都有,说话互相都带刺儿,非要把对方压倒才行。你看明白了吧,那家伙就是成心挤对我呢。"说着,孟小冬面露怨恨之色。

对比"梅孟之恋"前,她的脾气显然变得喜怒无常。

尽管如此,润麒依然喜欢经常追随着孟小冬,去观赏她的台前幕后。那天,她在吉祥戏院演戏,又特意带去了润麒。她在《打渔杀家》中扮演肖恩,眼神中传递出喜悦、惧怕、愤慨等表情变化以及传神的动作表演,淋漓尽致地展现了一个古代男性的喜怒哀乐。润麒坐在台下,从观众对她谢幕报以的雷鸣般掌声中,更喜欢上了京戏,也在心里悄然喜爱上了孟小冬。

每逢她登台,他总是千方百计追随她去戏院观看。就在孟小冬"婚变"前夕,他还曾经跟随母亲和大舅一家人坐马车去戏院,观赏她与梅兰芳联袂演出的京戏《游龙戏凤》。早在幼年时,润麒就随父母一起观赏过梅兰芳与武生泰斗杨小楼合演的《霸王别姬》。由于杨小楼早年曾就职宫内"升平署",时常进宫演唱,在京城红极一时,杨梅二人刚烈与阴柔的"联袂",成了京城戏行的绝配,虽招致不少流言飞语,然而,也更成了坊间票友热捧的焦点。

虽然润麒当时还不能完全看懂京剧,仍觉得杨小楼与梅兰芳饰演的《霸王别姬》,无论唱念做打,都恰到好处。尤其是杨小楼饰演的不可一世的楚霸王,对虞姬柔肠百转的挚情,使他体味到了从未有过的感动。

而这次观赏梅兰芳与孟小冬演出,心情更是不一般。他的母亲与大舅、舅母坐在包厢里嗑着瓜子儿,坐等开戏。大舅的女儿三滨——她管润麒叫二哥,忙前忙后地伺候仲馨,她不仅认识孟小冬,也想再睹她与梅兰芳合演的舞台风采。

在观众的心目中,后台往往是一个隐秘的场所,特别是名演员上戏,更是不让外人随便进去。临开演之前,润麒缠着孟小冬,死活想到后台去瞧瞧热闹,她好心地劝他说:

"后台人挤人,没什么意思。"

"只瞧几眼行吗?"

润麒执意要去,孟小冬与梅兰芳拗不过,只得带着他好不容易挤进幕后。他抬眼一瞧,满满一屋人,正轮流在破桌上的镜前化妆或试戏衣。

颇有意思的是,梅兰芳在后台挂的戏衣下边,还特意搁了一个尿盆儿。润麒见其上场前,在那儿背对着人"哗哗"地小便,觉得十分可笑。

说起来,大牌演员在台上挺漂亮,到后台一瞧,他们化妆时,连一扇门都没有,全部对外敞开着。演出开场之前,一些观众总少不了挤在上场门,好奇地偷窥名角的后台风姿。

孟小冬虽然是当红坤角儿,也没有单独的化妆间,依然在拥挤的后台化妆、打扮。

那时,梅兰芳与孟小冬凡上演《坐宫》、《武家坡》等对手新戏时,润麒准会紧紧追随观阵,来到后台呆呆地看着她化妆、试衣。

孟小冬从登台第一天起,张罗着伺候她且为她演出"包头"的,是一名长像端正的中年男人,别人包不好孟小冬的"三大片儿",非他不可。那个男人平时总是身穿一件大褂儿,演出时,负责给她"饮场"——倒茶、卸妆,连倒洗脸水、挑服饰也一律由他包办。润麒时常去后台转悠,见那个中年男子梳着短头发,动作慢条斯理,没事儿就在孟小冬的面前站着听喝,活像"老妈子"。仲馨听了不信,唤来一瞧,那名男子举手投足,连倒茶的姿势都果真与传闻一般无二,她乐不可支:"嘿,真像一个老妈子。"

每次观赏孟小冬与梅兰芳在台上珠联璧合的演出以及他俩在后台眼神交融的默契,润麒从心里羡慕这一对佳人的"天仙配"。

然而,这一切都倏忽成了过去。孟小冬孤身一人回到了东四牌楼三条胡同的母亲家。

"梅孟之恋"悲情谢幕

不久,风波又起。梅兰芳的母亲过世时,孟小冬头戴白花、身着丧服前去吊孝,不料却被强阻门外。她抱头痛哭,发了疯似的奔跑回家,从此一病不起,躺卧家中,万念俱灰,多日不思饮食。

当仲馨得知孟小冬终日在家以泪洗面,便偕润麒的外祖母前来探望。见她面容枯槁,老太太非常心疼,遂建议她到天津自己的妹夫家静养,用中药调理病体。孟小冬的母亲自然极力赞成女儿变换一下环境,她便由仲馨一路陪同,从京城来到天津,整日吃斋念佛。一连几个月,润麒与她未曾见面。

年跟儿前,润麒欣喜地见到了孟小冬,面前的她靓丽依旧,风度翩翩,只是显得并不欢愉,愁绪重重,变得愈加懒散。她一天到晚没多少事,不唱戏时就静养,时常来他家串门聊天,甚至插上门闩,与仲馨自顾自地卧床倾心长谈。在世俗眼里,她俩成了一对不为外人所解的"怪人"……

不消说,润麒的家里,成了她消愁解闷的避风港。

不久,经多方斡旋,孟小冬与梅兰芳自津携手返京,表面虽重修旧好,但裂痕犹在。不久,"四大名旦"排名揭晓,梅兰芳赫然位居榜首。当梅兰芳访港演出归京之际,孟小冬约其作了一次刻骨铭心的长谈。

貌合神离的"梨园伉俪",终于摊牌。孟小冬悲愤已极,冒雨跑出门,跌跌撞撞地消失在细雨濛濛的夜幕之中……(注:据许锦文先生著《梨园冬皇孟小冬传》考证:1931年农历七月,梅兰芳自港演出返回北平后,孟小冬与梅兰芳私下作了一次长谈。自此,二人最终分手。另据李伶伶著《梅兰芳传》考证:1931 年,在孟小冬聘请的郑毓秀律师和上海的杜月笙调停下,梅兰芳付孟小冬四万元作为赡养费。此后,孟小冬嫁给杜月笙,1949 年 5 月随杜月笙赴香港。1967 年秋移居台湾,1977 年因肺气肿和心脏病并发去世。)

　　然而,雨夜狂奔那一幕,并非润麒亲眼所见,而是听母亲所述。据润麒先生回忆,母亲仲馨曾亲口告诉他,梅兰芳与孟小冬最终分手的原因是:由于孟小冬身怀有孕,遂与梅兰芳作了一次长谈,由于意见相左,两人最终分手。由此,孟小冬迫不得已下嫁杜月笙。此说法,姑录之以待考。

在全球化进程中
在 21 世纪的地球村
是谁在挥舞旗帜、引领时代、创造历史
让我们关注他们
关注这个蔚蓝色星球的每一次惊喜与震颤

海外风云

诺贝尔文学奖得主 多丽丝·莱辛　韩国总统 李明博

古巴新领导人 劳尔·卡斯特罗　俄罗斯新总统 梅德韦

杰夫　尼泊尔退位国王 贾南德拉　德国汉学家、诗人

顾彬　"俄罗斯的良心" 索尔仁尼琴

喜获文坛殊荣的英国老祖母

——2007 年诺贝尔文学奖得主多丽丝·莱辛

◎周有恒

"莫道桑榆晚,为霞尚满天"。这句中国古诗说的是老年人尽管岁入迟暮,仍然能够老当益壮、大有作为,将其用在英国女作家多丽丝·莱辛身上是非常贴切的——不久前,这位八十八岁高龄、且至今笔耕不辍的"祖母级"作家被授予 2007 年诺贝尔文学奖,成为该奖项年纪最大的获奖者。

"黑马"折桂——预料之外,情理之中

每年 10 月,世界文坛都会进入繁忙的颁奖季节,其中最热闹的,自然莫过于被视为文坛"万奖之王"的诺贝尔文学奖的盛宴。在评选结果揭晓之前,不少媒体或研究机构常常根据自己掌握的资料,提前作出"预报",遗憾的是猜中的概率甚低,因为瑞典文学院有投票权的十八名院士向以行事诡秘、决定惊人而闻名。尽管如此,对文学界这个最大的年度"猜谜游戏",历年来仍然会有许多媒体和研究机构乐此不疲。

2007 年 10 月 11 日,就在评选结果公布之前几分钟,出席新闻发布会的记者们仍在猜测花落谁家。有的人甚至把英国立博博彩公司的获奖赔率打印了出来(该公司曾三次准确预测过文学奖获得者,包括 2006 年土耳其作家帕慕克的获奖),还有的人则

拿着当天出版的《瑞典每日新闻报》及《瑞典日报》，上面刊登着可能获奖者的照片以及作品介绍。

在这些"候选名单"中，莱辛显然并不被人们看好。瑞典各媒体的"名单"里，共同的"热门人选"为意大利作家克劳迪奥·马格里斯和澳大利亚诗人莱斯·穆瑞。此外，也有媒体将美国作家菲利浦·罗斯、日本作家村上春树以及韩国诗人高银等列为"候选人"。

2007年10月11日当地时间下午1时，在有着二百年历史、位于斯德哥尔摩老城中的瑞典文学院内举行了诺贝尔文学奖公告仪式。作为诺贝尔文学奖评选委员会发言人，霍拉斯·恩达尔使用了不同国家的语言宣读2007年诺贝尔文学奖得主的名字和其获奖的理由。他先是用瑞典语读，然后用英语、德语、法语、俄语宣布。当听到"多丽丝·莱辛"这个名字时，记者席上传出了惊呼声——所有的"行家"都看走了眼，折桂者是一匹"黑马"，但只经过短暂的停顿后，全场便传出热烈的掌声，以示对这位再过十一天就将度过八十八岁生日的英国女作家的敬意。

事实上，莱辛此番获奖可谓实至名归、情理之中。她是英国现当代最重要的作家之一，有"女性小说鼻祖"之称，被誉为继弗吉尼亚·伍尔夫之后最伟大的女性作家，并几次获得诺贝尔文学奖提名以及多个世界级文学奖项。其写作风格独特多变，思想深邃，观点犀利，见解新颖，极具挑战性。以莱辛的文学成就，获得这一殊荣当之无愧。这也使她成为历史上第三十四位诺贝尔奖女得主、第十一位获得诺贝尔文学奖的女作家。

值得一提的是，莱辛摘取诺贝尔文学奖桂冠也让英国人感到意外之喜，因为这距离前一位英国剧作家哈罗德·品特得奖刚刚两年！

经历坎坷自学成才

两年前，莱辛在总结她的一生时曾说"不幸的童年培养小说家"，因为她不得不在很小的时候就通过自身努力去发展很大的想象力以逃避现实。

莱辛原名多丽丝·梅·泰勒，1919年10月22日出生在伊朗（当时还称作波斯）的克尔曼沙赫，父母都是英国人。她的父亲阿尔弗莱德·泰勒是个梦想家，原本在波斯管理皇家银行任职。上世纪20年代，他带着全家移民到英国在非洲的殖民地南罗得西亚（现属津巴布韦），经营一个农庄，打算开垦那儿的千亩荒地。莱辛的母亲艾米丽曾经做过护士，她与阿尔弗莱德不幸福的婚姻使她性格乖戾，对女儿非常严厉，把她送到当地的天主教女子学校读书。莱辛的父亲在第一次世界大战中身体受伤落下残疾。残酷的战争给他的精神也留下了创伤，他总是抑郁寡欢，沉浸在痛苦的回忆里，加上天主教女子学校的修女们津津乐道的关于地狱和诅咒一类的故事,使莱辛的童年灰暗而压抑、孤寂而苦闷,她变得有些神经质。后来她父亲的发财梦破灭,家境也陷入困顿之中。莱辛十四岁时因眼疾辍学,贫穷拮据的农庄生活禁锢着她,文学就成为这个有些神经质的女孩的幻想家园——她逃到狄更斯和劳伦斯的小说中,并与19世纪的文学大师们结下了不解之缘,也以此滋养了她那澄明的且具批判性的灵魂。非洲大地壮阔美丽的自然景观丰富了莱辛的头脑,使她在之后的写作生涯中表现出惊人的广阔视野和博大胸襟。此后她也再未回到学校,她是在博览群书后自学成才的。

十五岁时莱辛离开家去做保姆,那家主人给她看了许多政治和社会学方面的书籍,这也许就是莱辛此后一生中丰富激烈的政治生活的开端。后来,她不堪主人的性骚扰,愤然离开。她当过护士、电话接线员、打字员、秘书、速记员等,但以抄抄写写的文字活儿居多,从此养成写字的习惯,她甚至偷偷练笔写起小说来。莱辛很有写作天赋,其中的两篇小说曾在南非的一家杂志上发表。青年时代的莱辛壮怀激烈,曾投身于反对殖民主义的左翼政治运动,还一度参加了共产党。

十九岁时莱辛有了第一次不成功的婚姻——在她嫁给小科员弗兰克·查尔斯·魏斯德姆并与他生了两个孩子后,她绝望地发现自己走回了母亲的老路。她毅然决然离开了那个家庭。后来她在当地的左派读书俱乐部认识了一个叫高特弗莱德·莱辛的男人,1945年与他结婚生子,1949年再度离异。当她带着最小的儿子回到伦敦时,两手空空,一贫如洗,全部家当是皮包中的一部小说手稿,这部小说手稿后来成了她的处女作《野草在歌唱》。

勤奋多产的"女权主义作家"

莱辛至今已长达五十七年的创作生涯是从她回英国之后才步入正轨的。

1950年,莱辛出版了第一部小说《野草在歌唱》,故事讲述的是非洲一个白人农场主妇与黑人仆人之间的情爱。该书以黑人男仆杀死因家境拮据心态失衡的白人女主人的案件为题材,侧重心理刻画,描写了种族歧视在非洲给白人和黑人带来的悲剧,深刻揭露了非洲殖民地的种族压迫与种族矛盾。令莱辛没有想到的是,书一上市即畅销,并被誉为"战后最杰出的英语小说之一"。莱辛也由此一举成名,成为英国文坛崭露头角的新秀。

上世纪五六十年代,莱辛迎来了创作高峰期,陆续发表了《暴力孩童》、《金色笔记》、《黑暗前的夏日》、《第五个孩子》等五部小说。《金色笔记》被公认为其代表作。这是一个叫做安娜·伍尔芙的自由女性的成长记录,由一个故事、五本笔记构成。其中,黑色笔记写的是安娜作为作家在非洲的一些经历,里边许多描写涉及殖民主义和种族主义问题。红色笔记写安娜的政治生活,记录她对斯大林主义从憧憬到幻灭的思想过程。黄色代表爱情生活,蓝色代表精神生活,而金色笔记,则是一种哲理性表述,生活的总结。小说远远超出了传统小说的规范,乍看是一堆零乱的、未经艺术加工的文学资料,却是作者刻意的创造。情节之间的大幅跳跃和不同内容的相互穿插织成了一个巨大精致的网,将莱辛惊世骇俗的思想和无比广阔的视野表现得淋漓尽致。这本小说以独特视角反映了20世纪两性关系的深刻内涵,被全球数百万人当做女性独立的教科书,该书成为女权运动的灯塔式力作。而莱辛本人则不仅因这部作品蜚声文学界,还树立了自己作为女权主义者的形象。

从70年代开始,莱辛的如椽之笔不再限于自己熟悉的非洲,她对当代心理学及伊斯兰神秘主义思想(坚持以经训阐发自己的主张,追求内在的真理和道路,漠视外在礼仪和教法规定)产生了兴趣,写出了有关个人精神崩溃的《简述下地狱》(1971年)、讲述一位中年家庭主妇精神危机的《黑暗前的夏天》(1973年)以及探讨人类文明前途的《幸存者回忆录》(1974年)等作品。此外,她还跨入科幻小说领域,写出了探讨人类文明和命运的总名为《南船座中的老人星:档案》的系列"太空小说"以及其他一系列有关美苏冷战、原子战争、环境污染、科学危机和青年暴力等方面的作品。她的作品不仅包括多种题材,所涉内容也十分广泛。

莱辛是多产作家,五十七年来创作的作品超过五十部,除了长篇小说以外,还著有诗歌、散文、剧本,短篇小说中也有不少佳作。她是一个极其勤奋的作家,勤奋到令人难以置信的地步。进入晚年后,莱辛仍不断有新作问世,如《简·萨默斯日记》和《好恐怖分子》等小说是她在20世纪80年代、六十五岁之后创作的作品。90年代,年届七旬的莱辛将工作重点放在写作自传和回忆录上,先后出版了《非洲的笑》(1992年)、《在我的皮肤下》(1994年)和《走在阴影下》(1997年),这些书籍使莱辛传奇而神秘的生活现于世人面前。即使现在已是八十八岁高龄,她依然笔耕不辍,每天上午至少写两三个小时,下午也继续工作。在写作风格上,她仍在不断地摸索、创新。2007年1月,她还出版了新作《裂隙》。

有趣的是,虽然常常被冠以"女权主义作家"头衔,但是莱辛在2001年却公开表示对这一思潮表示厌恶。"上世纪60年代的女权运动,光在讨论和把她们自己结成团体上,就消耗去太多精力。"她认为女权运动太过于意识形态化,而且也看不惯所谓女权分子在电视中对男性的粗鲁行为,说自己"反对所有打击男人的行为",莱辛所追求的女权更多是男女平等、同工同酬等更为现实主义的理念,而不是"女权至上"的偏执和绝对。尽管如此,许多妇女仍然视她为女性榜样,甚至仍是女权主义者。瑞典文学院也称赞"她的作品是女权运动萌芽时期的前锋作品,是极少数塑造了20世纪男女关系的新景观的书"。

莱辛在文学上的成就早已得到世人的公认，用评论人士的话说，"莱辛在当代西方文学史上如此重要，以至于任何涉及英国文学、女性主义以及自传体的话题都无法绕开她"。数十年间，她得到了除诺贝尔奖之外欧洲所有的文学奖项。1995 年她还获得哈佛大学颁发的荣誉学位，这对于连高中学业都没有完成的莱辛来说，无疑是最大的肯定。

八十八岁寿诞得到的最好的生日礼物

2007 年 10 月 22 日，一生勤奋写作的莱辛满八十八岁。令她没有想到的是，瑞典皇家文学院授予她 2007 年度诺贝尔文学奖的生日大礼提前十一天送来了。

在颁奖公告中，瑞典文学院称授予多丽丝·莱辛诺贝尔文学奖的理由是："这个表述女性经验的诗人，以其怀疑主义精神、火一样的热情和丰富的想象力，对一个分裂的文化作了详尽细致的考察。"她获得的奖金将达一千万瑞典克朗（约合一百五十四万美元）。

消息传到英国首都，位于伦敦北部西汉普斯泰德的莱辛居所失去了往日的宁静，住宅附近人声鼎沸，摄像机、照相机架起了一大堆。莱辛去商店买东西回来，还以为是在拍电影、电视剧呢。她下了出租车回到家门口，记者们"呼啦"一下子围了上来。有记者喊："您得诺贝尔奖了！"这位文坛宿将先是一脸惊诧，随即恢复了自如，不失幽默地说："噢，我还真把这事忘了。我在名单上挂了三十多年了。不可能年年激动，那种情绪总得有个限度吧。不过，我得上楼找些合适的话语，现在要用得着啦……"

记者们等待片刻之后，莱辛步态蹒跚地走出房门，走下台阶，站在花园中接受简短的采访。她说多年以前在一次访谈中，她同一位诺贝尔文学奖评审委员坐在一起，那老头说，由于莱辛的小说反传统，永远不可能获得诺贝尔奖，所以这次获奖非常出乎她的意料。"我没想到我会获奖，因为他们告诉我，我永远不会得奖。我的意思是，这样你还会惦记获奖吗？既然知道我不会得奖了，一年年过去，我也就死心了，而且生活中除了获奖还有更多的事情。"莱辛戏称，"他们可能觉得我太老了，现在就颁奖给我吧，否则我可能会死。"她还说："我这一生已经得过所有的奖，所以我很高兴能最终实现大满贯。"

诺贝尔文学奖获得者大多年龄在五十岁到七十岁之间，而莱辛获奖时已经八十八岁了，在诺贝尔文学奖的历史中，她是年龄最高的获奖者。她在很早以前便蜚声文坛，多年来更是荣誉等身。瑞典文学院的决定，不过是给莱辛数十年的文学历程，再加冕一个璀璨的王冠。瑞典文学院的专家洛多恩在接受媒体采访时甚至风趣地套用莱辛一部著名的作品《又来了，爱情》的题目，把诺贝尔文学奖授予莱辛形容为"又来了，莱辛"。

莱辛与中国彼此并不陌生

莱辛摘取诺贝尔文学奖桂冠的消息在世界各地产生了不同程度的反响,也引起了中国文学界和出版界的关注。

其实,中国的读书人对莱辛这个名字并不陌生。早在 1956 年,新文艺出版社就出版过莱辛的《青草在歌唱》(后译为《野草在歌唱》)。从此,中国读者知道了两个莱辛,一个是 18 世纪的德国戏剧家和批评家莱辛,《拉奥孔》和《汉堡剧评》的作者;另一个是年轻的英国女作家莱辛,控诉着帝国主义和殖民主义施于非洲人民的罪恶。

20 世纪 80 年代之后,我国又有多家出版社翻译出版了莱辛的著作:《命运五部曲》、《一个男人和两个女人的故事》、《野草在歌唱》、《金色笔记》、《又来了,爱情》和《另外两个女人》等。

莱辛和中国也有渊源。1986 年,王蒙、陆文夫等作家去美国参加国际笔会,在美国见到了英国作家多丽丝·莱辛。这是中国作家与莱辛的第一次会面。

莱辛对中国的发展兴趣很浓。1993 年 5 月,这位年轻时热衷于共产主义的女作家还访问过中国——时年七十四岁的莱辛先后访问了北京、西安、上海和广州四个城市。在北京期间,莱辛提出想见两个人。一个是作家王蒙,另一个是电影导演张艺谋。莱辛说她在英国看了《大红灯笼高高挂》和《菊豆》,对影片印象很深,所以想见见导演。这个消息几经辗转传到了张艺谋那里,当时正在北京西苑宾馆讨论剧本的他立刻答应:"英国的大作家要见我,那我肯定要见她。"张艺谋在宾馆附近的西安风味餐馆招待莱辛,这次会见双方都留下了很好的印象。

李明博:垃圾堆里走出的韩国新总统

◎阿　红

　　从白手起家的贫寒少年,靠捡破烂挣学费读完大学,到韩国现代集团最年轻的首席执行官,再到首尔市长,直至问鼎总统宝座,"推土机"李明博的成功,简直就像神话,堪称一代韩国普通人成功的典范。

出身寒微,贫穷成为一生财富

　　1941年,李明博出生于日本大阪。在他四岁时,日本战败,李明博随父母回到祖国。然而,不幸的是运输财物的船只中途沉没,所有家当毁于一旦,李家因此落得个倾家荡产。从此,贫困便成为这个贫寒之家挥之不去的痛。

　　李明博从小饱尝生活磨难和艰辛,一颗稚嫩童心,过早感受到世态炎凉。那时,李家穷得丁当响,七口之家,蜗居在一间逼仄的阁楼里。为了养家糊口,父亲整日奔波于各个市场之间,倒腾些微利小生意;母亲则在家门口,摆个小摊儿。即使夫妇俩辛苦劳碌,也不能维持一家人的温饱,孩子们整天饿得嗷嗷叫,愁得母亲经常以泪洗面,父亲则唉声叹气,束手无策。

　　李明博从小天资聪慧,好学上进。他知道,穷人家的孩子要想出人头地,改变命运,唯有好好读书,因此,他的学业在班里一直名列前茅。

有一天,上数学课,老师见他小脸红扑扑的,以为他患感冒在发烧,便来到他身边:"你哪里不舒服吗?"说着将手放在他的额头上。好像埋藏在心底的秘密被戳穿了,李明博诚惶诚恐地摇摇头,嗫嚅着道:"老师,我很好,没有不舒服。""那你的小脸为何这样红?"老师这样一问,更令他局促不安,脸"腾"地红到脖子根,正当李明博无言以对时,老师突然发问:"等一下,这是什么味道?"边说边将鼻子凑近李明博嘴边,嗅了嗅,蓦然脸色骤变:"我闻到的分明是酒味嘛!你胆子不小啊,居然敢喝得醉醺醺地来上学!"见老师勃然大怒,李明博吓坏了。也许是为了保留最后一点自尊,所以他死活不说自己为啥"喝酒",为此,没少遭到老师批评:"如果再看见你红着脸来上学,就把你的家长找来!"李明博的父母,家教甚严,万一他们被"请"到学校,李明博免不了一顿皮肉之苦,看来,不说出实情不行了。放学后,他硬着头皮,单独找到老师,声泪俱下说出了每天"喝酒"的经过。

原来,李家吃了上顿愁下顿,孩子们经常忍饥挨饿,食不果腹。后来,全家便以酒糟为主要食物,每日两餐,作为家中最小的男孩,李明博每天的"工作"就是到离家很远的酒坊,买到最便宜的酒糟。他后来在回忆录中写道:"每天早晨,当我吃完酒糟去上学,脸总是红彤彤的,就像初升的朝阳。任何人从我身边经过,都能闻到一股刺鼻的酒味。他们都以为我是个经常酗酒的问题学生。其实,都是吃酒糟惹的祸,我也没办法,不吃饿得慌,吃了红头涨脸,这很是令我左右为难……"

每天午饭时间,更令李明博难以忍受,像其他同学一样带午餐盒饭到学校,对他来讲是难以想象的事情。当同学们打开香喷喷的饭盒,吃得津津有味时,饥肠辘辘的他,就在一旁"咕咚咕咚"喝水,与"饿魔"作斗争。然而被水灌满的胃,暂时是不饿了,可是要不多久,那种腹空如洗的饥饿感会更加疯狂,就像体内有个咆哮的野兽,拼命撕扯着他的五脏六腑,有几次,他甚至饿得昏倒在地……

俗话说,穷人的孩子早当家。在完成学业的同时,年幼的李明博还得四处奔波,迈着小脚丫,沿街叫卖糕点、水果、火柴……后来,他在驻军基地意外发现了"商机"——隔着戒备森严的铁栅栏,向士兵们兜售寿司卷,以贴补家用。母亲曾说过这样的话:"明博虽然是男孩中的老幺,却是最懂事听话,最顾家的孩子。"

中学时代,家中生活毫无起色,贫困依然与李明博如影随形。那时候,他帮家里卖豆包和爆米花。每天天不亮,母亲起床做豆包,而他则穿着校服做爆米花,天黑后,他还要赶到夜校去上课。

有一天,母亲让他换个地方卖小吃,这对他来说是个不幸的消息,因为卖小吃的地方邻近有一所女中,虽然平时他不太在意形象,但在女中旁边卖小吃,他还是感到难堪,觉得脸面挂不住。所以,每到放学,女生们嘻嘻哈哈从校门口鱼贯而出,他都紧张得将头低下，就像自己做了什么见不得人的事情。在他看来，一个穿着校服卖爆米花的"街头小贩"，在高傲的女生眼里，肯定是既搞笑又奇怪，他甚至还听见她们经过时，不时发出揶揄的窃笑，他毕竟是处于青春期的少男，自尊心强，感到脸火辣辣的，红得如同一把火在烧，心也缩成一团，恨不得立即逃走。所以每天去女中附近出摊成为他的一块心病。但为了生计，又不得不硬着头皮去做。后来，他突发奇想，想出了一个妙计——每天出摊时，戴上一顶大草帽，这样一来，有草帽遮颜，脸面问题便解决了。当时，正值隆冬时节，寒风凛冽，他戴着草帽的另类样子，实在滑稽可笑，成为街头一景，引得路人纷纷侧目。他哪里知道如此装扮"遮羞"，反倒成为人们关注的焦点。有些好事之徒还特地走近前来，非要瞧瞧他的真实面目不可。

有一天，母亲前来检查他的"工作"，见他的古怪样子吓了一跳："你发神经啊，为何大冬天还戴顶草帽？"他嗫嚅半天，也说不出所以然来。后来长大了，回想起这段苦涩的经历，连他自己都感到好笑。那时候，在路人眼中，一个穿着校服戴着草帽，立在寒风凛冽的街头卖爆米花的少年，一定比不戴草帽的更加滑稽。

世间没有神话，只有努力创造出的结果

初中尚未毕业，家里实在拿不出钱来供他继续求学。那时，父母全部的希望都寄托在二儿子李相得身上，当时他正在大学商学院攻读硕士学位，将来前途无量，而排行老五的李明博，就面临辍学的危险，但李明博不想就这样自毁前程。就在山穷水尽之际，李明博遇见一位恩师，鼓励他越是身陷困境，越要奋发上进，这样才会改变命运，并答应他用抄写教案抵学费的方式，来完成初中学业。

为了实现上高中的梦想，他向母亲承诺"不要家里一分钱学费"，这样，才得到母亲的允许。从此，他边捡破烂边求学，废寝忘食，发愤苦读。天道酬勤，最终李明博以第一名的成绩，考入同志商业高中夜校，并连续三年成绩居第一名，愣是没花家里一分钱，拿到了高中毕业证。之后，李明博同家人搬到首尔居住，为了生计，他打过工，做过苦力和杂役，遭受过欺凌和歧视。这一段经历，让李明博深感生活在社会底层的民众的艰辛和不易。

后来，李明博萌发了"比起高中毕业生，至少曾踏入大学校门的人，可能更容易找到工作"的想法，开始准备高考。他边工作边复习，经常光顾清溪川旧书店，低价买来参考书，将全部精力都扑在备考上。工夫不负苦心人，经过一番刻苦努力，他终于如愿以偿考取了高丽大学商学院。

进入大学，他依然不向家里要一分钱学费，而是靠勤工俭学。每天清晨4点多，别的同学尚沉浸在甜美梦乡，他就悄悄起床了，借着夜色"掩护"，开始清理校园里的垃圾

桶,用卖废品赚的钱,勉强凑够了学费。

大二时,李明博突发奇想,打算参军,这样既能接受锻炼,又能解决温饱问题。尽管他那时年轻气盛,但长期劳累和营养不良损坏了他的健康。一般情况下,只要没啥大毛病,大多数人都能通过参军的体检。当医生把听诊器放在他胸前,听了听,愣住了,用惊讶的口吻问道:"奇怪,你的体质怎么这样糟? 你感到你的身体正常吗?"李明博一头雾水,反问道:"医生,我不明白你在说什么?"医生说:"小伙子,军队无法接收你这样糟糕的体格,你究竟是怎样摧残自己身体的?"检查结果很可怕,他体内的器官几乎没有一处是正常的,比较严重的是他还患有支气管扩张和积脓症。医生说:"你这样的身体居然还来体检,你以为军队是什么? 难道军队是疗养院吗?"于是,他因健康原因被"请"出了训练营。

贫寒对懦弱者来讲,是痛苦绝望的深渊,而对于意志坚强的李明博,却是砥砺人生的磨刀石。由于学业优秀,又有组织领导才能,大三时,他被选举为商学院学生会会长。但没过多久,灾难再次降临——由于不满军政府统治,一腔正义的李明博带头游行示威,结果被捕入狱,判处三年徒刑。在西大门刑务所服刑六个月后,他被提前释放。

出狱后,李明博感到前途迷茫,从未如此沮丧过。他一直在苦苦思索:"一个蹲监犯科的人,还有前途吗?"在人生陷入低谷时,一直疼爱他的母亲鼓励他:"不要放弃,你的人生怎能就这么结束?"并给予他全力支持。"是的,绝不能就这样结束!"李明博暗暗攥紧了拳头。然而,就在他出狱不久,身心憔悴的母亲猝然离世,这对他打击很大,李明博说,是"贫穷、母亲和肯定"的力量,才支撑他一步步走向成功。

按当时韩国法律规定,服刑或有"前科"污点的大学毕业生,无权求职找工作。这样,李明博一毕业便失业,无处求职的他,前途一下子暗淡起来。但他性格倔犟,没有向命运屈服,斗胆致信当时的总统朴正熙:"如果一个国家阻止一名年轻人自力更生,这个国家将永远亏欠于他!"抗议政府不合理的就业歧视政策。后来历经周折,在1965年,他才好不容易在"现代建设"谋到一个职位。

"现代建设",即韩国龙头企业现代集团的前身,当时还只是个名不见经传的小企业,却为初出茅庐的李明博提供了一个施展才华的舞台,他踏实勤奋,再加上百折不挠的性格,使他在进入公司不到两年的时间便脱颖而出,晋升为组长,此后"仕途"一帆风顺,年仅二十九岁便晋升为理事,三十五岁成为《现代建设》社长,是现代集团有史以来最年轻的首席执行官。

勤奋、刻苦、敬业,是李明博身上最显著的特点,他说:"在公司里,我没有休息日,每天早上5点起床,一天工作十八个小时以上,相当于别人的两倍,我等于用了二十四年,才被提拔为 CEO,不能说是以火箭般的速度晋升。"他始终强调:"世间没有神话,只有努力创造出的结果。"

还是在泰国工作期间,李明博被委任为现代集团重工科科长,并在回国后,负责向京釜高速公路建设项目提供装备。当时,由于司机不懂得维护,推土机几乎每天都因故障而停工,再加上技术人员态度蛮横,工程进度一再拖延。李明博了解到情况后,一天晚上亲自来到工地,将出现问题的所有推土机统统拆掉,很快排除了故障,并重新组装,技术工们都被他的能力所折服,从此,开始听从他的指示。而这件看似平常的小事,无意间被现代集团老总郑周永看到,认为李明博是个难得的人才,十分赏识他,遂提拔重用。郑周永的赏识成为他日后在现代集团扶摇直上的关键因素。

李明博最终成为现代集团核心人物之一,被塑造成"总能办成事"的强人形象,也为自己赢得了无坚不摧的"推土机"绰号。

要做国家首席执行官,而不是最高权力者

通过二十多年 CEO 生涯,叱咤风云的李明博积累了不少财产,摆脱了贫困生活,进入韩国富豪行列,其现有资产超过三百三十亿韩元(约合人民币二点七亿元)。

1992 年,事业如日中天的李明博突然决定弃商从政。步入政界当年,便旗开得胜当选国会议员。随着李明博跨入政坛,他与现代集团也渐渐疏远。令人费解的是,现代集团老板郑周永曾参与总统竞选,李明博却倒戈支持周的对手金泳三,后者最终赢得选举。有人认为这是他与郑周永嫌隙暗生,最终导致分道扬镳的因由。离开现代集团的李明博,于 1996 年再次赢得国会议员,不久因违反选举法而辞职。有人以为铩羽而归的他,从此会淡出政坛。

不料,2002 年,卷土重来的李明博,当选为首尔市市长,上任伊始,便推出"拆桥还溪"计划。当时的清溪川被浇筑成混凝土公路,还有一段 20 世纪 60 年代架起的高速路,还原工程遭到环保人士、历史学家和路边摊贩们的强烈反对。李明博说过,坚持是他最典型的性格,这位"推土机"市长果然名不虚传,力排众议,先后会见反对者四千多人次,逐一说服他们以大局为重,同意清溪川工程上马。经过两年多的建设,改造后的清溪川旧貌换新颜,于 2005 年正式开放,如今成为韩国最受欢迎的旅游景点之一。

李明博把清澈秀美的清溪川归还给市民后,又对多年困扰首尔的公交体系进行彻底改造,实施"公交优先"的便民政策,同时建设首尔林和首尔广场等基础设施,推进了令历届市长都望尘莫及的大型工程,永久地改变了首尔的城市面貌,李明博本人也因此被美国《时代》周刊评为"环境英雄"。

李明博担任首尔市市长期间,再次证明了自己"总能办成事"。靠斐然政绩,他得到了民众的信赖和支持,为日后赢得大选奠定了基础。

2007年8月20日,李明博击败前总统朴正熙之女朴槿惠,代表大国家党参加2007年12月举行的总统选举。他信心十足地表示:"我要做国家首席执行官(CEO),而不是最高权力者!"

李明博的竞选之路,可谓一波三折——在距12月19日韩国大选投票仅有十余天时,李明博支持率一路领先,然而关键时刻,竞选对手却捅出了与他有所牵连的"BBK股价操纵案",顷刻间舆论哗然,致使李明博竞选前景蒙上阴影。直到12月5日,检察机关宣布李明博与"股价操纵案"无关后,他的支持率才又急升五个百分点,远远高出竞选对手郑东泳和李会昌。"股价操纵案"水落石出,令李明博松了一口气,为巩固支持率,12月7日,他作出"裸捐"承诺:一旦当选,我只需要一套住房,其他财产将全部回报社会,捐献给贫困的人,"但愿我的捐款,能帮助有需要的人,活得更有希望"。可能因为自己贫穷过,所以他更能体悟到穷人生活之艰辛。

一波未平,一波又起,"股价操纵案"刚刚尘埃落定,竞选对手又向李明博抛出撒手锏——揭发他曾为子女入学做假户口一事,竞选对手之所以紧紧咬住李明博"丑闻"不放,其用意不言自明。为此,韩国媒体批评称,韩国大选只有私生活没有政策,候选人只盯着对手隐私,却很少正面阐述自己的政策,这样的批评显然让郑东泳和李会昌失分不少。"假户口"事件披露后,民众对李明博的支持率不降反升,为什么?原来在韩国,子女上好学校是家庭大事,为此很多人都做过假户口,而李明博也这么做,反让老百姓有了一种亲切感:哦,原来他也和我们一样啊!是个负责任的好爸爸,为了能让子女上一个好学校,不惜违法做假户口。

李明博之所以如此受民众拥护,主要在于他的竞选政策明晰而灵活,这跟他的企业家出身有很大关系,他的竞选纲领包括以下几个方面:一是"七四七计划",即他当选后,韩国经济将以每年至少百分之七的速度增长;再花十年左右时间,韩国人均年收入达到四万美元;五年任期内,韩国将发展成为世界第七大经济体。二是韩国将实现百分之一百一十五的住宅普及率,进入第二套房时代,政府"将向每对平民新婚夫妇,义务提供一套面积小于八十三平方米的住宅"。三是将挖通连接首尔和釜山之间的大运河,降低货运成本,改善水质,刺激旅游业和提高就业率。

外交方面,李明博希望加强与美、日、中的关系。对朝政策方面,李明博的立场较强硬。他强调,韩国愿意有条件地向朝鲜提供经济援助,自己不会怯于鼓励朝鲜作出"改变"。他认为,无条件地避免批评朝鲜并不恰当,善意的批评会使朝鲜变好,同时反对在朝鲜彻底终止核武器项目前,与之展开任何有关结束朝鲜战争的对话。这种软硬兼施、颇为实用主义的对朝方针,是李明博有意区别于卢武铉政权的"阳光政策"。

可以看出,李明博这些政策的主轴,几乎与现任总统卢武铉针锋相对。韩国媒体分析称,李明博之所以一直保持民调领先,与一般民众对卢武铉经济政策不满有很大关系,而李明博的竞选策略,则是大打经济牌,很多韩国人之所以看好李明博,是基于他出身企业家,有丰富的经济管理经验,能把韩国当成一个大企业来经营,总比卢武铉把韩国当成一个大法院要来得实惠。"相对于意识形态,民众更倾向于实用主义。"看来,有备而来的李明博,早已洞悉韩国民众心理。

2007年12月19日,大选之日,李明博迎来了自己的六十六岁生日和结婚三十八周年纪念日。在他二十八岁那年,跟韩国梨花女子大学年度选美冠军金润玉结婚,夫妇俩育有四个子女。据说,金润玉是李明博成功背后的"坚强后盾",素有"诤言夫人"的美誉。

就在这天晚上,"六六大顺"的李明博,以压倒性优势的选票,成功问鼎总统宝座。2008年2月25日,他正式入主青瓦台,成为韩国第十七届民选总统。当晚他在发表获胜感言时动情地说:"真心感谢国民,国民坚定不移的绝对支持,让我深知国民的心愿。今天的投票,让我发现了国民伟大的力量。我必将以低微的姿态,服务国家和民族,誓言复苏陷入危机的韩国经济。"

"世间没有神话,只有努力创造出的结果!"李明博的这句话为他的成功作了最好的诠释。

虎弟接替龙兄

——记古巴新最高领导人劳尔·卡斯特罗

◎周有恒

在 2008 年 2 月 24 日举行的古巴全国人民政权代表大会上,国务委员会原第一副主席劳尔·卡斯特罗当选为新一届古巴国务委员会和部长会议的主席,成为这个美丽的加勒比海岛国新的国家最高领导人。

现年七十六岁的劳尔·卡斯特罗是古巴革命领袖菲德尔·卡斯特罗的亲弟弟,也是他的亲密战友和得力助手。在过去半个多世纪里,劳尔一直"隐身"于哥哥菲德尔的光芒之下。如今,劳尔通过选举上台,这标志着他作为菲德尔的接班人已完全接掌国家最高权力,正式从哥哥身后走到古巴政治的前台。

一封公开信惊动天下人

在新一届古巴全国人民政权代表大会召开前五天,古巴共产党中央机关报《格拉玛报》于今年 2 月 19 日在其网站上发表了古巴国务委员会主席菲德尔·卡斯特罗的公开信,信上宣布,他将不会重返领导岗位,而是选择辞职退休。

菲德尔在信中写道:"我不寻求,也不接受国务委员会主席和革命武装部队总司令这两个职务。我再说一遍:不再担任古巴最高领导人。"他还说,选举新一届国务委员会主席、副主席的时候即将到来，而他只希望像一个普通士兵那样为实现理想而战斗。菲德尔的这一宣布令古巴乃至全球都感到吃惊。

环顾当今世界政坛，能数十年一贯受到本国人民拥戴、又始终受到国际舆论极大关注的政治领袖已为数不多，而被誉为古巴"建国之父"的菲德尔就是其中最突出的一个。

作为20世纪最后的革命家，菲德尔的人生经历充满传奇色彩。自1959年成立古巴革命政府并出任最高领导人以来，如今八十一岁的菲德尔已执掌古巴军政大权四十八年，是目前健在的世界上在位时间第三长的国家元首（前两位分别是泰国国王普密蓬和英国女王伊丽莎白二世）。在其执政的四十八年间，菲德尔曾经历了六百三十四次暗杀，死里逃生次数已创下了世界纪录。同时，他领导仅有一千二百万人口的古巴，与拥有二点五亿人口的"超级邻居"美国长期抗衡。在面对美国的政治颠覆、经济封锁、外交孤立等一系列阻挠时，菲德尔态度强硬，始终领导古巴坚定地"走自己的路"。虽然他曾自称是"属于已经过去了的世纪的人"，但是人们看到，他至今依然活跃在新世纪的国际舞台上，在各种场合中铿锵有力地发出古巴的声音。菲德尔在维护民族独立、不畏强暴方面表现出的大智大勇，赢得了世界各国尤其是拉美人民的钦佩，人们称赞他是"吓不怕、压不垮、打不倒的大胡子"，被看做是拉丁美洲的民族英雄。

然而岁月不饶人。由于健康原因，2006年7月31日，菲德尔暂时将国务交由弟弟、国防部长劳尔管理。今年1月20日，菲德尔再度当选古巴全国人民政权代表大会代表，表明古巴民众仍然拥戴这位政坛"常青树"，但民众也尊重这位政治老人的个人意愿，对其退出政坛表示理解。那封公开信的发表意味着这位叱咤古巴政坛近半个世纪的风云人物将要淡出政治舞台，而接过菲德尔手中革命火炬的不是别人，正是一直被视为"古巴革命的理想接班人"的劳尔。

绰号"小跳蚤"却是"老"革命

劳尔1931年6月3日出生于古巴东方省（今奥尔金省）比朗镇，是菲德尔最小的弟弟。他们的父亲安赫尔·卡斯特罗原是一名西班牙军人，到古巴定居后，以种植甘蔗起家，成为当地有名的、拥有二点三万英亩土地和五百名工人的种植园主。母亲做姑娘时原在父亲的庄园里做工，后来成了父亲的第二个妻子。在家里的七个孩子中，劳尔排行老六，比哥哥菲德尔小五岁。虽然出生在富有的庄园主家庭，但劳尔没有表现出太多优越感。相反，他总是和为他父亲工作的穷苦农民孩子一起玩耍，还与哥哥一样喜欢打抱不平，这段童年经历使他一直对下层人民怀有同情。

作为家里最小的儿子，劳尔从小就是哥哥的"小跟班"。每当菲德尔和哥哥拉蒙过完假期,准备返回拉萨列上学时,五岁的劳尔就会放声大哭,他无法接受与哥哥们的分离。父亲只得也把劳尔送到拉萨列当住宿生。在学校,哥哥们亲昵地给他取了个绰号——小跳蚤。劳尔高兴地接受了,在写给父母的信中,他都是以"小跳蚤顺致敬意"作为落款。

劳尔与兄长菲德尔的关系一直很密切,两人都曾在古巴最好的耶稣会学校接受过教育。劳尔就读的中学和大学都是哥哥菲德尔的母校,就连专业也是哥哥读过的法律专业。美中不足的是,学生时代的劳尔并不是个听话的孩子,他曾经在一所颇有声望的天主教学校学习,但没过多久就辍学回了父亲的农场。劳尔也曾承认,自己所受的教育非常有限,学习时间加起来比曾经获法学博士学位的哥哥少许多。不过,这并没有妨碍劳尔前进的步伐。他读了哥哥菲德尔送给他的一本关于马克思主义的著作后,便跟随哥哥加入了社会主义青年团,改信马克思主义。二十二岁时,劳尔就已加入共产党,党龄比哥哥还要长,他还曾在上世纪 50 年代游历东欧诸国。

随兄打江山成为"铁拳头"

在哥哥菲德尔的影响和带领下,劳尔在学生时代便积极参加反对独裁统治的斗争,跟随哥哥走上了革命道路。从上世纪 40 年代开始,劳尔就已跟着哥哥菲德尔一起,离开学校从事革命活动:无论是被捕坐牢、流亡还是在山区打游击,劳尔都一直跟随哥哥战斗,两人既是兄弟又是战友。西方分析人士曾这样评价劳尔:"他这辈子只热衷两件事,一是致力于革命,二是追随其兄搞革命。"

1953 年 7 月 26 日,劳尔追随哥哥菲德尔,和一百六十名追随者发动了反对巴蒂斯塔独裁政权的武装起义,攻打古巴东部城市圣地亚哥千人驻守的蒙卡达兵营,揭开了武装夺取政权的序幕。这就是古巴历史上著名的"七二六"运动。由于力量悬殊,这次行动以失败告终,卡斯特罗兄弟双双入狱,被囚禁了两年。

获释后的劳尔与哥哥一同流亡墨西哥。在那里,他们卧薪尝胆,训练革命力量,等待机会准备重返古巴。也正是在墨西哥城,劳尔结识了年轻的阿根廷革命者、医生切·格瓦拉,并把他介绍给哥哥菲德尔,两人彻夜长谈,颇有相见恨晚之感。格瓦拉很快也加入了菲德尔名为"七二六"运动的军事组织。

格瓦拉的思想以及革命经验改变了卡斯特罗兄弟。经过深思熟虑,他们发起了新的行动。1956 年 11 月 25 日凌晨,劳尔跟随哥哥带领包括格瓦拉在内的八十一名战友登上"格拉玛号"游艇,踏上了返回古巴的路途。回到古巴后,在农民的支持下,卡斯特罗兄弟的革命队伍不断壮大。

1959 年 1 月 1 日,菲德尔率领起义军攻进哈瓦那,推翻独裁政府,建立起新型的国家政权。劳尔随后受命掌管军队,并且在圣地亚哥负责处决了巴蒂斯塔政权的七十名高官,因此他在西方媒体眼中成了强硬派。从古巴革命政府成立直到现在,劳尔一直掌握着古巴五万人的武装部队,他也成为目前世界上担任国防部长时间最长的人。美国《时代》周刊曾这样评价卡斯特罗兄弟:"菲德尔是古巴革命的心脏和灵魂,他的弟弟是革命的拳头。"

甘当"二把手" 改革见成效

古巴革命胜利后,主要的领导人大概有菲德尔、西恩福格斯、劳尔、格瓦拉等人。此后不久,西恩福格斯死于一场蹊跷的飞机事故;格瓦拉远赴他国继续理想,最后牺牲在南美洲的是玻利维亚;卡斯特罗两兄弟就成了这个国度最为举足轻重的人物。

从革命伊始,劳尔就伴随菲尔德左右,深得哥哥的信赖和器重,并成为其得力助手。建立革命政权后,劳尔又与哥哥一道致力于古巴的经济建设和反美斗争。劳尔与哥哥虽然都是理想主义者,但个性却有很大差异。菲德尔身材高大健硕,口才极佳,充满激情。相比之下,劳尔则显得有些"冰冷",他不显山露水,很少抛头露面,经常默默地耕耘,为兄长分忧解难。因此,他在国际上的知名度远不及菲德尔,被外界称为"谜一样的人"。但在古巴国内,劳尔的威望仅次于哥哥,同样深受古巴人民的爱戴。劳尔长期担任古共中央第二书记、古巴国务委员会第一副主席兼部长会议第一副主席和革命武装力量部部长。西方一些媒体习惯称他为"古巴第二号人物"。

在政治上,劳尔立场坚定,属于美国眼中的"强硬派"。劳尔经历过革命战争的烈火锤炼,多年的戎马生涯使他具有鲜明的军人性格,行动果断,敢作敢为,处理事务严格且公正。他知道如何同美国周旋,捍卫古巴的主权和独立,在特殊的环境中坚持社会主义。

但在经济问题上,劳尔则展示出性格中"充满弹性"的一面,对古巴经济发展一直持一种灵活态度。苏联解体后,古巴一度濒临破产和大饥饿边缘,燃料严重缺乏,甚至军队的飞机一度必须用马来拉动。劳尔进行了几次小范围的市场经济改革,收到了良好成效;他坚持在农业生产方面实行自由市场制度,使古巴度过了这场危机。这段经历让劳尔十分感慨,他曾说:"大豆和大炮一样重要,甚至更重要。"1997年劳尔访问中国时,对中国特色的社会主义经济表示了浓厚的兴趣。他也曾经暗示,愿意在保持政治体制不变的前提下进行经济改革。他所领导的武装部队不仅负责国防事务,还被认为是古巴最早涉足商业的机构,在旅游业、农业等领域都有投资,经营有航空公司、酒店、零售店和码头等一连串产业,为古巴旅游业吸引海外游客、赚取外汇贡献不小。

多年任职古巴共产党、军队和政府最高领导层的经历为劳尔赢得了工作务实的评价,也使他成为哥哥心目中最理想的接班人。早在 1959 年,时年三十二岁的菲德尔在评价弟弟劳尔时就曾这样说道:"我选择他并非因为他是我弟弟——全世界都知道我们多么憎恨任人唯亲,而是因为我以名誉担保,如果明天我在这场斗争中死去,我认为他的能力足以接替我。"后来,菲德尔又曾不止一次地表示:"毫无疑问,他(劳尔)是继我之后最有威望、最有经验的领导人,他具备了接替我工作的一切品质。"

2006 年 7 月,菲德尔因为肠胃出血接受手术,术后需要休养,因此将他担任的古巴共产党第一书记、国务委员会主席以及革命武装力量总司令的职务暂时交予他的弟弟、古巴国防部长劳尔代理。这是菲德尔自 1959 年古巴革命胜利以来第一次移交自己的职权,也是劳尔第一次从哥哥身后走到台前。在劳尔代理政务的这一年半时间里,实行了一些新的政策和举措。2007 年,古巴国内展开了全民大讨论,政府号召人民对古巴今后前进的方向提出自己的意见,收到了共计一百二十万条建议。在外交方面,古巴政府不仅与西班牙进行人权对话,还于不久前宣布签署《经济、社会和文化权利国际公约》和《公民权利和政治权利国际公约》。

劳尔代管政权以来表现不俗,不仅实现了政治稳定,还实现了经济发展,使古巴经济增长率位居拉美各国之首,其政治领导能力受到举国上下的一致认可。他在媒体上的出镜率也明显增多。去年,古共中央机关报《格拉玛报》曾用八个版面对他进行大篇幅报道,称他为"领袖、同伴和男子汉"。古巴电视台也反复播放他的镜头。这似乎预示着,劳尔正式"接班"的日子已经不远了。

绰号"中国人"

出现在公众视线中的劳尔总是穿着一身橄榄绿军装、戴着一副眼镜,一副典型的军人形象,但这位看似严厉的古巴人却并不是不食人间烟火的"超人"。熟悉劳尔的人都说,他性格开朗,平易近人,非常关心别人,爱和部下开玩笑,喜欢爬山和野营。七十岁生日的时候,劳尔曾登上古巴境内的最高峰图尔基诺峰(海拔一千九百七十四米)。劳尔攀登高峰时谈笑风生,毫无倦态,给随行的人留下深刻印象。此外,他还是一个家庭型的男人,是一个大家庭的一家之长。中国前驻古巴大使王成家曾盛赞:"劳尔不仅是卓越的党政军领导人,而且是模范丈夫、模范爸爸和模范爷爷。"

劳尔与夫人比尔玛·埃斯平是一对革命夫妻。埃斯平也是古巴的著名领导人之一,享有"地下斗争的女英雄"、"起义军队的杰出战士"和"争取古巴妇女解放的不屈斗士"等荣誉称号。埃斯平 1930 年出生于古巴第二大城市圣地亚哥的一个商人家庭,她大学学的是机械工程,毕业后曾到美国麻省理工学院进修。为了反抗独裁统治,追求民族解放和自由,埃斯平毅然走上了革命道路,在名为"黛博拉"的山区战斗。与劳尔相识时,埃斯平已是当地游击队的女指挥官。战争结束几个月后,两人结为伉俪,婚后几十年夫妻情深,恩爱如初。1997 年劳尔出访中国时,曾因夫人身体欠佳而临时缩短行程,此事曾在古巴传为佳话。

革命胜利后,埃斯平身居高位,除了担任古巴妇联主席外,还担任古共中央政治局委员、古共中央委员、古巴国务委员会委员、全国人民政权代表大会代表等职,曾被列为古巴最有权力的五个人之一。此外,几十年来,埃斯平还一直为单身的夫兄菲德尔代行古巴"第一夫人"的职责。

劳尔夫妻共育有四个女儿,扶养八个孙辈。劳尔是很重亲情的人,喜欢和孙子在一起玩耍。尽管工作很忙,只要有时间,他都尽量与家人在一起共享天伦之乐,周日与全家聚在一起共进午餐已成为他多年的习惯。遗憾的是,埃斯平已于 2007 年 6 月在哈瓦那因病逝世。

值得一提的是,劳尔与中国颇有"缘分"。因为他的面部轮廓与东方人接近,小时候家里人还送给他一个绰号"中国人"。早在革命斗争时期,劳尔就带领游击队领导人读过毛泽东著作,研究中国革命的战略和游击战争的问题,学唱中国革命歌曲。古巴革命胜利后,劳尔曾多次到中国访问。他喜欢吃中国饭,更爱喝中国的茅台酒,而且酒量很大,甚至一次能喝一瓶。2004 年 6 月,在劳尔七十三岁寿辰之际,中国驻古巴使馆为其举行生日晚宴。劳尔和哥哥菲德尔一起高兴地出席了宴会。晚宴接近尾声时,他还兴致勃勃地唱起了《东方红》。

任重而道远

2008 年 2 月 24 日,古巴首都哈瓦那天气晴朗,阳光灿烂。当地时间上午 10 时,古巴全国人民政权代表大会(古巴议会)会议在古巴国民议会宫开幕。

在这次会议上,新当选的六百一十四名全国人民政权代表大会代表经无记名投票,一致推选迄今为止一直担任国务委员会第一副主席的劳尔·卡斯特罗为国务委员会和部长会议的主席,正式接替因健康原因而移交国家最高权力的菲德尔·卡斯特罗的位置。菲德尔当天没有出席会议,但在一个封着的信封中投下了自己应投的那一票。当提及他的名字时,全体代表起立热烈鼓掌。

通过电视直播,古巴民众看到灰白头发、蓄着小胡子的劳尔平静地接受任命。这位新当选的国家元首戴着金色镜框眼镜、打着灰色领带、身着深色西服套装,微笑着向人们示意。

当选后,劳尔在全国人民政权代表大会上发表讲话。在长达一个半小时的讲话中,劳尔开篇不久就谈到兄长菲德尔,说他"不可取代"。劳尔说,菲德尔的健康状况不允许他继续工作,但"他继续为革命事业和人类最崇高理想和目标作贡献的决心没有改变"。劳尔因此请求全国人民政权代表大会,允许自己就事关古巴未来的"特别"事项咨询"革命的最高领导菲德尔·卡斯特罗同志"。劳尔说,本届全国人民政权代表大会任务明确,就是要在关键的历史时期加强革命。他的讲话中不少篇幅涉及古巴未来经济发展走向,并再次提出将进行改革。他"重申,国家的要务为,在持续巩固国民经济及其生产基础之上,满足人民的基本需要,既有物质的,也有精神的",同时强调"务必以全面、连贯的方式实现这一目标";要"继续关注对国家至关重要的每件事务",政府正考虑改革货币政策,"渐进、逐步、谨慎地提升古巴比索价值";他还强调要提高政府工作效率。

分析人士认为,劳尔执掌政权后,古巴的政治架构在短期内将不会出现重大变化,菲德尔·卡斯特罗的政治路线将得以延续,但古巴经济或将出现新举措。不言而喻的是,劳尔作为唯一一个至今屹立在西半球的社会主义国家的最高领导者,可谓肩负重托,任重道远。

克里姆林宫内最年轻的国家元首

——记俄罗斯新总统梅德韦杰夫

◎周有恒

位于莫斯科市中心的克里姆林宫是俄罗斯的标志之一。这里过去是统治俄国的多代君王的皇宫，十月革命后是苏联最高权力机关和政府所在地，今天又是俄罗斯的总统府。2008 年 5 月 7 日中午，这座历史悠久、庄严雄伟的宫殿里上演了新旧主人"换岗"仪式——俄罗斯当选总统梅德韦杰夫在此宣誓就任俄新一届总统，并提名八年任期届满的老总统普京为新一届政府总理。

现年四十三岁的梅德韦杰夫是"普京集团"的一名重要成员，也是当今俄罗斯年轻有为、光芒耀眼、人气最旺的政治新星。与克格勃出身、不苟言笑的"铁腕总统"普京相比，学者出身的梅德韦杰夫显得温文尔雅。由于深受普京的信任与提携，梅德韦杰夫的官场职位奇迹般地升迁——三十八岁时任总统办公厅主任，四十岁时出任政府第一副总理。今年新春伊始，他又在新一届总统选举中顺利当选，并成为俄罗斯历史上最年轻的国家元首。

一场最无悬念的总统大选

2008 年是俄罗斯的总统换届之年。参加此次俄罗斯总统大选的共有四名候选人：

由统一俄罗斯党和公正俄罗斯党等四个党派联合推举的候选人、时任政府第一副总理的德米特里·梅德韦杰夫、俄罗斯共产党领导人根纳季·久加诺夫、自由民主党领导人弗拉基米尔·日里诺夫斯基以及民主党领导人安德烈·波格丹诺夫。

由于俄罗斯总统弗拉基米尔·普京在选举之初就已经明确表态支持梅德韦杰夫，因此，此次选举几乎成了最无悬念、最乏味的总统大选。根据俄罗斯舆论研究中心1月31日公布的最新民意调查结果显示，本届总统选举投票率将为百分之七十点七。据该中心抽样调查显示，其中百分之七十四点八的受访者表示将把票投给梅德韦杰夫。该中心主任费奥多罗夫认为，选民支持梅德韦杰夫的主要原因，是因为普京对他明确而直接的推荐，在大家眼中，梅德韦杰夫是个团队成员，是个继承人，是一个由总统力荐的政治家。

3月2日，俄罗斯的选民们迎来了新一届总统选举。投票于当地时间当日早晨8时起从俄罗斯远东地区的堪察加边疆区和楚科奇自治区率先开始，并于晚上20时在俄罗斯最西部的加里宁格勒州选区结束。

当天夜晚，普京和梅德韦杰夫冒着漫天飞舞的雪花，并肩穿过克里姆林宫斯巴斯基钟楼的大门，快步走向在红场南侧瓦西里斜坡举行的大型露天音乐会现场，并共同登上舞台，向在场的观众和演员挥手致意。普京在即席讲话中表示："总统选举成功了，总统选举结束了，感谢所有积极参加总统选举投票的人。"梅德韦杰夫也在讲话中表示："我感谢所有把选票投给我的选民；感谢所有积极参加总统选举投票的人。把我们所有的参加投票的人加在一起，就代表了三分之二的俄罗斯人。"

次日中午，俄罗斯中央选举委员会主席弗拉基米尔·丘罗夫宣布，根据对总统选举百分之九十九点四五选票的初步统计，现总统普京支持的总统候选人梅德韦杰夫以百分之七十点二三的得票率遥遥领先。这一结果显示，梅德韦杰夫已在总统选举中获胜，成为俄罗斯独立后的第三任总统。

父母眼里的乖孩子，大学校园的好老师

梅德韦杰夫的全名为德米特里·阿纳托利耶维奇·梅德韦杰夫。他1965年9月14日生于一个知识分子家庭，比普京小十三岁，是俄罗斯年青一代政治家的代表。跟许多普京核心圈子成员一样，梅德韦杰夫也是圣彼得堡（苏联时期称为列宁格勒）人，而且跟普京是同校同系的校友，同样毕业于列宁格勒大学法学院。

梅德韦杰夫的双亲都是教师。他的父亲纳托里·梅德韦杰夫是列宁格勒一家技术学院的物理学教授，而母亲尤莉亚则在赫尔岑师范学校教俄罗斯文学。跟普京学生时代就立志成为一名克格勃特工的理想不一样，梅德韦杰夫从小就想成为一名律师，

因为在苏联时代,律师是一个既赚钱,社会地位又高的职业。

在父母的教诲下,梅德韦杰夫从小就知书达理,颇有涵养。"季玛(梅德韦杰夫的昵称)从不说脏字,非常有礼貌,我们都很喜欢他。"梅德韦杰夫儿时的玩伴回忆说。

除了学习用功之外,梅德韦杰夫还非常热衷于参加各种体育项目。中学时,他曾迷恋单人皮划艇。这是一项特别艰苦的运动,经过坚持不懈的努力,梅德韦杰夫成了该项目的校冠军。后来他又开始参加田径运动,到了大学又迷上了举重和划船。据说,大学时代,他的很多朋友都曾一度认为他会以划船为职业。其实,梅德韦杰夫做这些的目的并不是为了得冠军、破纪录,而只是为了保持体型,获得体育学分。

高中毕业后,梅德韦杰夫遵照父母的意愿,考入著名的列宁格勒大学(1991年2月更名为圣彼得堡大学)法学院。上大学时,梅德韦杰夫因成绩优异获得最高奖学金,但是仍不够维持学费及日常开支,为此他经常利用假期勤工俭学,到建筑工地打工,一个月可以挣到几百卢布。开学后,他则会找份清洁工的工作。据他的同窗介绍,求学时的梅德韦杰夫谦虚、低调,不喜欢出风头,但交际很广,在同学中间颇有人缘,老师们对他印象也很好。

1990年,梅德韦杰夫以一篇高质量的论文《国营企业民法主体实践的问题》,从列宁格勒大法学院民法研究生班毕业,被授予副博士学位(相当于我国的硕士学位),并留校成为法学院的高级讲师。与此同时,他还在社会上从事私人律师工作。

在法学院任教时,梅德韦杰夫治学严谨,教学认真,受到师生好评。圣彼得堡大学法学院主任克罗帕乔夫评价说,梅德韦杰夫是个天才型学者,他"正直、开朗而且诚实,是知识分子的杰出代表"。俄媒体曾报道过这样一则传闻,梅德韦杰夫1999年应征去莫斯科工作后,他所任教的圣彼得堡大学法学院学子们在系门口贴出一则"寻人启事":"一名男性教师走失,他年轻、英俊、智慧。德米特里·阿纳托利耶维奇,回来吧,我们想念您!"

一对"师兄弟"开始亲密合作

纵观梅德韦杰夫的政治生涯,他在政坛迈出的每一步几乎都与普京息息相关。那么,年龄相差十三岁的这两个人是怎么走到一起的呢?"穿针引线"并把他们命运联系到一起的,是他们的老师、已经过世的圣彼得堡大学法学院私法和民法教研室主任阿纳托利·索布恰克教授。

梅德韦杰夫就读圣彼得堡大学的时候,成绩优异,办事认真,是索布恰克非常器重的爱生,并多次参加索布恰克组织的农业和农村的调查工作。一次,索布恰克带学生们去收获土豆,露营时发现木柴准备得不够,炉子怎么也生不起来。梅德韦杰夫通过组织协调,迅速解决了问题。虽然是小事,但从此索布恰克对他另眼相看。

1989 年,正逢戈尔巴乔夫"新思维"政策,向全社会开放苏维埃(相当于议会)选举,老教授索布恰克打算以独立候选人的身份竞选列宁格勒市苏维埃委员。作为索布恰克的得意门生,梅德韦杰夫受邀担任老师的竞选顾问,并承担散发传单、争取选民的工作,这是他涉足政坛的开始。

在年轻的梅德韦杰夫的帮助下,索布恰克赢得选举,在随后的列宁格勒市长选举中,索布恰克再次获胜。梅德韦杰夫学识渊博和办事精干的名声很快传开,索布恰克称他是"列宁格勒两三名顶尖的法律人才之一"。此后梅德韦杰夫在对外联络委员会负责法律事务,还兼管市长形象。

1990 年德国统一后,原本在东德城市德累斯顿工作的克格勃中校普京不得不回国并退役,当时国家为他安排了一个待遇优厚的闲差,担任列宁格勒大学的副校长。很快,普京当年的大学老师索布恰克找到他,邀请他担任对外联络委员会主席,负责新政府与苏联时代权力部门的沟通工作。年轻的梅德韦杰夫则转到"师兄"门下,担任助手,成了普京的直接下属。两人自此成为亲密战友,并开始了长达近二十年的友谊与合作。

在圣彼得堡期间,普京跟梅德韦杰夫的合作非常愉快,后者也给前者帮了很大忙。据报道,在担任对外联络委员会主席期间,普京曾遇到了一个大麻烦——1993 年,有人指控普京"私自发放有色金属原料出口许可证,换取食品进口,从中牟取私利"。在危急时刻,梅德韦杰夫挺身而出,为普京出谋划策,并以律师特有的辩论技巧,帮普京化解了险情。从此,梅德韦杰夫一步踏入了普京的核心圈子。1994 年到 1996 年,普京担任圣彼得堡市第一副市长,梅德韦杰夫成为普京的顾问,实际上干的是普京私人秘书的工作。

索布恰克在 1996 年竞选连任失败,梅德韦杰夫因此暂时退出政坛,而普京则得到了当时俄罗斯总统叶利钦的赏识,前往莫斯科发展,他们因此分别了三年时间。在此期间,梅德韦杰夫回到圣彼得堡大学法学院执教,不久就晋升为副教授,其教书生涯一直持续到 1999 年秋天。

年轻干练的克里姆林宫"大总管"

1999 年 8 月 16 日,普京被叶利钦任命为俄罗斯政府总理。11 月的一天上午,正在给学生们讲课的梅德韦杰夫突然接到普京电话:"我给你订了下午 1 点飞往莫斯科的机票。"当天傍晚,梅德韦杰夫就被任命为总理办公厅副主任。由于来得匆忙,梅德韦杰夫半开玩笑地向普京抱怨说:"看来今天晚上我只能睡沙发了,请你帮我找一床被子……"同年 12 月 31 日,叶利钦突然宣布辞职,任命普京为代总统。梅德韦杰夫随即由总理办公厅副主任升为总统办公厅副主任。

梅德韦杰夫来到普京身边后不久,就赶上了普京要竞选总统。2000 年总统大选前的普京远没有如今登高一呼、应者云集的人气,赢得选举成为普京的第一要务。此时普京"钦点"年仅三十五岁的梅德韦杰夫担任竞选班子总指挥。

年轻的总指挥不负重托,在总统竞选的法律问题和实际操作上都施展了浑身解数。其中有三件事情给普京留下了深刻印象:其一,梅德韦杰夫在很短时间内搜集了大量证据,指控一些由寡头古辛斯基控制的媒体往普京身上泼脏水,使那些企图干扰普京选情的人迅速闭嘴。其二,梅德韦杰夫提出要为总统写一本书,对当时尚不为大众和世界所知的普京进行竞选宣传。他找来总统新闻供稿局副局长季莫科娃,策划内容,又找来《莫斯科新闻报》的记者。梅德韦杰夫将他们送到新奥加廖沃的国家别墅,在那里,普京用几天的时间向他们讲述了"自己的生平趣事"。2000 年 3 月,他们以极快速度写成了一本书——《来自第一号人物——与弗拉基米尔·普京的谈话》,梅德韦杰夫以竞选总部的名义出资印刷了五千本。这本书作为竞选免费材料散发后,俄罗斯的许多人开始了解普京是何许人也。与此同时,梅德韦杰夫还在宣传上别出心裁:大量订制有普京形象的纪念品、图像,开始掀起"普京热"。其三,车臣战局是当时俄罗斯国内关注的焦点。根据梅德韦杰夫的一手策划,大选前夕,普京驾驶苏 – 27 战斗机风驰电掣般飞抵车臣首府格罗尼兹视察,吸引了几乎所有俄罗斯人的注意力。普京在民众心目中开始由国家领导人上升到民族英雄的高度,在随后的大选中如愿胜出。普京知道,梅德韦杰夫为他赢得民众信赖和当选总统立下了汗马功劳。

2003 年 10 月,普京将梅德韦杰夫推上了总统办公厅主任的位子。他请来了电视台的记者,通过电视画面宣读决定——这一举动在俄罗斯是罕见的。那时,梅德韦杰夫只有三十八岁。

总统办公厅在俄政治生活中堪称"中枢神经"。作为俄历史上最年轻的总统办公厅主任,有普京"掌玺大臣"之称的梅德韦杰夫负责安排总统的工作日程,接听总统的所有重要电话,负责分析国内社会、经济形势和国际局势,帮普京决策……可以说,除了家人外,普京最熟悉的人就是梅德韦杰夫这位克里姆林宫的"大总管"了。2005 年《专家》杂志曾写道:"在最近五年总统办公厅存在着一个集团,是他们帮助总统履行宪法所赋予的职能,其核心人物就是梅德韦杰夫。"

位高权重的联邦政府第一副总理

早在 2000 年 6 月,在普京授意下,梅德韦杰夫出人意料地当选为俄罗斯天然气工业公司董事会主席,成为俄企业界举足轻重的人物。这是普京对俄罗斯经济实行重大改革的举措之一,目的在于实现他对大的私人公司的限股和控股工作。梅德韦杰夫很快便领会并贯彻了普京的意图。在他领导下,俄罗斯天然气工业公司的股票价格一路暴涨,而他也顺利地完成了对公司的改造和整顿,使公司成为俄罗斯能源外交的一颗重要棋子。该公司控制俄百分之九十以上的天然气业务,把持俄罗斯能源出口的"阀门",借助国际能源价格飞涨的东风,通过扩大出口天然气换取大量外汇,源源不断地往普京政府的腰包里塞钱。

财源充盈,普京开始更多地强调改善民生。2005 年,普京成立了一个负责实施国家项目的委员会。国家项目包括:卫生、医疗、教育、住房等一系列社会问题;自然资源和地下资源的利用与环境保护;自由经济区的创建及其政策的实施;竞争和反垄断政策的制定;人口政策;为保证经济发展的司法问题;法院机构和检察机构的协调问题等。在普京看来,这些关系到国计民生的问题直接影响并决定着俄罗斯今后的发展。因此,他亲自挂帅,领导这个委员会,而深受其赏识的梅德韦杰夫则被任命为该委员会的实施计划的监督人。

2005 年 11 月 14 日,四十岁的梅德韦杰夫在不惑之年平步青云,先伊万诺夫一步出任权倾一时的俄联邦政府第一副总理,掌管医疗卫生、教育、住房、农业。这一任命刚刚发布,就有分析人士说,普京此举可谓用心良苦——梅德韦杰夫主管的领域,全都关乎老百姓的切身利益,有可能为梅德韦杰夫带来民意支持。

梅德韦杰夫也没有辜负普京的信任,在担任政府第一副总理等要职期间,学者出身的他性格内敛,为人低调,平易近人,并显示出卓越的才华和对时局的驾驭能力,他所负责的与民生息息相关的国家优先发展项目工作也取得显著成效。

值得一提的是,梅德韦杰夫跟中国的关系十分密切,普京曾于 2005 年 6 月将他任命为俄中"国家年"俄方组委会主席,此后他曾于 2005 年和 2006 年两次访问中国。2007 年夏,梅德韦杰夫曾通过网络在线回答中国网民的提问,并阐释普京 2008 年卸任后的中俄关系,他表示:"不管是目前还是今后,俄中关系的性质都将是稳定和友好的。无论将来是谁在领导俄罗斯,两国之间的关系都会更多地反映两国交流上的现实需求。"他还着重强调说:"俄中两国的关系在'后普京时代'也将保持很高的水平,不管是从质量上还是从性质上,包括俄中合作和俄中友谊,都会一直保持下去。"

普京接班人正式揭开"谜底"

普京自 2000 年正式就任俄罗斯总统,2004 年获得连任,到 2007 年底就满八年了。俄罗斯宪法规定,总统的连续任期不能超过两届,因此,普京将会在第二任期结束后下台。在普京担任俄总统期间,俄罗斯经济恢复、局势稳定、外交灵活,国家的复兴引起了俄罗斯人对强势领袖的留恋之情,要求普京修宪连任的呼声居高不下。但普京却明确表示,反对修改宪法,不会连续第三次参加总统竞选。那么,谁会是他的接班人呢?

2007年2月之前,俄罗斯人普遍看好被普京委以主管"民心工程"的第一副总理梅德韦杰夫;同年2月,国防部长伊万诺夫升任主管军事工业的第一副总理后,俄罗斯人又转而普遍看好伊万诺夫;同年9月,比普京年长十一岁的祖布科夫成为总理后,人们又把目光转向了祖布科夫。但普京本人却一直不肯明确表态,在多次被问及他支持谁时都缄默其口。

直到12月10日,普京所在的统一俄罗斯党在刚刚赢得国家杜马选举之后,马上有了大动作。该党以及公正俄罗斯党、俄罗斯农业党和俄罗斯公民力量党四个政治党派在一个由各党派领导人参加的会议上,一致推举梅德韦杰夫为来年大选的总统候选人,出席此次会议的普京对此表示全力支持,从而揭开了几个月来外界对普京究竟支持谁接替其总统职位的各种猜测的谜底。

总统大选之前的民意调查多次表明,普京在俄罗斯国民心目中的声望远非一般人能及,俄罗斯选民纷纷表示,不管普京同意谁来接替他,他们都准备支持普京的决定。普京公开表示支持梅德韦杰夫之后,俄罗斯股市应声大涨,一度创下历史新高,而梅德韦杰夫担任董事会主席的俄罗斯天然气工业股份公司,股价当天上涨了百分之二点七。

12月17日,统一俄罗斯党代表大会正式提名梅德韦杰夫为该党参加来年3月2日大选的总统候选人。显然,这位由普京"钦定"为接班人的年轻政治家登上总统宝座已是指日可待了。

智商高、情商高、爱好广泛的男子汉

在获得普京支持成为最热门的总统候选人之后,梅德韦杰夫再次成为媒体和公众关注的焦点,他的方方面面乃至有关他的趣闻轶事都成了人们感兴趣的话题。

梅德韦杰夫的姓在俄语中是"熊"的意思,但他本人的形象却与熊大相径庭——先前他是一名说话温和的大学教师和法律专家,之后则是一位年富力强,为人谦和低调,总是穿着裁剪得体的名牌西装的政治家。

据俄罗斯媒体报道,出生于教师家庭的梅德韦杰夫幼年时期就受到了很好的教育,上小学一年级时已经能读善写。在他的启蒙老师薇拉·斯米尔诺娃老师眼里,他是个万事都通的"问题男孩",经常会提出一大堆让老师也感到伤脑筋的问题。按照薇拉老师的评价,梅德韦杰夫不但智商高,而且情商也高。即使后来仕途升迁迅速,甚至在克里姆林宫办公厅工作后,仍然对启蒙老师尊敬有加。有一次见面时,薇拉对弟子说:"我以你为荣。"对此,梅德韦杰夫只是报以微笑。薇拉老师有理由骄傲,因为在俄罗斯政治家中,只有两人邀请启蒙老师到家做客,一个是梅德韦杰夫,另一个是普京总统。

梅德韦杰夫不仅学有所成,政有所为,还是一名情场高手。他的夫人、金发碧眼的斯维特兰娜·梅德韦杰娃当年是学校的"校花",容貌美丽,气质高雅。有趣的是,梅德韦杰夫和斯韦特兰娜今年同为四十三岁,两人七岁时便结为总角之交、十三岁时开始青涩之恋、二十四岁时走进婚姻殿堂,从相识至今已有三十六年之久。当年他们同在列宁格勒郊外的库普奇纳上小学,虽然所在班级不同,但因为班主任之间关系密切,两班经常一起举行游乐活动,两位小同学也从此成了形影不离的好朋友。按照薇拉的话说,两人课间休息时经常在一起,大家起初并未发现他们互有好感。他们于 1989 年举行了婚礼,婚后生有一个儿子伊利亚,今年已经十三岁了。

梅德韦杰夫虽身居要职,但业余爱好却十分广泛。他喜欢养鱼,而且坚持亲自喂食。他喜欢音乐,酷爱重金属音乐,尤其喜欢"黑色安息日"、"齐柏林飞艇"和"深紫"乐队。他收藏了一套"深紫"乐队的全套原装专辑,其中甚至包括 1970 年出版的原装唱片。而且他最自豪的莫过于所收藏的唱片中没有一张是翻录的。

梅德韦杰夫还是个体育爱好者。搬到莫斯科后,梅德韦杰夫仍然坚持体育锻炼,他每天要去两次健身房,早晚都要游泳一千五百米。最近,他又迷上了瑜伽。梅德韦杰夫还是个电脑迷,他经常上网浏览各种网页,在他看来,上网是"一种特殊的休闲方式"。

梅德韦杰夫在家庭生活中很善于处理夫妻关系,与夫人鹣鲽情深。他还非常孝顺,每天都要和他的母亲通一次电话表示问候。

俄罗斯将迎来独特的"梅普时代"

2008 年 3 月 7 日下午,俄罗斯中央选举委员会的成员们在关于俄罗斯总统大选正式结果的决议中确认,德米特里·梅德韦杰夫当选俄罗斯联邦总统。

虽然赢得选举胜利几乎轻而易举,但对于年轻的新科总统梅德韦杰夫而言责任不小,困难不少。梅德韦杰夫竞选时表示自己的任务就是按普京的既定方针办,也就是如何实施普京制定的俄罗斯《2020 年前国家发展战略》构想,或者称为"普京计划"。"普京计划"的核心就是复兴俄罗斯,要使俄罗斯在 2020 年成为世界五大经济体之一,要"超欧赶美"。为此,梅德韦杰夫必须保持俄政治局面的稳定和平衡,推行俄罗斯自己独特的政治模式。同时,如何进一步提高俄罗斯经济的创新和竞争能力,避免对于能源出口的过分依赖,将是长期负责俄罗斯经济事务的梅德韦杰夫的重要任务。另外,如何为俄罗斯实现自己的发展目标营造一个有利的外部环境,既维护俄罗斯的国家利益,又妥善处理俄与其他国家、尤其是西方国家的关系也将是梅德韦杰夫总统任期内的主要挑战。

不过,让梅德韦杰夫底气甚足的是,他不是孤军奋战,他的引路人和提携者与他同在。在大选前,梅德韦杰夫就力邀普京出任未来政府的总理,而普京在梅德韦杰夫胜利在望时,也表示将作为总理一直陪伴梅德韦杰夫。大选结果刚揭晓,时任俄总统的普京就在克里姆林宫会见了当选总统梅德韦杰夫,委托他马上着手筹备俄罗斯国务委员会主席团会议,并与其一道组建新的俄罗斯执行权力机构。普京的这一举动表明,他已经准备履行自己的承诺,即准备担任俄罗斯政府总理职务,与新总统组成一个全新的权力组合——梅普组合。

世人瞩目的俄罗斯总统选举早已落下帷幕,矗立在莫斯科市中心的普京与梅德韦杰夫亲密交谈的巨幅宣传画却依然格外醒目。"我们共同赢得胜利",这句竞选口号也预示着俄罗斯在发展道路上又踏上了一个新的起点。5 月 7 日,新总统梅德韦杰夫已宣誓就职,新总理普京也已"上岗"履新,俄罗斯人民迎来了一个独特的"梅普时代"。这对新组合能否实现普京提出的发展战略,把俄罗斯建设成一个"创新型国家"呢? 时间将作出回答。

"皈依"平民的末代君主

——记尼泊尔退位国王贾南德拉

◎周有恒

　　2008 年 5 月 28 日，当今世界最年轻但也是最贫穷的共和国在南亚大陆上诞生——新成立的尼泊尔制宪会议于当晚宣布，成立"尼泊尔联邦民主共和国"，废除在这个国家存在了近二百四十年的君主制。这意味着，昔日高高在上的尼泊尔现任国王贾南德拉不仅要成为尼泊尔王室的末代国王，还要成为一名普通公民。

　　现年六十一岁的贾南德拉是尼泊尔沙阿王朝的第十二代君主。他继承王位本来就属于意外机缘，上台后又治国无方，导致经济停滞不前，社会动荡不安，百姓怨声载道。尽管他执政七年间也曾试图复辟王权，但"青山遮不住，毕竟东流去"，到头来仍然无法阻止王朝的最终覆灭。

受过高等教育　曾是著名商人

　　贾南德拉在位时的全称是贾南德拉·比尔·比克拉姆·沙阿·德瓦国王。他于 1947 年 7 月 7 日生于尼泊尔首都加德满都，当时，他是沙阿王朝王储马亨德拉和王储妃英德拉的次子，他的祖父是国王特里布万·比尔·比克拉姆·沙阿·德瓦。

　　尼泊尔是一个位于喜马拉雅山南麓的内陆国家，北邻中国，其余三面与印度接壤。

这个面积不足十五万平方公里的小国却有着悠久的历史,公元前 6 世纪就建立了王朝。1769 年,兴起于尼泊尔西部的廓尔喀王国在国王普里特维·纳拉扬·沙阿的率领下统一了尼泊尔,建立了沙阿王朝。1814 年尼泊尔遭到英国入侵。1846 年,亲英的忠格·巴哈杜尔·纳拉将军发动政变,攫取了沙阿王朝的实权。在此后的岁月里,纳拉家族世袭首相地位,国王成为傀儡。1923 年英承认尼泊尔独立。1950 年,国王特里布万与多数王室成员逃往印度。纳拉家族随后扶植贾南德拉为国王,他当时年仅三岁。

几个月后,尼泊尔人民掀起反对纳拉家族专政的斗争。国王特里布万和王储马亨德拉在印度支持下,返回国内,通过谈判,成功恢复王权,结束了纳拉家族统治,乳臭未干的小国王贾南德拉自然也顺理成章地被其祖父取代。

退位后,年幼的贾南德拉"无官一身轻",反而摆脱了顶着国王虚名时的礼仪羁绊。在度过锦衣玉食、无忧无虑的童年、少年和青年时代的同时,也受到了良好的教育。他早年在印度大吉岭圣约瑟夫学院高级剑桥分院接受中等教育,又在加德满都特里布万大学获文学学士学位,后又远赴欧洲入英国剑桥大学学习深造。

完成学业之后,贾南德拉致力于经商,他手下的公司涉足茶叶、烟草经销和旅馆生意。几十年的经商生涯为贾南德拉带来了滚滚财富,也让他成为尼泊尔著名的商人。此外,贾南德拉喜欢研究自然和骑马,是野生动物爱好者,曾于 1976 年任世界野生动物基金会国际成员。他还积极参与环境保护等公益活动,曾担任马亨德拉国王保护自然基金会主席。贾南德拉曾率团出席世界野生动物基金会第三次和第四次国际大会,出访过美国、日本、印度和英国等许多国家。

虽然多年远离政治,但贾南德拉仍然表现出对政治的强烈兴趣。曾经给贾南德拉上过课的特里布万大学英语教员莫汉·普拉萨德·洛哈尼回忆说,学生时代的贾南德拉就与众不同,对政治的热情远远超过学习。这也说明他后来接掌王位之后的言行并不是突然间的"心血来潮",而是有着较深的渊源。

1970 年 5 月,贾南德拉同已故艾什瓦尔雅王后的妹妹科玛尔公主结婚,育有一子一女。

王室突发血案　次子重新登基

尼泊尔王室经历了曲折的兴盛与衰亡之路。

自 18 世纪中叶沙阿王朝建立至今,两个多世纪以来,国王一直是尼泊尔的国家元首,并在国家政治生活、宗教和社会事务中扮演着举足轻重的角色。20 世纪 50 年代末60 年代初,在国王特里布万和他的儿子马亨德拉当政时期,尼泊尔王权的统治重回顶点。

1951年2月,特里布万国王颁布临时宪法,实行君主立宪制。1960年,马亨德拉国王取缔政党,实行无党派评议会制。王室集权统治引发了各种抗议。到了20世纪90年代,尼泊尔七大党派联手发动群众举行大规模的示威游行,使尼泊尔王室的统治面临巨大危机。

沙阿王朝第十一代国王比兰德拉化解了这场危机。比兰德拉是复辟王权的尼泊尔前国王马亨德拉的长子,1972年1月31日继承王位,1975年2月24日加冕。在1990年以前,他一直拥有尼泊尔王国的绝对权力。1990年,尼泊尔七大政党联手在全国发动大规模"人民运动",要求王室"还政于民"。面对巨大的压力,比兰德拉国王主动放弃自己所拥有的国王实权,实行君主立宪的多党议会制,国王成为国家名义上的领袖。此后十年间,虽然尼泊尔政坛政党间争权夺利斗争激烈,政府更迭频繁,但比兰德拉国王始终抱超然态度,与议会、各政党相安无事。这在很大程度上,是由比兰德拉的性格所致。他性情谦和,安于现状,愿意接受不同意见。

"天有不测风云,人有旦夕祸福"。2001年6月1日晚,尼泊尔王宫内突然枪声大作,发生了一起震惊世界的血案——王储迪彭德拉在枪杀包括国王比兰德拉、王后艾什瓦尔雅、小王子尼拉詹、公主什鲁蒂在内的九名亲人后开枪自杀。他身受重伤,抢救无效,于6月4日凌晨去世。沙阿王朝的第十一代和第十二代国王竟然在一夜之间相继离开人世。

对尼泊尔王室来说,这起血案是一次无比沉重的打击,这场风波还严重损害了王室在尼泊尔民众心中的地位,尼泊尔君主制一直未能从血案中恢复过来。

这场意外灾难唯一的"受益者",就是当时的"二王"贾南德拉。正是因为这场血光之灾,将身为次子、本来已无缘继位的贾南德拉再次推上王位——同年6月4日,贾南德拉以国王比兰德拉胞弟的身份承继大统,成为沙阿王朝第十二代君主。

一心图谋复辟　反而引火烧身

自比兰德拉国王于1990年让权之后,虽然王室权力受到很大削弱,但在国民心目中,国王仍享有崇高地位,在动荡不安的政治环境中,成为民族团结的象征。但在贾南德拉继承王位之后,情况却发生了变化。

政局的改变与贾南德拉所作所为直接相关。他就任国王时,尼泊尔实行的是君主立宪的多党议会制。贾南德拉在即位后的"告全国人民书"中表示,他将继承比兰德拉国王通过君主立宪和多党民主制,领导尼泊尔人民奔赴更美好未来的愿望,维护尼国家利益和与尼两大邻国之间的密切关系;但上台之后不久,雄心勃勃的贾南德拉就不甘心再像其已故的兄长那样默默无闻。他不满王室无所作为,决心大刀阔斧推行变革,试图恢复王权的黄金时代,其直接后果就是为王室与议会、政党之间的冲突埋下了伏笔。

贾南德拉接掌政权时,尼泊尔王室权威已经遭到严重削弱,党派斗争激烈,政局不稳。早在 1996 年,尼泊尔共产党激进派即宣布退出议会斗争,成立尼共(毛主义),开展"人民战争"。经过十多年发展,尼泊尔共产党(毛主义)领导的反政府武装日趋活跃,占领大片农村地区,不时与政府军交火。贾南德拉登基后逐渐扩大自身权力,决心以武力消灭尼共(毛主义)。2002 年 5 月,贾南德拉国王以政府平定国内叛乱不力为由,宣布解散议会,罢免首相,直接干政。2005 年 2 月,他再次以"腐败、无能"为由解散了民选的德乌帕政府,自任领导人,由他亲自组阁成立新的大臣会议(内阁),紧接着,他还宣布国家进入紧急状态,暂时取消公民权利,从而恢复了君主的绝对权力。

但贾南德拉所做的这一切并没有让他品尝到独握权杖的"甜头",反而是引火烧身。长期的内战以及经济上的混乱,使尼泊尔民众生活十分艰难,加上国王的安全部队打死打伤不少示威群众,国王在民众心目中的地位也一落千丈。尼泊尔主要政党随后结成反王室的"七党联盟",要求国王恢复民主政治。此后,反政府武装与反对派政党也组成松散联盟,组织了一系列反对君主政体的抗议活动,这些活动在 2006 年 4 月达到了高潮。当时,尼泊尔全国爆发大规模示威活动,贾南德拉曾试图下令镇压抗议活动,结果却适得其反,十万余人突破防暴军警封锁,逼近位于首都加德满都中心的王宫,他本人也由此彻底失去民心。《尼泊尔时报》主编昆达·迪克希特曾发表评论说:"贾南德拉自认为他用心良苦,但实际上,他的专制思想害了他自己。"

"无可奈何花落去"。最后,贾南德拉被迫妥协,宣布恢复议会,交出执政大权,还政于政党,由"七党联盟"提出首相人选并组阁,尼泊尔君主政体也自此走向末路。贾南德拉原本企图复辟王权,但最终却葬送了尼泊尔的君主制。

贾南德拉之所以被迫同意废除君主制,主要是为了换取前反政府武装加入政府,重启陷入停滞的尼泊尔和平进程。2006 年 11 月 8 日,执政的"七党联盟"与尼共(毛主义)签署了历史性的全面和平协议,结束了长达十年的尼泊尔内战,这场内战的后果之一是造成了超过一万三千人的死亡。

共和大潮澎湃　沙阿王朝终结

自 2006 年 4 月后,贾南德拉国王已失去了大部分权力,他当时被迫向一个文职政府移交权力。过渡政府称,国王必须交税,将军队置于文职政府控制之下。过渡政府还用珠穆朗玛峰图像取代了国王在五百尼泊尔卢比纸币上的头像。随后两个月里,尼泊尔议会先后通过法案,剥夺国王的法律否决权、任命王位继承人以及统率十万尼泊尔军队等实质性权力,尼泊尔国王成了形式上的君主。

进入 2007 年后,尼泊尔的民主进程逐渐加快速度,针对王室的一系列措施也相继出台。当年 1 月 15 日,尼议会颁布临时宪法,组建包括尼共(毛主义)参加的临时议会。和平协议及尼泊尔临时宪法规定,将通过选举产生制宪会议,负责制定新宪法以及决定尼泊尔未来政体。同年 2 月,尼泊尔政府开始没收国王贾南德拉的资产,将之收归国有。同年 4 月,尼临时政府组建。同年 7 月 12 日,尼泊尔临时政府向议会提交了 2007 至 2008 财政年度的预算报告,首次取消了给国王贾南德拉及其他王室成员的国家津贴,并提出将王室宫殿等地产"国有化"。舆论认为,这一举动标志着贾南德拉国王的特权被进一步剥夺,他不仅将因此"无家可归",更有可能成为尼泊尔的"末代国王"。同年 12 月,尼泊尔政府与前反政府武装就废除君主制达成协议,这意味着尼泊尔君主制的终结已经只是时间问题。12 月 28 日,尼临时议会通过临时宪法修正案,宣布尼将成为"联邦民主共和国",前国王贾南德拉将成为平民。

2008 年 4 月,尼泊尔举行制宪会议选举,尼共(毛主义)取得二百二十个制宪会议席位,成为最大政党。5 月 27 日下午,尼泊尔制宪会议成员在首都加德满都国际会议中心宣誓就职,尼泊尔制宪会议由此正式成立。次日,新成立的尼泊尔制宪会议举行第一次会议,宣布尼泊尔为"联邦民主共和国",废除在这个喜马拉雅山脚下的小国存在了二百三十九年之久的君主制。自此,延续近两个半世纪的尼泊尔沙阿王朝宣告终结。5 月 28 日也被定为尼泊尔的"共和日"。5 月 29 日 20 点左右,尼泊尔国旗从前国王贾南德拉居住的纳拉扬希蒂王宫升起。

制宪会议还通过决议,要求尼政府限令贾南德拉在会议结束后的十五天内搬离纳拉扬希蒂王宫,并要求政府立即控制、管理纳拉扬希蒂王宫。作为国家财产,该王宫将成为国家博物馆或用作国家需要的其他用途。

昔日风光不再的尼泊尔前国王贾南德拉明白,他已经无法左右自己的命运,但又似乎有些心有不甘。于是便采取了一些小伎俩。他先是向占星术士请教,以确定搬离王宫的"最佳时间"。占星术士告诉贾南德拉,应在王宫内待到 7 月的第一周再搬走。但尼政府明确表示,不可能让贾南德拉滞留王宫。接着,他又要求保留他做国王时的汽车,但政府决定收回该汽车,同时给他配备另外的车辆。随后,贾南德拉的前首席秘书马哈又向柯伊拉腊首相提出,要求政府向前王室一家提供至少四百人的安保力量,结果遭到拒绝。柯伊拉腊表示,如果贾南德拉继续提出不合理要求,政府甚至有可能考虑取消已经许诺给他的条件(此前尼泊尔政府曾同意向贾南德拉夫妇提供七十五名安全人员,包括五十名武警和二十五名政府军士兵;另外帕拉斯王子一家和王室其他成员也将得到必要的安全保卫)。眼看大势已去,贾南德拉只得以妥协收场。

沦为普通百姓　待遇依然不差

尼泊尔制宪会议限定贾南德拉在 2008 年 6 月 12 日前搬离王宫,他在最后期限到来前的最后一天才宣布动身。临走之前,贾南德拉发表了废除君主制之后的首次公开讲话。他身着深色西装外套,头戴传统头饰,坐在红色镶金边的椅子上,对众多媒体记者发表讲话。房间四周有历代国王肖像,他身后的楼梯两侧,分别放有一只做欲扑状的老虎标本。贾南德拉说,他"尊重人民的决定",但"不会离开祖国"流亡国外。他说,他希望能协助国家保持和平。

6 月 11 日晚 8 时,贾南德拉夫妇正式离开位于加德满都市中心的纳拉扬希蒂王宫,开始"后国王生涯"。成为一介平民的贾南德拉,将与普通尼泊尔人一样纳税、支付电费等。

在此前的 6 月 3 日,尼泊尔政府内阁会议已作出决定,贾南德拉夫妇暂时入住加德满都郊区的原王室行宫讷格尔朱纳王宫。讷格尔朱纳王宫本来是国王的财产,但去年 8 月份,被收归国有。讷格尔朱纳王宫离加德满都市中心约八公里,包括一栋两层主楼和上百亩草坪,位于讷格尔朱纳森林公园中,该森林公园是加德满都周边最后一片未被开发的林区之一。据说,那里是加德满都最美的景点之一。

据报道,贾南德拉夫妇的卧室条件一般,电器只有一台二十一英寸的彩电。即便如此,仍有一些政党领导人对他们仍能居住王室行宫表示不满。此外,贾南德拉的母亲拉特纳和其祖父特里布万的三夫人萨拉拉暂时被允许居住在纳拉扬希蒂王宫内的私人住宅中。

废除君主制后,尼泊尔政府成立了一个委员会专门清查王宫资产。此前有委员会成员说,贾南德拉没有按要求交出王冠。但在离开王宫的前几天,贾南德拉已经将沙阿王朝的王冠和权杖移交给了政府设立的"王室财产统计委员会"的工作人员。

这顶象征着沙阿王朝数百年王权的王冠对尼泊尔十分重要,是一件价值连城的珍品。它始造于 20 世纪初的普里什维·沙阿国王之手。马亨德拉国王于 1955 年上台后对王冠进行了大幅加工。据说当时的造价就达数亿卢比(目前一元人民币约合九点二尼泊尔卢比)。王冠系英国王室风格,冠体由纯金制成,集合了当时沙阿王室找到的世界上最好、最大的宝石,包括数不清的名贵钻石、祖母绿和红宝石。更有特色的是,王冠后部镶着一条很长的极乐鸟羽毛,据说象征着沙阿王朝的尊严至高无上。因此尼政府特别聘请了多名文物专家以鉴定其真伪。一旦鉴定工作结束,该王冠就会被锁入王宫中的一个房间内,层层加锁并且贴上封条,由保安人员二十四小时轮流值守,以便将来成为尼泊尔国家博物馆的镇馆之宝。

相比之下,权杖的历史则要短一些。权杖由马亨德拉国王于 20 世纪 60 年代打造。该权杖由金银制成,分别象征正义和权威。尼泊尔国王遇有重大纪念活动或节日时,一般会手持权杖、头戴王冠出现在公众场合。

虽然随着沙阿王朝的覆灭,贾南德拉一家的所有特权将不复存在,但这位堪称尼泊尔首富的沙阿王朝末代国君仍可望过着富足的生活,其家族也完全不会为未来的生计担忧。据专门研究王室的尼泊尔作家塔帕透露,贾南德拉在尼泊尔约三十五家企业中拥有股份,总价值约为一点九五亿美元。尼政府已经保证,贾南德拉的个人财产将不会被充公。尼泊尔媒体曾报道,2001 年登基前,贾南德拉已在酒店、食品、香烟、服装和茶叶领域投资。塔帕说,贾南德拉登基后把多数资产转移到女儿和妻子名下。贾南德拉在瑞士、印度等外国银行和公司中还有大量的存款和股份。此外,贾南德拉一家在尼泊尔还拥有数不清的房产和土地。尼泊尔其他富豪中,还没有一个人能与贾南德拉相比。

东西方文化的一条"引渠"
——记德国汉学家、诗人顾彬

◎黎 奇

　　两年前,几乎是一夜之间,顾彬———一个有着非常中国化名字的外国人成了中国媒体上的名人。2006 年 11 月,德国汉学家顾彬在接受德国权威媒体"德国之声"访问时,对中国当代文学谈了他的一些看法。随后,国内一家媒体发表了题为《德国汉学家称中国当代文学是垃圾》的文章,引起了各界读者和新闻媒体的广泛关注,有骂的,有捧的,网民们投票,记者们追逐,风浪许久未平。两年后,顾彬的十卷本《中国文学史》即将出版。

小阁楼里的成长岁月

　　1945 年 12 月 17 日,一个叫沃尔夫冈·库宾的孩子出生在德国中部一个叫策勒的非常漂亮的小城市,他就是后来的顾彬。顾彬的父亲是搞技术的,在一家公司工作,摄影是他的爱好。在二战中,父亲参加了帝国空军,工作是在飞机上拍摄地面照片。他的母亲在波森的一家克虏伯工厂当职员。

　　二战中,策勒这个小城没有被战争的炮火摧毁,那里保留了许多德国大木头格子的老建筑。顾彬的家当时就在一座这种后来非常著名的"法赫威科式"的楼里,在市中心,卡兰路。他在这幢房子里住了五年。顾彬是老大,后来他有了两个弟弟,玛梯亚斯和托马斯。

他们家的楼上有个木头建筑的小阁楼,在他的小说《半场爱》里,顾彬一开始就用了不少笔墨来描述这样一个阁楼:"不仅在童年漫长的日子里,而且也在青春的短暂年头,我出于无聊的原因爬到阁楼上去,经过住在三楼的一家人。那里有条狭窄的、昏暗的过道,通往一个粗大的、既短又陡的梯子。尽头有一道粗壮的木门,配着一把大铁锁……作为孩子,这里吸引着我继续往上走,到第二层,甚至第三层阁楼。"阁楼里有许多"扔掉的东西",其中有一些属于一个水手留下的东西,是一些跟中国有关的东西很多,主要是瓷器,"里面有一本日记,我至今还保留着它。它描述着前往中国去义和拳士们那里的过程。在阅读时,我经常仿佛听到军乐,这是在采取这样的军事行动、在镇压起义者们时不可缺少的"。顾彬对笔者说,这是一段他的真实经历,在那名水手的日记里,他认识了中国。

水手留下的东西里还有一幅画,画上可能是个中国年轻女子。后来,中国女子的画像成了顾彬小说的一条主线,主人公后来的女人观都是一种图画观,有点柏拉图的意思。

顾彬一家在他十岁的时候搬离了策勒,住到了一个叫萨尔茨贝根的小地方。那地方太小,顾彬的中学是在附近的城市莱纳念的。小时候的沃尔夫冈对文学并没有太大的兴趣,尽管家里有不少父亲的文学藏书,都是当时的德国当代文学作品,他也读,但并没有太当一回事。当时他读得比较多的是德国文学,比如荷尔德林、特拉克尔、胡果·冯·霍夫曼斯塔尔等。

他在十六七岁的时候开始写诗了。有两首还发表在当时的学生报上。不过,那时诗只是一个小游戏,小插曲。顾彬虽然不喜欢父亲的枯燥技术行业,但他的志向却也不见得不枯燥多少:他是个基督教(新教)徒,他的理想是当个牧师。中学毕业后,他选择的专业就是北威州美丽的中型城市明斯特古老的明斯特大学的神学专业。后来为什么不学了呢? 他说,是因为明斯特大学教的是新神学,而他中学里读的是老神学,新神学太深,他读不懂。

爱上了唐诗和中国文学

1968 年,正是欧洲学生运动、中国内地"文革"喧嚣的日子里,顾彬离开了明斯特的神学院,一头扎进了大都市维也纳。他开始学中文,他的中文启蒙老师给他起的中文名字顾彬,他很喜欢。于是,沃尔夫冈·库宾变成了顾彬。

至于为什么要学汉语,原因很简单,顾彬读了英语译的李白那首诗"孤帆远影碧空尽,惟见长江天际流",一下子就爱上了唐诗和中国文学。作家北岛后来说:"直到今天我还是不明白,为什么李白那首简单的诗,会让他走上一条完全不同的路。"

这是一条不归路,就像"顾彬"这个名字在他身体里诞生后就再也收不回去一样。1969 年,他转到同在德国北威州的鲁尔区的波鸿,仍然是"主修汉学,日耳曼语言文学、哲学和日本学"。1973 年,他在波鸿大学获得了汉学专业的博士学位。他的论文题目是《论杜牧的抒情诗》。此后,他担任讲师,教中国语言文学。1974 年至 1975 年,他到北京语言学院进修中文。1977 年到 1983 年,他担任柏林自由大学东亚学系讲师,主讲20 世纪中国文学及文艺。1981 年,他在柏林自由大学考获教授资格。1985 年,他在波恩大学当上了东方语言学院的中文教授。

在中国的时候,不爱讲话的顾彬交了许多中国朋友,而处于他的中国朋友群最中心的,是以北岛为首的一帮诗人。顾彬跟北岛是在 1981 年 9 月认识的,在友谊宾馆。那时的顾彬,还是一个"未来教授",而北岛已名满中国。他们却很快成了至交。顾彬只有三首诗译成了中文,都是由北岛润色的。八九年后,北岛在北欧,经常到波恩看望顾彬,顾彬总是拿白酒款待他,北岛在文中写道:"我和顾彬相对无言,频频干杯。"在德国,顾彬不仅让北岛住在他家里,还带他去他母亲的家乡维也纳,去德国南部他弟弟那里。顾彬尤其喜欢带北岛逛公墓,向他介绍许多以前活过的人。在美国,顾彬一家也是北岛的客人,他们的两个儿子跟北岛的女儿还"很合得来"。

还有一个对顾彬一生影响甚巨的中国诗人:顾城。顾城死后,顾彬写了一篇叫《片段》的文章,里面说:"我跟顾城的第一次见面该是 1984 年 11 月。一天晚上,北岛来到天安门的国旗下接我。天黑得早,骑车一会儿就到了他的住所:几个人在包饺子,北岛的妻子、画家邵飞,我记得颇清楚,还有顾城,但另一个是谁,就不大真切,或许是谢烨?北岛去帮忙干活,顾城和我便坐在一张沙发上,开始了我们的第一次谈话。"

顾城的死在顾彬心里或许是"轻于羽毛"的,但这并不妨碍他认为顾城的诗之"重于大山",也不妨碍他把顾城视为永远的朋友。此外,在顾彬看来,鲁迅也是他永远的朋友,还有李白,甚至他"读不懂的"曹雪芹。

顾彬在中国进修的那段时间,正是中国十年动乱期间。他后来回忆道:"那时候中国的环境确实不好,但幸运的是我遇到了好老师,还是学到了不少有益的东西。最大的收获,除了对中国社会有了较为真切的认识之外,就是认识了'鲁迅'和鲁迅所代表的中国现代文学。"当然,还有一个更大的收获,顾彬在这里找到了他今生的另一半。

一个老外与一个中国人的爱情传奇

顾彬没有当成牧师,又喝酒,又成家,他终于连"清教徒"也没有当成,虽然他的朋友北岛仍然这样称他。这都要怪 1981 年。

1981 年是顾彬事业、爱情双丰收之年。在这一年,他的教授论文《空山——中国文人的自然观》通过,使他获得教授资格。在同一年,他找到了他未来小家庭的第一员。从时间上说,这一切集中在一年里;从地点上说,这两样都离不开一个地方:北京图书馆。

那时他常到北京图书馆查资料。这段故事北岛讲得很生动:"顾彬去那儿,为刚完成初稿的'空山'查找补充资料,由穗子和另一个工作人员接待。一回生二回熟。这位平日目不斜视的德国准牧师直奔穗子办公室,兜里揣着两张'阿Q正传'的话剧票,惴惴然,到了也没敢把票掏出来,只好单独跟阿Q约会。人跟人的化学反应真是,酸碱中和——正好穗子话多,填补了顾彬那沉默的深渊。不,顾彬纠正我说,是穗子的梦多。"入空山却满载而归,顾彬的功夫深了去了。

那年顾彬三十六岁,张穗子三十一岁。张穗子是北京人,父母是归国华侨。那时顾彬已经进修完回国,他每年去中国两次,分别选择在春、秋季节,因为这两个季节北京不太冷,可以在外面见面。那时候的中国"文革"刚结束,中国人跟老外谈恋爱还不是什么理直气壮的事。有朋友甚至告诉顾彬,如果被公安局抓住,外国男人没事,中国女人会被送去劳改。但他们照样约会,经常采取的却是三人行的方式,拉一个朋友来掩护。他们采取"大隐隐于市"的方式,选择人多的地方去,去得最多的地方是博物馆和剧院。有时,他穿上中国人的服装,选择晚上去公园。有两次,他们约会的时候,后面真的有人盯梢,顾彬说:"公安局的人跟在后面,想把我们抓住,但是没有成功,因为我们都是运动员。"1985 年他们在德国结婚。

顾彬家呈男性兴旺之相。他自己这一代是三个男性,他和张穗子的下一代也是两个男性。大儿子小彬二十岁,小儿子子彬十四岁。他们俩都被他妈培养成了技术人才。这又是顾彬家的一个传统:他的爸爸就是搞技术的。他的两个弟弟,玛梯亚斯是医生,托马斯是著名的马普所的研究人员。只有顾彬背叛了家族的路线,搞文了。

东西方文化的一条"引渠"

2005 年 12 月,顾彬即将迎来他的六十岁生日,他的学生和同事们把他的各类作品大体上归纳了一下,编了个目录,印出一本书来,作为给顾彬六十大寿的贺礼。

他的作品,记载着他作为东西方文化的一条"引渠"所付出的努力:

专著:《杜牧的历史观及其与艺术的关系》(博士论文)、《空山——中国文人的自然观》(教授论文)、《关于"异"的研究》、《基督教:儒教与现代中国革命精神》、十卷本中国文学史的几本。

主编出版的书：茅盾的《子夜》、丁玲的《索菲亚日记》、《世界文化史故事大系：德国卷》、六卷本鲁迅选集（其中有许多是他译的）。

论文：《革命和谅解：毛泽东诗词创作与中国文学的转变》、《郁达夫：维特和内心化的终结》、《相遇张洁》、《道路的哲学：论冯至的诗》、《用你的身体写作：舒婷诗中的伤痕文学》、《王蒙》、《苏秦的"结婚十年"》、《王安忆》、《德国的忧郁和中国的伤痕》、《上帝病－人病：论中国与西方的不完美性问题》、《张欣辛》、《徐悲鸿的马：怎么理解现代中国画》、《红楼梦在中华人民共和国的接受度》、《电影和诗歌：从香港的角度看》、《审美意识在中国的兴起》、《德国与欧洲的当代文学》、《解读中国古代的忧郁感》、《论北岛》、《论诗人王家新》。

书评：顾彬给老舍的《四世同堂》、余华的《许三观卖血记》以及高行健的作品写书评倒没什么，有意思的是他给被他斥为"垃圾"的美女文学作家棉棉的《啦啦啦》和卫慧的《上海宝贝》都写了书评。

译文译著：毛泽东诗词三首、周恩来诗一首、陈毅诗四首；丁玲、鲁迅、徐志摩、冰心、冯至、北岛、高行健、顾城、舒婷、多多、谢烨、杨炼、王家新、翟永明等人的作品。

正如托马斯·齐默尔曼在他的《沃尔夫冈·库宾赞》里写的那样："作为汉学家，习惯在不同的时代、不同的世界里穿梭，沃尔夫冈·库宾在他的中介人角色中如鱼得水。作为翻译，他在过去以给人深刻印象的方式创造了一个风格。"

三名师生代表在这本小书一开头写给他的公开信中说："享受着一望无际的视野，您现在相当于生活在一座高山上。在攀登山峰的过程中，您打开了中国语言、文学和哲学给人深刻印象的全景。"

这样的信如果放在其他人身上可能显得过头了，但放眼西方，能够与顾彬比肩的确实没有几人。

顾彬的中国文学史今年秋天要在中国出版了，这是一件大事。中国文学史，自然有不少人写过，但外国人写的很少很少，连中国人加外国人，一写就是十卷的恐怕更少，而且，像顾彬这样按文学类型来分卷的可能就根本不存在了。

2002年，当这十卷本的第一卷——由顾彬自己撰写的中国诗歌史在德国出版时，德语区最有影响力的两大报纸——《新苏黎世报》和《法兰克福汇报》的专业记者给予了高度评价。

新苏黎世报评论家伊尔密·施外格尔显然被沃尔夫冈·库宾在他十卷本的中国文学史第一卷里，以轻盈的步子和敏锐的目光穿越两千年的中国诗歌艺术所震动。这位激动的评论家建议以苏东坡的诗作为库宾这一卷中国文学史的研究的结束语：横看成岭侧成峰，远近高低各不同。不识庐山真面目，只缘身在此山中。

《法兰克福汇报》评论家马克·西蒙斯在他的书评里对这一"德国学问的宏大行

动"表示深深的敬意。他也指出,顾彬放弃传统的大百科全书目光,而走到具体诗歌的分析里去,开创了一条新路。给这位评论家印象最深的是,读者被拉进了一场"持续几百年、纳入几大洲的对话中去"。

作为中国文学的德国介绍人兼研究者、评论人,人们知道的多是顾彬那些惊人之语:垃圾论等。要理解他的这些言论,首先要看到两个方面:一、他自己是个诗人;二、他尤其重视"悠长的气"(langerAtem)。正如他的同事和学生献给他的生日祝愿一样:"快乐,轻松和继续保持您经常作为科学工作者最重要的道德向您的学生们灌输的那著名的'悠长的气'。"

"悠长的气"是什么意思呢?顾彬说,那是他的老师常说的话,主要是一个人做事要坚持不懈,持之以恒。此外,他认为要确定一个作家是否伟大,至少要在五十年后。这话就是说,要看一个作家是否能够经受得住时间的考验。即使是这个时代,也不能只要今天,也要看到明天。一百年后,一部作品能否仍然被人记住,五百年后,一个作家是否还有价值,这本身对今天这个时代就是一个大考验。

一个拼命的德国人

干瘦的顾彬,是一个不喜欢多讲话的人,却给人充满精力的感觉。就像金庸武打小说里的老和尚,一旦发力,难有对手。北岛对此深有体会:"当年顾彬常来北京,骑着自行车满城飞。凭他那体力,要是有便衣跟踪,肯定累得半死。"北岛到德国后,自己尝到了当"跟踪"者的味道了:"顾彬是那种不知疲倦的人,刚放下行李,就拉我出去散步。每回跟他出门我都犯怵。那哪是什么散步,完全是一种德国式的急行军,我得紧追慢赶,才能跟上他的速度。城墙荒草瑟瑟,有木梯石栈勾连。我自己风箱般的喘气和怦怦心跳。顾彬话不多,皱着眉头大踏步前进。他坚持要带我去看一个中世纪刽子手的故居。据说当年几乎每个城镇都供养这么个职业刽子手。我们爬上爬下,拐弯抹角,足足找了一个多钟头。我两腿发软,差点儿就要在找到刽子手之前求饶了。"

顾彬喜欢踢足球,他十四岁就开始踢球,现在还每周踢一次。一起踢球的人里面,他的年纪比其他人大一大截,至少二三十岁。他主要跟他的学生们踢,也有一些以前的学生、同事。对自己的球技他这样评价:"跟专业的人比呢,我不算好;跟业余的人比呢,我算比较好;跟我这个年龄的人比呢,我算非常好。"爱踢当然也爱看,但是,顾彬每天总有做不完的事,以至于没有太多的时间关注足球。2008 欧洲足球杯接近尾声的时候,德国队已经进入了决赛了。顾彬那么喜欢足球,可是欧洲杯的比赛,他都没有时间看。他采取的看球方案是:儿子在楼下看电视直播,他在楼上继续做他的事业。进球了,儿子就大声叫喊,他就以足球准职业运动员的速度奔下来,看这个进球的重播镜头。

　　顾彬的确很忙,他每天只睡五个小时的觉。他的一天开始得很早:5 点半到 6 点半,是他的创作时间。这段时间他主要用来写诗,也写小说。其他时间顾彬用来备课。不是波恩大学的课,而是中国的、台湾的,还有其他许多地方的。每年,只要德国大学不开课,放假的时间(这时间是很多的),顾彬就坐了飞机到处讲课——请他的地方太多了。说起四川大地震,他有点要哭的意思,他说,他在那里也有很多朋友。海南他也去讲过课,上海、北京那就更不用说了。他是中国数不清的大学的客座教授。随便翻一下,就可以发现他是清华大学、北京大学、复旦大学、华东师范大学、青岛海洋大学、山东大学、重庆三峡大学、南开大学、中山大学、香港中文大学等大学的教授。他似乎是来者不拒,名牌大学请他,他去,不是名牌的他也坦然受之。

　　他是个多面手,人家要他讲什么他就讲什么,要他讲古典中国文学,他就讲古典中国文学,现代中国文学,他讲;德国文学,他也讲;要他讲哲学和神学,他还讲。他在四川,有一次人家要他讲古汉语,他居然讲得头头是道,令中国专家佩服不已。

　　他备课是从来不炒冷饭的。他说过:我不喜欢讲重复的话。不重复就要不停地备课,那个量是可想而知的。讲课的同时,他现在正在翻译北岛等三位中国作家的书。这一切,他都是在晚上进行的。晚上除了备课,就是翻译。此外,他还有许多应酬,比如一年前的波恩电影节,他是主持人之一。

　　再过四年顾彬就要退休了。顾彬曾经对一个国内媒体说过,没有中国文学他不知道怎么办。也许在别人看来,没有顾彬,中国文学至少在德语区这一大块地方不知道该怎么办。对中国文学西游作出贡献的是"伟大"的顾彬,我们只能希望,这个精力无穷的学者到八十岁时还能出现在足球场上,到一百岁时还能口无遮拦地说:中国文学不光有"垃圾",而终于也有了许多的伟大。

索尔仁尼琴：俄罗斯的良心

◎龙　飞　孔延庚

一代巨匠横空出世

苏联大型文学杂志《新世界》于 1962 年第十一期推出一部震撼人心的中篇小说《伊凡·杰尼索维奇的一天》，作者是当时的无名之辈——索尔仁尼琴。

小说真实反映斯大林时代的劳改营生活，把那可怕岁月的一切苦难与黑暗都包括在小说主人公十年服役期间最普通的一天里了。作品风格独特，以生动细腻、朴素无华又略带几分幽默的笔触，客观地讲述主人公一天的经历，从而掀开那令人惊心动魄的生活的帷幕。

这是苏联文学中第一部揭露斯大林恐怖统治的作品，大胆触及当时社会最敏感的问题。因此小说一问世便震撼全国，人人争相阅读。索尔仁尼琴一跃成为非凡的文学家。因为在所有苏联作家中，还没一个能像他那样敢于向领导层提出如此尖锐的质疑。

文学界热烈称赞这部小说。《新世界》主编、诗人特瓦尔多夫斯基为小说写了"代序"，热烈称赞它"意味着一个新的、独特的并且是完全成熟的巨匠进入到我们的文坛……是苏联文学发展具有重大意义的里程碑"。著名作家西蒙诺夫肯定这部作品在党对个人迷信及其后果进行斗争中所起的作用。

这部小说的发表颇费周折:索尔仁尼琴的朋友将手稿交给《新世界》主编特瓦尔多夫斯基,主编读后激动得一夜未眠。但苏联还从未发表过劳改营题材的作品,而且编辑部内也有人反对。于是他将小说送到苏共政治局,苏共总书记赫鲁晓夫非常欣赏这篇小说。最后经政治局会议讨论,由赫鲁晓夫亲自批准才得以问世。

1963年3月,苏联领导人同文艺工作者会面时,赫鲁晓夫专门接见了这部小说的作者——一个瘦削的、留着大胡子的中年汉子。赫鲁晓夫再次肯定《伊凡·杰尼索维奇的一天》和特瓦尔多夫斯基的长诗《山外青山天外天》、电影《晴朗的天空》等作品都是"从党的立场反映了那些年代的真实情况"。

这部小说掀开了苏联"集中营文学"的序幕,随后此类题材的作品如开了闸的洪水般汹涌而出。索尔仁尼琴笔下的"一天"构成了20世纪俄国文学中的整整一个时代。

由红军大尉到阶下囚

这部小说具有很强的自传性质。

索尔仁尼琴1918年12月11日生于苏联北高加索。在他出生前父亲死于一次意外事故,他是遗腹子,由担任中学教师的母亲抚养长大。因母亲出身富农,母子俩在当时的社会备受歧视。索尔仁尼琴1941年毕业于罗斯托夫大学数学物理系,同时攻读莫斯科大学函授部文学专业。卫国战争期间他应征入伍,任炮兵连连长。由于智勇双全,他多次立下战功,曾获两枚勋章,并晋升为大尉。1945年只因在一封给同学的信中谈论了斯大林,信被克格勃查获。他立即被捕,罪名是"进行反苏宣传和阴谋建立反苏组织"。未经调查和审讯,他就被缺席判决服苦役八年,刑满释放后又被判处流放哈萨克斯坦三年。1955年他患了癌症,被送入塔什干肿瘤防治所。他的肿瘤已到晚期,似乎没有生还的希望,不料却奇迹般康复了。从此他不再惧怕死亡,立志将这些经历写下来,为广大的蒙冤受难者立起一座纪念碑。

八年的劳改营生活和三年流放,永久改变了他的人生轨迹,并决定了他的文学道路、作品主题,甚至思维方式和个人性格。

1956年赫鲁晓夫在苏共第二十次代表大会上作了《关于个人崇拜及其后果》的报告,国内形势发生巨变。索尔仁尼琴也同数百万无辜受难的同胞一起,得到了平反昭雪。他定居梁赞市任中学教师,同时以自己的亲身经历为素材,秘密开始文学创作。

政治风向转变

处女作使索尔仁尼琴一夜成名,作家协会未经他本人申请就吸收他为会员。他还被提名为 1964 年列宁文学奖候选人。不久,由于保守势力的干扰,对《伊凡·杰尼索维奇的一天》的评价很快就发生了变化。他新发表的三个短篇小说也都受到了批评。《新世界》同思想保守的《十月》杂志,围绕着索尔仁尼琴及其作品展开了一场激烈争论。《真理报》指责索尔仁尼琴"把苏联社会写成压迫人的非人道的社会"。《新世界》也因连续发表索尔仁尼琴的作品而受到《真理报》的批评。

1964 年 10 月,赫鲁晓夫被迫下台,勃列日涅夫掌权。苏联政坛在短暂的"解冻"之后重又陷入"停滞"时期,《伊凡·杰尼索维奇的一天》开始受到公开批判。此后索尔仁尼琴的作品再也不能发表,他的许多手稿都被没收。

苏共第二十三次代表大会于 1966 年 3 月召开,《伊凡·杰尼索维奇的一天》再次受到严厉批判:"直接歪曲我们的现实,宣传悲观主义、怀疑主义和颓废情绪,片面曲解苏联人生活中的某些阶段。"

索尔仁尼琴的另外两部暴露斯大林时代阴暗面的长篇小说《癌病房》、《第一圈》都无法出版。在 1967 年 5 月的第四次作家代表大会上,他写公开信强烈抗议书报检查制度和官僚主义对作家的限制,要求创作自由。大会主席团没在会上宣读这封信,而它却以手抄形式在文艺界广为流传。

作品成为世界畅销书

在国内不能出书,索尔仁尼琴只得把手稿打印、拍成缩微胶卷,托人带到国外。1968 年《癌病房》、《第一圈》相继于苏黎世出版,反响极大,成为世界畅销书。

《癌病房》写了九个癌症病人。他们身份不同,经历各异,因而面对死亡的态度各不相同。一个高级官员要求医生不能把他像普通人那样医治,他不明白地位与特权在疾病与死亡面前也无能为力。另一病人曾因谈论政治而饱尝牢狱之灾,经受过苦难磨砺,他无所畏惧,对生活仍充满热爱。最终爱情战胜死神,他恢复了健康。

《第一圈》讲述莫斯科附近的一座监狱,这里的囚犯都是从各地拘留所遣送来的科学家和技术人员。他们被迫为政府的绝密科研计划进行工作,因此待遇较好,看管也较宽松。然而这里毕竟是地狱,不过位于第一层。但丁的《神曲》里有九层,巡视第一层就是第一圈,小说题目即由此而来。尽管如此,所有犯人的前途都无一例外地死于狱中。人们把这部作品同陀思妥耶夫斯基的《地下室手记》相媲美。

两部小说在冷战时期的西方出版，使得作协对这个不驯服的作家的愤怒达到了无法容忍的地步，1969年开除了他的会籍，理由是：长期以来作协多次批评他，但"他拒不认错，反而高傲地无视批评，近两年来他的一系列信件、声明、手稿等材料通过非法途径传到国外，在西方大量出版，与那些反苏分子同流合污"。

挚友的援助

苏联文艺界人士虽同情索尔仁尼琴，但变幻莫测的政坛形势使得人人自危。只有著名音乐家罗斯特罗波维奇勇敢地站出来，这位世界公认的20世纪后半叶最伟大的大提琴家，拥有"人民艺术家"称号，他对索尔仁尼琴十分敬重。

罗斯特罗波维奇不仅是杰出的音乐家，而且是艺术自由的坚定捍卫者。1967年他到梁赞演出时，特地拜访了心中的偶像。当时索尔仁尼琴一家四口住在沿街楼房底层的一间斗室，处境艰难。罗斯特罗波维奇便请他迁到自己在莫斯科郊外的别墅中，以便安心写作。索尔仁尼琴同意了，在那里住了四年，创作他的重要作品《古拉格群岛》。

索尔仁尼琴的第一次婚姻十分不幸。他的结发妻子有个身居要职的克格勃情夫，正是她为情夫提供情报导致丈夫被捕的。这给索尔仁尼琴造成极大的心灵创伤。当他寄居于大提琴家的别墅时，断然结束了这桩婚姻。离婚后，他同一直默默支持自己的同事娜塔利娅·斯维特洛娃结合。

罗斯特罗波维奇在与索尔仁尼琴相处的岁月里，意识到日常生活中所说的"政治"同音乐以及他的艺术信仰都是密切相关的。他在帮助朋友的同时，也避免了最终有可能扼杀自己天赋的一切。他的信仰是："良心是创作所必需的最神奇的力量。不是智慧，而是良心。"

善良的大提琴家不仅让作家衣食无忧，而且还四处活动，帮助索尔仁尼琴在国内联系出版历史小说《1914年8月》。但最后都以失败告终，罗斯特罗波维奇只好将手稿交还朋友，无奈地说："寄到国外吧！"

《1914年8月》于1971年在苏黎世出版。这部小说描写第一次世界大战前夕的俄国社会，以及1914年8月俄军与德军交战的情景。小说被认为对研究第一次世界大战和俄国革命都具有重要参考价值。

获诺贝尔文学奖后的处境

1970年9月，索尔仁尼琴的《癌病房》获得诺贝尔文学奖，瑞典皇家科学院称赞他"在追求俄罗斯文学不可缺少的传统时所具有的道德力量"。而苏联当局却认为此举是"冷战",是"政治挑衅",并对这部国内谁也没读过的作品展开大批判。

索尔仁尼琴没去领奖,因他担心一旦出国便不能回来,那么他的家属就将成为人质。瑞典皇家科学院派人前往莫斯科给作家授奖,但苏方又不发入境签证。获奖后的索尔仁尼琴处境更加困难,妻子被开除公职,岳母被开除党籍。

罗斯特罗波维奇对索尔仁尼琴的遭遇深感不平。1970 年 10 月 30 日他向《真理报》、《消息报》、《文学报》和《苏联文化报》四大报纸主编致公开信,为作家辩护。但这封信没能在国内任何报纸上发表,却在同年 11 月 16 日出现于《纽约时报》上。这件事给罗斯特罗波维奇惹了大祸:被赶出莫斯科大剧院,禁止出国演出,也不允许指挥乐团。若干年后,罗斯特罗波维奇回忆起这段往事时欣慰地说:"我做过的最优秀的事绩并不是音乐,而是那封致《真理报》的信。从那以后我就问心无愧了。"

被逐出祖国

1973 年 12 月,索尔仁尼琴那部一百四十万字的代表作《古拉格群岛》第一卷在巴黎出版。小说的主旨在于揭露十月革命以来"非人的残暴统治",是一部自传兼特写性的三卷本长篇小说。

该书全称是《古拉格群岛·1918－1956·文艺性调查初探》。"古拉格"是俄文中"劳动改造营管理总局"的缩写,"群岛"则表示劳改营遍布全国,喻义劳改制度已经渗透到政治生活的各个领域,变成苏联的"第二领土";"1918－1956"暗示从十月革命之后就出现了古拉格群岛;"文艺性调查初探"表明作者采用新颖独特的文体,根据二百二十七个人的故事、回忆录和书信等文献资料与作者本人的回忆、自白和评论,巧妙地融为一体,无论内容还是形式,都是一次探索。

小说如同一部编年史,记载了几百万人遭受的残酷镇压。书中讲述地狱般的监牢,正义与人性的沦丧,捏造罪名的审判,骇人听闻的处决,非法的放逐……所有这一切在作家笔下形成一幅惊心动魄的画面,从而揭露铁腕统治对人性的摧残。小说一出版,立即被译成多种文字,轰动世界文坛。

《古拉格群岛》确立了索尔仁尼琴在 20 世纪文学史上的地位,人们称他是"古拉格劳改营的但丁"。

苏联政府对这个名气很大的危险人物伤透脑筋,经反复研究,最后苏共政治局通过决议:以叛国罪剥夺其公民权,并驱逐出国。1974 年 2 月 12 日,索尔仁尼琴被捕,立即被驱逐到德国。

同索尔仁尼琴亲密无间的罗斯特罗波维奇此时也无法继续留在国内,同年 7 月全家逃离苏联。1978 年大提琴家和妻子双双被剥夺了苏联公民身份。

流亡生涯

刚到国外时,索尔仁尼琴成为 1974 年西方的新闻人物。同年,《古拉格群岛》第二卷在巴黎出版,他的声誉倍增。他先后旅居西德和瑞士,亲属也随之而来,全家团聚,妻子娜塔利娅一直陪伴在旁,是他的精神支柱。

漂泊两年后,索尔仁尼琴带着家人于 1976 年定居美国,隐居在佛蒙特州的乡间小镇。从此他深居简出不参加任何活动,埋头研究俄国历史,其作品以惊人的速度一部部问世。他创作了鸿篇巨制——反映俄国革命的历史小说《红轮》(八卷本)。

美国热情地接待了索尔仁尼琴,而他依然坚持无情的审视与思考,因为他一贯认为作家的职责就是要对现实投以批判的目光。他在佛蒙特州住了十八年,尽管对当地居民充满感激,但整个西方世界却令他失望。1978 年他接受了哈佛大学的荣誉学位,在 6 月 8 日的毕业典礼上,发表著名的"哈佛演讲",不仅猛烈抨击苏联,而且谴责西方文化,揭露美国社会的种种问题。他并没因"主人"慷慨地收留而感恩戴德,却批评美国社会的"唯利是图"和美国式的价值观……用词之尖锐,引起美国当局和美国人的极大不满。

索尔仁尼琴厌恶美国,十分眷恋俄罗斯。但他宣称,只有当自己的所有作品都在祖国出版时才能回国。

20 世纪 80 年代中期,苏联文艺界气氛日益宽松。1988 年,撤销了开除索尔仁尼琴作家协会会籍的决定。从此,一直遭到封杀的索尔仁尼琴的作品终于开禁,作家本人在知识分子中的声望越来越高。这期间的一次民意调查显示,百分之四十八的苏联人希望索尔仁尼琴回国担任总统。

1990 年 1 月,戈尔巴乔夫恢复了索尔仁尼琴和罗斯特罗波维奇夫妇的苏联国籍。同年 2 月,罗斯特罗波维奇夫妇立即返回祖国。在莫斯科机场上,他俩受到广大民众的狂热欢迎,人们打出大标语:"罗斯特罗波维奇,向你致敬,感谢你为索尔仁尼琴所做的一切!"

索尔仁尼琴仍滞留美国。此时他的祖国已出现了一个"索尔仁尼琴热",1991 年被称为"索尔仁尼琴年"。评论界将他同托尔斯泰、陀思妥耶夫斯基并列,称之为俄罗斯三位最伟大的作家。在俄罗斯任何一个地铁站里,都可以见到手持《索尔仁尼琴全集》七卷本出售的书贩……

苏联解体后的第一任总统叶利钦,在 1992 年访美时,同索尔仁尼琴通了半个小时的电话,慰问这位流亡作家,并说俄罗斯的大门时刻为他敞开,祖国和人民欢迎伟大作家的归来。

1993 年索尔仁尼琴到欧洲休假,接受了法国媒体的采访,表示将于来年 5 月返回祖国——他对自己的承诺没有食言。与此同时,他严厉批评俄罗斯实行的经济政策,认为是如此的草率混乱,是实行了"假民主""伪民主",而在民族问题上实行的是"反民主"。他强调,俄罗斯正处于严峻的历史时刻,目前最重要的是应当解决腐败这一根本性的问题。

返回祖国

在叶利钦的盛情邀请下,1994 年 5 月索尔仁尼琴凯旋般返回祖国。回国后,索尔仁尼琴再次感到失望,对叶利钦造成的乱局十分不满。不久,他当选为俄罗斯科学院院士。

虽然索尔仁尼琴受到新政权的极高礼遇,但他依旧保持批判精神,不懈地批评"民主化"的俄罗斯政府。他到各地访问,实际接触到解体后的俄罗斯,感受更深。在俄罗斯社会经历转型的阵痛时,他发现许多朋友的生活仍十分拮据,而新富阶级和黑手党都中饱私囊。俄罗斯过去没有富人,现在却制造了他们,但不是依靠正当的劳动。

当被邀请到俄罗斯国会演讲,他直率地批评政府官僚机构膨胀、贪污舞弊盛行;批评官僚集团借私有化名义掠夺国家财产,导致贫富分化。他认为,现在俄罗斯走的是一条"最曲折、最痛苦、最荒谬的道路"。"在当今的俄罗斯没有民主,主宰国家命运的是由过去共产党上层精英的代表人物,和用欺骗手段发了大财的暴发户变成的一百五十个到二百个寡头主宰。"他把当时的俄罗斯社会叫做"残酷的、野蛮的、犯罪的社会"。

因此,索尔仁尼琴又遭到来自国内各方的攻击。

1997 年,索尔仁尼琴用《古拉格群岛》的版税以自己的名字设立了一个文学奖。这是俄国唯一一个以个人名字命名的文学奖,它完全独立,不依附于国家,也不依附于私人企业。

索尔仁尼琴公开宣称拒绝接受一切权力和公职,他对叶利钦没有好感,尽管叶利钦极力取悦他。1998 年,索尔仁尼琴八十寿辰,他甚至拒绝接受叶利钦颁发的勋章,这让总统很下不来台。索尔仁尼琴以自己的方式证明政权并不等同于祖国。他不愿将自己对祖国的爱等同于爱政权,因此成为最伟大的爱国者。

索尔仁尼琴出版了多部为俄罗斯"诊病"的专著,希望国家回到伟大的俄国传统。晚年,身体已极度衰弱的老人还坚称:"只要我活着,就要给国家开药方。"

2006 年,他抨击美国和北约企图包围和孤立俄罗斯,赞赏普京总统为俄国复兴所做的努力,认为西方民主危机严重,俄罗斯不该轻易效仿。

作品见证一个时代

2007 年俄罗斯国庆节,普京总统向索尔仁尼琴颁发 2006 年度俄罗斯人文领域最高成就奖——俄罗斯国家奖。在荣获诺贝尔文学奖三十七年之后,索尔仁尼琴终于在自己的祖国得到了肯定。

普京此举是有点"冒险"的,因索尔仁尼琴曾拒绝过叶利钦,不能确定这位独立不羁的作家是否同样会拒绝他的嘉奖。而普京很幸运,索尔仁尼琴接受了嘉奖。普京在颁奖典礼上说:"全世界成百上千万人把索尔仁尼琴的名字和创作与俄罗斯本身的命运联系在一起。他的科学研究和杰出的文学著作,事实上是他全部的生命,都献给了祖国。"

索尔仁尼琴因身体状况不佳没去克里姆林宫领奖。颁奖典礼结束,普京前往莫斯科郊外作家的家中登门拜访。坐在轮椅上的索尔仁尼琴为自己坐着迎接普京而道歉。普京对他说:"我想特别感谢您为俄罗斯所作的贡献,直到今天您还在继续自己的活动。您对自己的观点从不动摇,并且终生遵循。"

获俄罗斯国家奖后,索尔仁尼琴在接受国外媒体专访时说,自己的全部创作都是"希望俄罗斯的苦难历史——我用了毕生精力来向人们努力还原历史的本来面目——能让人们和俄罗斯以史为鉴,保持清醒头脑"。

2007 年 4 月,比索尔仁尼琴年轻九岁的罗斯特罗波维奇不幸病逝。索尔仁尼琴难以用语言表达自己的心情,认为这位莫逆之交的去世"对我们的文化是一次沉重的打击。我目睹了他的经历。他让俄罗斯文化在整个世界散发出光芒"!

2008 年 8 月 3 日,索尔仁尼琴也因病离开了人间。近年他一直带病工作,直到生命的最后一息。发病前,他还忙着为即将出版的全集定稿。他的夫人娜塔利娅对媒体说,她的丈夫是以他自己希望的方式死去的:"他想在夏天死去,他死在了夏天;他想在家里死去,他死在了家里。"

索尔仁尼琴逝世后,俄罗斯总统梅德韦杰夫、总理普京和苏联领导人戈尔巴乔夫都表达了对死者的敬意。普京在声明中说,索尔仁尼琴"整个一生的艰辛之路"都将"给我们留下一个范例,印证着对人民、对祖国,以及对自由、公正和人道主义的全心投入与无私奉献"。戈尔巴乔夫则预言他将名垂青史。

目前,俄罗斯时代出版社正在推出全新的三十卷本《索尔仁尼琴全集》,预计将于 2010 年全部出齐。这位历尽磨难、备受争议的文豪以其丰硕而深邃的作品见证了一个政权的勃兴与倾覆。他的创作构成 20 世纪下半叶俄国文学史的缩影,后人想要了解 20 世纪的俄国,就必须读他的作品。

谎言和强权充斥的社会是违背基本人性的,索尔仁尼琴的深刻之处就在于早已洞察到这一点。他的作品改变了历史方向,大大推动人类文明的进步。因此,他当之无愧应进入俄罗斯历史上伟大作家的行列。世界誉他为"俄罗斯的良心"。

《名人传记》佳作
名流沧桑

一张照片
记录一份时代的档案
一幅影像
定格一个历史的瞬间
这一刻
名人和他们所处的时代相遇

名流昔照

李敦白与他的"偶像"毛泽东　王士光夫妇　梅兰芳与卓别林　王昆与松山树子　两个杨惠敏　李玉林巴顿将军　荣高棠与《兄妹开荒》　冰心与吴文藻的婚礼照　李霞卿:中国第一位女飞行员　美女特工郑苹如

"红色洋人"李敦白与他的"偶像"毛泽东

◎张习君

　　在这张拍摄于 1966 年 10 月 1 日的照片上,毛泽东主席正在天安门城楼与一位高鼻子外国人交谈并为他签字。这位外国人就是亲历多个重大历史事件、翻译了《毛泽东选集》、被毛泽东誉为"优秀的共产主义国际斗士"的"红色洋人"李敦白。

　　1919 年,李敦白出生于美国北卡罗来纳州的查尔斯顿市。青年时期,他加入美国共产党,并在斯坦福大学学习了中文。1945 年夏天,李敦白随美军到达中国云南省昆明市,负责处理美军和中国民间事务。他因此有机会接触中国社会不同阶层的人民,渐渐认识到国民党当局的腐败和黑暗统治。1946 年,他来到向往已久的革命圣地延安,担任新华总社的英语专家。不久,他便加入中国国籍,并经过中共中央的特殊批准,成为当时唯一的美裔共产党员。此间,他曾为来延安采访的斯特朗担任翻译,并为斯特朗把一些文件、资料译成英文,两人还合作著述。

　　没想到,1949 年年初,李敦白却因此在被派往莫斯科帮助编辑英文报纸《莫斯科新闻》期间,与斯特朗一起被苏联当局认定为"美国间谍"而被捕入狱。直到 1953 年斯大林病逝,苏联才平反了斯特朗的冤案,被囚禁了六年三个月零两天的李敦白也被释放。回国后,他被分配到了中央人民广播电台。

　　1966 年国庆节的前一天中午,李敦白接到外国专家事务局通知,邀请他和其他五位外国专家参加第二天在天安门广场举行的建国十七周年庆典。

第二天上午 10 点整,广场上响起《东方红》的音乐声,毛泽东及刘少奇、周恩来、邓小平等国家领导人出现在观礼台正中央。

身着笔挺的人民解放军制服的毛泽东脱下帽子,拿在手上缓缓挥动,群众则报以雷鸣般的欢呼声。

接近 12 点的时候,游行结束,外宾们纷纷过来请毛主席在"红宝书"上签名。李敦白也立刻跟上去。

挤到毛泽东身前,李敦白叫了一声"主席"。

"Rittenberg,"毛泽东竟然准确地念出了他的名字。原来,在延安的时候李敦白曾与毛泽东数次晤面。为此,毛泽东得意地大笑起来,"我学英语学了好长一段时间,但好像就是学不好。"

"不过,您念我的名字还是很准。"李敦白说,"您能不能在我的红宝书上签个字?"

毛泽东从李敦白的手里接过"红宝书"和笔,征询道:"你要我在书上写什么?"

李敦白原本想让毛泽东写下他的著名诗句或是对自己的赠言,但由于紧张,李敦白却说:"您的名字就好。"于是竖写的"毛泽东"三个字落在扉页的边缘,摄影师用镜头记录下了这一独特的时刻。这个在现在看来类似追星族的行为,让李敦白做了一回毛主席的"粉丝"。

孰料,"文革"的浪潮来势汹涌,不久,江青的一句"广播局竟被一个美国特务统治了半年"就让李敦白再次身陷囹圄,直到 1977 年 1 月 19 日,他才结束了长达九年八个月零一天的监狱生涯。

获释后,李敦白致力于发展中美贸易,耄耋之年仍不辞辛苦,为中国的改革开放尽心尽力。他坦诚地对朋友说:"回顾过去,当然有不少事情使我感到遗憾和痛苦。不过,我对那些年代并不后悔,即使包括我在监狱里度过的岁月。直到今天,我依然能从那可怕的逆境中汲取内在的力量。"

王士光夫妇：真实版的"李侠"、"何兰芬"

◎雁　鸣

　　著名演员孙道临在影片《永不消逝的电波》中塑造的形象可谓深入人心，他饰演的我党电台政委李侠与党员何兰芬假扮夫妻，在敌人的眼皮子底下开展工作。在艰苦的工作中，李侠与何兰芬之间产生了爱情，后经领导批准结婚。人们有所不知的是，这部影片就是根据上海的李白烈士以及王光美的四哥王士光同志的真实事迹改编的。

　　王士光原名王光杰，是王光美兄妹中的老四。1934年，十九岁的王士光以优异的成绩考入北平燕京大学物理系，第二年，又考入清华大学电机系学习无线电工程。在进步思潮影响下，王士光参加了"一二·九"爱国运动，并于1936年加入中华民族解放先锋队，是王家参加革命的第一人。1938年，王士光如愿加入中国共产党。在革命战争年代，王士光为我党的通讯事业作出了很大的贡献，曾被誉为太行山上的"通讯大王"，受到刘伯承和邓小平的嘉奖。

　　1938年8月，中共北方局准备在天津组建秘密电台。时任中共天津市委宣传部部长、市委书记的姚依林（当时化名姚克广）知道王士光精通无线电技术，而且革命热情高，是筹建天津秘密电台的最佳人员。于是，1938年8月20日，王士光从北平被派往天津。同年9月，在天津英租界伊甸园，王士光开始设立秘密地下电台。为了掩护秘密工作，一同被调来的还有一位女中共党员，她和王士光装扮成夫妻，共同住在那里。

这位女党员就是王新。

王新原名王兰芬，1921 年出生在辽宁兴城一个颇有名望的官绅家庭。1936 年考入河北女子师范学校附属中学读书。就在这一年，年仅十五岁还是中学生的王新就加入了中国共产党。1938 年夏天，王新向党组织提出申请要求去根据地参加抗日斗争。不久，王新的单线联系人、地下党员张洁清（彭真的夫人）通知她到河北省南宫县抗大分校学习。热血沸腾的王新不知道，这一次党分配给她的任务竟是与王士光假扮夫妻，从事敌后工作。

这样，王士光和王新开始了假扮夫妻的地下工作。为了掩人耳目，同时也为了方便搞到建立电台所需的电信器材设备，白天，化名吴厚和的王士光在天洋商场其同学开办的一家电料行当技师，修理收音机。而化名黄惠的王新则终日在"家"料理党的地下机关事务。由于工作紧张，王士光时常累得病倒卧床。当王士光生病时，王新就像妻子一样日夜守护着他；为了替王士光分担一些工作压力，不通无线电知识的王新也学会了发报。在日寇的眼皮底下，他们一次次完成地下党组织交给的联络任务。而在曲折惊险的地下斗争中，爱情之花也在他们的心中悄然开放。后经中共地下组织批准，两人于 1938 年 12 月 26 日正式结婚。这张照片是王士光夫妇生下第一个孩子后拍的全家福。

1939 年 8 月，秘密电台撤销，王新和王士光奉命一同离开天津，回到平西革命根据地。王士光担任冀察热辽军区司令部无线电中队机务主任，王新则去了房山、涞水、涿县一带开展妇女工作。随着战局的变化，不久夫妇之间失去了联系，但忠贞的爱情让他们互相守望着对方。1947 年年底，王新在组织的安排下，穿过一道道封锁线，回到了丈夫身边，断绝音信长达八年的王新和王士光终于又重逢。

新中国成立后，王士光曾担任四机部（电子工业部）副部长等职，王新则被分配到北京邮电设计院工作。"文革"开始后，受胞妹王光美的影响，"特等功臣"王士光也被打成了"里通外国的特务"，在监狱度过了七年漫长的日子。其间，王新一次又一次地为丈夫申诉，并拒绝写任何"揭发"材料。在周恩来总理的亲切关怀下，1974 年，王士光恢复了自由。2003 年 6 月 24 日，王士光在北京逝世，享年八十八岁。

梅兰芳与卓别林的友谊

◎张迎雪

  一个长衫马褂，一个西装笔挺；一个是京剧大师，一个是喜剧大师；一个是中国人，一个是外国人。两人面带微笑，手握着手。这幅珍贵的照片记录了上世界 30 年代，两位在各自的艺术创作道路上独树一帜的大师梅兰芳和查利·卓别林之间深厚的友谊。

  两位大师的第一次会面是在邂逅中开始的。1930 年，梅兰芳到美国进行访问演出，这是中国京剧第一次走向国际舞台。所以，虽正值美国发生金融危机，演出要冒极大的风险，但梅兰芳还是坚持"破产也得干"。美国方面以洛杉矶电影名城为中心，组成六十二人的赞助委员会，其中就有查利·卓别林。梅兰芳抵达洛杉矶的当晚，应剧场经理之邀到一家夜总会参加酒会。刚刚坐下，便看见了不远处走过来一个穿着工作服、连领带也没有系的人，此人非常面熟。正思量着，剧场经理向他介绍说："这位是卓别林先生。"梅兰芳恍然大悟，起身相迎。经理随后又向卓别林介绍了梅兰芳。两位艺术大师双手紧握。原来，卓别林正在拍摄《城市之光》，因时间紧没来得及回家换衣服。卓别林连连道歉之后说："我早就听到您的名字，今日可称幸会。啊！想不到您这么年轻，就享有这样的大名，真可算世界上第一个让人羡慕的人了。"梅兰芳则说："十几年前我就在银幕上看见您。您的手杖、礼帽、大皮鞋、小胡子真有意思。刚才看见您，我简直认不出来，因为您的翩翩风度和舞台上判若两人。"东西方两位大艺术家此时有点儿相见恨晚之感。

卓别林早年也是舞台剧演员,后来才拍电影。为此,他详细询问了京剧丑角演员的表演技巧。梅兰芳告诉卓别林,中国京戏里丑角也是很重要的,艺术性是很高的,希望他今后有机会访问中国,看一看京剧界许多丑角的精彩表演。

这次欢迎会后,梅兰芳特意到卓别林和他人合办的联艺公司以及米高梅、20世纪等拍摄现场参观,再次和卓别林探讨舞台表演艺术和电影的关系,并实地参观电影的拍摄过程。正是这一次,梅兰芳和卓别林留下了这幅十分珍贵的照片。时年,梅兰芳三十六岁,卓别林四十一岁。自此,两位当时正当壮年的艺术大师,彼此仰慕,彼此勉励,结下了深厚的友谊。

六年之后的1936年,两人再次在上海相逢。当时卓别林拍完了《摩登时代》进行环球旅行,到达上海。一到"梅府",卓别林与梅兰芳热情拥抱并拍着梅兰芳的肩膀说,六年前美国见面时,两人头发都是黑的,而今自己的头发已经斑白。梅兰芳说:"您比我辛苦,每一部电影都是自编、自导、自演,太费脑筋了,我希望您保重身体。"

为了兑现六年前的诺言,满足卓别林来中国后看丑角的愿望,梅兰芳的演出活动虽然很紧张,但仍然为卓别林安排了一系列观看及参观活动。这其中除了安排观看和卓别林本身表演有关的丑角外,还安排卓别林去看了海派机关布景的连台本戏。在新光大戏院看扶风社马连良主演的全本《法门寺》时,卓别林对剧中的贾桂(马富禄演)的表演很感兴趣。当马连良在唱大段西皮时,他竟像老北京听戏一样打着节拍很有感触地说:"中西音乐歌唱,虽然各有风格,但我始终相信,把各种情绪表现出来的那种力量是一样的。"

两人如此深厚的友情也许缘自他们相似的人生经历。梅兰芳和卓别林都出身于三代艺人世家,都是年幼丧父,家境贫寒。两人一样刻苦发奋学艺,勇于创新,精益求精,从而成为世界级艺术大师。面对成功,梅兰芳说:"我是个笨拙的学艺者,没有充分的天才,全凭苦学。"卓别林说自己:"表演中百分之九十九是汗水,百分之一是天才。"

王昆与松山树子:中日两国"白毛女"的合影

◎梅　子

　　松山树子是日本著名的芭蕾舞蹈家,20世纪50年代初,她把中国优秀歌剧《白毛女》搬上了芭蕾舞台并亲自出演了女主角喜儿,受到中日两国观众的热烈欢迎。她的丈夫清水正夫为了能让妻子最大限度地发展芭蕾事业,毅然放弃了自己所钟爱的建筑专业,以妻子的名义成立了"松山芭蕾舞团"并出任团长,此后长期致力于芭蕾舞民族化、现代化的改革和中日文化交流工作。

　　日本松山芭蕾舞团创立于1948年1月,今年刚好迎来六十周岁。清水正夫夫妇曾多次率松山芭蕾舞团来华演出,与中国领导人特别是周恩来总理结下了深厚的友谊,他们之间的交往已成为两国关系史上的一段佳话。

　　1955年,松山树子根据中国歌剧《白毛女》改编并主演的芭蕾舞剧《白毛女》在东京公演。同年松山树子在赫尔辛基参加了世界和平大会后,应郭沫若之邀到中国访问。在欢迎宴会上,周总理特地把中国歌剧《白毛女》和电影《白毛女》中喜儿的扮演者王昆、田华介绍给松山树子,并当众宣布:"诸位,今天有日本的'白毛女'松山树子女士光临,而且这里还有中国的两位'白毛女',我荣幸地把她们介绍给各位,请大家照相。"

　　周总理的提议引起了全场一片热烈的掌声,中日两国三位"白毛女"一见如故。在她们兴高采烈地交谈之际,新华社摄影师不失时机地分别拍下了王昆与松山树子(上图中左为松山树子)、田华与松山树子以及松山树子与王昆、田华三人的合影。两国"白毛女"欢聚一堂的历史性镜头,留下了中日友好的佳话。

由周总理亲手"导演"的这次会面,给松山树子留下了极为深刻的印象。从那以后,松山树子与王昆、田华成了无话不谈的好朋友,结下了深厚的友情。在中国"白毛女"的帮助下,松山树子把他们的《白毛女》作了大幅度修改,努力做到精益求精。

也正是从那时起,松山树子一家和松山芭蕾舞团成了中国的常客,即使在中日民间友好出现暂时挫折时也是一样。

1971年10月,清水正夫和松山树子率团来中国演出,此时正值中国发生林彪叛逃事件不久。即便如此,周总理还是抽出时间来看演出。事后,当清水夫妇得知当时的特殊情况后,感动得相对而泣。

1976年1月,周恩来总理逝世的消息传到日本,松山芭蕾舞团全体演职员工悲痛不已。为了纪念周总理,他们再次精心排练了《白毛女》,并于1978年来到中国演出。在人民大会堂的招待会上,中日两国三位"白毛女"再度相逢,邓颖超也亲临祝贺,她说:"恩来走了,我来代替他。"

两个杨惠敏共同演绎《八百壮士》壮歌

◎张迎雪

1975 年,台湾千影公司拍摄了反映上海淞沪战役中八百壮士浴血奋战的电影《八百壮士》。上面这张照片上的两位,一个是我们所熟悉的影视明星林青霞(右),这部电影的女主角,一个则是林青霞在该片中饰演的角色原型、不畏牺牲冒着日军的枪林弹雨将国旗送到抗敌将士手中的传奇女子杨惠敏(左)。

1937 年夏天,淞沪会战打响。10 月 11 日,上海沦陷。为了掩护数十万国军撤退,抗战英雄谢晋元团长率八百人死守最后一块阵地——上海苏州河北西藏路桥西边的四行仓库。日军为了攻下四行仓库,集中强大火力进行攻击。谢晋元率部浴血奋战,致日军久攻不下,死伤惨重。正在租界难民收容所服务、时年十五岁的上海女童子军杨惠敏,看到战事的惨烈和各处的日军旗帜,就萌生了在四行仓库屋顶插上国旗的念头。于是她立下决心,为孤军奋战的将士们送去国旗。

在上海总商会,杨惠敏接过国旗激动地说:"我很荣幸来做这一件事!我愿意尽我的力量完成这个任务,即使牺牲!"说完,杨惠敏将国旗紧紧缠在腰间,外面再穿童子军服装。待到半夜时分,杨惠敏从四行仓库对面的茶叶大楼俱乐部悄悄溜出。为了不被附近的日军士兵发现,她匍匐着朝马路对面的四行仓库前进。那一刻,日军又一次向四行仓库发起进攻,火舌在她的头顶上方划出一道道刺眼的光芒。

待枪声沉寂下去,她又开始前进,终于爬到仓库东侧的楼下。由于她的行动早已通知守军,所以一根绳子已经自楼上垂下。杨惠敏拉动绳子,楼上的人迅速将她吊进窗子。看到眼前的小女子将浸透了汗水的国旗呈献在他们面前,谢晋元团长和几位军官都激动得流下泪来了!谢团长紧紧拥抱着杨惠敏,泣不成声地说:"勇敢的孩子,你送来给我们的岂仅仅是一面崇高的国旗,还是我中华民族誓死不屈的坚毅精神!"

清晨,谢团长吩咐部下用两根竹竿扎成旗杆,开始升旗。在熹微的晨光中,四行仓库的屋顶平台上,一二十位将士庄严地举手向国旗敬礼。没有音乐,没有排场,但是,那神圣而肃穆的气氛,单调而悲壮的感人场面,叫人永远也忘记不了。

国旗的升起让四行仓库的将士军心大振。看到许多躺在血泊中呻吟的战士,杨惠敏问他们:"你们打算守到什么时候?""死守!"闻此掷地有声的回答,她感动得哭了。

这时,枪炮声又一次响起。尽管杨惠敏一再要求留下来为守军服务,但为了她的安全,谢团长还是要立即送她走。打开临着苏州河的边门,谢团长把她推了出去,说:"我们永远记得你,感激你,去吧!冲过去,跳下河!"

游泳技术娴熟的杨惠敏冒着敌人的炮火跃下苏州河,深潜入水,游至对岸公共租界登岸。此时的苏州河畔已站满了人,纷纷向四行仓库屋顶迎着朝阳招展的国旗欢呼招手,个个泪眼模糊。日本军机在四行仓库屋顶盘旋,企图将国旗击倒,可是始终未能成功。

时光荏苒,《八百壮士》拍摄完毕,杨惠敏受邀亲临电影《八百壮士》的首映式现场,与饰演自己的林青霞晤面并合影留念,于是就有了银幕上下"两个杨惠敏"的合影照。林青霞由于成功地塑造了传奇女子杨惠敏这个角色,在第二十二届亚洲影展上获得了最佳女主角奖。而《八百壮士》这部激动人心的电影,也使众多的观众在接受了一次爱国主义精神洗礼的同时,牢牢记住了当年那个勇敢的童子军——杨惠敏。

唐山大地震后向中南海报信第一人李玉林

◎阿　牛

李玉林（左）与矿友

1976年7月28日3时42分54秒,在河北省唐山、丰南一带,发生了七点八级强烈地震,地震波及天津市和北京市。这一天,唐山二十四万人被突然而至的灾难夺去生命,一座重工业城市瞬间被夷为平地。

给党中央报信,使党中央准确了解唐山震情的,是一个叫李玉林的人。此图即当年事后补拍的李玉林和他的矿友驾驶一辆救护车向党中央报信时的情景。中为李玉林。

当时李玉林上的是27日晚7点的班,回到家已经是28日凌晨1点多。刚睡下不久的李玉林被爱人拍醒。这时,大地已经抖动起来。随后,李玉林和爱人被掀下了炕,整个房子也瞬间被解体。而救下李玉林夫妻及其中一个儿子性命的是两个坚固的衣橱:它们抵挡了坍塌的墙体。

地震以后,作为开滦煤矿唐山矿上的工会副主席,李玉林从废墟中爬出来,他第一个念头是往矿区跑。因为,他知道当晚井下有一万多名工人。在从家到矿山大约两公里路程中,他没听到任何声音,整个唐山市像死了一样。

李玉林跑到矿里一看,傻眼了:基本上所有的建筑都塌了,水电也全停了,甚至连救命的声音都没有。

当过兵的李玉林非常清醒地认识到,发生这一切灾难必须让党中央知道,只有党中央和毛主席才能调动军队进行大规模救灾。

于是,李玉林发疯似的在街上跑,他想找到一部电话,把唐山的情况打给北京,但整个城市什么都没有了,更找不到电话。

当李玉林跑到煤矿西门口的时候,碰到矿友崔志亮开着一辆红色的救护车从风井赶来。李玉林异常清醒地对崔志亮说:"这辆车谁也不能动,你得听我的!"他开始想的是开车去找电话,没想着直接去北京送信。

从矿里出来,武装部干事曹国成也赶上来,另一矿友袁庆武也上车参与行动。

可是,街上依旧找不到电话。突然,李玉林意识到应该一直朝北京的方向开,这样才有机会最快把消息传到北京。

李玉林根据经验,选择了从唐山经韩城到玉田再向北行进的路。

当李玉林高兴地看到路边有一部电话时,他们才知道,救护车已经到了北京的通县(今通州区)。

正当他们想给中央打电话时,一个厂里看门的老人说:"有等电话的工夫车就开到了!"

于是,李玉林他们又作出了一个惊人的决定:"开到北京去! 亲自向党中央汇报!"

车继续行驶着,天上下着大雨。在新华门经民警指引,还穿着三角内裤、满身泥土血迹的李玉林和他的矿友来到了国务院接待站,在接待站,李玉林留心看了一眼接待室里的大挂钟,时间是早晨8时零6分,距离唐山大地震还不到四个半小时。经工作人员打电话联系后,他们马上要李玉林上车去中南海。

上车前,李玉林穿上了借来的衣服和裤子。

在中南海紫光阁,陈永贵、吴德、李先念、纪登奎、吴桂贤、陈锡联等六位副总理都在。李玉林进门就喊上了:"首长啊,唐山全平了! 你们快救唐山人民,他们都在废墟底下压着呢!"

后来,有人形容李玉林的举动为中央救灾决策"抢下了一个大白天"。但李玉林却是在地震三天后才知道大儿子及自己的父母被砸死的消息的。

巴顿将军的奥运之战

◎张迎雪

　　有着"血胆老将"之美誉的乔治·史密斯·巴顿是美国历史上赫赫有名的五星上将。他1885年生于加利福尼亚州南部雷克维尼亚德的一个军人世家。少年时代的巴顿立志长大后要成为将军。1904年,十九岁的巴顿进入西点军校学习,毕业后在骑兵部队服役。

　　1912年,第五届奥运会在瑞典首都斯德哥尔摩举行。在此届奥运会上,由射击、游泳、击剑、马术和越野跑五个项目组成的现代五项全能比赛,经"现代奥林匹克之父"顾拜旦大力倡导首次进入奥运赛场。现代五项是一个军事训练综合项目,能培养军人勇敢顽强的品质,因此参赛者多为军人。时年二十七岁的巴顿当时还是中尉,自小就热爱运动且自视为现代武士的他认为这是挑战体能和毅力的绝好机会,于是他带着自己的坐骑"黑玫瑰"自费参加了这项赛事。

　　第一天的马术比赛十分顺利,巴顿和他的"黑玫瑰"表现出色,排名第三。射击比赛时,由于巴顿用的手枪口径过大,因此造成标靶上的子弹洞口过宽。后一发子弹从前一发子弹的弹孔中穿过,裁判认定靶纸上的弹孔是事先穿破的,因此不计那两次的分数。结果巴顿的成绩在三十二位选手中仅排在第二十一位。尽管觉得有些委屈,但巴顿却表现得相当大度。他说:"参赛的每一个人都表现出真正的军人气魄,我们都把彼此看做是好朋友,好战友,而不是竞争对手。这种友谊绝不会被对胜利的渴望而取代。"

在三百米自由泳比赛和四十公里越野跑比赛(如上图)中,巴顿向人们展示了一个战士顽强不屈的精神。当他以第六名的成绩游完三百米到达终点的时候,已经累得连爬上岸的力气都没有了,最后还是别人用船钩把他从池子里捞了上来。而在越野赛中,巴顿在离终点线五十米的地方不幸撞墙,但他没有停下来,当他挣扎着走过终点时,便昏倒在皇家观礼台下。这一情景给许多人留下了难以磨灭的印象。

五项比赛结束后,在四十三名竞赛者中,巴顿获得了第五名。

虽然与金牌无缘,但巴顿在奥运赛场上的顽强拼搏精神,打动了当时的一位美国将军潘兴。在潘兴看来,一个合格的军官首先应该是一个合格的斗士,而参加过奥运会军事全能比赛的乔治·史密斯·巴顿无疑具备他所要求的品质。就这样,巴顿来到他的麾下,迈出了在军界的重要一步。而奥运赛场的洗礼,也在一定程度上成就了这位在二战中叱咤风云、威名赫赫的美国名将。

第二次世界大战结束后,巴顿将军举行记者招待会,有记者问:"将军阁下,您在第二次世界大战中卓越的指挥才能,是您的骄傲和荣誉,对此您有何感想?"巴顿连声"NO,NO"后说:"参加第五届奥运会才是我一生的骄傲和荣誉。当时游完三百米上岸后,我休克了。醒来后,我告诫自己一定要拼下最后一项四千米越野赛。记者先生,你可能体会不到一个人休克后醒来再跑四千米的滋味,但我体会到了。我不但跑完全程,还得了奥运会这个项目的第五名,这才是我一生的骄傲、我一生的荣誉。"

荣高棠与《兄妹开荒》

◎石　曼

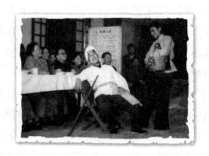

　　1937年"七七"事变后,荣高棠带领北平学生移动剧团的陈荒煤、张楠、张瑞芳等,到山东、河南宣传抗日。后来,张瑞芳去了重庆,剧团大部分人员到了延安。荣高棠在延安马列主义学院学习时,曾经演过一个叫卖梨膏糖的节目,轰动全院,从此大家都喊他"膏糖"。

　　1939年下半年,他跟着林伯渠到重庆红岩村,在川东特委工作,兼中共沙磁区委书记。

　　"皖南事变"发生后,八路军办事处派车去找他,来人一见面就叫他和妻子管平赶紧上车,一路把他们拉到红岩村去见周恩来。周恩来说,特务已经知道荣高棠就是北平学生运动中的荣谦祥(荣高棠的原名),荣高棠楼底下住的就是特务,今天算是把荣高棠抢回来了,现在决定调荣高棠到成都川康特委。

　　这年6月间,苏德战争爆发。荣高棠被调回红岩村,因为他多才多艺,活跃,很有凝聚力,所以就担任了办事处的救亡俱乐部主任。

　　1945年1月,周恩来为了宣传《在延安文艺座谈会上的讲话》在解放区的成果,《新华日报》成立七周年那天晚上,在重庆化龙桥报社的广场上,组织演出了《兄妹开荒》、《一朵大红花》、《牛永贵负伤》等三出秧歌剧,并邀请重庆文艺界知名人士金山、白杨、张瑞芳、路曦,以及育才学校的戴爱莲等师生前来观看。三出秧歌剧中,《兄妹开荒》给人们留下了深刻印象。剧中哥哥的扮演者唱的"雄鸡,雄鸡高呀么高声叫",长久地萦绕在观众的耳际。在剧中扮演这位高大、健壮农民的就是荣高棠。

戴爱莲受到秧歌的鼓舞,采用秧歌剧的形式,编出著名的歌舞剧《朱大嫂送鸡蛋》,"鸡蛋慰劳八路军"的歌声,传遍全国各地。育才学校成了重庆和大西南传播陕北秧歌的基地。

荣高棠一曲"雄鸡,雄鸡高呀么高声叫"从重庆唱到北京,唱到他以后参与工作的体育界,唱到国内外他足迹所到之处。1982年,经过"文革"的大灾大难后,他又唱到重庆。

1982年11月2日的晚上,重庆红岩纪念馆的小礼堂里,灯火辉煌,笑语喧天。原南方局的老战士孔原、童小鹏、荣高棠、袁朝俊、紫菲、方卓芬、管平等应邀来到重庆。他们离开红岩村已经三十六年,现在回来,和红岩纪念馆的年青一代举行联欢。

在全场热烈的掌声要求下,七十岁高龄的荣高棠欣然应命登场。正如当年照片上所示,他头扎羊肚毛巾,身穿陕北农民的白布短衫,系上腰带,与纪念馆的年轻女解说员徐慧一起,演出了一出《兄妹开荒》。在群体伴唱声中,荣高棠扛着锄头,扭着秧歌出场了。他红光满面,精神抖擞,那地道的陕北秧歌舞步,那高亢的"雄鸡,雄鸡高呀么高声叫"引起全场喝彩。表演完锄地之后,荣高棠幽默地对观众说,现在该我这个演哥哥的偷懒睡觉了,说罢随即躺在身旁一张道具椅子上。引得全场哈哈大笑。

演完《兄妹开荒》后,荣高棠也十分激动。他百感交集地在晚会上口占一绝:"红岩何壮哉,久别又重来;回忆往年事,感慨满胸怀。"

冰心与吴文藻的婚礼照

◎梅　子

冰心,1900 年 10 月 5 日生于福州,原名谢婉莹,祖籍福建长乐。1918 年入华北协和女子大学预科,1920 年年初,协和女子大学并入燕京大学,冰心成为燕京大学的学生。

吴文藻,江苏江阴人,生于 1901 年 12 月 20 日。1917 年考入清华学堂,1923 年赴美国留学,进入达特默斯学院社会学系,获学士学位后又进入纽约哥伦比亚大学研究院社会学系,获博士学位。1929 年任燕京大学教授。

1923 年,冰心从上海乘约克逊号邮船赴美留学,在船上偶遇同为去美留学的清华才子吴文藻。当时的冰心已是文坛小有名气的青年作家,尽管有不少小伙子写信热情追求她,她却并未看上。将近半个月的海上旅行生活,吴文藻的真诚打动了她,彼此之间产生了好感。到美国后,俩人书信往返,密切往来,加深了了解。1925 年夏,冰心和吴文藻不约而同到康奈尔大学补习法语。这一对远在异乡的年轻人,渐渐地由相知而相爱。

三年后,冰心学成归国,行李中捎有吴文藻写给未来岳父母的信。吴文藻在这封"万言书"中,向准岳父母汇报了两人的恋爱过程,他以擅长的社会学理论分析了两人结合的社会影响,字里行间尽现书生意气,一时传为文坛美谈。

冰心回国后,在燕京大学(今北京大学)国文系任教,住燕南园女教师宿舍。

1929年6月15日,二十九岁的冰心与学成归国的吴文藻在燕京大学临湖轩举行了简单的婚礼,婚礼由燕京大学校长司徒雷登主持,出席者都是同事和老同学。简朴的婚礼只花费了三十四块银圆。由于一时没找到合适住房,他们的新婚之夜是在北京西山的大觉寺度过的。

不久,冰心与吴文藻在燕京大学临湖轩补拍了这张结婚照(见上图)。在这张结婚照中,新娘冰心(二排右三)头戴花冠,身披白色长纱,手捧玫瑰花束;新郎吴文藻(二排右四)西装革履,神情庄重。紧挨着吴文藻的女傧名叫刘纪华(二排左一),是冰心的表兄刘放园的女儿,那时正与冰心的小弟冰季(原名谢为楫)热恋。冰心身边的另外两位女傧相江尊群(二排右一)、陈意(二排右二)当时都是燕京大学的学生,陈意后来担任燕京大学(北大)家政系的教授和主任。两位男傧相,穿西服的是萨本栋(三排右一),是冰心的福建同乡,时任清华大学物理系教授。穿中式长袍马褂者(三排左一)是冰心的二哥谢为杰,他当时就读于燕京大学化学系。挨着谢为杰的是冰心的舅母(冰心母亲杨福慈的弟弟杨子敬的夫人)(三排左二),她身边的外国人则是时任燕大校长的司徒雷登(三排中),紧挨着司徒雷登的是燕京大学女校美籍英国文学女教师鲍贵思(三排右二)。司徒雷登和鲍贵思是冰心在燕大读书期间遇到的对她的一生产生了重要影响的两个人,这两个人在推动冰心信仰的皈依和人格形成方面起到了举足轻重的作用。

李霞卿：从电影明星到中国第一位女飞行员

◎张迎雪

  照片上这位年轻美丽、一身飞行员装束的姑娘在六七十年前就冲破禁忌，以超乎寻常的胆略驾驶飞机翱翔蓝天，并最终为国尽忠。她，就是我国第一位女飞行员李霞卿。

  李霞卿原名李旦旦，1911 年出生于广东海丰一个富裕的家庭，父亲李应生是位辛亥革命时期的爱国志士。李霞卿幼年时曾随父到欧洲，后在香港和上海读书。生活在这样一个既富裕又充满革命激情的家庭，李霞卿从小就接受了良好的教育，且思想活跃，爱好广泛，有胆有识。

  1926 年，十五岁的李霞卿参加了电影《冰清玉洁》的拍摄，虽然出演的是配角，但仍然一举成功，轰动整个上海滩。随后，声名鹊起的李霞卿主演了十余部影片，成为当时炙手可热的明星，被观众誉为"天天向上的李旦旦"。

  1930 年，李霞卿告别银幕，随新婚丈夫到法国巴黎定居。在一次观看飞行表演的过程中，李霞卿被飞机呼啸而起、直冲云霄的壮观景象深深震撼了，她激动不已，决心做一名女飞行员。

  在瑞士日内瓦科恩梯南飞行学校，李霞卿对疑惑不解的监考官说："我来到这里，就是让世界知道，中国女性不但能在地上走，而且能在天上飞。"

就这样,这所不收女学员的飞行学校破格录取了李霞卿。一年后,李霞卿以全优的成绩毕业,成为第一个拿到瑞士飞行执照的中国人。

　　1935 年,李霞卿转到美国奥克兰波音航空学校深造。在这里,她的飞行技术得到进一步提高。当年的 5 月 15 日,一次生与死的考验突然出现——那天,她在奥克兰机场上空进行难度较大的翻筋斗飞行,座椅皮带突然松开,一下子把她抛出机舱之外。危急时刻,李霞卿冷静而迅速地打开背上的救生伞,降落在附近的旧金山海湾里,被美国海军救出,此事在美国轰动一时。

　　同年 12 月,李霞卿放弃了在美国的声誉和利益回到上海。1937 年 8 月淞沪会战爆发,李霞卿积极投入抗战救亡、保家卫国的战斗中。1939 年年初,李霞卿驾驶"新中国精神号"单翼轻型飞机飞往美国的各大城市,开始了"抗日救国,匹妇有责"的爱国募捐飞行。当英姿飒爽的李霞卿从机舱里走出来的时候,周围等待着的美国民众为这位勇敢的中国女性送上了热烈的掌声和欢呼声。李霞卿站在高高的舷梯上激动地说:"我亲爱的骨肉同胞,亲爱的美国朋友们,多蒙你们隆情厚意,感佩难忘。现在中国正受蹂躏,中国人民正在战火血泊中挣扎。国难当头,应急图拯救,小妹环飞美洲宣传抗日,征求募捐,效力疆场,以尽'匹妇'救国之责,庶不负我怀抱……"

　　所到之处,李霞卿都受到华侨及美国航空界人士的热烈欢迎和热情款待。她被外国记者誉为"飞行使者"、"中国一位亲善特使",美国一度出现了"李霞卿热"。她的募捐活动取得了极大的成功,曾创下飞行一小时募得捐款四万元的记录。一位对李霞卿非常钦佩的银行家写了一张大数目的支票捐款,以此来证明他的赞赏和感动。

　　1940 年 3 月,美国《远东》杂志记者对李霞卿进行专访,问她驾机单独远飞是否是冒险的问题,她回答:"所有的中国人,不论在国内或在世界各地,为了祖国,是很少想到危险的。"然而,飞行毕竟是一项危险性较大的活动,1940 年,在一次募捐飞行表演中,李霞卿不幸遇难,年仅二十八岁。

刺杀汉奸丁默村的美女特工郑苹如

◎梅　子

　　郑苹如是电影《色·戒》中王佳芝的原型。她 1918 年生于浙江兰溪,父亲郑越原早年留学日本,追随孙中山先生加入了同盟会,可以说是国民党的元老。他在东京时结识了日本名门闺秀木村花子,两人结婚后花子随着丈夫回到中国。郑苹如是他们的第二个女儿,从小聪明过人,又跟着母亲学了一口流利的日语。抗战爆发后,郑苹如毅然参加了抗日救亡运动。

　　上海沦陷后,郑苹如以自身的优越条件、良好的社会关系,担任抗日地下工作。她加入"中统"时只有十九岁。郑苹如容貌秀丽,风姿绰约,是上海滩有名的美女,当时全中国最有影响力的画报《良友画报》,1937 年 7 月就用她的照片作为封面女郎。

　　郑苹如是位优秀的情报员,曾在探听到汪精卫"将有异动"的重要情报后,通过秘密电台上报重庆,因此,国民党政府对她颇为倚重。于是,他们把制裁汉奸丁默村的重要任务交给了她。

　　日伪时期,汪精卫政权在当时的上海极司菲尔路(今万航渡路)七十六号设立了特工总部,主任丁默村是国民党原军统第三处处长,在汉奸李士群撮合下投靠日伪,破坏抗战。为此,"中统"上海潜伏组织负责人决定抓住丁默村好色的弱点,施"美人计"除掉他。郑苹如在明光中学读书时,丁默村当过这个中学的校长,两人曾有师生之谊,丁对郑苹如的美貌垂涎已久。因此,派郑苹如去刺杀丁默村,实在是不二的人选。

丁默村见如花似玉的郑苹如向他暗送秋波后喜出望外,而郑苹如佯装成涉世未深的少女,不时恃宠撒娇,逗得丁默村神魂颠倒。"中统"见时机成熟,布置下手。第一次行动,由郑苹如请丁默村到她家做客,在郑家附近安排了狙击人员。然而丁默村诡计多端,当他乘坐的轿车快到郑家时,他突然改变主意掉头离去,计划遂告失败。紧接着,"中统"上海区负责人又策划了第二次行动,他安排郑苹如以到西伯利亚皮货店购买皮大衣为由,把丁默村诱杀在店里。1939 年 12 月 21 日,丁默村和郑苹如应邀到沪西一个朋友家吃中饭直到傍晚。从朋友家出来后,两人同车而行,当汽车驶至静安寺路西伯利亚皮货店时,郑苹如突然提出要丁默村陪她一起下车买件皮大衣。丁默村的职业反应是:到一个不是预先约定的地点,停留不超过半小时,照理说是不会有危险的。于是他便随郑苹如下车,但当郑苹如挑选皮大衣时,丁默村突然发现玻璃橱窗外有两个形迹可疑的人正向他打量,顿觉情形不对,便从大衣口袋里掏出一沓钞票扔到柜台上说:"你自己挑吧!我先走了。"说完就急转身向外跑。郑苹如见丁默村突然向外跑,起初一愣,本想追出去,但走了两步又停住了。

此时徘徊在店外人行道上的"中统"特务,没料到丁默村会突然冲出店来,因此稍微踌躇了一下,竟让他冲过了马路。丁的司机非常机敏,见他狂奔而出时,早已发动引擎,打开车门。等到枪声响起,丁已钻入车内,拉上了车门。子弹打在防弹车门上,丁毫发无损,扬长而去。这一次的暗杀行动又告失败。但郑苹如不甘心,决定深入虎穴,孤身杀敌。在第二次暗杀行动失败后的第三天,郑苹如身上暗藏一支勃朗宁手枪,独自驱车来到七十六号要见丁默村,却被丁的亲信林之江给扣住,关进了七十六号的囚室。

郑苹如被严刑审讯时,坚决否认她与"中统"的关系,只承认暗杀丁默村是因为她不甘心被玩弄。丁默村虽然恼恨郑苹如参与对自己的谋杀行动,但又着实迷恋她的美色,因此他并没想要置她于死地,只是想关她一阵子,再把她放出来。但丁默村的老婆赵慧敏恨透了郑苹如,悄悄找到林之江,并对他面授机宜。

1940 年 2 月一个星月无光的晚上,林之江从囚室里"请"出郑苹如,来到沪西的一片荒地。郑苹如连中三枪倒下了,死时年仅二十三岁。

图书在版编目（CIP）数据

名流沧桑：《名人传记》佳作/《名人传记》编辑部编. —郑州：河南文艺出版社，2009.1
ISBN 978-7-80765-086-7

Ⅰ.名…　　Ⅱ.名…　　Ⅲ.名人－传记－世界　　Ⅳ.K811

中国版本图书馆 CIP 数据核字（2008）第 208127 号

出版发行 河南文艺出版社	开本 16
本社地址 郑州市鑫苑路18号11栋	印张 23.25
本社网址 www. hnwycbs. cn	字数 439000
电子信箱 master@ hnwycbs. cn	印数 1—6000
承印单位 河南省瑞光印务股份有限公司	版次 2009 年 1 月第 1 版
经销单位 新华书店	印次 2009 年 1 月第 1 次印刷
纸张规格 700 毫米×1000 毫米	定价 28.00 元

如发现印装质量问题，请与承印单位联系。